경성 주택 탐구생활

백년 전 주택문화부터 방 치장의 내력까지

경성 주택 탐구생활

백 년 전 주택문화부터 방치장의 내력까지

최지혜 지음

책을 펴내며

사람들은 집에 관심이 많다. 그래서 남의 집을 찾아가서 요모조모 들여다보는 방송 프로그램도 꽤 있다. EBS 인기 장수 프로그램 「건축탐구 집」에서는 건축가가 독특하고 멋진 집을 찾아가 건축주와 함께 집에 관해 이야기를 나눈다. 그 집을 짓게 된 동기부터 건물 모양이며 내부 공간까지 자세히 살핀다. 집들마다 건축주의 의도와 필요에 따라 거실이며, 부엌이며, 방이며, 욕실까지 구석구석 제각각이다. 어떤 집은 아내의 요구로 부엌을 넓게 하기도 하고, 또 어떤 집은 창을 크게 만들기도 하고, 층고가 놀랄 만큼 높은 집도 있다. 그 집만의 특징 있는 마감재가 돋보이기도 한다. 생김새가 다르니 매력도 다양하다.

다른 사람의 집을 보고 싶은 건 결국 인간에 대한 호기심에서 비롯한다. 호기심은 인문학을 지피는 연료다. 그 호기심에 이끌려 백 년 전 경성에 있던 '남의 집'을 지난 2년여 내내 들여다보며 지냈다.

*

집이라는 용어는 가옥家屋, 주택住宅이라는 말로 대체할 수 있다. 사전적으로는 모두 사람이 살 수 있도록 지은 건축물이라는 뜻이다. 하지만 조금씩 뉘앙스가 다르다.

　가족이 이루는 공동체의 의미를 갖는 집은 가장 포괄적이다. 영어의 하우스 house보다는 홈home에 가깝다. 그래서일까. 감정적인 온도가 높다. 가옥은 개인적으로 집을 약간 높여 부르는 것처럼 느껴진다. 누구누구 가옥처럼 특정인의 집을 지칭할 때나 전통이라는 단어와 붙일 때 어울린다. 주택은 집의 물리적 특성을 가장 잘 반영하면서 가장 객관적으로 느껴진다. 서양이나 근대라는 단어와 붙일 때는 가옥보다 입에 더 잘 붙는다.

*

초등학교를 '국민학교'로 부르며 학교를 다녔다. 방학하는 날이면 학교에서『탐구생활』을 받았다. 누런 표지에 얇고 큰 책이었다. 방학 동안 그저 놀기만 하면 안 되고, 뭔가를 탐구하며 잘 보내야 한다는 무언의 압력처럼 느껴졌다.『탐구생활』을 펼치면 퍽 생소한 글과 연구 과제들이 잔뜩 들어 있어 당혹스러웠다. 대부분 교과서에서 잘 보지 못한 새로운 주제였고, 책에 제시된 대로 실험이나 만들기를 해야 하는 과제로 이루어져 있었다. 근대 실내 공간을 연구하는 사람으로서 '경성 주택'이라는 주제, 특히 실내 공간과 그 세부 요소는 어린 시절 맞닥뜨린『탐구생활』처럼 하나하나 풀어나가야 하는 숙제였다. 이 책의 제목이『경성 주택 탐구생활』인 것은 그 때문이다.

*

경성 주택에 대한 연구는 이미 상당하다. 경성에 있던 주택을 유형별로 세세히 연구한 것에서부터 아파트와 같은 특정 유형, 그리고 주택지에 이르기까지 주제의 범위도 폭넓다. 그런데 그 어떤 연구도 집 내부를 속시원하게 알려주지는 않았다. 대부분 주택의 평면을 제시하고 동선을 보여주는 데 그칠 뿐 실제 당시 주택들의 내부 공간이 어떤 모습이었는지, 어떤 재료로 마감을 했는지, 어떻게 꾸미고 살았

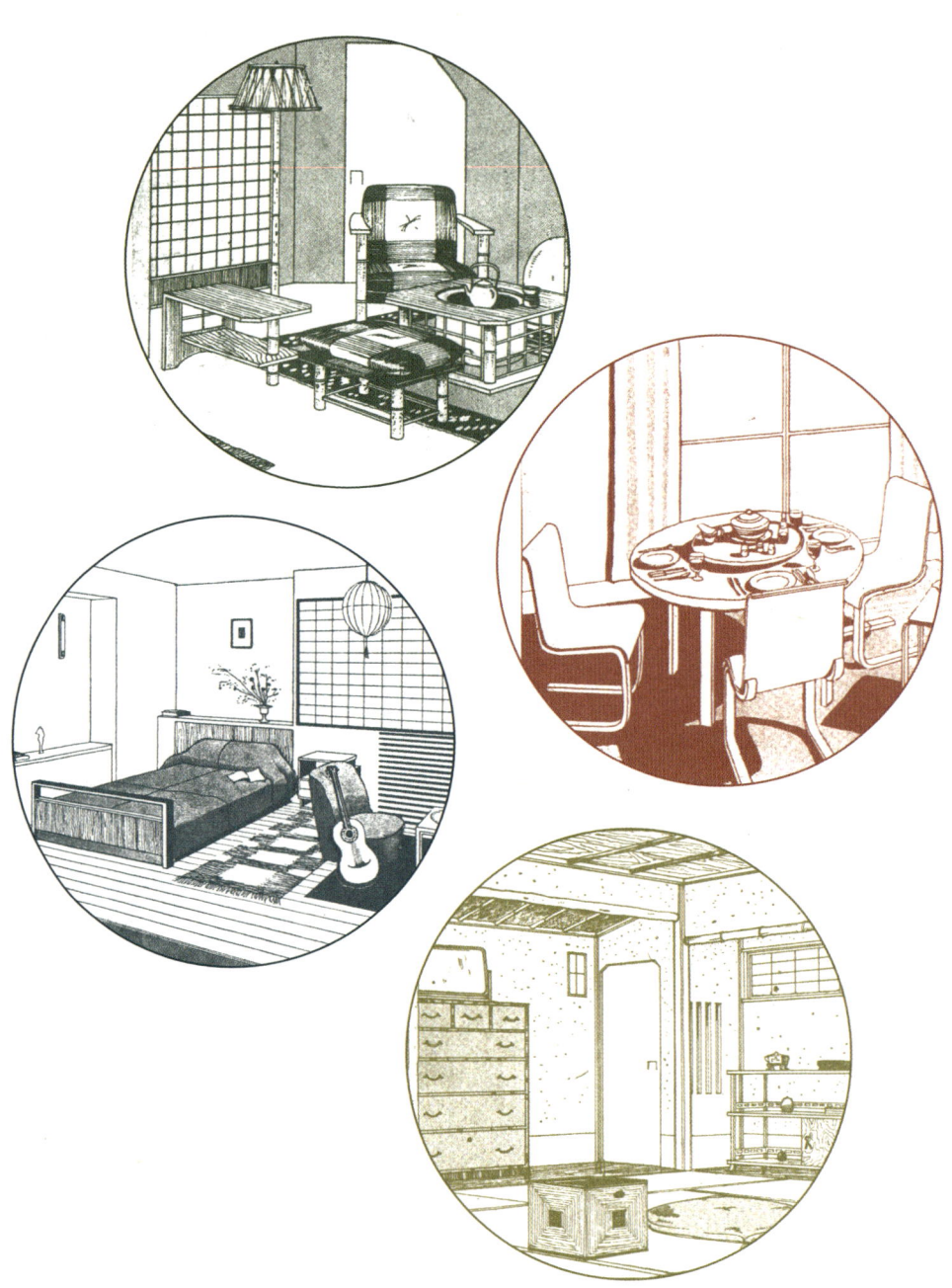

는지에 관해서 구체적으로 알기 어려웠다. 작가 이상은 "미끈하게 솟아 있는 근대 건축의 위용을 보면서 먼저 철근 철골, 시멘트와 세사, 이것부터 선뜩하니 감응한다"[1]고 했는데 실내로 눈을 돌리면 나는 유리·타일·벽지 같은 것에 유난히 눈이 돌아가고, 민감하게 반응한다. 그러니 지금까지 나온 책을 보면서 느낀 아쉬움이 없을 수 없었다. 목마른 사람이 우물을 파는 법. 어느덧 나는 호기심에 이끌려, 마치 숙제라도 받아든 것처럼 백 년 전 '남의 집'을 수없이 들락거려야 했다.

*

이 책은 크게 4부로 구성했다. 1부 '경성의 주택문화'에서는 1920~30년대 경성 주택의 새로운 면모를 보여주는 도시한옥과 문화주택을 포괄적으로 살폈다. 오늘날 아파트라는 주거 형태가 대세가 되기 전 경성에는 오히려 더 다양한 주택 유형이 존재했다. 이 부분을 쓰면서 주거사를 심도 있게 연구한 박철수 선생의 『한국주택 유전자 1~2』(마티, 2021)를 딛고 걸었다. 이 책은 지난 백 년의 거의 모든 주택을 유형별로 분석하고 이를 통해 근·현대 한국주거사가 혼종의 역사임을 밝혔다. 애석하게도 이 책을 쓴 박철수 선생은 지난 2023년 유명을 달리하셨다. 한국주거사 연구에 큰 돌을 놓아주신 덕분에 후학으로서 이를 딛고 나아갈 수 있었다. 고인에게 깊은 감사를 드린다.

물론 차이가 없지는 않다. 그의 책이 '보통 사람들의 집'에 주목했다면 이 책은 소위 '있는 사람들의 집'에 집중한다. 욕망의 시선은 늘 위를 향하게 마련이고, 그들의 집은 당시 '주거문화의 최전선'에 있었을 것이라 그러하다. 그런 연유로 이 책이 탐구하는 대상은 주로 도시한옥과 문화주택으로 집중되었다. 이 두 가지 주택 유형은 정도의 차이는 있지만 집 안에 근대적 설비를 갖추었다는 공통점이 있다.

2부 '백 년 전 남의 집 구경'에서는 오늘날 우리들 대부분 살고 있는 집에 공통적으로 가지고 있는 공간의 역사와 변천을 이야기한다. 지금처럼 그때도 사람들은 살기 편한 집을 원했다. 오늘날 우리는 그때 그 시절 사람들이 그토록 욕망했던 많은 것을 누리고 살고 있음을 떠올릴 필요가 있다. 현관을 들어서면 마주하는 거실의 소파, 부엌의 식탁과 싱크대, 화장실의 하얀 변기와 세면대, 내 방의 침대 등등은 지금은 익숙하지만 불과 백 년 전에서야 우리의 삶으로 막 편입되기 시작했다. 공간은 늘 사용 주체의 기거 방식을 수용했고 그 속에서 생성, 도태, 소멸의 운명을 갖는다. 벽으로 구획된 빈 공간은 그곳에 가구가 들어옴으로써 비로소 확실한 정체성을 부여 받는다. 그러므로 공간에서 가구의 이야기는 빠질 수 없다.

 3부 '경성 주택 구석구석'에서는 공간의 피부라고 할 수 있을 마감재를 다뤘다. 근대에 이르러 접하기 시작한 벽돌, 타일, 유리를 비롯해 천장재, 바닥재, 벽 마감재의 종류와 역사를 다룬다. 이러한 건축 재료들이 언제 어떻게 만들어졌는지 또 어떤 특성이 있는지를 탐구의 주제로 삼았다. 경성의 주택에 대해 다룬 여러 책들이 여태껏 살피지 않은 내용도 다뤄야 해서 내내 새로운 길을 여는 느낌이었다.

 4부 '경성 주택 꽃단장'에서는 3부와 연계되는 듯하지만 조명이나 커튼·실내 장식 같은 부가적이지만 장식적인, 공간에서 가장 마지막으로, 그러나 가장 가깝게 눈으로 보고 접하는 요소들을 짚었다. 이 역시 그동안 주택 관련한 책들에서 미처 보지 못한 내용이라 할 수 있겠다.

*

이 책을 쓰면서 유년 시절 살던 '우리집'이 종종 떠올랐다. 울산시 중구 유곡동 190-4번지의 우리집은 2층 양옥이었다. 1978년 무렵 지어진 우리집은 동네에서 제법 번듯한 축에 속했다. 목련과 포도나무가 있는 작은 정원을 지나 '도기다시'研出가 된 계단을 오르면 회색 화강암 아치가 있었다. 구름무늬 간유리를 끼운 알루미늄 프레임의 현관문을 열고 들어서면 볼록한 나무 패널로 감싼 거실 벽이 눈에 들어왔다. 어린 눈에는 썩 마음에 들지 않던 이 목재 마감은 당시 퍽 고급이라고 했다. 그 거실에는 등나무 프레임에 핑크색 패브릭으로 안락함을 더한 소파 세트가 놓여 있었다. 비교적 큰 안방과 내가 쓰던 작은 방, 욕조와 변기가 있는 작은 화장실, 그 옆에는 꽤 널찍한 부엌이 있었다. 처음에는 부엌 바닥이 콘크리트여서 플라스틱 슬리퍼를 신고 들어갔지만 몇 년 뒤 장판을 깔아 맨발로 드나들었다. 동네가 재개발되면서 사라졌지만 우리집 구석구석은 내 머릿속에 여전히 또렷하게 남아 있다. 그 시절 우리집에 썼던 여러 건축 자재의 연원이 희미하게나마 책 속에 등장하는 것들과 연결되어 있음을 발견한 순간은 이 책을 쓰면서 누린 각별한 즐거움이다.

*

한국 근대 건축의 역사가 그러했듯이 실내 공간의 역사 또한 '혼종의 역사'라는 결론은 뻔하다. 하지만 그 역사를 톺아보는 과정은 그리 단순하지도 쉽지도 않다. 그럼에도 나는 사람들이 일상을 이루는 '자잘한 것'에 관심을 갖는다고 여기고, 그 자잘한 것들에 대해 함께 펼쳐놓고 이야기하고 싶었다. 그런 점에서 이 책은 전작인 『경성 백화점 상품 박물지』와 맥이 닿는다고도 할 수 있겠다. 『경성 백화점 상품 박물지』가 백화점 자체보다 백화점 안에서 판매했던 상품에 주목하고, 온갖 상품을 층별로 세세히 따지고 살폈다면 이 책은 마치 「건축 탐구 집」 프로그램처럼 백 년 전 누군가 살던 '남의 집' 안으로 조심스럽게 발을 들여놓고 그곳이 그 모습이 되기까지의 복잡한 역사를 살폈다. 또 한편 경성의 근대 공간에 대해 처음 관심을 갖고 펴낸 책 『딜쿠샤, 경성 살던 서양인의 옛집』이 특정 근대 주택의 역사와 실내 재현의 과정, 그리고 살림살이의 내력을 다뤘다면 이 책은 범위를 확장시켜 당시 고급 주택과 그 집들을 둘러싼 문화 지형을 두루 살폈으니 조금은 진일보했다고 할 수 있겠다.

*

이 책을 쓰면서 국내외 여러 자료를 참고했다. 그 가운데 1922년에 창간한 『조선과 건축』朝鮮と建築은 핵심 사료였다. 당시를 대표하는 건축잡지로서 이미 여러 연구자가 활용했다. 잡지에는 약 124채의 실물 주택과 주택개선에 관한 글들이 실려

있는데 이 가운데 실내 관련 부분이 도드라지는 사례들을 일부 선별했다. 특히 집을 짓고 난 뒤 건축주와 건축가가 남긴 후기나 건축 재료에 관한 내용을 꼼꼼하게 살펴 그들이 인식하고 있던 근대적 실내 공간의 실제를 파악하기 위해 애를 썼다.

    그 시절 잡지, 신문, 각종 문학 작품 속에는 당시 사람들의 생생한 목소리가 담겨 있다. 당대 활동했던 건축가와 각계 인사 들의 목소리, 그리고 여러 문학 작품 속에 담긴 작가들의 세밀한 묘사는 공간과 그 속의 요소들을 드러내고 보여주는 생생한 증언이다. 간혹 본문에 긴 인용문을 실은 것은 조금이라도 더 독자에게 그 시절의 느낌을 생동감 있게 전하고 싶어서다. 건축주 대부분이 일본인이라 우리 조선인의 생각을 충분히 알 수 없는 점은 두고두고 아쉬움으로 남는다. 조선인이라고 해도 이 시대 이 정도의 경제적·문화적 여유를 누린 이들의 행적은 대체로 짐작 가능하다. 일제강점기 역사 연구자라면 늘 마주하는 딜레마다. 이 책이 그 시절 특정 계층의 문화에 대한 향수나 감상, 노스탤지어로 비칠 수도 있겠다는 마음의 짐 또한 있다. 하지만 그렇다고 해서 그 시대의 문화 자체를 덮는 것은 연구자로서 취할 자세는 아니기에 집필을 이어왔다. 관련하여 참고한 문헌들은 책 뒤에 밝혀 실었다.

*

건축을 평면도로만 보고 동선을 파악하는 것은 내비게이션의 지도를 보는 것과 비슷하다. 가려는 길을 단순화시키게 되니 놓치는 것이 많을 수밖에 없다. 책을 쓰는 동안 평면도에서 더 깊이 들어가 여러 가지 요소들, 이를테면 자재와 기법·가구와 같은 물품들을 살핌으로써 가능한 입체화시키기 위해 힘을 썼다. 하지만 이렇게 시도했다고 해도 "원하는 목적지에 도착했습니다"라는 안내 멘트를 기대하기는 어렵다. 우리 눈앞에 실재하는 경성 주택이 드문 데다가 그나마 남아 있다 해도 외관보다 주택의 내부는 시간의 흐름을 오롯이 받아 안아 원형은 더 빨리, 더 많이 사라졌기 때문이다. 그렇기에 나는 책 한 권을 세상에 내놓는 지금 이 순간에도 여전히 내비게이션 속 지도 안에서 뱅글뱅글 선회하고 있는 셈이다.

    그러나, 비록 목적지 근처에 이른 정도일지라도, 눈 밝은 누군가는 이 책을 지도 삼아 '원하는 그곳에' 더 가까이 가닿을 수 있을지도 모른다. 나아가 이 책이 오늘날 근대 건축과 실내의 복원을 시도하는 이들이 고민하는 많은 순간에 유용한 참고가 될 수 있을지도 모른다. 『유진오 단편집』을 해설한 진영복은 "실패와 욕망과 분열과 상극이 혼효되어 켜켜이 쌓여 미세한 경계의 특징을 보여주는 것이 생활 세계"라고 멋들어지게 정의했다.[2] 『경성 주택 탐구생활』 역시 그의 표현을 빌려 "일종의 퇴적층" 같은 생활 세계의 한 단면을 드러내는 책으로 읽히기를 희망한다.

*

이 책을 쓰는 내내 안팎으로 많은 일이 있었다. 사회적으로 개인적으로 크고 작은 소란의 파도에 떠밀려 마음을 다잡기 어려웠다. 그럼에도 꾸역꾸역 일상을 살아내야 한다고 믿고 다독이며 억지로 엉덩이를 붙이고 원고를 썼다. 그렇게 쓰다보니 어느덧 이만큼 원고가 쌓였고 마침내 책이 되었다.

    원고를 쓰기 위해 필요한 답사를 묵묵히 함께 해주고 늘 단단한 버팀목이 되어주는 남편, 부나방처럼 청춘을 불사르는 아들 정빈에게 건강하게 일상을 살아줘 고맙다는 말과 함께 감사함을 전한다. 일본어 사료 이해를 도와주신 이은민 선생님, '혜화1117' 이현화 대표님의 독려와 응원 덕분에 즐거운 탐구생활을 마칠 수 있었다. 나에게 즐거웠던 탐구생활의 결과물이 독자들에게도 즐거움이 되기를 바란다.

2025년 여름
최지혜

책을 펴내며 004

1부 경성의 주택문화

"조선 사람아! 새로 살자!"_가옥 개선 020
사회 각계에서 펼쳐진 생활개신운동 |
도시한옥의 대표 브랜드, 건양사

"배척치 못할 우리 주택의 특장"_온돌 035
근대화 물결에도 살아남은 온돌의 힘 | 조선의 추운 겨울을 견디기
위한 최적의 시스템 | 온돌로는 다 채울 수 없는 온기, 난로·벽난로·라디에이터

"문화주택은 이상적 주택이란 뜻일 것이외다"_문화주택 056
유행어는 문화, 서민의 꿈은 문화주택 | "조선 사람 만히 모혀 사는
문화촌은 어듸냐" | 지상낙원 문화주택, 문화주택을 넘은 꿈의 주택

2부 백 년 전 남의 집 구경

"집주인의 생활을 낫타내랴고 노력하는 곳"_현관 082
문화주택의 첫 입구이며 첫 인상, 현관 | 현관문을 열면 실내로 들어갈 차례

"조금 돈을 드리어 응접실로 써도 조흘 것입니다"_응접실 092
대청과 마루를 벗어나, 응접실의 탄생 |
과시적 공간, 집집마다 공을 들인 인테리어 |
그때 그 시절 응접실 예법

"가정에서 누리던 모던 하우스의 상징"_선룸 114
집안의 온실은 곧 부의 상징 | 온실에서 등의자에 앉아 햇볕을 즐겨요

"과시와 선망이 교차하는 근대적 공간"_서재 130
예나 지금이나 지식인의 상징 | 특별히 눈길을 끈 여성 명사의 서재 |
보고 싶은, 보여주고 싶은 욕망이 교차하는 곳

"가정 생활 전체의 중추 기관"_안방 146
근대의 시작, 역할의 변화 | 안방을 안방답게, 장롱 | 수납 문제 해결책, 일본식 벽장 |
안방 주인의 애용품, 경대 | "침대가 뭬 좋다구 그러시오?"

"무용하고 방해가 되어 사라진"_객간 188
일본 주택의 유전자 | 쓸모를 못 찾은 낯선 공간

"조선 부인네 살님사리가 조곰 자미잇을 여디가 잇슬 것"_부엌 196
"몇가지만이라도 속속 개선하게 된다면" | 재래식에서 근대로, 과도기 부엌 풍경 |
부엌에 들어선 근대 신문물, 개수통·곤로·냉장기

"한자리에서 즐거웁게 밥 먹을 때 참된 단락이 잇는 것"_식당 212
"식사는 단합하야 화락한 중에 하십시다" | 소반에서 교자상을 거쳐 식탁으로

"재래 주가에서 세면소 형식을 못 보니 큰 유감이요"_욕실 228
연중행사였던 목욕을 일상 속으로 들어온 욕실 | 갈수록 진화한 욕조의 세계 |
입욕제로 목욕의 효과를 높이다

"조선에 잇서서 무엇보담도 이것을 곳처야 하겟습니다"_화장실 244
차마 드러내놓을 수 없던 변소의 민망함 | 이동식 화장실, 요강 |
변기의 진화, 계급의 상징에서 일상의 필수품으로 |
그 시절 변소 악취 해결법, 파리 잡는 법

3부 경성 주택 구석구석

도시한옥이나 문화주택의 근대적 면모_**천장재** 268
　　같은 나무, 다른 방식 | 텍스, 이전에 듣도 보도 못한

집에 힘을 주었느냐, 아니냐_**바닥재** 274
　　공간마다 달라지는 바닥재 | 근대의 바닥재, 리놀륨 | 기능으로는 으뜸, 고무타일과 코르크 |
　　낯설고도 화려한 근대의 물건, 카펫

"남의 집에서 그 아무 것보다도 눈에 씌는 것"_**벽마감** 314
　　방 안을 고급스럽게, 판벽부터 페인트까지 | 그때부터 지금까지 벽마감의 클래식, 벽지 |
　　디자인도 생산지도 유행 따라 취향 따라 재력 따라 | 벽지 산업을 둘러싼 요모조모 속사정 |
　　"우리 기술로 완전한 제품을 만들어내는 건국적 의의"

"근대 주택의 기능과 장식을 도맡은 붉은 피부"_**벽돌** 354
　　한옥과 어느덧 자연스럽게 어우러진 | 집밖에만? 집 안에서도!

"위생을 실천하는 데 적합하고 게다가 예쁘기까지"_**타일** 362
　　처음부터 환영을 받은 것은 아니지만 | 우리에게는 평양제가 있었다 |
　　미적 생활의 대중화 시대를 열다

"얇고도 투명한, 모던 주택의 홀마크"_**유리** 382
　　한옥에 달린 유리문, 한양절충의 시작점 | 우리 손으로 만드는 유리를 향하여 |
　　스리유리와 결상유리, 근대 주택의 흔적 | 유리 산업 발전의 뒷모습

4부 경성 주택 꽃단장

"더 밝음을 좇는 열망, 열망 이후 아름다움의 추구"_조명 410
    첨단 문명의 이기, 전깃불 | 전구와 전등갓에 더해지는 미감 |
    혼연일체가 되어가는 조명과 건축 디자인

"유리창이 잇스면 반드시 이것을 쳐야 할 것임니다"_커튼 440
    양실이든 조선방이든 그 어떤 방이든 유리창의 단짝, 커튼 |
    "뭐니뭐니해도 으뜸은 영국과 프랑스제" | '레쓰' 황금시대 | 커튼만? 블라인드도!

"아모 필요 업는 것 가트나 이는 실로 매우 중대한 문제"_실내장식 470
    1930년대 실내장식의 경향, 아르 데코와 모더니즘의 희미한 흔적 |
    '국풍'이라 불린 일본풍의 유행 | 집안에 그림과 사진 거는 것만 봐도 드러나는 취향 |
    건축가 박길룡의 조언, "실내는 어떻게 장식해야 할까"

"그 시절 문화주택 인테리어 토탈 매장"_실내장식 전문점 494
    백화점과 전문점, 실내장식 물품을 판매하다 |
    다카시마야, 실내장식용품 판매부터 시공과 설계까지 | 실내장식에 대한 개념을 전파한
    미쓰코시백화점 | 경성 실내장식계의 빠질 수 없던 이름, 요코야마 상점

부록
    주註 508
    참고문헌 536
    찾아보기 545

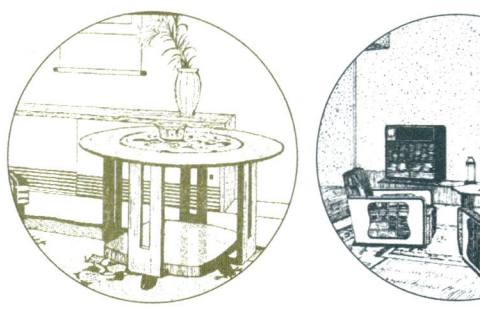

일러두기

1. 이 책은 미술사학자 최지혜가 1920~30년대 경성의 주택문화 및 실내 공간의 구성 요소 전반에 대해 조사, 연구, 서술한 것이다.

2. 이 책의 주요 시대적 배경은 1920~30년대로서, 당시 서울의 지명은 경성으로 표시하고 행정구역 등도 당시 지명을 따랐다. 필요에 따라 오늘날의 행정구역명을 함께 서술하거나 괄호 안에 표시했다.

3. 본문에 등장하는 외래어는 국립국어연구원의 외래어 표기법에 따르는 것을 원칙으로 했으나 표기법이 정확하지 않거나 이미 그 표기로 익숙한 경우 발음을 중심으로 표시하고, 필요한 경우 원어를 병기했다. 일본 인명 및 상호명 등의 표시는 당시 문헌에 한자 및 일본식 독음이 있는 경우 일본식 독음을 따랐고, 한자만 있고 독음이 없는 경우 오늘날 잘 알려진 것은 찾아서 일본식 독음을 표시했으나 그렇지 않은 것은 한자의 우리말 독음을 표시했다. 필요한 경우 한자, 영어 알파벳, 일본어 등을 병기했다.

4. 본문에 수록한 당시 신문 및 잡지, 문학 작품 등의 인용문은 본문과 다른 스타일로 구분하여 배치하고, 별도의 교정 없이 가급적 당시 문장 및 표기 그대로 실었다. 이는 굳이 오늘날의 문장으로 바꾸지 않아도 의미의 전달이 충분하며, 오히려 오늘날의 문장으로 바꾸지 않는 쪽이 그 시대의 분위기를 잘 전달할 수 있을 것으로 여겼기 때문이다.

5. 그림 작품이나 영화 제목은 홑꺾쇠표(〈 〉), 전시명이나 화첩 제목 등은 겹꺾쇠표(《 》), 문학 작품이나 신문 기사 그리고 노래 제목과 TV프로그램 등은 홑낫표(「 」), 단행본을 포함한 책자의 제목 등은 겹낫표(『 』)로 표시했다.

6. 본문에 언급한 주택은 집주인의 이름과 소재지를 함께 붙여 표시했다. (예. 가회동 우종관 주택) 이 경우 대부분 '주택'으로 지칭했으나 오늘날 '가옥'으로 이름이 익숙한 곳은 그대로 따랐다.(예. 옥인동 박노수 가옥) 집주인의 성만 남은 곳은 성과 씨를 붙여서 표시했다.(예. 수송동 이씨 주택)

7. 본문의 이해를 돕거나 출처를 밝히기 위해 작성한 주석과 참고한 문헌의 목록은 책 뒤에 따로 '부록'을 구성하여 실었다. 참고문헌은 사료, 도록, 단행본, 논문, 아카이브 및 자료 순서로 게재했다. '부록'에는 이밖에 찾아보기도 포함했다.

8. 책에 실린 이미지 등은 필요한 경우 관계 기관의 허가를 거쳤으며, 확인 가능한 정보를 최대한 표시했다. 저자는 물론 사진 촬영자의 이름을 사진 옆에 모두 표시했다. 수록한 사진 가운데 저자가 실내 재현에 참여하고 그 결과물을 단행본으로 펴낸 『딜쿠샤, 경성 살던 서양인의 옛집』(혜화1117, 2021)에 수록한 다수의 이미지를 재사용 했음을 밝힌다. 이밖에 최선을 다했으나 저작권자 및 관련 정보를 찾지 못한 사항은 확인이 되는 대로 다음 쇄에 표시하고 적법한 절차를 밟겠다.

9. 표지 및 본문 표제지를 비롯한 부속물 디자인은 1930년대 일본 고요샤洸洋社에서 출간한 여러 권의 근대 실내 장식 가구 관련 잡지 및 도서에 수록된 이미지를 다수 변형, 활용했다.

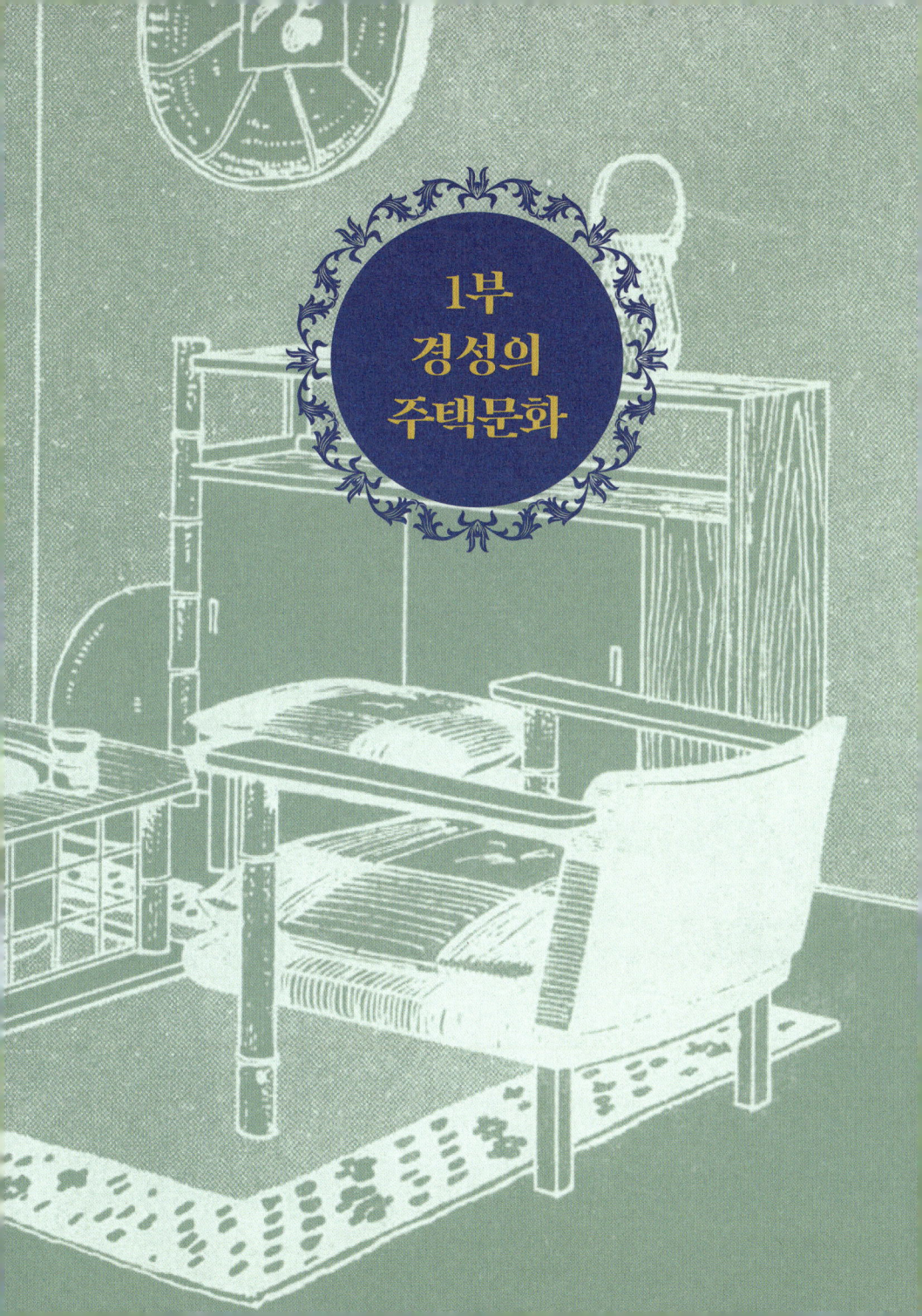

1부
경성의 주택문화

경성은 조선 후기부터 꾸준히 인구가 증가해 왔지만 1920년대부터 그 속도가 한층 빨라졌다. 통계에 따르면 1920년 25만 명이던 경성 인구는 1930년 약 10만 명이 늘어 35만 명으로, 그리고 1940년에는 무려 93만 명으로 급증했다.[1] 그리하여 경성에는 부동산 개발 붐이 일었다. 일본인들은 자본을 앞세워 주택지 개발에 열을 올렸고 조선인 업자도 1930년대 중반부터 집장사에 뛰어들었다.

당시 지어진 집은 여러 유형이었다. 아파트 같은 집합주택은 차치하고 단독주택의 형식은 일옥, 화양절충, 한양절충(선양절충, 조양절충이라고도 부른다), 문화주택, 양옥 등으로 분류할 수 있다. 큰 틀에서 보면 조선식에 일본식과 서양식 요소를 이리저리 붙인 절충식과 완전히 새로운 외관을 가진 서양식의 변용이었다.

조선인 거주지 북촌에는 당시 사람들이 가장 선호했던 전통적인 기와집 형태의 이른바 도시한옥이 대거 들어섰다. 도시한옥은 조선시대 양반 가옥처럼 기와지붕에 유려한 곡선의 처마와 마루를 여전히 유지한 채, 살면서 느낀 불편한 점을 개선하기 위해 여러 건축적 실험이 이루어진 절충된 집이었다. 최초의 브랜드 한옥 건양사를 비롯한 여러 회사는 동선, 난방, 부엌, 변소, 장독대, 행랑방, 채광과 통풍, 보온 같은 문제점들을 부분적으로 개선해 고쳐 지었다.

개선 즉, 말 그대로 좋은 쪽으로 고쳐진 것은 오래 살아남았다. 특히 서양 주택과 비교할 때 가장 다른 점이자 특장特長이라 할 수 있는 난방 형식인 온돌은 우리 주거문화에서 우성 유전자였다. 서양 주택에서 중요한 난방 장치였던 벽난로, 전기를 사용한 라디에이터, 그리고 간편하게 사용할 수 있는 각종 난로가 경성의 고급 주택에도 모습을 드러냈다. 하지만 온돌은 '없애자'와 '남기자'는 열띤 주장과 실험 속에서 변화를 거듭하며 꿋꿋이 유전되었다.

도시한옥과는 다른 새로운 집도 생겨났다. 나무와 종이 대신 철근, 시멘트, 벽돌, 유리, 타일 같은 것으로 지어지고 감싼 집은 그 자체로 모던함을 증명했다. 그렇게 지은 집은 당시 유행한 단어인 '문화'를 붙여 '문화주택'이라 불렸다. 문화주택은 많은 이들의 선망의 대상이었다. 문화주택이 사람들의 부러움을 산 것은 비단 겉모습 때문만이 아니었다. 오히려 집의 내부 공간, 이를테면 편리한 동선·마감재·꾸밈새를 비롯하여 거기에 사는 이들의 생활 방식이 더욱더 모던한 집에 대한 욕망을 부추겼다.

경성 주택의 공간 구성, 설비와 자재는 서구를 번안한 일본을 통해 들어온 근대의 산물이었다. 경성 주택은 여러 문화의 충돌과 융합, 그리고 절충을 거쳐 탄생한 혼종의 집이었다.

사회 각계에서 펼쳐진
생활개신운동

1938년 12월 20일 오후 세 시. 잡지 『여성』 본사 영업국장 응접실에서 가정생활개선 좌담회가 열렸다. 이훈구 국장은 "조선 가정에 있어 반드시 개선해야 한다고 생각되는 점을 복장 없이 말씀해 달라"고 운을 떼었다. 가정제도, 가정경제, 조선 의복 개선 문제, 조선 음식물 개선 문제, 가옥 개선, 가정위생, 그리고 가정 단락團樂 문제와 같은 주제에 대해 차례로 의견이 오갔다. 특히 가옥의 여러 불편한 점과 개선점에 대한 생생한 목소리는 이랬다.[1]

"노자영盧子泳 : 가옥제도에 있어서 개량할 점을 전문가이신 박길룡 선생 좀 많이 말씀해 주십시오.

박길룡朴吉龍 : 아니 제가 말씀하는 것보담 여러분들의 가옥제도에 대한 불평을 많이 들려주셨으면 좋겠습니다.

허영순許永淳 : 재래 조선집은 문을 열면 바루 직접 바람을 받게 돼서 아이들이 감기들 염려가 많드군요.

유각경兪珏卿 : 무엇보담두 주방이 불편하게 돼서 음식을 맨드는데 여간 비능율적이고 불편을 느끼는게 아닙니다.

박길룡 : 재래 조선식 가옥에서 불편한게 주방과 변소이기 때문에 우리는 여기다 무척 관심을 갖고 그 개량을 많이 생각하는데 직접 그 불편을 느낄 주부들은 비교적 관심이 적은 것 같드군요.

김선金善 : 아무리 우리가 관심을 한다고 해두 결국 전문이신 건축가들이 이렇게 해줘야 될 것 같습니다.

박길룡 : 그렇지 않습니다. 건축가들이야 물론 이렇게 하는 것이 좋다고 리상적 설계를 주장합니다 그러면 집짓는 사람편에선 내돈주고 내집 짓는데 내 맘대루 하지 무슨 소리냐고 해서 이편에선 또 입장이 매우 어렵습니다.

유각경 : 개량해서 지어노면 일반적으로 잘 팔리지가 안는 까닭에 재래식으로만 짓는 모양입니다.

박길룡 : 집사는 사람들을 보면 속으로 드러가서 쓸모있게 지은 것은 볼줄 모르고 거죽으로 봐서 이뿐집만 찾이니 딱합니다.

허영순 : 조선가옥제도에 제일 불편한 게 부엌과 방의 열락이 불편한 점이애요. 마루를 지나서 신발을 신고 그 높은 문지방을 넘어서 집숙한 부엌엘 드러가야 하니 얼마나 불편해요.

박길룡 : 부엌의 붓두막을 떼고 함실 아궁지를 맨들고 솟은 화덕에 따루 거러야합니다.

최선복崔善福 : 그렇게 해보니까 더운물 쓰기두 말째구 불편하드군요.

박길룡 : 실험을 해보니까 나무가 훨신 적게 들구 좋다는데요.

이갑수李甲洙 : 우리가 그렇게 벌서부터 실행하구 있는데 안방 큰아궁지를 함실로

1939년 2월 잡지 『여성』에 실린 가옥 개선 좌담회.

1929년 5월 12일자 『조선일보』에 실린 생활개선 포스터.

맨드러 가지고 여기다가만 불을 때는데 확실히 연료가 경제가 되고 방은 아주 더웁든걸요.

허영순 : 부엌에다가 마루를 놓고 좀 개량해봣으면 좋겠는데 다락이 있고 보니 그도 불편하드군요.

박길룡 : 다락을 없애야합니다. 그리구 그대신 골방을 맨드러가지구 다락에 널 것을 넣두도록 해야합니다.

최선복 : 문화주택을 써보니까 이 역시 불편한 점이 많드군요. 우선 변소에서 나는 냄새가 밖으로 잘 안나가고 집안에 퍼저서 냄새가 나 못견디겠드군요. 그야말루 서양식으로 물을 틀어 번번이 씨서 네려가게 하면 몰라두.

노자영 : 김주항씨댁엘 얼마전에 가보았는데 거기는 변소라든지 모든 것이 거참 리생적이든걸요.

박길룡 : 그렇게 하는게 물론 좋지요. 값이 많이 드러 걱정이죠. 변소 하나만 잘해 놓자구 해도 천여원 드니까요. 문화주택의 변소는 변소의 창을 많이 내고 문을 늘 여러놔 환기를 잘 해야합니다.

최선복 : 부엌 문화주택은 불편해요. 손님이 와서 뭘좀 굽구 그럴때엔 연기가 잘 빠저 나가질안아서 방에까지 드러와 여간 불편하지 안아요.

박길룡 : 부엌 천정을 문화주택에 있어선 더 높게 해야됩니다. 그리구 우리 장독대가 문제인데 이건 조선집에 있어선 마치 그집 형세나 체면을 대표하는 것처럼 은연중되어 버려서 공연이 큰 빈독들도 많이 느러 놓지 안습니까. 이게 큰 두통이애요. 처치를 어듸로 잘 해야할텐데.

유각경 : 장독대는 뒤 안보이는데다 높찌기 놓고 그 아래는 지하실을 맨드러서 이용하도록 해야겠죠.

박길룡 : 그렇면 또 장독대가 높아서 올라다니기 불편합니다. 하기야 어떤 집에선 요새 지붕위를 이용해 가지구 거기다 장독을 놋는 사람도 있습니다만 그것도 다 불편해요.

이갑수 : 우리집에서 일전에 당했던 일인데 화재를 당해서 장독을 어듸로 치우랴고 하니 원체 거대한 것이 돼서 어듸 움지길수가 있어야죠. 옮기랴다 못해 그냥 뒀었는데 화재를 당하는 때엔 꼼짝 못하고 그 장을 다 버리는 수 밖에 없드군요. 이걸 무슨 탕크나 세멘트같은 것으로 어떻게 할 도리가 없을까요.

유각경 : 그리고 또 우리 가옥 제도에서 물론 주방이나 부엌 변소도 불편하거니와 문간의 그 행낭방을 절대루 없애야 하겠어요. 드러가 안을 보면 훌륭하고 깨끗한 집이라두 문간이 더러워서 외국인에게 이런 걸 뵈일 때 여간 부끄럽지 안습니다.

박길룡 : 집을 설계할 때 사랑방은 중요시하고 주부가 있는 안방이라던지 아동실에 대해선 류의하지 안는 것은 아주 모순이라구 생각하는데요.

허영순 : 조선식의 고전미를 없애지 않고 어떻게 편리하게 좀 했으면 좋겠드군요.

박길룡 : 그렇지요. 우리들 생각에두 조선의 그 완자창이라던지 반침 도배하는 것 같은 것은 없새지 않을 작정입니다. 그리구 온돌은 없앨수 없습니다. 절대루 필요해요. 앞으로 통풍이라던지 채광에 있어서 좀 더 개량해야겠습니다.

이갑수 : 보온문제에 대해서 재래의 것을 가지고 좀 개량해봣는데 즉 재래 방장을 커틴식으로 해서 응용해서 안팎에다 솜을 넣어 써 봣는데 방에다 불을 조꼼 넣어도 방이 훈훈하고 여간 더웁지 안습니다.

박길룡 : 조선집에도 영창을 열면 직접 바람을 받지 않도록 영창 밖에 낭하가 있어 겹이되게 하는게 훨신 보온에도 좋고 환기에도 좋습니다."

위 명사들의 열띤 토론이 있기 이미 10년 전인 1929년에도 '조선 사람아! 새로 살자!'라는 표어 아래 사회 각계에서 생활개신운동이 펼쳐졌다.[2] 생활 전반의 악습을 개조하자고 꾸준히 외쳤지만 오래된 관습은 쉬이 바뀌지 않았다. 위 명사

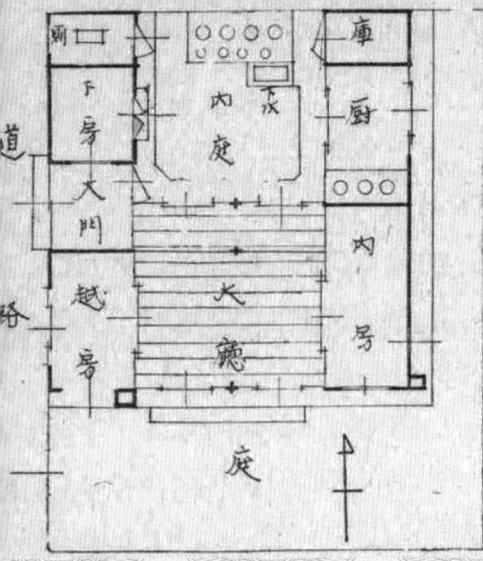 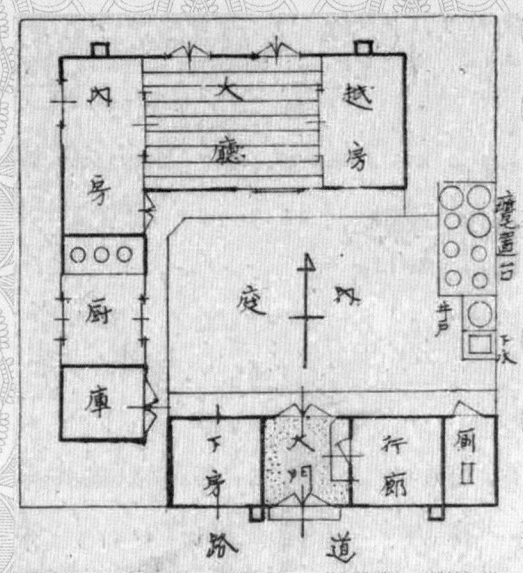

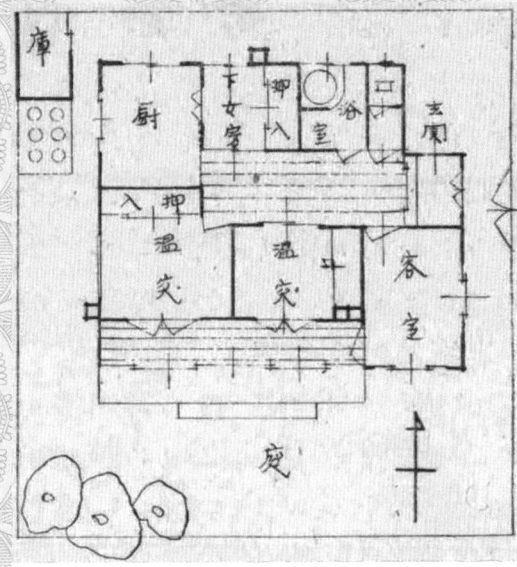

1941년 4월 『조선과 건축』에 실린 경성의 재래 주택, 도시한옥, 문화주택의 일반적인 평면도 공간 배치. 박길룡이 쓴 「조선주택잡감」에 실렸다.

들의 의견을 종합해 보면 방과 부엌의 동선, 변소, 부엌, 다락, 채광과 통풍, 장독대 등이 조선 가옥의 문제점으로 거론되었다. 이러한 조선 가옥의 문제점을 개선하면서 등장한 집이 바로 개량 한옥 즉, 도시한옥과 문화주택이었다.

  도시한옥과 문화주택의 평면은 유형별로 조금씩 다르지만 크게 보면 대략 비슷했다. 예를 들어 1933년 무렵 주택경영업자가 제시한 도시한옥은 안뜰을 북쪽에 배치하고 안방·대청·건넌방을 남쪽에 배치해서 채광과 통풍을 좋게 하고, 남쪽 정원에는 수목을 심을 수 있게 해서 대문을 현관의 역할을 하게 했다. 종로에서 나고 자란 아동문학가 어효선은 집을 남쪽으로 앉혀야 "햇볕이 잘 들어서, 집 안이 밝고, 구석구석이 보송보송하여, 병균이 발을 붙이지 못한다"고 했고 "그래서 남향집에 살려면, 위로 삼대가 착한 일을 많이 했어야 한다는 말까지 있다"고 했다.[3] 문화주택은 구조와 양식樣式은 양풍洋風으로 하고 방의 바닥은 전부 또는 일부 온돌, 건구와 방 내부는 조선풍으로 하지만 공간 구성은 조선 재래의 형식을 탈피했다. 이를테면 객실 한 칸은 마룻바닥으로 해서 양식처럼 한 절충식이다.

도시한옥의 대표 브랜드, 건양사

조선식 가옥을 개량한 우리나라 최초의 브랜드 한옥이 건양사 주택이다. 건양사 사장 정세권은 춘원 이광수가 작품 『무정』에서 "건축왕"이라고 했을 만큼 왕성하게 한옥단지를 개발했다. 그는 경남 고성 출신으로 1919년 서울로 이주한 뒤 건양사를 설립했는데 흔히 "집장사"라고 부르는 꼬리표가 무색할 정도로 조선 가옥 개량에 진심이었다. 또한 조선물산장려회와 조선어학회에도 깊이 관여한 민족주의자였다. 그는 "주택양부(住宅良否, 주택의 좋고 나쁨)가 일가의 운명을 좌우한다"고 믿고 재래 주택의 장·단점을 살펴 "개량주택을 성안하야 건양주택이란 명칭을 붙"였다.[4]

1930년대 후반 돈암 토지구획 정리 사업의 일환으로 조성한 성북구 안암동 1가 일대 한옥 밀집 지구.
1976년 촬영. 서울역사아카이브.

일본 잡지 『모던일본과 조선 1939』에 실린 1939년 북촌 일대 도시한옥.

©윤버들, 파우저

1920~30년대를 전후해 경성 곳곳에 들어선 도시한옥은 오늘날에도 서울 일부 지역에서 만나볼 수 있다. 사진은 2023년 무렵 서울 북촌 일대 도시한옥을 촬영한 것이다.

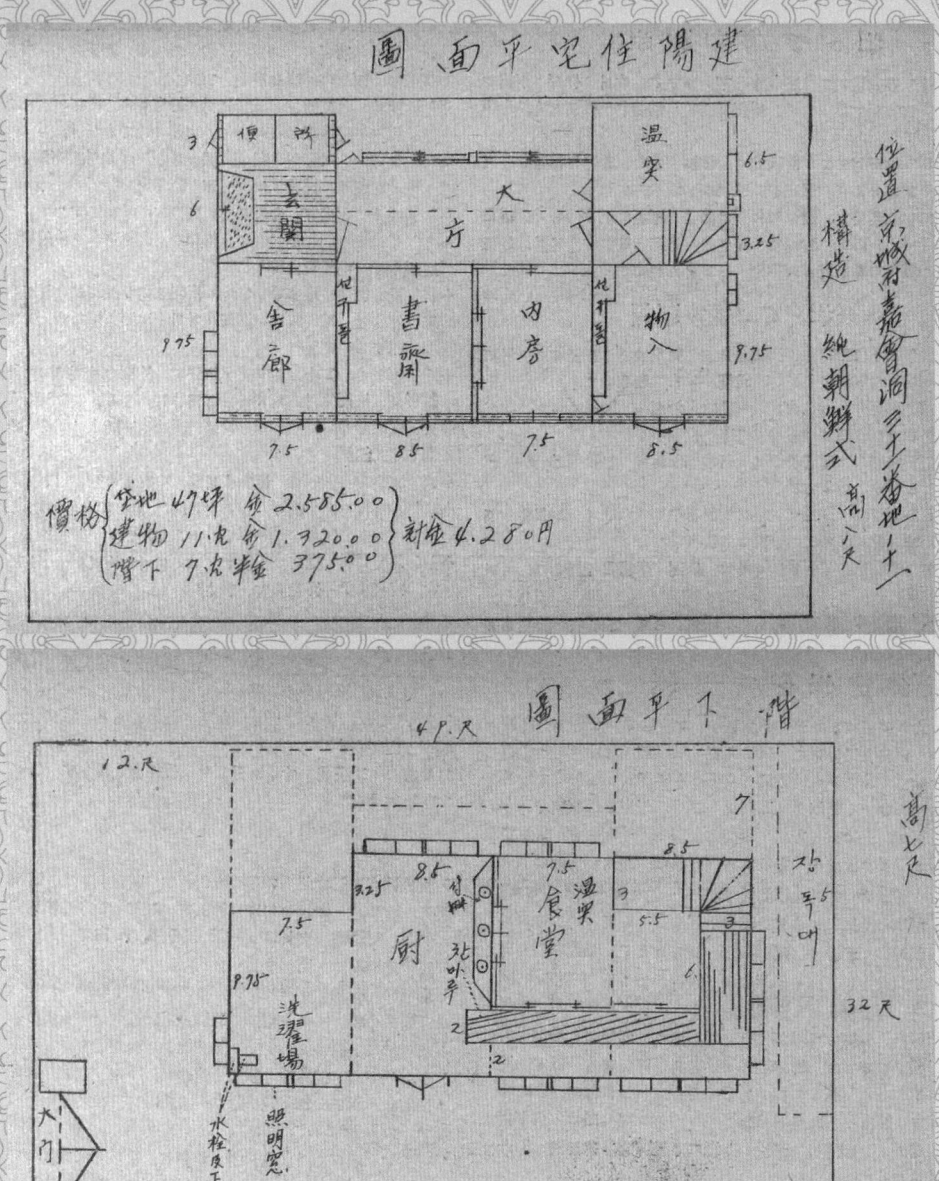

가회동 31-11번지 건양사 주택 1층과 지하층 평면도.
1층에는 현관·변소·대청·온돌방·사랑·서재·내방 물입(창고)이 있고, 지하에는 온돌방인 식당과 부엌·세탁장이 있다.

청부업자에게 속아 돈도 떼인 이광수도 정세권의 도움으로 세검정에 집을 지었다. 또한 그의 인격에 대해 입에 침이 마르도록 칭찬한 바 있다. 건양사 집은 건축비가 대략 66~122원 정도로 철근콘크리트조가 평당 215~250원, 벽돌조가 140~185원, 목조가 120~170원이었으니 상대적으로 가장 저렴했다.[5]

그래서 경성의 일반 월급쟁이들이나 신혼부부의 주택으로 제격이었다. 작가 이태준의 작품에도 종종 건양사가 등장한다. 소설『신혼일기』에서 화옥의 남편 순필이 "은행 본점에만 있을 것 같으면 새로 지은 작으마큼씩한 건양사 집 중에서 한 채를 얻든지 사든지 하면 그만이겠지만" 그가 지방으로 전근될 것이라 신혼집을 셋방으로 결정한다. 또 다른 작품『복덕방』에는 가옥중개업을 하는 서참의가 "중개업자도 많이 늘었고 건양사 같은 큰 건축회사가 생기어서 당자끼리 직접 팔고 사는 것이 원칙처럼 되어가기 때문에 중개료의 수입은 전보다 훨씬 줄은 셈"이라고 푸념한다. 이처럼 건양사는 문학작품에 실제 이름이 거론될 만큼 유명했다.

건양사 집은 주로 '중당식' 평면이었다. '건양식'이라고도 했는데 오늘날 아파트 평면과 비슷하게 모든 방을 가운데로 모았다. 일반적인 'ㄱ'이나 'ㄷ'자형으로 마당을 가운데 두고 실을 배치했던 한옥과는 확연히 다른 중앙집중식이었다. 내방, 사랑, 대청처럼 전통적으로 사람들이 선호하는 요소는 유지하되 현관을 도입하고, 변소를 내부에 들이고 서재와 같은 새로운 공간도 마련하여 하이브리드 한옥을 만들었다. 건양사는 중당식뿐만 아니라 'ㄷ'자형을 바탕으로 한 다양한 형태를 가회동 31번지와 33번지에 지었다. 'ㄷ'자형 한옥은 길가에 면한 문간채를 세놓을 수 있는 장점 때문에 당시 대중에게 상당히 인기가 있었기 때문이다.

건양사 외에도 도시한옥에 손댄 곳이 여럿이었다. 마공무소(대표 마종유), 오공무소(대표 오영섭), 조선공영주식회사(대표 이해구) 같은 회사와 김종량, 이해찬 등이 대표적이었다.[6] 이들이 사업을 펼칠 수 있던 것은 1919년 3·1운동 이후 일제의 통치 전략이 문화통치로 바뀌었기 때문이다. 그전까지 조선인이 회사 설립을 못 하게 발을 묶었던「회사령」이 1920년 철폐되면서 새로운 길이 열렸다. 수요는 늘고 규제도 풀리면서 경성의 부동산 경기는 날로 활황이었다. 박태원의 소설 『여인성장』에는 조선식 주택과 문화주택에 대한 인식이 잘 드러난다. 주인공 철수의 아버지 김현재는 꽤 이름난 번역가이자 문사였다. 그는 아들을 위해 새로 집을 짓고 있었다. 두 사람은 주택에 관해 다음과 같이 의견을 나누었다.[7]

"느이 어머니는 역시 순조선식으로 짓는 게 좋다시지만 그건 나는 반대구…."
「그럼 소위 문화주택식으루요?」
「글세 문화주택식이랄지… 집 됨됨이두 됨됨이려니와 집안에 방은 원 몇이 되구 간에 꼭 하나만 남겨두고는 온돌은 폐지하여 버리자는게 내 주장인데…경제적으로 나무값 석탄값 처드는 것두 가난한 살림살이에 문제려니와 제일에 조선사람들이 느리구 게른 것이 도무지가 온돌 까닭이거든. 느이 어머넌 대 반대시더라만 나는 하나만 남겨두군 온돌은 폐지헐 생각이다.」
「하난 남겨 두실 것 무엇 있습니까?」
「아니야. 그래두 집안에 혹 환자가 생긴다든지 그런 경우에 역시 온돌방이 하나쯤은 필요허니라.」
「네.」
「어느 서적에서 보니까 재래의 조선 가옥을 중정식이라구 허구 문화주택 모양으로 된 것들을 집중식이라구 부르나 보드라만, 이름이야 어떻든 내 생각에두 그 집중식이라는 게 퍽 합리적인 것 같더라. 서양 사람들처럼 밤에 침실루 들어갈 때까지는 신을 도무지 벗을 필요가 없거나 허다면 모를까 이건 집안에 들어앉어서두 하루에두 수십 차씩 신을 신구 벗구… 그 번거롭기란 이를 데가 없지 않으냐?"

결국 두 사람은 집은 집중식, 방은 네 개, 그 가운데 하나는 온돌을 놓고, 욕실도 하나 두는 것으로 결정한다. 위의 대화에서 아버지 김현재는 당시 주택에 대한 일반적인 인식을 집약적으로 보여준다는 점이 퍽 흥미롭다. 조선식 가옥을 선호하는 부인과 대조적으로 남편은 동선이 편리한 집중식 문화주택을 고집한다. 또한 그는 연료비의 경제성 측면에서 온돌 폐지를 주장하지만 방 하나 정도는 온돌로 하려는 존치론자다. 한마디로 김현재는 근대적 주택개량론자였다. 소설은 오늘날 돈암동을 배경으로 펼쳐지는데 박태원은 실제로 1938년 돈암정 487번지 22호에 땅을 마련, 직접 설계하고 건설업자에게 부탁해 집을 지어 1940년 4월 초 이사했다.[8] 아들 박일영에 따르면 그 집은 넓은 터에 지어진 'ㄷ'자형 조선기와 집으로 영락없는 도시한옥이었다.[9] 그러니까 소설 속 주택 묘사는 당시 박태원 자신의 경험과 인식에서 비롯했다. 그의 또 다른 작품 「채가」에서는 주인공의 집을 실제 자신의 주소로 설정했다.

1930년대 사람들은 새로 집을 지을 때 각자의 주머니 사정과 취향에 따라 집의 형태를 고민했을 것이다. 도시한옥과 문화주택은 대표적인 선택지였고 둘 다 새로운 요소가 접합·절충되었다. 1931년 조선에서 처음으로 남편에게 위자료를 주고 이혼해 사회적으로 큰 이슈가 되었던 '조선의 노라' 박인덕 씨는 이혼 뒤 자신의 집을 짓는데 이른바 한양절충식을 택했다. 주택을 어떻게 짓느냐는 기자의 질문에 그는 다음과 같이 답했다.[10]

> "요-아래 도정궁터에다 지금 짓는 중인데 외양은 순조선식이요 내부만 약간 양풍을 가미한 것이라오. 마당을 넓게 맨드러서 화단을 크게 맨들 작정이고 집은 조고마하게 실용적으로 설계를 하엿는데 마루를 넓게 맨드러서 응접실 겸 거실로 쓰고 주방과 욕실은 집 뒤편에다가 두게 하야 전면에서 보이지 안케하고 마루 좌우편에 온돌방을 만들고 방 뒤에는 골방을 맨드러서 의복 기타를 집어느토록 하엿다오."

도시한옥과 문화주택에 새로운 요소들이 절충되는 가운데 온돌은 존폐의 갈림길에 서 있었다. 오랜 전통을 자랑하는 난방 시스템인 온돌에 새로운 도전장을 내미는 여러 근대적 장치가 경성 주택에 속속 도입되기 시작했다.

근대화 물결에도 살아남은 온돌의 힘

"우리의 주택이라는 것은 우리의 선조가 설계한 것이라고 전부를 부인하는 것은 아닙니다. 우리의 주택 가운대에는 우리가 영원히 버리지 못할 지중至重한 장소長所가 만습니다. 이제 그 장소長所를 말하자면 제일第一에 한대지방寒帶地方에서 생활하는 우리로써는 가쟝 경제적이며 가쟝 간편한 난방법 즉 온돌이 잇습니다. 이것은 아모리 우리가 개조 생활을 주장한다 할지라도 우리로써는 배척치 못할 우리 주택의 특장特長이겟습니다."

1923년 우리나라 1세대 미술가이자 문인인 김유방은 『개벽』 제32호에 쓴 「문화생활과 주택」에서 위와 같이 밝혔다. 예로부터 우리나라 기후는 '사계절이 뚜렷하고'라는 말로 설명을 시작하곤 했다. 계절적 특성은 집을 짓는 데 고려해야 할 중요한 요소다. 특히 조선의 집은 추운 겨울을 잘 나는 것이 중요했다. 우리보다 습하고 더운 일본의 집이 통풍에 신경을 많이 썼다면 우리는 난방에 힘을 썼다. 그래서 일본은 여름 집, 조선은 겨울 집이라는 말도 있었다. 겨울 집을 완성하는 가장 경제적이면서 간편한 난방법이 앞서 김유방이 말한 온돌이었다.

과거 궁궐의 온돌 이야기는 명종 18년(1563) 2월 5일에 기록된 『명종실록』에 다음과 같이 등장한다.

"4일 밤에 어실御室에 화변火變이 있었는데 어실은 온돌로 침상 아래에 으레 화기火器를 넣어서 따스하게 한다. 그때 반드시 먼저 네모반듯한 벽돌을 침상 아래에 벌여 놓은 다음 화기를 넣어야 하는데도 내관이 4일에 벽돌을 벌여 놓지 않고 이글거리는 불을 넣고는 다시 살펴보지 아니하여 불꽃이 세어져 화기를 뚫고 침상의 판자에 닿아 불이 붙었다. 밤 이경(9~11시)에 이르러 불꽃과 연기가 치솟았으나 겨우 끌 수 있었는데, 만약 밤이 깊어서 끄지 못했다면 불은 크게 일어났을 것이다. 상이 내관 여언장呂彦章·김종金宗·김세호金世灝를 의금부에 내리도록 명하였다."

왕은 침상에서 생활하고 그 밑에 벽돌을 쌓아 화로를 넣어 침상을 덥히는 방식이었음을 알 수 있다. 그런데 내관이 화로만 놓아두어 화재가 발생했으니 직무 유기에 왕에게 위해를 가할뻔한, 자칫 역모로까지 몰릴 수 있는 중대한 사건이었다.

고구려의 장갱(長坑, 긴 굴)에서 발전하여 고려에 계승된 온돌은 고도의 기술과 유지 비용을 요했기에 지배층을 중심으로 제한적으로 사용했다.[1] 16세기 후반에서 17세기 무렵에도 공경대부와 부자들의 저택조차 대부분 마루방이었고 온돌방은 노인과 병자를 위해 한두 칸만 설치했다.[2] 온돌의 유행은 18세기 성대중成大中, 1732~1809이 쓴 『청성잡기』 성언醒言 편에 실린 다음과 같은 흥미로운 대목을 통해 간접적으로 알 수 있다.

"옛날에는 방이 모두 마루여서 큰 병풍과 두꺼운 깔개로 한기와 습기를 막고 방 한두 칸만 온돌을 설치해서 노인이나 병자를 거처하게 하였다. 인조 때 도성의 사산四山에 솔잎이 너무 쌓여 여러 차례 산불이 나자, 상이 이를 근심하였다. 김자점이 이에 오부五部의 집들에 명해 온돌을 설치하게 하자고 청하였으니, 이는 오로지 솔잎을 처치하기 위한 것이었다. 사람들이 모두 따뜻한 걸 좋아하여 너 나 할 것 없이 이 명령을 따라 얼마 안 가서 온 나라가 이를 설치하게 되었다. 지금은 이 온돌의 폐해가 심하니, 젊은 사람들이 따뜻한 데 거처하면 근육도 뼈대도 약해지며, 습지나 산이 모두 민머리가 되어 버려 장작과 숯이 날이 갈수록 부족해지는데도 해결책이 없다. 그러나 내가 일본에 가 보니 일본에는 온돌이 없어 노약자들도 모두 마루에서 거처하였다. 나도 겨울을 나고 돌아왔지만 일행 중에 아무도 병이 난 자가 없었으니 억지로 습관 들이는 데 달려 있을 뿐이다. 이를 전국에 시행하면 처음에는 비록 약간 문제가 있겠지만 결국은 큰 이익을 가져올 것이니, 백성들이 틀림없이 기꺼이 따를 것이다."

도성 내 솔잎에 이는 잦은 산불의 해결책으로 조선 후기 문신 김자점金自點, 1588~1651이 제안한 것이 온돌이었다. 너도나도 온돌을 설치하다 보니 솔잎은 물론이고 나무마저 땔감으로 써 민둥산이 되는 폐해가 생겼다. 온돌 이외에도 김자점은 여행자를 위한 여관인 점店도 제안했다. 과거에는 여행자들이 원에서 묵었는데 이때만 해도 스스로 양식이나 그릇, 솥을 짊어지고 가야 했다. 김자점이 처음 만든 점은 이를 해결해 주는 본격적인 여인숙의 등장인 셈이다.

그렇지만 김자점이 온돌 확산에 얼마만큼의 영향을 주었는지 가늠하기는 어렵다. 임진왜란과 병자호란으로 소실된 건축을 재건하면서 온돌이 확대되었을 수도 있고, 16~17세기 '소빙기'라고 일컬어지는 저온화 현상으로 인해 그 필요성이 커졌을 가능성도 제기되고 있다.[3] 한편 조선통신사로 일본에 다녀오기도 했던 성대중은 온돌의 폐해를 거론하면서 젊은 사람들이 따뜻한 데 거처하면 근육과 뼈대가 약해진다는, 마치 일제 강점기 생활개선 운동가 같은 주장도 했다.

일본 내에서 온돌의 우수성에 눈뜬 이는 바로 '유기적 건축'의 거장 프랭크 로이드 라이트Frank Lloyd Wright, 1867~1959였다. 그가 1914년 일본 제국호텔 프로젝트를 위해 오쿠라 기하치로大倉喜八郎 남작의 집에 초대되었을 때였다. 일본의 겨울은 춥고 습해서 사람들은 보통 숯을 담은 화로인 히바치火鉢에 꽁꽁 언 손을 녹이며 견뎠다. 하지만 라이트를 포함한 서양인들은 좀체 이런 난방에 익숙해지지 않았다. 라이트는 오쿠라의 식당 방에서 너무 추워 덜덜 떨며 열아홉 코스의 음식이 나오는 동안 먹는 시늉만 했을 뿐이었다. 그런데 커피를 마시기 위해 옮긴 "코리안 룸"Korean Room은 확연히 달랐다. 이에 대해 그는 1943년 자서전에 이렇게 적었다.[4]

"기후가 바뀐 듯했다. 그것은 커피 때문이 아니라 그곳은 봄이었다. 우리는 곧 다시 따뜻하고 행복해졌다. 바닥에 꿇어앉았는데 믿을 수 없을 만큼 따뜻했다. 눈에 띄는 난방 장치는 보이지 않았다. 그것은 진정 난방의 문제가 아니라 기후 그 자체였다."

하버드 출신의 통역사는 외부 아궁이에서 불을 지펴 바닥 난방을 하는 "코리안 룸"에 대해 설명했고 라이트는 바닥이 따뜻한 이 믿을 수 없는 안락함에 감명을 받았다. 그는 즉시 짓고 있던 제국호텔 욕실에 이를 적용했다. 복잡하고 위험할 뿐더러 보기에도 안 좋은 라디에이터를 걷어내고 맨발로 따뜻한 타일 바닥을 기분 좋게 디딜 수 있는 바닥 난방을 설치했다. 그는 이것이 내부를 덥히는 게 아니라 건강하고 먼지가 없으며 맑은 기후를 창조하는 방식이라 여겼다. 그리하여 그는 미국에 돌아가서도 나코마 컨트리 클럽The Nakoma Country Club 하우스를 비롯하여 여러 곳에 이 방식을 적용했다.

정치인이자 독립운동가 유영준劉英俊, 1890~?이 해외에서 그리워한 것 가운데 하나도 온돌이었다.[5]

"중국인의 캉이나 서양인의 침대나 일본인의 다다미畳에서 거처를 하야보앗스나 우리 조선의 온돌처럼 땃뜻하고도 경제적이오 위생적인 것은 업습니다. 일본 가티 비습하고 중국 가티(특히 북방) 치운 지방에 잇서서 이른 봄과 느진 가을 아즉도 난로, 화로 가튼 것을 설비치 안이할 때에는 학생 기숙사 가튼데에서는 참으로 치워서 견듸기 어렵습니다. 그런 때에 우리 조선 사람은 누구나 온돌을 생각할 것임니다만은 특히 우리 가튼 여자로서는 더욱 간절히 생각이 남니다."

조선의 추운 겨울을 견디기 위한
최적의 시스템

온돌은 박길룡을 비롯한 근대 건축가들 사이에서 추장推獎론, 박멸론, 존치론 등 갑론을박이 있었다. 좋으니 보전하자는 쪽과 나쁘니 없애자는 의견이 충돌했다. 박길룡은 대표적인 추장론자였다. 그러는 사이 조선에 거주하는 일본인들도 주택에 온돌을 속속 도입했다. 간혹 온돌 대신 온수 보일러를 놓는 이도 있었다. 온수 보일러는 온수가 순환하면서 방을 덥히는 "이상적"인 방식이라고 여겼지만 문제는 난방을 끄면 파이프 속으로 들어간 온수가 돌아 나오지 않고 겨울이면 파이프가 동결되어 수리하는 데 골치가 아프다는 것이었다.[6] 그뿐만 아니라 겨울에 문을 열면 온기가 빠져나가기 때문에 문을 꼭 닫아두어 실내 공기가 나빠져 병을 얻는다고 우려했다.[7]

결국 조선의 추운 겨울을 견디기 위해 온돌만큼 검증된 시스템이 없다는 것을 경성에 사는 일본인들도 알게 되었다. 신교동에 1층 22평, 2층 10평 규모의 작은 집을 지은 경성부 위생계장 후지모토 겐이치藤本源市의 말이 이를 뒷받침한다. 그는 "온돌을 만드는 것은 조선에 사는 내지인은 모두 희망하는 것"이고 "지인들이 온돌

이 없으면 안 된다"고 했다.⁸ 하지만 그는 결국 온돌을 포기하고 미야자키宮崎식 페치카ペーチカ를 선택했다. 문화주택을 여러 번 지은 경험이 있는 건축가가 온돌은 겨울 석 달은 좋지만 나머지 7~8개월은 불편하고 오히려 스토브나 페치카가 보온상 유리하다고 했기 때문이다.

  기존 온돌의 단점을 보완한 개량 온돌도 다양하게 나왔다. 일본 민간업자들이 개발한 온돌에는 가와카미식川上式, 갱생식更生式, 무라오카식村岡式, 오노식大野式 등이 있었다.⁹ 이 가운데 갱생식을 제외하고는 모두 개발자의 이름에서 따왔다.

  스토브와 페치카를 판매하던 가와카미산주로川上三重郎가 개발한 가와카미식은 전매특허를 획득했고 철도국 관사, 조선호텔을 비롯하여 1929년에 지은 우종관 주택이 이 방식을 적용했다. 온돌 분구 상부에 깊이 1척 정도의 주철제 방열기를 설치하는 것이 가장 큰 구조적 특징이다. 우선 내화벽돌로 나뭇잎처럼 방사선 형태로 연도를 쌓고 그 위에 주철 그물판을 깔고, 또 그 위에 내화벽돌을 깐 뒤 점토를 바르고 유지(기름종이 장판)를 깔아 만든다.¹⁰ 가와카미식은 여러 장점이 있었다. 일반적인 온돌은 분구 위가 항상 과열되어 장판이 까맣게 타는 문제가 있었다. 실제로 옛날에는 집집마다 온돌 아랫목 위만 장판이 새까맣게 타 있고 거기엔 종종 아버지를 위한 밥 보시기를 이불 속에 넣어 덮어 두곤 했다. 그런데 가와카미식은 방열판을 설치해서 온돌 내의 온도를 높이기 때문에 그런 일이 없었고, 또한 수증기 발생기를 설치해 실내 공기가 건조해지는 것도 막았다.¹¹ 게다가 방열량이 풍부해서 온돌이 설치된 방뿐만 아니라 인접한 방도 보온할 수 있어 연료 소비도 기존 것보다 절반 이하면 충분했다.¹²

  최소한의 연료로 최고의 온도를 얻고자 하는 온돌 아궁이 개량은 우리나라 사람들에 의해서도 결실을 거두었다. 성북동에 사는 김방훈金邦焄이 발명한 아궁이인 애림조愛林竈는 특히 "거의 완전에 가까운 것"이라는 칭찬을 들었다.¹³ 임업시험장 시험에서 "연료 소비 절약 6할, 온돌 온도 증진 3할, 취사 시간 단축 5할"이라는 좋은 성적을 거뒀다.¹⁴

1935년 11월 6일 『조선중앙일보』에 실린 김방훈이 개발한 아궁이 애림조.

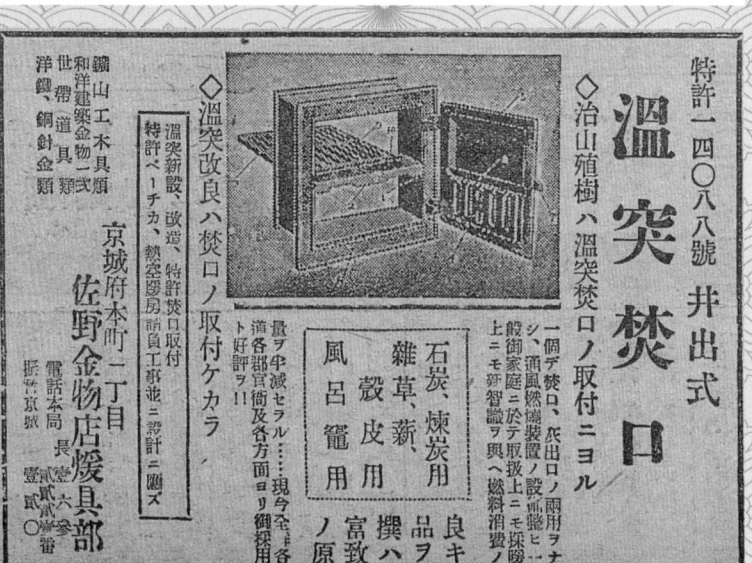

1928년 7월 5일 『경성일보』에 실린 온돌 개량을 위해 새로 개발해 특허 받은 온돌 장치 광고.

1941년 오늘날 명륜동에 살던 신공학연구소의 마리 아라타牧新는 온돌바닥을 아치형 블록으로 만들어 하나의 순회열도循廻熱道를 이루게 하여 아궁이로부터 때는 열이 완전히 전소 온돌 면에 흡수되도록 개혁한 이른바 '순회식循廻式 문화온돌'을 발명해 전매특허를 얻었다.[15]

지속적인 개량 노력 덕분에 온돌은 문화주택을 거쳐 오늘날 아파트에 이르기까지 살아남은, 세계인이 부러워하는 독특한 난방 시스템이 되었다.

온돌의 확산·보급은 실내장식과 생활 방식에 큰 영향을 주었다. 온돌이 보급되기 전까지만 해도 고려시대와 마찬가지로 마루방에서는 병풍과 휘장을 둘러치고 바닥에는 두터운 자리를 깔아 추위를 막았다. 마루방은 바닥의 냉기 때문에 서양처럼 침상과 의자, 탁자를 사용하는 입식 생활이었다. 하지만 바닥이 절절 끓는 온돌방에서는 자리를 차지하는 이런 가구 대신 나지막한 문갑이나 좌식 탁자 같은 것들이 적합했다. 또한 난방 기구도 방 전체를 덥히기 위한 대형 난로가 아닌 자그마한 화로 정도만 사용했다.

온돌로는 다 채울 수 없는 온기, 난로·벽난로·라디에이터

여름의 한옥 마루는 드러누우면 피부에 닿는 시원한 감촉이 그만이다. 그렇지만 추운 겨울에는 발가락이 절로 움츠러든다. 그 때문에 겨울에 이 공간을 놀리지 않으려면 유리문을 다는 것이 가장 합리적인 조치였을 것이다. 거기에다 난로까지 놓으면 아이들도 놀 수 있는 아늑한 공간으로 변신한다. 조선 가옥의 마루가 공간의 효율성 측면에서 이야기되면서 새로운 형태의 난로가 공간에 진입했다. 즉, 마루가 겨울에도 활용해야 할 공간으로 여겨지면서 난로 사용은 더욱 늘었다. 잡지

『여성』의 기자가 1937년 한글학자 이극로의 가정을 방문했을 때 마루는 난로 덕분에 온기로 가득했고 그 위에서는 주전자가 몹시 소리를 내고 있었다.

> "'댁에서도 한번 사다 놓아 보십시오. 구명탄[16] 세 개만 넣어 두면 하로종일 저렇게 덥습니다. 장작 오전어치를 부엌에 때서야 이렇게 덥게 지낼 수가 있겠습니까. 부엌에 불을 더 때지 않구두, 저것만 잇으면 덥게 지낼 수 있습니다. 조선 가정에서도 다들 놓았으면 합니다.'"[17]

이극로의 집 난로 연통은 "순대통보다 크지 못한" 크기였다지만 보통 어른 팔뚝보다 두꺼운 연통이 거실 천장을 가로지르므로 눈에 거슬리기도 했다. 일제 강점기 경성에서 테일러상회를 운영하던 미국인 앨버트 테일러가 오늘날 서울시 종로구 행촌동에 직접 지은 서양식 벽돌집인 딜쿠샤의 안주인 메리 테일러도 그것을 마뜩잖아 했다. 그래서인지 사람들은 연통이 필요 없는 간편한 이동식 난로를 선호했다.

1930년대 조선 가정에서 사용한 난로는 수십 종에 이르는데 저마다 저렴한 가격과 내구성, 열효율을 앞세웠다. 가정에서 보온용으로 전기, 가스 스토브를 쓰기도 했지만 석탄이나 연탄 난로보다 유지비가 많이 들었다. 그래서 석탄, 연탄 난로가 인기가 많았고 당시 베스트셀러는 1925년 무렵 홋카이도 지역에서 생산하기 시작한 후쿠로쿠 스토브フクロクーストーブ였다. 독일 융커Junker사 제품을 모방해 만들었는데[18] 1930년 기준 전 조선에서 약 2만 대가 판매될 정도로 스토브 업계에서 1위를 차지했다.[19]

1920년대 후반부터 우후죽순으로 생산·판매한 여러 브랜드 난로 가운데 후쿠로쿠 못지않은 명성을 자랑한 브랜드는 용산역 앞에 본점을 둔 미야자키구미宮崎組에서 생산한 미야자키식 페치카였다. 1929년 열린 조선박람회에 전시한 문화주택 모델하우스를 비롯해 가회동 우종관 주택 등 많은 고급 주택에도 설치했다. 미

1885년 무렵 미국 페닌슐라 스토브 사 광고.

1890년 미국 엘터리히 아트 타일 스토브 카탈로그 표지.

1901년 칼 라르손이 그린 〈아틀리에에 앉아〉.

미국 과학 잡지 『포퓰러 일렉트리시티』 1911년 11월 호 표지. 젊은 여성이 어두운 방 소파에 앉아 전기 히터를 사용하고 있다.

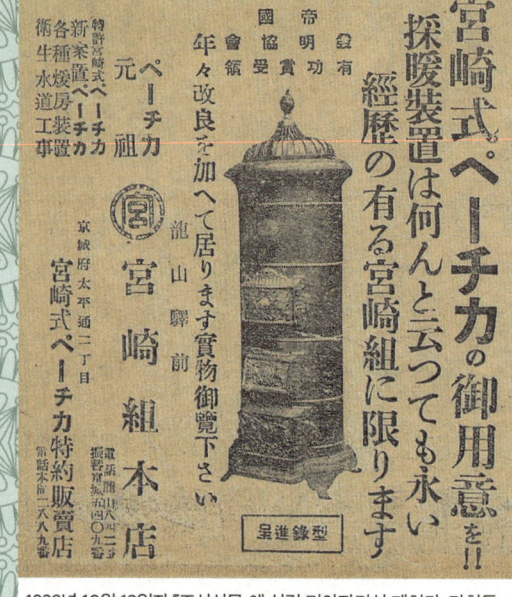

1928년 10월 12일자 『조선신문』에 실린 미야자키식 페치카. 가회동 우종관 주택을 비롯한 여러 집에 이 회사 제품을 설치했다.

1932년 10월 『조선과 건축』에 실린 스기야마제작소 광고. 라디에이터를 비롯한 각종 난방 설치 전문업체였다.

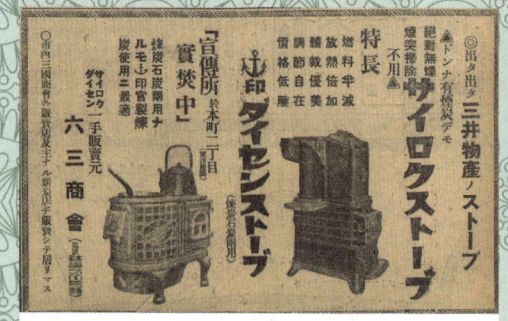

1931년 10월 13일자 『경성일보』에 실린 다이센 스토브 광고.

1938년 11월 3일자 『매일신보』에 실린 당시 유통된 다양한 난로들.

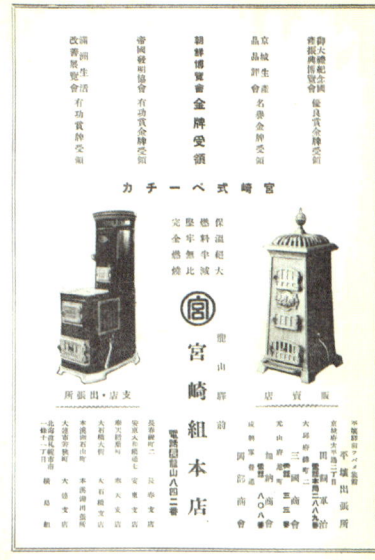

1930년 11월 10일자 『부산일보』에 실린 연통이 필요 없는 난로 광고.

1929년 『조선과 건축』에 실린 미야자키구미 본점 광고.

1930년대 난로 업계에서 판매 1위였던 후쿠로쿠 스토브.

1931년 10월 16일자 『조선시보』에 실린 난로 광고.

야자키식 페치카는 1926년 제국발명협회에서 금상을 수상해 열효율과 무연 등 성능을 인정받았다.

그 밖에도 복잡한 설비가 필요 없는 간단한 난로는 가구점에서도 판매했고 보일러와 설비가 필요한 공사는 스기야마杉山제작소, 히가시구치東口상회[20] 같은 전문업체가 맡았다.

벽난로는 서양식 응접실이나 방의 심장 같은 요소였다. 주로 벽돌, 대리석, 그리고 타일을 사용해 공간의 격을 드러냈다. 벽돌을 쌓아 만든 벽난로는 붉은 벽돌집의 외관을 이어받아 따뜻한 감성을 불러일으켰다.

대리석은 원래 중국 윈난성 대리국(오늘날 다리 바이족 자치주)에서 많이 산출되어 붙은 이름이다.[21] 우리나라에서 산출되는 석재는 화강암이 90퍼센트 이상을 차지하고 대리석은 경기도, 옥천, 영남 지역 등지에 분포한다.[22] 조선산 대리석은 1929년 8월에 열린 조선박람회 건축관에 진열되었다. 조선산 대리석 외에도 이탈리아나 프랑스 같은 수입산, 일본산도 벽난로 프레임에 사용했다.

벽난로 소재로 대리석과 함께 타일을 쓰는 경우도 많았다. 진사유를 바른 미술 타일을 사용한 옥인동 박노수 가옥 벽난로가 대표적인 예다. 겉은 대리석, 내부는 타일을 바르거나, 전체를 타일로 하고 벽난로 프레임 상판만 대리석을 얹기도 했다.

조선저축은행 중역 사택 응접실 벽난로처럼 수입산 트래버틴travertine 석재로 모양을 내기도 했다. 트래버틴은 석회석의 일종으로 탄산칼슘이 흐르는 물에 의해 침전되는 과정에서 구멍이 생긴 것으로, 크림계와 적갈계가 있으며 황갈색 구멍이나 줄로 된 무늬가 있는 특수장식의 석재다.[23] 일반적으로 대리석의 하나로 여긴다. 이탈리아, 튀르키예, 이란 등지에서 생산되는데 우리가 아는 로마의 콜로세움은 인근 티볼리 지역의 트래버틴으로 지어졌다.

문화주택의 경우 보통 거실에는 벽난로, 좌식 방에는 서양식 난방 기구를 그대로 도입한, 방열기라고도 부른 라디에이터나 온돌을 설치했다. 벽난로는 관리가

1874년 오귀스트 툴모슈가 그린 〈편지〉. 서양에서 공간의 중심이었던 벽난로 위에는 거울을 붙이고 장식품을 대칭적으로 배치하는 것이 보통이었다.

19세기 말 쥘 아돌프 구필이 그린 〈벽난로 곁에서〉로 19세기 유럽 중산층의 안락한 실내 풍경을 엿볼 수 있다.

1902년 칼 라르손이 그린 가족 초상화 〈하콘, 다가, 그리고 에드가〉. 타일로 마감된 벽난로가 있는 거실에 식구들이 모여 있다.

한옥을 고친 미국 공사관 거실 내 벽돌을 쌓은 벽난로. 1905년. 코넬대학교도서관.

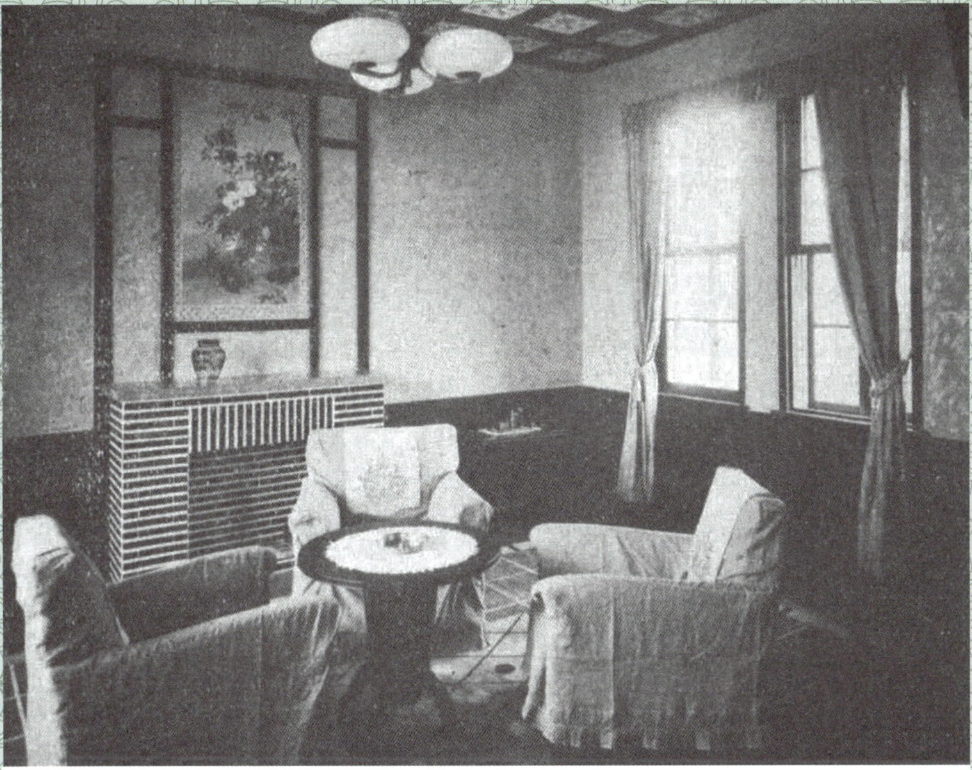

1940년 1월 『조선과 건축』에 실린 낙원동 김명하 주택의 2층 응접실 벽난로는 진사 테두리용 타일을 붙이고 상판은 야마구치 현에서 나오는 메추라기와 같은 갈색 대리석인 우즈라 대리석으로 마감했다.

ⓒ최지혜

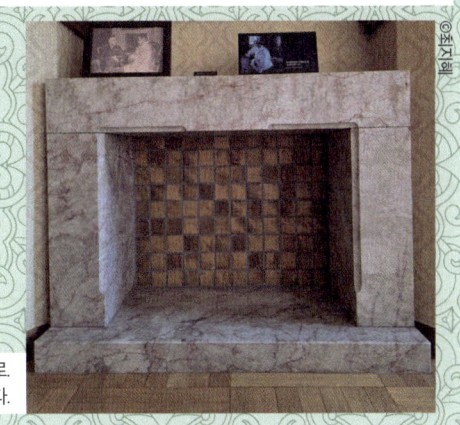

평동 최창학 주택의 구미 수입 대리석 벽난로. 내부에는 포목 타일을 붙였다.

옥인동 박노수 가옥 1층 벽난로.

평동 최창학 주택 2층 응접실 겸 서재 벽난로.

1936년 5월 『조선과 건축』에 실린 미쓰비시 사택 응접실 벽난로(위쪽)와 옥인동 박노수 가옥 1층 벽난로(왼쪽)의 모양이 비슷하다.

조선저축은행 중역 사택 전경(위)과 1938년 7월 『조선과 건축』에 실린 조선저축은행 중역 사택 응접간(가운데). 그리고 현존하는 트래버틴 대리석 벽난로(오른쪽).

1932년 7월 『조선과 건축』에 실린 관훈동 김명진 주택 서재. 라디에이터가 노출된 모습이 보인다.

1938년 11월 『조선과 건축』에 실린 신당동 후루야 주택 응접실. 라디에이터가 철제망 속에 들어 있다.

1939년 3월 『조선과 건축』에 실린 신당동 윤씨 주택 응접실. 벽난로가 설치되어 있지만 그 속에 라디에이터를 넣어둔 모습이 보인다.

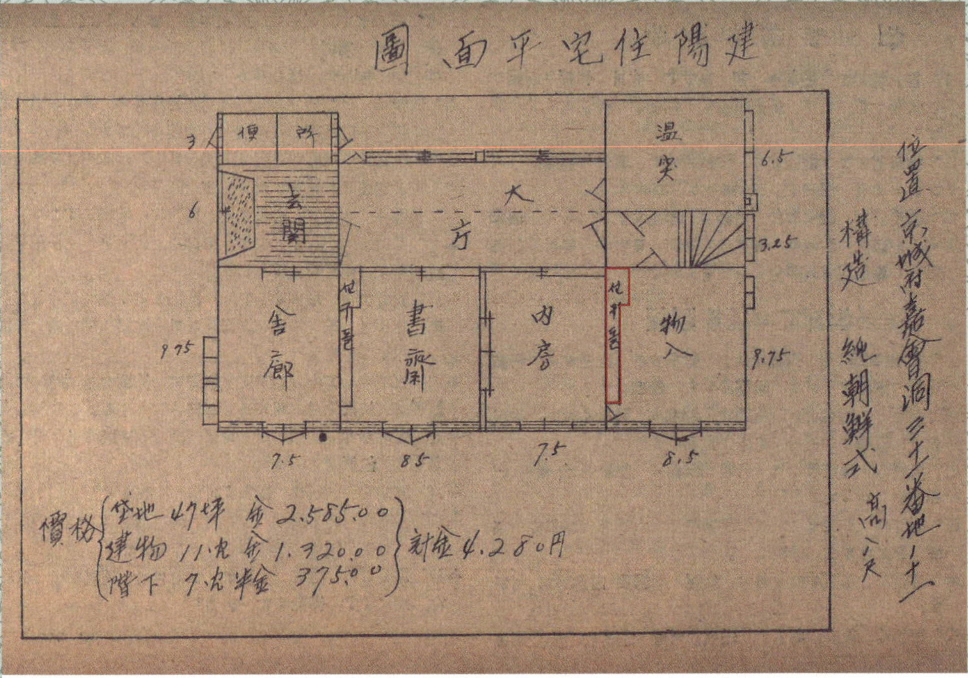

1936년 4월 『실생활』에 실린 선구들이 설치된 가회동 31-11번지 건양사 주택 평면도.

서대문구 행촌동 딜쿠샤 1층 거실 벽난로. 벽돌로 쌓은 벽난로는 공간의 중심이었다. 흑백사진은 당시 모습이고 오른쪽 컬러 사진은 흑백사진을 바탕으로 저자가 실내 재현한 오늘날 모습이다. 서울역사박물관.

까다로운 장치여서 양식임을 자처하는 상징적 존재로서 모양만 갖출 뿐 분구에 라디에이터를 놓고 쓰는 경우도 있었다. 스기야마제작소나 히가시구치상회 같은 난방전문업체에서 판매한 라디에이터는 방열 면적에 따라 설치할 수 있는 다양한 크기가 있었다. 공간에 그대로 노출하면 보기에 썩 좋지 않아 나무나 철로 커버를 만들어 씌우기도 했다. 1930년 가와자와川澤공무소[24]에서 설계·시공한 동숭동 다카쿠스高楠 주택은[25] 라디에이터를 모든 벽이나 벽장(오시이레) 안에 넣어서 실내의 보온은 물론이고 시각적으로도 깔끔하게 처리했다.[26]

보이지 않는 난방 실험은 건양사 정세권이 한발 더 나아갔다. 그가 발명한 '선구들'은 입체 온돌이라고도 하는데 여기에 등을 기대면 뜨끈뜨끈했다고도 하고, 세계 발명 특허 신청을 했을 정도로 신선한 아이디어였다. 가회동 31-11번지 주택 골방物入과 서재 벽,[27] 낙원동 300번지 정세권의 4층 붉은 벽돌집에도 설치했다.[28]

라디에이터는 1970년대 지어진 아파트에도 보급되었지만 정세권의 선구들이나 벽 속에 묻는 방식과 달리 방에 노출되어 미관상 좋지 않고 사용이 불편하다고 느낀 입주자들은 이것을 떼어내고 온돌로 교체하기도 했다.

1920~30년대 고급 주택에 설치한, '페치카'라고 부른 벽난로는 그 공간의 얼굴이었다. 비록 설치와 관리는 까다로웠지만 그 집에 사는 이들이 서양화 되었음을, 나아가 근대화·문명화 되었음을 단적으로 과시하는 장치였다. 따라서 최대한 고급스러운 소재여야 했고 대리석이나 타일로 멋을 냈다. 하지만 온돌에 대한 대중의 막강한 선호로 인해 벽난로는 맥을 못 추고 서서히 자취를 감추었다. 오늘날 간혹 남아 있는 것들은 가까스로 복원한 이질적인 공간 속에서 섬처럼 덩그러니 벽에 붙어 한때 누린 영화를 간신히 붙잡고 있는 것처럼 보인다.

문화주택

"문화주택은 이상적 주택이란 뜻일 것이외다"

유행어는 문화, 서민의 꿈은 문화주택

"우리의 생활 대부분은 거이 구미인歐米人 그들의 생활을 본바드려 하는 경향이 니러난지 임이 오랫다 할 수 잇게 되얏습니다. (…) 생활의 여유가 많은 사치한 양반들은 집웅(지붕)이 뾰족한 소위 삼층양옥에도 거처하는 등 얼는 손곱아 헤이기 어려우리만큼 만은 변천은 우리의 생활 가운대로 침입한 것은 억이지 못할 사실일 수 밧게 업겟습니다(…)"

1923년 김유방은 앞에서도 인용한, 『개벽』 제32호 「문화생활과 주택」에 위와 같이 썼다. 도시한옥과 문화주택은 둘 다 전통가옥의 불편한 점을 개선하고 새로운 생활 공간을 모색했다는 점에서 모던 주택이다. 그렇다면 모던 주택의 또 다른 선택지인 문화주택은 어떤 모습이었을까.

1927년 1월 잡지 『동광』에는 「문화의 의의, (부) 인류의 이상」이라는 글이 실렸다. 여기에서 글쓴이 이강렬李庚烈은 "문화라는 말이 한 유행어"가 되었다고 적었다. 문화가 붙은 유행어의 예로는 "문화주의, 문화운동, 문화생활, 문화정치, 문화주택, 문화전원…"을 들었다. 그가 언급했듯이 '문화'는 '자연'과 대비되는 말로서 그는 이를 다음과 같이 정의했다.

"『존재만으로 잇던(내적, 외적, 물적, 심적) 자연에다가 인위(가치를 부가하는)를 가加하여 어떤 이상을 실현하려는 과정을 총칭하여 문화』라고 정의할 것입니다. (…) 쉽게 말하자면 제대로 그저 잇던 것을 조케 아름답게 참되게 만드는 일을 문화라고 할 것입니다. 그러기에 문화생활이란 곳(곧) 이상적 생활, 문화주택이란 곳 이상적 주택이란 뜻일 것이외다."

문화는 곧 이상이었다. 일본인들이 독일어 'Kultur'를 번역한 용어인 문화는 우월함, 고급스러움, 세련됨, 모던함 같은 의미를 지녔다. 이러한 문화주택을 '모던걸'이 욕망하는 것은 당연했다. 웨이트리스 백애영은 '백만 원이 공짜로 생긴다면 웨이트리스도 집어치우고 우선 문화주택을 하나 짓겠다'고 했고[1] 만문만화의 대가인 안석영은 자신이 그린 만문만화에서 '나는 문화주택만 지어주는 이면 일흔 살도 괜찮아요'라고 여성의 속내를 꼬집어 밝혔다. 이들이 바란 문화주택이란 도대체 어떤 것이었을까.

문화주택이라는 말은 1920년대 일본에서 전개된 생활개선운동을 계기로 사람들의 입에 오르내렸다.[2] 1922년 평화기념도쿄박람회 문화촌 전시장에 14동의 실물 주택이 처음 등장해 눈길을 끌었다. 문화주택은 조선에 빠르게 유입되었다. 같은 해 3월에 창립한 조선건축회가 곧이은 6월 창간한 잡지 『조선과 건축』은 미국 방갈로 스타일의 소주택을 소개했다.[3] 방갈로 주택은 일본 주택 전문 건축회사 아메리카야あめりか屋의 하시구치 신스케橋口信助, 1879~1928가 도입한 새로운 스타일

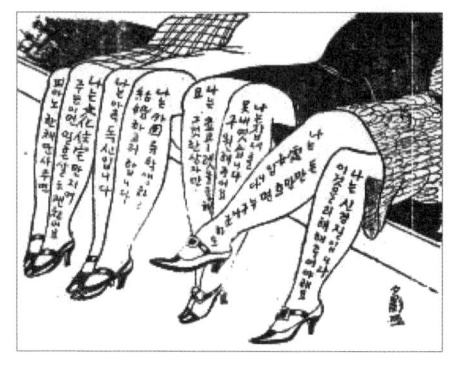

1930년 1월 12일자 『조선일보』에 실린 만평 '여성 선전 시대가 오면'. '모던-껄'의 다리가 "나는 문화주택만 지어주면 일흔 살도 괜찮어요"라고 광고한다.

의 집이었다. 하시구치가 미국에서 가지고 들어온 조립식 주택 여섯 동을 비롯하여 박람회에 지어 선보인 문화촌 내 주택들 역시 미국식 집, 방갈로였다. 김유방이 1923년 우리의 문화생활을 위해 적합한 소주택이 "뺑갤로"라고 주장한 것도 당시 그 유행을 짐작케 한다.[4]

방갈로는 원래 영국인이 식민지 인도 벵골의 오두막에서 차용한 집이다. 김유방은 이를 인도에서 생겨난 것을 "그대로 채용한 것이 아니라 구미인이 여러 가지로 개선하야 현대 생활과 그 사조에 적합하게 만드른 소주택"이라고 소개했다.[5] 또한 그 특징을 "집웅이 평활平濶하고 치마(처마)가 넓으며 뻬란다— 혹은 테레스를 넓히 하야 가장 자연과 위협妥協을 만히 힘쓴 주택제도"라고 이해했다.[6]

조선건축회는 주택 개선을 위해 현상 모집을 하고 문화주택에 대한 강연회도 개최했다. 이러한 움직임은 건축계에서뿐 아니라 관에서도 이루어졌다. 조선총독부는 1929년 8월부터 10월까지 경복궁에서 조선박람회를 개최했는데 여기에 출품된 세 채의 실물 문화주택도 방갈로였다.[7] 문화주택의 겉모습은 방갈로의 특징인 오카베大壁 벽과 더불어 붉은 벽돌, 그리고 콘크리트 같은 근대적 옷을 세련되게 입었다.

실내 공간이 전시장에 등장한 것은 조선박람회보다 1915년 9월 11일부터 10월 31일까지 50일 동안 매일신보사 건물에서 열린 가정박람회가 먼저였다. 일종의 모델하우스 같은 실내 공간을 갖춘 다섯 개의 진열관을 선보였는데 아동유희실, 아동공부방, 아동침실, 주부실, 양로실, 하녀실, 부엌, 사랑, 서재, 응접실, 가정병실, 내방·침실 같은 공간이 마네킹과 함께 꾸며졌다.[8] 방의 이름은 가족 구성원의 필요에 따라 정했다. 이런 전시와 관련 강연 등은 사람들에게 문화주택에 대한 멋진 이미지를 심어주기에 충분했다. 문화주택의 양상은 다음과 같이 크게 두 갈래로 볼 수 있다.[9]

첫째, 일본에서 논의된 문화주택 연장선에서 한반도 내 일본인의 주거문화를 근대화하기 위한 것.
둘째, 한인 건축가와 지식인 들이 추진한 전통가옥과 주거 형식 개조.

두 번째 경우는 이를테면 서구풍 외관, 중정형에서 집중형 구조, 그리고 근대적 설비를 갖춘 집으로 짓거나 개조하고자 했다. 문화주택에 대한 사람들의 인식은 저마다 달랐다. 도쿄제국대학 교수 공학박사 이토 추타伊東忠太는 이렇게 비판하기도 했다.[10]

"일본에서는 근래에 문화주택이라하야 순전히 구미 각국의 양식을 모방하는 사람이 많으나 이는 도로 무공일뿐 아니라 도시 지각없는 짓이며 우수운 노릇"(이다.)

서양 것이라면 무조건 따라 하는 일본인들의 세태에 주택도 예외가 아니어서 문화주택이 고유의 문화에 적합한 형태이면 되는 것이지 정해진 형식은 없음을 피력한 말이다.

1920년대 중반 문화주택을 여러 채 지어 공급했던 성양사盛陽社 지배인의 말에 따르면 당시 문화주택이라고 이름 붙인 집의 임대료는 50~60원 정도여서 중류 이하의 봉급 생활자는 이용할 수 없었다.[11] 다시 말해 일부 중류 이상의 사람들만

1928년 이화동 니시야마 주택. 집주인에 대해서는 잘 알려지지 않았다.

1929년 가회동 우종관 주택. 집주인 우종관은 충북 대지주 집안 출신으로 메이지대 법과를 졸업했다. 건축가 에지마 기요시가 설계했다.

1932년 계동 우종관 주택. 가회동 집을 지은 뒤 3년 후 우종관이 또다시 지은 집으로 역시 에지마 기요시가 설계했다.

1929년 성북동 김연수 주택. 집주인 김연수는 삼양그룹 창업주로, 『동아일보』 사주 인촌 김성수의 동생이다.

1929년 충정로3가 에가시라 주택. 집주인 에가시라江頭는 총독부 사무관이었다.

1930년 장충동 와타나베 주택. 집주인 와타나베 스스무渡邊 晉는 와타나베피부과 병원장이었다.

1930년 장충동 에지마 주택.
집주인 에지마 기요시는 건축가였다

1931년 동숭동 다카쿠스 주택. 집주인
다카쿠스 사카에高楠榮는 경성제대 산부인과 교수이자
의학박사였다. 가와자와공무소에서 설계와 시공을 맡았다.

1931년 동숭동 구보 주택.
집주인 구보 기요지는 경성제대 정신과 교수이자 의학박사였다.

1932년 관훈동 김명진 주택. 건축가 박길룡이 설계했다.

1933년 충정로3가 다케이 주택.
집주인 다케이 렌은 경성제대 법학과 교수였다.

1934년 청파동2가 요시다 주택.
집주인 요시다는 박사로만 알려져 있다.

1938년 평동 최창학 주택. 집주인 최창학은 경성 갑부로 알려진 인물이며, 광산업자로 친일 기업인이다.

1937년 후암동 고바야시 주택. 집주인의 이름은 고바야시 린타로 小林麟太郎다.

1938년 신당동 후루야古谷 주택. 집주인에 대해서는 알려져 있지 않다.

1937년 장충동 하야노 주택. 집주인 하야노 류조早野龍三는 경성의 학전문학교 교수였다.

1939년 신당동 윤씨 주택. 건축가 박길룡이 설계했다.

1940년 낙원동 김명하 주택. 집주인 김명하는 목재업자였다.

1940년 수송동 이씨 주택.

1941년 청운동 김씨 주택.
조선의 제재소 갑부인 집주인이 직접 설계했다.

1942년 평동 스기야마 주택.

조선박람회에 출품된 문화주택.
조선총독부 편, 『조선박람회기념사진첩』 1930.

1928년에 완공한 요시다 나오吉田 直 주택. 위치는 알려져 있지 않다.

아메리카야가 지은 방갈로 주택.

살 수 있는 집이었다. 이를 해결하기 위해 그들이 실험적으로 공급한 문화주택은 2층짜리 건물 1동에 5호가 있는 형태였다. 조선은행 사택의 갑·을·병 유형 중에서 병과 유사한 연립주택 같은 형태로 아래층 방은 다다미 3조(약 4.5제곱미터), 윗층 방은 다다미 6조(약 9제곱미터) 크기로 집세가 20원 정도였다.[12] 서민을 겨냥한 집이었던 듯한데 이러한 집마저도 문화주택이라 이름한 것을 보면 당시 그 명칭의 인기가 어떠했는지 짐작된다. 문화주택은 '뻐터 냄새'와 '사시미 냄새'가 묘하게 섞인 하이브리드 주택이었다. 외관은 양풍, 내부는 일본식 복도형 공간 분할 혹은 중앙집중식, 간혹 다다미가 깔린 방과 온돌방이 뒤섞인 '양·일·한'식 짬뽕 스타일이었다. 유행의 흐름 속에서 1920년대 후반부터 경성 곳곳에는 주택지를 개발하여 문화주택들이 속속 들어선 문화촌이 등장했다. 전시장이 아니라 실제 도시에서 사람들은 문화촌이 형성되어 가는 것을 보았다.

"조선 사람 만히 모혀 사는 문화촌은 어디냐"

"문화생활이라면 송판松板쪽을 부쳐 노앗드래도 집은 신식 양옥으로 지어 놋코 피아노에 마처 흐르는 독창 소래(소리)가 안이면 류성긔판의 짜쓰빤드 소리쯤은 들녀 나와야 하고 집웅 우에는 라디오 안테나가 가루 걸처 잇서야 할 것은 물론이어니와 하로에 한번식은 갑싼 것일망정 양요리 접시나 부서야 왈 문화생활이라고들 한다. (…) 그러면 조선 사람 만히 모혀서 문화생활을 하고 잇는 소위 문화촌은 어디냐. 동소문東小門 안 근방을 칠가"[13]

문화촌은 이른바 문화생활을 하는 사람들이 모여 사는 마을을 의미한다. 위

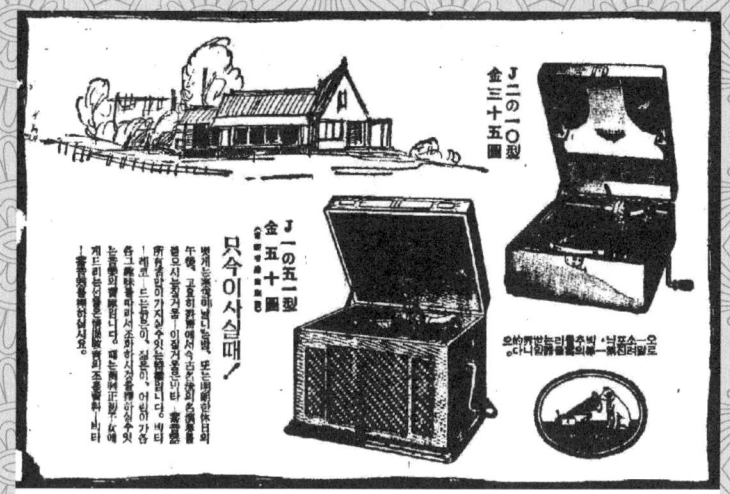

1936년 11월 9일 『동아일보』에 실린 문화주택을 배경으로 한 빅터 축음기 광고.

1939년 11월 『조선과 건축』에 실린 모씨 주택. 응접실에는 문화주택의 필수품으로 여겨진 피아노를 두었다.

1930년 11월 『경성일보』에 실린 경성의 3대 주택지. 위에서부터 후암동 학강, 한양도성 서쪽 밖 금화장, 장충동 소화원 주택지 모습이다.

에서 말한 문화생활이 가능한 이들은 대부분 일본인으로서 관료, 학자, 사업가, 회사원 같은 직업군과 일부 조선인 상류층에 국한했다. 일본인들은 중림동, 회현동, 삼판동(오늘날의 후암동)을 비롯하여 사직동, 당주동, 냉동, 계동, 성북동 등에 문화촌을 이루었다. 주로 일본인 중상류층이 거주한 경성의 3대 주택지는 후암동의 학강 주택지, 장충동의 소화원 주택지, 그리고 한양도성 서쪽 밖의 금화장 주택지였다.[14] 다시 말해 북쪽의 금화장, 남쪽의 학강, 동쪽의 소화원이 경성 3대 문화촌이었다. 1925년, 1927년, 1928년 등 모두 3차에 걸쳐 개발한 학강 주택지에는 "붉은 기와와 푸른 기와의 큰 집들"이 많았는데 직장이 먼 일본인 중상류층도 선호하는 곳이었다.[15] 1927년 개발한 소화원 주택지는 당시 조용하고 공기가 좋은 교외로 인식되어 생활 편의시설은 부족하나 깨끗하고 위생적인 곳으로 인기를 얻었다.[16] 1928년, 1930년, 1934년 등 모두 3차에 걸쳐 오늘날 충정로 3가 3번지 일대에 조성한 금화장 역시 금화산에 둘러싸여 공기가 맑은 교외 주택지였다.[17]

만문만화의 대가이기도 한 안석영의 미완성 소설 「청충홍충」靑蟲紅蟲[18]은 앞의 인용문에서 언급한 조선인 문화촌 동소문동을 배경으로 한다. 인물들의 퇴폐적 향락과 순수한 사랑이 대조적으로 그려진 이 소설은 상공계의 거부 김재풍의 아들 창일과 이경애가 함께 살 문화주택을 둘러보는 장면으로 시작한다.

"김창일과 리경애의 약혼 당시에 그 약혼 조건의 하나인 소위 문화주택이 락성落成된 뒤 경애와 남편 창일이와 경애의 어머니와 자동차를 모라서 동소문 안에 새로 이룩한 그 문화주택을 향하야 달려가는 것이엿다. 경애의 깃붐과 그 집을 보고십흔 초조한 마음으로는 그 빠른 자동차의 속력도 너무나 더듸인 것 갓햇다. 그리하야 경애는 자기 남편의 겨드랭이에 손을 집어 너코는「어서갓스면 어서갓스면─그래 그 집이 어때요, 당신 마음에 꼭 마저요? 그러나 내 마음에도 마저야지!」 하며 발로 자동차 바닥을 콩콩 울리면 그의 어머니는「온─그애도 퍽 조급히 구는구나. 그동안은 어떠케 살엇드냐? 집이야 서양집이라니까 좀 조켓니. 다─사위 덕에 나도 죽기 전에 그런 집을 드러보는 게지 호호호-.」(…) 아루색인 턴정과 그 한 복판을 파고 집어너흔 전등이며 목단도 아니오 함박꽂도 아닌 문의로 된 도배지며 층계와 층계마다 교묘한 세공을 들인것이라든지 마루에 간 양탄자라든지 자긔말대로 온돌방도 꿈이고 또한 그 방이 몹시도 넓고 쓸모잇게 된 것과 세면소와 변소며 목욕탕이 모다 마음에 들고「모던-」식 임에 그는 놀라며 또한 긔버아니 할 수 업섯다."

몰락한 경애 집안 때문에 창일의 가족은 결혼을 반대했지만 두 사람은 행복한 결혼생활을 한다.

지상낙원 문화주택, 문화주택을 넘은 꿈의 주택

1937년 4월 잡지 『조광』의 한 기자가 뒤로는 울창한 송림이 있고 앞으로는 시내가 흐르는 A정 문화주택지를 찾았다. 그는 피아노 소리가 간간이 들리고 '쉐보레' 자동차가 골목을 누비는 이 동네에서 "문화주택가의 왕자"인 K씨 주택을 방문했다. 방문객에게 맹렬히 달려드는 "쉐바트"를 과자로 달래자 술이 덜 깬 K씨가 기자를 맞이했다.

"얼른 벽을 바라보니 전에 없든 완당의 그림이 부터 있고 한옆에는 선과 색이 찬연한 자기병이 두 개 놓여 있다. 씨는 언제 또 수집에 취미를 부첫는지「저 그림 꽤 좋지오 전일에 B씨에게서 오천원을 주고 사왔습니다. 그리고 저 자기는 고려 자기인데 진품으로 전일 모 일본 내지인에게서 칠천원을 주고 사왔습니다」하고 자랑 비슷이 그 자기를 바라본다. 씨에게 있어서는 천원이나 만원이 그리 큰 돈으로 생각되지 않는 모양이다. 씨는 제일은행에 백만원을 예금하였다는 말이 있으며 주방에는 서양요리 쿡 중국요리 쿡 또는 조선요리 쿡이 있어서 음식을 맘대로 갈아먹고 또는 화복 양복, 중복, 조복 등을 번가라 입으며 온갖 향락을 하는 사람이다. 씨의 말을 들으면 이번 봄철에는 상해를 거쳐 동경으로 꽃구경을 하고 오겠다고 한다. 씨를 따라 그의 거실로 들어가니 이삼천원 가량이나 된다는 자개장이 있고 그 외에 화려한 테불과 의자. 박래(수입) 전기 축음기 그리고 온갖 명화와 자수 더구나 백원식이나 주었다는 파랑새 두 마리가 창문 옆에서 울고 있다."

K씨의 자랑은 이어졌다. 그의 집에는 경성 그 어느 집에서도 볼 수 없는 진귀한 화초에다 심지어 "창경원"에서도 볼 수 없는 진귀한 동물을 모아볼 작정이라고 했다. K씨의 집은 문화촌 안에서도 규모가 큰 문화주택이었다. 그의 재력이 대체 어디에서 왔는지는 알 수 없지만 당대 재벌 이상의 부와 향락을 누렸음을 알 수 있다.

대규모 주택단지에 건립·분양한 상품으로서의 문화주택보다 규모가 더 큰 것도 있었다. 이는 건축가에게 의뢰한 이른바 '작가 주택'으로 입이 떡 벌어질 정도의 저택이라 부를 수 있는 집이었다. 서민들에게는 문화주택도 꿈의 주택인데 이러한 저택은 그야말로 함부로 꿈도 못 꾸는 그림의 떡일 것이었다. 오늘날에도 가회동에 남아 있는 우종관 주택을 비롯하여 윤치왕 주택, 윤치창 주택, 이준구 주택이 대표적인 예다.[19] 이러한 저택들은 주로 일본인이 운영하는 공무소, 즉 건축사무소나 박인준·박길룡처럼 유명 건축가가 설계했다. 당시 사람들의 눈에 문화주택은 크든 작든 그저 부러움의 대상이었다. 1941년 개봉한 영화 「반도의 봄」에도 나오는 이준구 주택은 북촌 일대 한옥마을 속에서 유독 불쑥 솟아 있다. 화강석 벽과 푸른 지붕을 얹은 이 집은 분명 작은 규모로 분양되던 문화주택과는 확연히 달랐다.

가회동 우종관 주택 내부의 당시 묘사는 꽤 상세하게 남아 있다.[20] 그 집 내부

안과의사 고영목이 살던 수송동 문화주택.

가회동 이준구 주택과 그 입구 전경. 서울한옥포털 웹진.

는 과연 당시에 어땠을까. 신록이 푸르던 1928년 초여름 어느 날 M씨는 총독부 건축과 기수였던 KE(에지마 기요시) 씨를 찾아갔다. M씨의 지인 우종관이 주택건축에 대한 상담을 해왔기에 그가 전문가인 KE에게 도움을 요청한 것이다. 며칠 뒤 두 사람은 주택이 들어설 부지를 살폈다. 북악산 봉우리가 이어져 있고 경성 시가지를 사이에 두고 남산의 웅장한 자태를 바라보는 조망, 위생 등 주택지로서는 더할 나위 없는 조건의 땅이었다. 이곳이 바로 오늘날 가회동 177-1번지다. 정면은 건축주인 우종관이 사재를 털어 가회동에서 계동으로 통하는 도로를 신설했고 그 도로면에 건물이 들어설 예정이었다. 충북 대지주 집안 출신으로 메이지대 법과를 졸업하여 일본어가 유창한 건축주가 부인과 함께 살 집이었다. 우종관은 이 집을 짓고 3년 뒤인 1931년 또다시 같은 건축가에게 의뢰해 계동 주택(계동 67-1번지)을 지었다. 근방에 들어선 서양식 주택 중 가장 이른 시기에 지어진 가회동 주택과 계동 주택은 모두 세월에 따라 많이 변형되었지만 건물 자체는 현존한다.

건축을 맡은 에지마 기요시는 가회동 주택의 설계를 앞두고, 조선인 주택 설계는 처음인지라 공간 구성을 어떻게 해야 할지 고심했다. 평면도대로 현관 토방 옆에 광간(홀)을 설계하고 중간 복도를 취해 계단 아래 객실이나 계단 위 객실로 통하게 했다. 광간의 오른쪽을 양실의 주인 응접실로 설계하고, 같은 방식으로 부인 응접실을 설계했고 그 앞은 베란다로 했다. 중간 복도의 남쪽은 화선양절충의 부인실, 주인실로 둘 다 온돌로 하고 그 앞쪽을 포치로 해서 각 실에서 나갈 수 있도록 했다. 현관 왼쪽은 조선인 전용 온돌 응접실로 해서 내현관으로 오는 손님 전용으로 했다. 내현관 북측으로 손님용 변소를 설계하고 여중실(하녀방)을 온돌로 해서 내현관에 붙여 설계했다. 욕실·변소·세면소는 중복도의 북측에 설계하고, 온돌인 식당을 맞은 편에 설계해서 중복도와 배선실로부터 출입이 편리하게 했다. 중복도의 끝에 취사장을 배치하고, 주인실·부인실·식당 세 곳은 토방(흙바닥)보다 온돌을 깔았다. 2층 계단은 광간에서 올라가는 식인데 계단 위 동쪽으로 화실의 객간 2실을 설계하고 복도의 남측을 양실의 객실을 겸한 식당으로 하고, 그 앞은

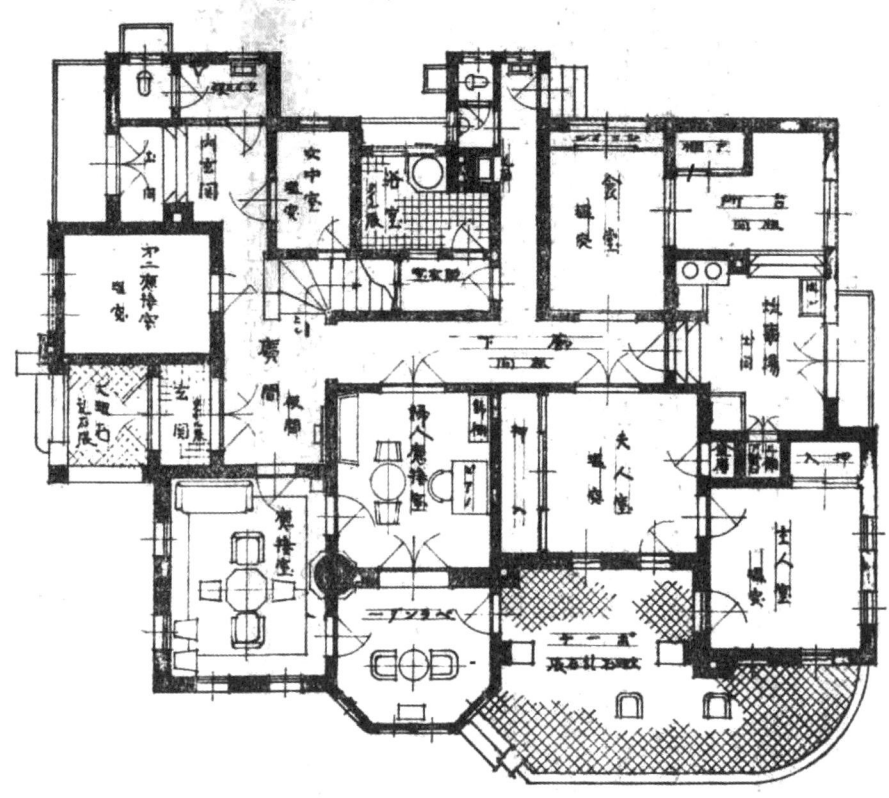

1929년 2월 『조선과 건축』에 실린 가회동 우종관 주택 1층 평면도.

현존하는 가회동 우종관 주택의 대문과 나무 사이로 보이는 지붕.

1932년 2월 『조선과 건축』에 실린 계동 우종관 주택과 오늘날 모습.

노대로 했고 서재 및 침실은 서북 구석에 설계했다.

　1층 내부를 좀 더 구체적으로 살펴보면 우선 현관은 토방이고 허리 부분까지 타일을 붙였다. 양실의 응접실은 두 곳 모두 테두리 쪽모이(寄木) 모양의 인레이 리놀륨을 사용, 중간 부분은 갈색 리놀륨을 깔아 마무리했다. 그 위 가운데에는 문양이 있는 카펫을 깔았다. 벽은 문양이 있는 수입 벽지를 바르고 커튼은 바람이 통하는 두꺼운 견직물을 사용했다. 베란다는 바닥을 청색 리놀륨을 깔았고 옅은 남색(물빛)의 카세인 도료를 칠하고 커튼은 차양 겸용의 성긴 포플린을 사용했다. 난방은 미야자키식 페치카 4호를 설치하고 방 세 개를 따뜻하게 했다. 우종관의 말로는 이공탄[21] 20개로 따뜻해진다고 했다. 주인실과 부인실의 바닥은 천상식 온돌을 시도했는데 성적이 상당히 좋은 것 같은데 방열조를 설치하는 것은 생각해 볼 문제였다. 실내는 화풍조의 상인방을 붙이고 나무 부분 전체에 니스 즉, 바니시를 칠했고 벽과 맹장지는 모두 수입 벽지를 붙였다. 천장은 사루보오 막대기를 우물 정자로 짜서 회칠을 했다. 커튼은 차양 겸용의 모직물을 사용했다. 여중실은 조선 재래의 온돌 바닥으로 하고 벽은 오카베[22]에 회칠, 카세인 염료로 칠해 마무리했다. 욕실은 조슈부로를 사용했고 욕조 및 바닥, 벽 허리 부분은 타일을 바르고 상부는 흰 시멘트를 바르고 회칠을 하고, 천장은 붙여 올린 판 천장으로 했다. 취사장은 콘크리트 바닥이고 아궁이는 벽돌을 쌓은 서양 아궁이로 했다. 광간 및 중복도는 미송에 못 머리를 감춰 붙이고 '잽스터'[23]를 칠했다. 벽은 회칠을 하고 허리 부분은 카세인 도료를 칠했다. 변소는 바닥과 벽의 허리 부분은 타일을 붙였다.

　이처럼 근대적 건축 재료가 대거 사용된 이 집은 이후 화신백화점 주인인 박흥식 소유로 바뀌었다가[24] 나중에 현대그룹 정주영 회장이 거주하기도 했다.[25]

　가회동 주택에 이어 3년 뒤인 1931년 우종관이 또 한 번 지은 계동 주택은[26] 가회동 주택에 비해 규모가 훨씬 작았지만 화양절충도 조양절충도 아닌 온전한 양식을 지향했다.[27] 1층에는 주인실·부인실·아동실·서생실 외에도 객간과 욕실·변소·선룸이 있었다. 2층에는 서재와 응접실·발코니를 설계했다. 거간 앞에 온실을 설계하고 사이에 유리 장지문을 달아 사계절 내내 푸르름을 볼 수 있도록 했다. 2층 베란다는 주위에 유리문을 두르고 유리로 천장을 만들어 유리문을 열면 베란다로 쓸 수 있고 비가 와도 사용할 수 있을 뿐만 아니라 손님용 식당으로도, 여름에는 침실로도 이용할 수 있는 다목적 공간이었다. 본관은 스팀 보일러(증기난방)를 사용했는데 이는 실내를 평균 온도로 유지시켜 온돌처럼 격렬하게 뜨거워지거나 또 차가워지지 않아서 우종관은 식구들 모두 감기에 걸리지 않았다고 난방에 대해 만족감을 드러내었다.[28] 하지만 온돌을 포기하지는 않았다. 본관 주부실 한 곳은 온돌방이었다. 감기에 걸렸거나 아플 때 온돌에 뒹굴뒹굴하는 게 좋다는 노인의 희망에 따랐다.[29] 취사는 본관과 분리해서 본관 서쪽에 24~25평 규모의 한옥을 지어 그곳에서 모두 관리하도록 했다. 이 한옥은 해체되어 현존하지 않지만 본관은 현재 노틀담수녀원에서 피정의 집으로 사용하고 있다.[30]

계동 우종관 주택이 지어지고 10년 뒤인 1941년 건축가 박길룡이 되돌아본 조선 주택의 개량 양상은 크게 두 갈래였다.

첫째, 조선풍의 외관에 화풍이나 양풍의 실내를 가진 것.
둘째, 양풍이나 화풍 외관에 조선식의 실내를 가진 것.

둘 다 이른바 절충식이었지만 양풍이나 화풍을 무비판적으로 받아들여 오히려 역효과였다고 그는 생각했다.[31] 이 가운데 후자에 속하는 문화주택은 1920~30년대에 생겨난 이래 해방 후에도 여전히 서민들이 살고 싶은 집으로 여겨졌다. 1941년 조선주택영단이 지은 영단주택도 문화주택으로 불렸고 이승만 정권 때인 1955년에는 문화주택 1만 호 건설 계획이 추진되었다. 1958년 이후 불광동, 우이동 등지에 건설된 국민주택도 "문화주택의 정형"이라고 평가되었다.[32]

5·16쿠데타 후 이른바 수도 개량화 사업의 일환으로 도시를 재정비하면서 새로운 집들이 지어졌다. 집장사들은 전농동과 답십리, 이문동 일대에 12~15평짜

리 단독주택을 지어 이를 문화주택이라며 선전하고 팔았다.[33]

1960년대 문화주택은 손창섭의 소설『인간교실』에 퍽 상세히 묘사되어 있다. 흑석동에 자리한 주인공 주인갑의 집은 25평짜리 문화주택이었다. 과거 박태원이 그러했듯이 작가 자신이 실제로 거주했던 집이었다. 평범하고 고요한 것을 좋아하는 주인갑의 취향과 달리 화려하고 자극적인 것을 좋아하는 부인 남혜경의 주장대로 지어졌다. 그래서 오카베를 쳐서 보통 양회벽과 검은 기와를 얹은 지붕 대신 선혈색 빨간 벽돌 벽에 일부러 특수한 청록색 기와를 주문해다가 지붕을 넣었다.[34] 문화주택의 빨간 벽돌 DNA는 1970년대 빨간 벽돌과 기와를 얹은 세련된 집, 양옥의 형태를 가졌지만 한옥의 구조를 닮은 하이브리드 집인 불란서식 2층 양옥으로 유전되었다.[35]

문화주택은 시대를 거치면서 형태는 조금씩 달라졌지만, 여전히 보기 좋고 쓸모 있는 모던한 주택을 의미했다. 앞서 보았던 가회동과 계동의 우종관 주택처럼 건축가들이 지은 엄청난 규모의 집은 아니었지만 여전히 서민들의 꿈과 욕망이 서려 있었다. 1970년대 이후 문화주택은 아파트가 본격적인 주거 형태로 자리 잡으면서 사회학자 백욱인의 표현을 빌리면 "서양-일본-조선으로 이어지는 번안 순서를" 거쳐 "비로소 번안의 시대를 마감하고 사라졌다."[36]

하지만 껍데기는 바뀌었대도 알맹이, 이를테면 응접실·부엌·화장실·변소 같은 내부 공간과 그것을 이루는 세부 요소는 편리함과 쾌적함을 무기로 내세우며 현대의 주거로 이어졌다. 그 강력한 무기는 앞으로 살펴볼 각종 천장재, 바닥재를 비롯하여 벽지, 타일, 유리 같은 근대적 소재로 이루어졌다. 거기에 조명이나 커튼 같은 요소가 더해져 마침내 근사한 집이 되었다.

일본식 문화주택에서 1년을 살아본 화가 김환기는 "우리식 주택보다 월등히 편리하다"고 인정했고 "진짜 양옥"은 더 살기 좋을 것이라고 말했다.[37] 하지만 그가 살고 싶고 짓고 싶은 집은 역시 우리 "한식 주택"이었다. "솟을대문이건 납작한 대문이건 삐걱 소리가 나는 대문·중문 안에 들어서면 댓돌이 보이고, 대청이 보이고, 대들보가 보이고, 서까래가 보이는 우리네 집. 문간에 들어와서도 신발을 벗었다 신었다 해야만 되는 우리네 가옥 양식, 꼭 감기 들게 마련인 구조".[38] 이렇게 "비합리적이요, 비편리적인 조건만을 가진 우리네 가옥"이 그는 대단히 맘에 든다고 말했다.[39]

김환기가 일본식 문화주택이나 양옥보다 불편하기도 한 한옥에 살고 싶어 한 이유는 집이란 무릇 합리성·편리성의 잣대로만 판단할 수 없는, 우리 몸에 배어든 정서까지도 오롯이 담는 그릇이기 때문일 것이다.

"우리의 재래의 주택이라는 것은 현대생활을 경영하랴는 우리에게는 만흔 부실不實과 만흔 결함을 가젓슴니다. 이러한 결함을 보충하자면 우리는 부득불 현대문명의 지배자 되는 구미의 주택제 중에서 우리의 생활에 적합할 자者를 본바다가 우리의 그것과 합치할 필요가 잇겟다고 생각함니다.(…) 이제 우리가 보편적으로 제정할 우리의 새로운 주택이 포함할 실별室別을 말하자면 오직 침실 생활실 객실 겸 서재 요리실(부엌)이면 족하겟다고 생각함니다. 그외其外는 가족의 다소문제多少問題와 생활양식의 차이로 하인실, 내객용 침실, 소아실 갓흔 것은 별문제가 될 것임니다. 그 밧게는 변소와 욕실과 청간廳間이라는 부속문제만 해결하면 족할 것임니다."¹

문화생활을 영위하기 위한 새로운 주택에는 새로운 공간이 필요했다. 가족 구성원의 필요에 따른 방을 비롯하여 생활양식에 맞는 부가적 공간이 생겨났다. 이는 위생, 효율, 과학, 가족, 가정이라는 근대적 가치들이 주거 공간에 미친 결과였다. 집의 외부와 내부를 연결하는 현관, 햇볕을 즐기는 선룸, 목욕 전용 공간인 욕실, 실내 변소 같은 전에 없던 공간이 집안에 등장했다.

사용 주체와 기능에 따라 공간의 용어가 바뀌었다. 혼용하던 대청이나 마루는 개별적이고 기능적인 공간인 응접실이 되고 여성의 방이던 안방은 잠자는 기능에 충실한 침실이 되었다. 전근대적 구조와 기능, 사용 방식에 대한 비판과 성찰은 담론의 역할을 했다.

비능률적인 부엌은 변소와 더불어 가장 개선해야 할 공간이었다. 어떤 집에는 사용자의 정체성을 보여주는 서재, 식사 방식의 변화를 보여주는 식당이 근대적 공간으로서 등장했다.

생활양식에 대한 태도는 세대 간의 미세한 균열, 혼란과 갈등을 일으켰고 주거 공간의 형태에 영향을 미쳤다. 결국 공간은 각자의 생활양식과 여건에 맞는 방식으로 재편되었다. 일본의 영향을 흡수·변형한 객간 같은 이질적인 공간이나 일본식 욕조, 벽장 같은 특정 요소는 사용자의 필요에 따라 생성·소멸했다. 소파 세트, 책장과 책상, 등가구, 장롱과 경대, 침대, 식탁 같은 가구는 공간을 특정하는 요소로 근대적 기능을 담당했다.

문화주택의 첫 입구이며 첫 인상, 현관

1923년 12월 2일자 『매일신보』 기사는 타 지방 사람들이 경성 사람들의 집을 찾아보고 "제일 먼저 욕하는 것이 대문 안 행곽의 불결한 것"이라 꼬집었다. 그곳은 염장 냄새가 코를 찌르고 깨진 독, 기와, 고춧가루가 발린 석유 상자와 식기 들을 늘어놓은 모습이었다. 물론 경성에 사는 이들이 죄다 그럴 리는 없었겠지만 그 지저분한 모습이 입에 오를 만큼 심심찮게 마주했던 모양이다. 그래서 글은 다음과 같이 이어진다.

"그러함으로 외국 사람의 가옥을 보면 왼만큼 사는 집은 모다 대문 안에 상당한 정원을 맨드러 놋튼지 그러한 기지基址에 여유가 업스면 문작과 기둥 갓흔대 그 건물에는 가장 목수의 잔손을 만히 대게 해서 집에 드러갈 때에 될 수 잇는 대로

존 샤먼이 1918년에 그린 〈포치 끝에서〉.

미술적 쾌감을 맛게 하는 동시에 그 집 주인의 생활의 반면을 낫타내랴고 노력한 점이 뵈임니다."

실내에 들어서기 위한 문화주택의 첫 입구는 현관玄關, 玄関이었다. 그렇다보니 현관은 집의 첫인상을 좌우했다. 현관이라는 용어는 불교에서 왔다. '현'玄은 심오한 깨달음을 의미하고 '관'關은 관문 즉, 입구다. 현관은 깨달음으로 들어가는 문이라는 뜻이다. 『노자』의 제1장에는 '현지우현玄之又玄, 중묘지문衆妙之門'이라는 대목이 있다. 심오하고도 심오하며 온갖 오묘한 것의 문이라는 의미다. 노자의 가르침을 제자들이 현묘한 도에 이르는 관문이라고 파악하고 도장道場의 입구에 현관이라는 문자를 걸었다고 한다.[1] 그래서 현관은 사원의 문이라는 의미로도 쓰였고 이곳을 항상 깨끗하게 유지해야 하는 이유도 여기에서 비롯했다.

문화주택의 현관은 본건물에서 돌출한 포치porch를 만들어 특별한 출입구로 꾸몄다. 비바람과 뜨거운 햇볕을 차단하는 기능과 함께 형태와 장식에 공을 들여서 집의 격을 높이는데 둥근 아치나 기둥으로 지붕을 받친 포치에 발을 들이면 사뭇 기대감이 인다. 집집마다 다른 포치는 본채의 색을 이어받으며 벽돌, 타일, 칠 등 여러 마감재를 요리조리 조합하여 멋을 냈다. 목수가 특별히 공들여 만들었기 때문에 "미술적 쾌감"을 준다. 철제 현관문이라면 금속이 주는 차가운 중후함과 모던한 감각까지 선사한다. 만약 '스페니쉬 양식'[2]이라면 집의 포치도 빨간 기와를 얹고 굵은 줄기에서 자라난 곁가지처럼 얼굴을 내민다. 1932년 완공한 계동 우종관 주택 포치는 콘크리트로 기하학적인 면 분할을 하고 벽돌로 장식해 모던한 조형미를 자랑한다.

문화주택에는 흔히 바깥 현관과 내현관이 있었다. 바깥 현관은 주主 현관으로 손님과 가족들이 주로 사용했고, 내현관은 부녀자나 상인들이 드나드는 작은 현관으로 보통 주택의 다른 방향에 나 있었다. 유진오의 소설 「김강사와 T교수」에서는 부엌으로 연결되어 있는 내현관을 양과자 같은 인사치레성 뇌물을 슬쩍 들여다주

1933년 미국 페인트 회사에서 발간한 카탈로그 표지. 현관문이 안쪽으로 열리는 모습이 보인다.

는 곳으로 묘사했다. 건평 약 38.5평 규모인 자신의 집을 실용 위주로 지었다고 한 야스이_{安井鎭平}는 아이가 많아서 아무래도 내현관이 필요하지만 건물이 크지 않은 관계로 두 곳을 떨어뜨려 놓기도 뭣해서 딱 붙여 설계했는데 의외로 편리하고 좋다고도 했다.[3]

현관 내부는 보통 허리 부분까지 타일이나 나무판을 붙이고 윗부분은 칠을 하거나 벽지를 발랐다. 모자이크 타일과 칠을 함께 사용해 이른바 '콤비네이션' 장식으로 멋을 낸 집도 있었다.

현관문의 방향은 흥미롭다. 서양의 경우는 보통 안으로 열리는데 문화주택은 대개 밖으로 열린다. 오늘날 아파트 문을 생각하면 쉽다. 안으로 열리는 것은 보안을 위한 방책이었다. 만약 수상한 이가 억지로 문을 열고 들어오려고 할 때 안으로 여는 문이라면 안쪽에서 체중을 실어 밀어낼 수 있다. 하지만 서구와 달리 현관에서 신발을 벗는 관습이 있는 우리의 경우 현관문을 안으로 열면 신발이 흐트러질 수 있고, 이를 위해 부채꼴 형태의 공간 여유를 고려해야 하니 아무래도 제약이 있을 수밖에 없다. 따라서 안쪽이 아닌 바깥으로 문을 여는 것이 여러모로 자연스럽다.

1931년 8월 『조선과 건축』에 실린 동숭동 다카쿠스 주택 현관.

1932년 2월 『조선과 건축』에 실린 계동 우종관 주택 포치. 사각과 원, 반원 등 기하학적인 요소의 변주를 통해 모더니즘 건축의 조형미를 강조했다.

1939년 11월 『조선과 건축』에 실린 모씨 주택. 정확한 위치를 알 수는 없다.

1938년 11월 『조선과 건축』에 실린 신당동 후루야 주택 현관.

1939년 3월 『조선과 건축』에 실린 신당동 윤씨 주택 현관.

1937년 10월 『조선과 건축』에 실린 장충동 하야노 주택 현관 내부. 바닥에는 모자이크 타일을, 벽에는 작은 모자이크 타일과 칠을 함께 처리했다.

현관문을 열면
실내로 들어갈 차례

현관문을 열고 안으로 들어오면 이제 실내로 들어갈 차례다. 서양인들과 달리 우리는 신발을 벗고 실내로 들어간다. 신발 벗는 곳에는 보통 단차를 둔다. 신발을 벗고 들어가는 장소이기 때문에 지면과 떨어뜨려 놓아야 할 필요도 있고, 또한 고온다습한 기후 때문에 바닥을 약간 높이 올려 통풍을 좋게 하고 먼지나 모래가 내부로 들어가지 않도록 하기 위해 단차를 둘 필요가 있었다.

이러한 단차는 일본 전통 주택인 무가주택武家屋敷에서도 찾아볼 수 있다. 무가주택은 원래 일본 무로마치室町 시대1336~1537 무사가 그 주군에게 하사 받아 살던 저택이다. 무가주택 현관에 들어서면 봉당인 토간土間, 신발을 벗는 디딤돌인 답탈석沓脫石, 그리고 넓적한 발판인 시키다이式台가 있다. 이것들을 거쳐 마침내 손님을 맞이하는 쪽마루인 도리쓰기取次에 발을 들인다.[4] 도리쓰기는 횡목인 앞귀틀上がり框을 대었다.

일본 전통 주택은 왜 여러 단차를 둔 걸까. 전통주택에서 현관의 단차는 곧 신분의 차이를 의미했다.[5] 시키다이는 설명이 좀 더 필요하다. 원래 무가주택 입구에 있는 방(건물)[6]을 시키다이라고 했다. 이곳에서 지체 높은 이를 맞기도 하고, 주군에게 바칠 헌상품을 전하기도 했다. 말하자면 내빈용 출입 건물이었다. 시키다이 입구에는 나무로 된 발판이 있었는데 가마를 그곳에 딱 붙이면 손님은 땅을 밟지 않고 나무판 위에 내려 건물로 바로 들어설 수 있었다. 그 나무 발판을 시키다이라고도 했다. 시키다이는 민가에는 없던, 신분이 높은 이들의 집에만 허용한 특별한 장치였다. 그 나무의 크기와 상태로 그 집의 격을 짐작할 수 있었다. 문화주택 현관은 대부분 봉당에 타일을 깔았다. 따라서 예전처럼 흙먼지가 일지 않으니 굳이 시키다이가 필요하지 않았다. 하지만 일종의 장식처럼 시키다이를 둔 경우가 더러 있다. 그런 집들은 발을 딛는 곳인 만큼 티크, 앵두나무, 소나무 같은 고급스럽고 견고한 나무로 만들어놓고 마루로 올라서는 곳에는 슬리퍼를 얌전히 두었다. 그렇지 않은 집들은 단차를 두긴 하되 바닥에 신발을 벗고 바로 실내로 올라가도록 간소하게 만드는 것이 일반적이었다.

문화주택 현관 내부에는 신발장과 수납장을 설치했다. 양복을 입으면서 모자나 외투를 현관에 벗어 걸어두는 집도 있었다. 경성에서 변호사로 활동한 일본인 기리야마 아쓰타로切山篤太郎는 사무실을 겸한 집을 지었는데 현관 입구에 외투와 모자 놓기를 꺼려서 옷걸이를 빈방에 두었고 이를 복도에다 두는 게 편할지 어떨지 고민했다.[7] 외투를 보통 현관에 거는 서양인들의 습관이 사용자에 따라 제자리를 찾는 데 다소간의 실험이 필요했음을 알 수 있는 대목이다.

현관에는 양복 외출에 필수품인 지팡이나 우산을 꽂을 우산꽂이도 마련했다. 문을 나서기 전 벽에 붙은 거울을 보며 자신의 옷매무새를 점검하기도 했다. 역시 경성에 살던 일본인 요시다 나오吉田 直는 현관에 붙은 3척 길이(약 90센티미터)의 거울이 특히 부인의 손님에게 편리할 것으로 짐작했다.[8]

문화주택의 현관을 본떠 1920년대부터 개량 한옥에도 현관이 달리기 시작했다. 도정궁 정재문 가옥(경원당), 가회동 한상룡 가옥(휘겸재), 경운동 민익두 가옥(민가다헌)이 대표적인 예다. 한상룡 가옥은 원래 정조 때 지어진 고택으로 고종황제의 5촌 조카 이규용이 소유했던 것을 이완용의 외조카 한상룡이 1928년에 구매해서 화양절충식으로 고쳤다. 현관은 그 변화를 직관적으로 보여준다. 친일파였던 점 때문에 한씨 가옥 또는 산업은행관리가 등으로 애매하게 부르는 이 집은 휘겸재라는 옥호를 지녔다. 휘겸撝謙은 누구에게나 자신을 낮추는 겸양의 미덕을 의미하는데 그 누구가 권력자였다는 점이 씁쓸하다.

조선저축은행 중역 사택 현관 전경과 측면에서 본 모습 그리고 현관 내부.
포치 바닥에 돌을 불규칙하게 깔았고 현관 내부 벽에는 허리 부분까지 타일을 붙이고 윗부분은 칠을 해 콤비네이션으로 장식으로 마감했다.

조선저축은행 중역 사택 현관 바닥.
전통 가옥의 복잡한 단차 대신 간결하게 마감했다.

한상룡 가옥 전경.

도리쓰기
앞귀틀
시키다이
답탈석
봉당

일본 전통 가옥 현관의 구성.

"집주인의 생활을 낱낱이 드러내려고 노력하는 곳"_현관

대청과 마루를 벗어나, 응접실의 탄생

문화주택의 현관에서 이어지는 공간은 오늘날의 거실이다. 이 공간이 탄생, 정착하기 전 대청, 대청마루, 마루, 양실, 응접간, 응접실 등 다양한 용어로 불렸다. 집집마다 형태가 똑같지는 않았고, 정착이 되기까지는 과도기도 있었다.

"우리의 주택은(경성을 표준으로 함) 소위 대청이라는 광간廣間이 적지 아니한 면적과 및 공력을 허비하야 주택 중앙에 공허한 대로 서 잇는 까닭에 그 좌우편에 분립하여 잇는 침실에는 양기를 밧지 못하며 대청은 항상 그 가정에 공허한 기분만 줄 따름입니다. 기왕은 우리의 습관상 이 대청이 사계를 통하야 공방空房대로 잇다 하야도 오직 이것을 폐지치 못한 것은 전장前章에도 잠술하얏거니와 가연제례佳宴祭禮의 일체 준비와 및 그 절차를 이곳에서 거행하든 까닭에 이는 평소의 불필요를 이러한 특수한 때를 위하야 참엇거니와 지금 이러한 절차가 이미 우리 가정에서 거행치 안케 된 이상에는 그 불쾌한 공간을 주택 한 가운대에다 두어 제일은 건축비에 과분을 지당하며 다음은 공허한 기분을 취할 필요가 어대 잇겟습니다. 그럼으로 대개는 이 대청을 식찬설비간으로 대용하는 까닭에 실로 생활상 정돈과 질서만 흐리게 할 뿐입니다."[1]

1923년 건축가 김유방이 글에서 밝혔듯 경성 주택에서 대청이라는 넓은 공간은 특별한 행사가 있을 때를 제외하고는 비워두거나 반찬 만드는 곳으로 전락하여 제대로 활용하지 못했던 때도 있었다.

응접실이라는 용어는 영어의 'Reception Room'을 일본어로 옮긴 것이다. 응접은 맞이한다, 맞는다는 의미로 응접실은 객, 즉 손님을 맞이하는 곳을 뜻한다. 그렇다 보니 1920년대 이전까지만 해도 주로 일본의 관사나 총독부 고위 공직자의 사무용 공간을 가리켰다. 때로 응접간, 양실이라고 부르기도 했는데, 서양식 생활을 구현하기에 가장 적합한 공간이었다.

손님을 맞는 공간은 전통 한옥에서는 사랑이 그 역할을 했다. 객을 맞이하는 주체는 남성이었다. 1888년 조선에 온 선교사 게일J. S. Gale, 1863~1937이 언급했듯이 사랑은 "한량들, 뜨내기, 점쟁이, 승려 등 사실상 모든 부류의 사람들이" 모여드는 개방적인 공간이었다.[2]

사랑이 없는 집에서는 마루, 혹은 마루방이 그 역할을 했다. 건축가 박동진에 따르면 마루는 "다듬이질, 대림질, 침사, 보육, 접객 모든 기거를 다 마튼" 만능 공간이었다.[3] 하지만 마루는 겨울에 너무 춥기에 유리문을 달고 난로를 놓아 활용도를 높이자는 주장이 많았다.[4] 1920~30년대 이른바 도시한옥에서 가장 눈에 띄는 개량이 바로 마루에 유리문을 달아주는 것이었다.

"그런데 이왕 마루 이야기가 나왓스니 말슴이지 항용 그 마루는 녀름에만 소용이 되고 딴 철에는 그저 아모 소용이 업게 되고 무슨 잔치를 지날 때에도 겨을 가튼 때는 너무 추어서 여간 곤난치가 안혼 것입니다. 그런 고로 이왕 마루를 둔다면 마루 미다지를 잘 맨들고 마루에 겨을이면 난로가튼 것을 노하서 겨을에도 쓰고 조금 돈을 드리어 응접실이나 서재나 식당으로 써도 조흘 것입니다."⁵

건양사 브랜드로 개량 한옥 단지를 개발한 건축왕 정세권도 "대청은 동절의 냉실이요 하절의 열실이다"라며 대청의 활용도가 떨어짐을 지적했다. 하지만 당시 조선인들은 대청이 번듯하게 전면으로 드러나는 집을 선호했기에 그가 공급한 한옥도 대청을 남향으로 크게 만든 것이 많았다.⁶ 이른바 조양절충식朝洋折衷式 생활을 하는 진숙봉은 한 인터뷰에서 이렇게 밝히기도 했다.

"마루를 순전히 응접실노 쓰기로 하고서 깨끗한「테-불크로스」덥흔「틔-테불」과 함께 주위의 의자와 적당한 화병, 책탁자 보기 조흔 곳에 그림현판을 갓초아 걸은 것 이러한 것이 보통 집과는 다르다."⁷

그는 자신의 생활을 문화적 주택에 신식생활이라고 자평했는데 그도 그럴 것이 1928년이라는 시점을 두고 보면 그의 생활양식은 퍽 이른 셈이다.

응접실은 부부 공동의 접객 공간으로서 가족 이외의 남녀가 자연스럽게 접하는 장소였다. 집안에 응접실을 두었다는 것은 남녀 역학 관계에 미묘한 변화와 균열이 생겼음을 뜻한다.⁸ 일본의 주거생활에서 응접실은 가족 일상생활의 장場이라기보다는 접객의 성격이 매우 강했다면 조선에서는 1910~30년대에 이르기까지 그 두 가지 역할이 결합된 공간이었다.⁹

두 나라 모두 응접실은 바닥이 아닌 의자에 앉는 식으로 정착했다. 전통적인 마루에 서양식 의자와 테이블이 들어오게 된 배경은 무엇일까. 이 당시 궁궐에서는 양관洋館을 새로 지어 연회의 장소로 쓰면서도 일상 생활은 전통 건축 공간에서

1940년 2월 『조선과 건축』에 실린 한양절충식 모씨 주택 외관과 서양식으로 꾸민 마루. 마루는 조선식 온돌이었고 천장은 텍스로 마감하고 푹신한 소파와 나전 탁자를 놓았다. 도코노마를 통해 일식을 가미했음을 알 수 있다.

지내는 일종의 이중생활을 했다. 덕수궁에서는 양관인 돈덕전·석조전과 침전인 함녕전을 분리해 사용하고, 일본 메이지궁전에서는 양관인 표궁전表宮殿과 화관和館인 오궁전奧宮殿으로 나누어 사용한 것을 예로 들 수 있다. 이처럼 의자와 테이블이 있는 접객 공간이던 양관과 전통 건축 공간을 함께 사용하는 양식이 상류층 주택에서는 응접실의 입식 가구를 들이는 축소된 형태로 나타났다.[10] 훨씬 더 재력이 있는 사람은 궁궐처럼 별도의 건물을 지어 접객용으로는 양관을, 실생활은 한옥이라는 이중생활을 했다. 집 한 채만 가진 대부분의 중상류층 사람들은 내부 응접실을 양관처럼 접객 기능을 하는 공간으로 사용했다.

또 다른 시대적 분위기도 한몫했다. 1920년대부터 이루어진 생활개선 움직임의 영향으로 입식 가구는 응접실로 진입했다. 일본은 문부성의 외곽 단체인 생활개선동맹회가 1920년 구체적인 지침 여섯 항목을 발표했는데 그 가운데에 가장 첫 번째가 장래의 주택을 점차 의자식으로 고치는 것이었다.[11] 의자식은 위생적·효율적이라는 인식이 강했고, 가구 디자인도 간단·견고하게 실용성을 강조했다. 1920년대 후반 이후 1930년대에 걸쳐 김윤기 같은 국내 건축가들도 생활개선을 위해 응접실은 넓을 필요는 없지만 될수록 의자식을 하도록 권했다.[12]

응접실은 주인의 재력, 교양, 지위를 단적으로 드러내며 안락한 가정을 표상했다.[13] 이광수의 『무정』이나 『재생』 같은 근대 소설에서 응접실은 향후 주인공의 운명을 예감하게 하는 사건의 무대가 되기도 했다.[14]

한편 이태준의 소설 『신혼일기』는 마루를 서양식 응접실로 바꾸는 일을 둘러싸고 일어난 구세대와 신세대의 충돌을 선명하게 그리고 있다. 홀시어머니를 모시는 새댁 화옥은 신랑의 의견을 따라 시어머니가 출타 중에 우선 도배부터 한 뒤 마루를 양실로 확 바꾼다. 백화점에 가서 120원짜리 응접세트와 70원짜리 미국제 양탄자를 들여와 마루를 꾸미기 시작했다.

"보기 싫던 뒤주와 용충항아리 등속은 행랑아범을 시켜 광으로 옮겨놓았다. 광이나 부엌에 속할 가구를 제자리로 모으는 것부터 즐거웠다. 신랑이 돌아오면 놀랄 것과 좋아할 것을 생각하면 점심도 귀찮아 먹지 않았다. 뒤주를 놓았던 자리에다는 양복장을 놓고, 양복장 놓았던 자리에다는 쇼파를 놓고, 그리고 테이블 중심으로 걸상을 둘러놓았다. 테이블 위에는 화병을 놓고 기둥마다 벽의 여유가 있는 데마다 태서대가들의 성화聖畵와 풍경들을 걸어 놓았다."[15]

시어머니의 반응은 그야말로 경악 그 자체였다. 울긋불긋 찬란한 양탄자를 보고는 "굿당이냐 성황당이냐"고 했고 3대째 물려받은 "조상적 기물"인 뒤주를 "광 속에다 처박아"둔 것은 조상 및 자신에 대한 도발과도 같았다. 시어머니는 '사람의 집에 대청치고 뒤주 없는 집은 없다'며 이를 받아들이지 못했다. 하지만 신세대인 며느리에게 응접실을 양실로 만들기 위해서 뒤주는 치워야 할 기물이었다.

과시적 공간, 집집마다 공을 들인 인테리어

문화주택의 응접실은 외부 마감에 공을 들이고 돌출창이나 차양을 설치해 주택 외부에서도 눈에 띄도록 만들어 마당을 관망할 수 있도록 한 과시적, 완상용 공간이었다.[16] 내부에도 천장이나 바닥, 벽 마감에 가장 공을 많이 들였다. 이를테면 마룻바닥에 쪽모이parquet 바닥을 하거나 리놀륨을 깔더라도 제일 고급을 선택했고 비싼 수입 벽지를 발랐다. 놓은 가구도 기왕이면 응접세트가 좋았다.

응접실은 앞서 말했듯이 한마디로 공적, 과시적 공간이다. 그에 걸맞게 가구도 타인의 시선에 신경을 썼다. 집주인은 자신의 취향을 드러내는 공간이므로 한껏 힘을 주어 꾸몄다. 응접실 가구는 의자와 탁자가 핵심이었다. 의자의 형태로는

1924년 미국 한 올랜도 클린턴 사의 〈우리 집 장식〉 카탈로그에 실린 거실.
1920년대의 비교적 차분하고 클래식한 가구로 꾸민 모습이다.

1931년 8월 『조선과 건축』에 실린 동숭동 다카쿠스 주택 응접실. 대담한 다마스크 패턴의 응접세트가 놓였다.

1937년 5월 『조선과 건축』에 실린 후암동 고바야시 주택 응접실. 벽 쪽으로 장의자를 놓고 암체어와 탁자로 구성한 응접세트를 갖췄다.

1940년 1월 『조선과 건축』에 실린 관훈동 김명하 주택 남쪽 테라스 부분과 응접실 겸 서재. 응접실 의자에는 당시 유행한 커버를 씌워 사용했다.

1942년 3월 『조선과 건축』에 실린 평동 스기야마 주택 응접실. 쪽모이 바닥에 벽에는 벽지를 바르고 천장은 백색 회벽으로 마감하고 일부에는 텍스를 바둑판처럼 교차해서 붙이고 카세인 도료로 마감했다.

1933년 2월 『조선과 건축』에 실린 조선미곡창고회사 사장 사택과 응접실.

1938년 7월 『조선과 건축』에 실린 조선저축은행 중역 사택 외관과 응접실. 다마스크 패턴의 비교적 육중한 형태의 응접세트를 갖췄다.

프랑수아 제라르가 1801년에 그린 〈조세핀의 초상〉. 'ㄱ'자 형태의 신고전주의 양식의 소파가 보인다.

에두아르 마네가 1874년에 그린 〈푸른 소파 위의 에두아르 마네 부인의 초상〉. 19세기 후반에 유행한 버튼으로 눌러 마감한 소파가 보인다.

에두아르 마네가 1863년에 그린 〈스페인 복장으로 누워 있는 젊은 여인〉. 데이베드 형태의 의자에 누워 있다.

여러 사람이 동시에 앉을 수 있는 장의자, 푹신한 안락의자, 팔걸이의자, 등받이의자, 그리고 등받이와 팔걸이가 없는 스툴 등이 있었다.

장의자는 안락의자를 길게 확장한 것으로 오늘날의 소파다. 보통 180센티미터 길이가 상식이었다. 때로는 창문 쪽에 붙박이 형식으로 제작하기도 했다. 소파는 원래 아랍어 'suffa'에서 유래했다. 중동 지역 실내에서 돌이나 벽돌을 쌓아 올린 바닥을 카펫으로 감싼 자리를 의미하는데 기원전 2000년 전부터 사람들이 걸터앉았던 일종의 벤치였다. 딱딱한 자리는 안락함을 추구하는 인간의 본능을 따라 점차 푹신하게 변형되었다. 시트와 등받이에 말총, 울, 솜 같은 보충재를 넣고 천이나 가죽으로 씌웠다. 당시 가죽 소파 가운데에서는 모로코 소파Morocco leather sofa가 으뜸이었다. 염소 가죽, 소가죽을 무두질한 것을 갈색을 대표로 검정, 빨강, 초록색으로 염색한 부드러운 가죽으로 싼 소파를 최고급품으로 여겼다.

안락의자 스타일은 그야말로 취향의 문제였다. 큼지막한 다마스크 패턴이나 기하학적인 무늬의 천으로 싼 푹신한 의자에서부터 프레임이 드러나는 모더니즘 계열의 단순한 것에 이르기까지 다양했다. 하지만 대체로 19세기 후반 빅토리아 양식의 육중한 소파보다는 윤곽선이 반듯하고 경쾌한 축이 많았다.

경성의 가구점에서는 장의자, 안락의자, 그리고 작은 등받이 의자로 구성한 응접세트를 판매했다. 장의자 없이 탁자를 중심으로 안락의자 서너 개를 배치하는 경우도 많았다. 응접세트는 응접실 한가운데 배치하곤 했는데 이에 대해 건축가 박길룡은 사무실에서나 볼 법한 것으로 가정에는 동선에 지장을 준다며 꺼렸다.

1930년대에 일본에서는 소파에 커버를 씌우는 것이 유행했다. 여름용과 겨울용 커버를 구분하지 않고 늘 같은 커버를 씌워두는 집이 많았다.[17] 관훈동 김명하 주택 응접실에서처럼 같은 유행이 경성에도 불었다. 커버는 당시 소파나 피아노같이 고급스러운 세간을 잘 관리하기 위해 응당 해야 할 처사였다.

응접실 물건의 선택뿐만 아니라 이를 공간에 어떻게 배치하는가에 대해서 1908년에 간행된 일종의 예절 교과서인 『보통교육 교육의범』[18]에는 다음과 같이

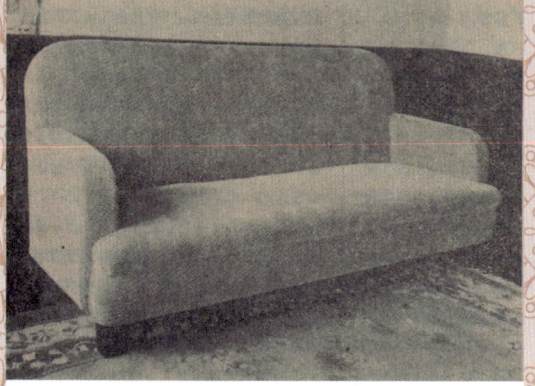

미쓰코시백화점에서 판매한 장의자. 벚나무에 월넛색으로 칠을 한
다리와 옅은 갈색 무지 천은 오늘날 보기에도 모던 그 자체다.
1936년 『조선과 건축』에 실렸다.

1925년 5월 2일자 『조선시보』에 실린 부산 우에노가구점
광고. 데이베드 형태의 장의자가 보인다.

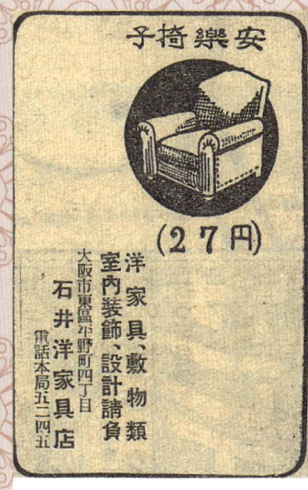

1938년 4월 잡지 『여성』에 실린 가회동 백인제 가옥 응접실의 화려한 무늬 소파.

오사카 이시이양가구점 광고.
27엔짜리 안락의자가 보인다.

고야마양가구점의 응접실용
가구들. 국립민속박물관.

스나모토가구점의 응접실용
의자 세트는 장의자, 팔걸이 의자,
작은 의자 등 모두 다섯 개 또는
일곱 개로 구성할 수 있었다.
국립민속박물관.

적혀 있다.

"객실에는 서화폭과 혹은 식물 화분으로 장식하되, 제일 주의할 것은 분수에 적당하게 할 것이니 사치하게 장식하는 것은 매우 천한 일이 되며, 두 번째는 좋은 물품으로 우아한 것을 고를 것이니, 박람회와 같이 많은 물품을 진열하는 것은 안 되며 세 번째는 시절과 일자와 오는 손님에 맞게 바꾸어주어야 한다."[19]

위에서 말한 대로 사치는 가장 경계해야 할 점이었다. 자랑하되 대놓고 하지 않는 은근한 방식이어야 했다. SNS에 먹는 것, 입는 것, 생활 방식까지 모조리 드러내는 오늘날과는 확연히 다르다. 조선시대 선비들은 소장품을 자랑할 때 겸손하게 하나씩 조심스레 꺼내 보였다. 박람회처럼 물건을 죽 늘어놓는 것은 천박하다고 여겼다.

서양에서는 공간의 중심focaul point인 벽난로 위에 자랑할 만한 물건을 늘어놓았다. 산업혁명 이후 영국 빅토리아 시대 중산층들은 많은 물건을 소유·진열하는 데에 자부심을 느꼈다. 검이불루 화이불치儉而不陋華而不侈라는 우리의 유교적 이념과는 확실히 대비된다. 검이불루 화이불치는 『삼국사기』를 쓴 김부식이 백제의 궁궐 건축을 두고 한 말이다. 검소하되 누추하지 않고 화려하되 사치스럽지 않다는 뜻으로 훗날 정도전 역시 궁원 제도에 대해 말하면서 사치스러운 것보다는 검소한 것이 낫다고 했고,[20] 조선의 백과사전으로 일컬어지는 『임원경제지』를 쓴 서유구 역시 사치스럽고 화려한 거처는 사람을 탐욕스럽고 만족하지 못하게 만들어 근심과 해악의 근원이 되므로 거처는 단지 소박하고 깨끗하게 가꾸어야 한다고 강조하기도 했다.[21]

이러한 인식은 공간을 꾸밀 때 염두에 두어야 하는 이념으로 자리를 잡았다. 이러한 연장선으로 볼 때 방은 결코 사치스럽고 화려해서는 안 되는 것이었다. 잡지 『별건곤』에서 남녀의 결점을 공박한 논쟁에서 한 필자가 "뒤주 우에는 텅텅 브인 꽃항아리를 사기전처럼 느러 놋코 오는 손님이 부러워하는 것을 보고 만족해한다"며 살림치레하는 여자를 비판[22]한 것도 이러한 인식의 반영으로 볼 수 있다. 건축가 박길룡 역시 장식 재료를 많이 쓰는 것은 "야비하고 고물상같이 자기가 가지고 있는 것을 전부 늘어놓는 것은 보기 싫다"고 일축했다.[23] 이러한 인식 또는 이념은 근대 건축가들을 비롯하여 오늘날 우리나라 1세대 조경가 장영선의 조경 디자인에 이르기까지 우리나라의 보편적인 장식 DNA로 이어지고 있다.

서양 문명이 들어오면서 연말이면 성탄절을 즐기는 분위기가 만들어졌다. 그러면서 교회뿐만 아니라 호텔과 공공장소를 비롯해 일반 가정에서도 트리를 장식하며 들뜬 분위기를 즐겼다. 바야흐로 근대 응접실에 크리스마스 트리가 새로운 장식품으로 등장했다. 세브란스 병원 이영준 원장의 구내 사택 응접실 한쪽에도 대형 '크리쓰마쓰추리'를 놓았고, 작가 이효석의 크리스마트 트리는 솜눈을 쓴 채 음력설 전까지 아이들의 눈을 즐겁게 했다.

그때 그 시절 응접실 예법

"(…) 응접실로 들어갈 때에는 여자를 앞세워야 한다. 주인부처는 문간에서 들어오는 손님을 맞는데 손님들은 일일이 인사를 바꾸어야 한다. 응접실로 들어갈 때는 뒤에 누가 오나 보자고 돌아다본다든가 주저하는 길이 없이 서슴거리는 기색이 없이 몬저 온 손님들과 서로 마음대로 웃고 이야기해도 좋다. 그리고 손님들 사이에 서로 낯모르는 이들이 있는 때엔 서로 소개를 시켜야 한다. (…) 그리고 응접실에서 식사 시간을 기달리는 동안에 흔히 「칵테일」이나 「쉐리」를 내여오는 것이 습관인데 이런 것을 받은 때에는 이것을 무슨 약이나 들어 마시듯이 단번에 쭉 들여 마셔서는 안 된다. 그것은 그 사람의 신경질이나 무지를 폭로하는 것밖에 더

덴마크 화가 비고 요한센이 1891년에 그린 〈해피 크리스마스〉.

1927년 12월 26일자 『매일신보』에 실린 '크리쓰마쓰추리'로 장식한 조선호텔.

1938년 3월호 『여성』에 실린 이영준 주택 응접실.

1930년대 후반 이효석이 살던 평양 창전리 주택은 담쟁이가 붉은 벽돌집을 감쌌다 하여 '푸른집'이라고 했다. 그 집의 크리스마스트리가 있는 거실. 이효석문학관.

19세기 후반에 그려진 〈크리스마스트리 장식〉.

못된다."[24]

응접실은 칵테일이나 셰리를 대접받는 퍽 이색적인 공간이었다. 이곳에 처음 발을 들인 이들은 예절에 맞게 '적절한' 행동을 취해야 했다. 이러한 행동 강령이 '응접실의 작법作法'이라며 신문에 소개되었는데[25] 대략 '양실은 들어가는 입구와 가까운 곳이 제일 낮은 자리이고 창문이 있거나 난로가 놓인 곳이 제일 윗자리다. 처음 안내받고 응접실에 들어갔을 때는 아무데나 앉으면 안 되고 출입구에 가까운 의자에 앉아야 한다. 그러다가 주인이 나오면 일어서서 인사를 한 뒤에 다시 의자에 앉아야 한다. 의자에 앉을 때는 의자의 왼편으로 들어가서 앉는 것이 원칙인데 들어갈 곳이 없으면 오른쪽으로 들어간다. 의자는 너무 깊이 앉거나 너무 끝에 앉는 것도 불안정해 보인다. 발끝은 가지런히 모아 앉고 인사를 할 때 의자를 뒤로 밀쳐놓던가 큰소리를 내는 것은 큰 실례'라는 등의 내용이다.

이런 예법은 의자가 놓인 응접실이라는 공간에 익숙하지 않은 이들이 많아 새로 생긴 상식이었다. 거실이나 응접실이 보편화된 오늘날에는 찾아보기 어려운 복잡한 예법이다.

오늘날 응접실은 여전히 실내 공간에서 가장 중요한 자리를 차지한다. 의례와 접객이라는 전통적인 역할도 여전히 유지하면서 가족의 단란과 이상적인 가정을 표상하는 공간이다. 문화주택 응접실의 초점이었던 서양식 벽난로는 온돌에 깨끗이 밀려났다. 텔레비전이 또 다른 공간의 초점으로 급부상하면서 가구 배치와 사람들의 시선 역시 재편되었다. 이를 테면 문화주택에서는 모여 있던 의자들이 흩어져 소파는 벽면으로 향하고 사람들의 시선은 전면으로 향하게 된 것이 대표적이다.

"가정에서 누리던
모던 하우스의 상징"
·
선룸

집안의 온실은 곧 부의 상징

선룸sun room은 말 그대로 햇볕이 가득한 방이다. 보통 유리로 된, 주택과 별도로 지어진 온실 형태였다. 온실은 계절이나 지역에 상관없이 과일이나 채소를 키울 수 있는 공간이다. 1459년 왕실 어의였던 전순의全循義가 쓴 현존하는 가장 오래된 농서이자 요리책인 『산가요록』山家要錄에는 벽을 쌓고 기름종이를 바르고 온돌을 사용하는 독특한 온실 설계법이 실려 있다.[1] 꽤나 특이한 이 방식으로 설계한 온실에서 세종 때 강화도에서 귤나무 재배를 실험하고 겨울에도 신선한 채소를 길렀다.[2] 이국적인 작물을 기르기 위해서는 일조량이 중요한데 이에 가장 적합한 재료가 바로 유리다. 유리로 지어진 우리나라의 서양식 온실로는 창경궁 대온실이 있다.

영국 엘리자베스 1세 여왕이 오렌지나 남아메리카의 파인애플, 지중해의 포도를 시시때때로 맛볼 수 있었던 것도 온실 덕분이었다. 영국의 크리스털 팔래스 Cristal Palace, 큐 가든Kew Garden 같은 식물원이 아니더라도 온실은 소규모 휴게실로도 역사가 깊다. 고대 로마 때부터 이 공간에서 화초도 가꾸고 햇볕도 즐겼다. 19세기 영국 빅토리아 시대에는 전 세계 식민지로부터 들여온 희귀 식물을 키우는 것이 대유행이었다. 햇볕이 부족한 영국인들은 집에 딸린 일종의 부속실로 온실을 두고 일광욕을 즐기며 화초를 감상하는 여가 공간으로 활용했다. 유리는 과거 유럽에서 오랫동안 사치품이었기에 높은 세금이 부과되었다. 세금을 피하려고 유리창을 아예 막아버린 건물이 있을 정도였다. 그러니 역설적으로 온통 유리로만 지어진 온실은 부의 상징이었다.

1851년 세계 최초의 만국박람회장도 거대한 온실 구조였다. 유명 정원사였던 조셉 팍스톤Joshep Paxton이 산업혁명의 표본실이라고 할 수 있는 박람회장을 대형 온실 형태로 디자인했다. 공교롭게도 유리에 부과된 세금이 철폐된 것도 바로 그 해였다. 유리의 대중화를 알리는 신호탄이었다. 사치품이던 유리는 산업혁명 이후 대량 생산되는 공산품이 되었고 중산층도 집 정원에 온실 하나쯤은 가질 수 있게 되었다. 온실은 말하자면 가정에서 누리는 작은 제국이었다.

온실에서 등의자에 앉아 햇볕을 즐겨요

온실에서 느긋하게 햇볕을 즐기는 공간이니 선룸은 아주 적확한 이름이 아닐수 없다. 우리나라 주택에 처음 선룸을 만든 인물은 고종의 외교 고문이었던 오언 N. 데니Owen N. Denny, 1838~1900였던 듯하다. 그는 1880년대 정동의 한옥을 고쳐 온통 유리문으로 도배를 하다시피 했고 응접실과 이어지는 베란다는 유리창으로 들어오는 빛을 활용해 난초 화분을 키우는 온실이자 휴게공간으로 만들었다.

선룸은 응접실과 접하거나 박길룡이 설계하여 1932년 준공한 당시 관훈동 소

창경궁 식물원 본관 대온실 전경을 담은 엽서. 국립민속박물관.

독일 화가 에두아르트 괴르트너가 1836년에 그린 〈온실 속 베스트팔 씨 가족〉.

영국 화가 조지 애트킨슨 그림쇼가
1875년에 그린 〈사색가〉.

제임스 티소가 1876년 무렵에 그린 〈요양〉.

1880년대 고종의 외교 고문 오언 N. 데니의 집 선룸.

독립운동가 김교한의 아들 김정근·이길영 부부가 테라스에서 책을 읽는 모습. 서울민속박물관.

1937년 동양척식주식회사 경성지점 중역 사택 선룸. 오늘날 아파트 베란다처럼 길게 만들었다.

1934년 4월 『조선과 건축』에 실린 청파동2가
요시다 주택 응접실과 선룸.
선룸에 미쓰코시형 등의자가 보인다.

1930년 8월 『조선과 건축』에 실린 장충동 에지마 주택과 선룸 역할을 하는 응접실. 정원이 잘 내다 보이는 곳이다.

"가정에서 누리던 모던 하우스의 상징"_선룸 • 123

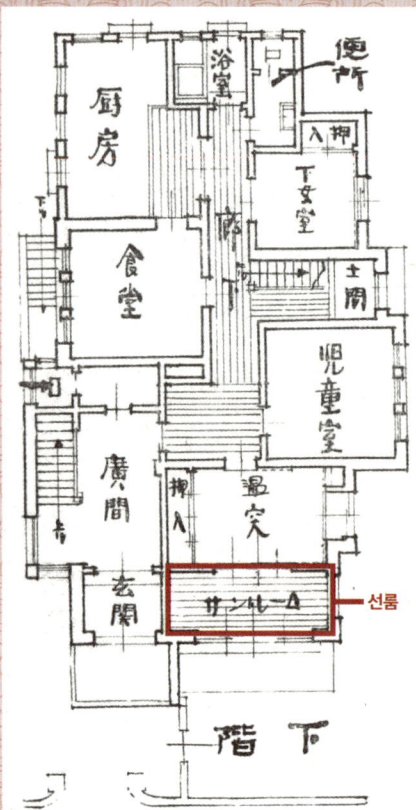 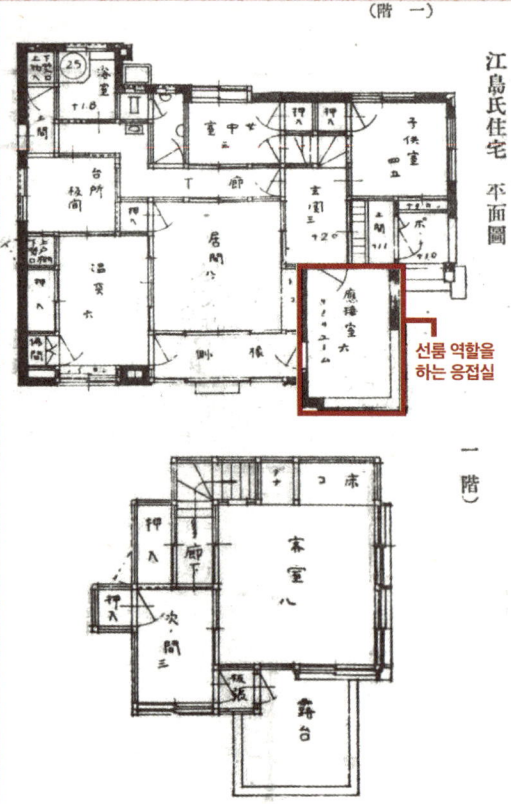

1932년 7월 『조선과 건축』에 실린
관훈동 김명진 주택 평면도. 이 집의 선룸은
현관 오른쪽에 두었다. 온돌방과
인접해 있고 정원을 조망할 수 있는 위치다.

1938년 11월 『조선과 건축』에 실린 장충동 에지마 주택 평면도.

재 김명진 주택처럼 방에 인접해서 정원을 바라볼 수 있는 곳이었다. 요즘으로 치면 베란다에 해당하는 공간이다. 유리창에서 쏟아지는 햇볕의 나른함을 만끽하며 신문을 보거나 차를 마시는 선룸에 필요한 가구는 당연히 의자와 탁자다. 그 가운데 등나무 제품은 더할 나위 없다.

등의자는 서구인들에게 동양의 이국성을 느끼게 해주는 물품이었다. 동남아시아에서 바구니를 비롯한 다양한 생활 소품으로 오래전부터 사용해왔던 것으로 서구인에게 등나무 제품은 곧 '먼 동쪽'Far East의 감성이었다. 제국주의 시대 서양인들은 식민지의 주택 베란다에서 휴식을 취할 때, 바다를 가르는 선박 갑판에서, 휴양지 호텔 등지에서 등나무 의자를 만났다. 가볍고 견고하며 값싼 동양의 등의자는 제국의 감성을 불러일으키며 19세기 후반 서양의 정원과 온실을 점령하기 시작했다.

서양인 특히 미국인의 생활양식에 크게 영향을 받은 일본인들도 식민지 대만에서 만든 등의자를 자국에 유행시켰다.[3] 당시 유행의 최첨단을 선도하던 미쓰코시백화점에서 이를 놓칠 리 없었다. 라탄을 소재로 한 미쓰코시 등의자 세트는 중산층의 거실과 온실에 안착했다. 라탄 소재는 일본 가옥의 다다미 바닥과도 찰떡이었기에 이질감 없이 자연스럽게 일본 주택 속에 스며들었다.

수입품 등의자는 크게 환등丸藤, 피등皮藤, 심등芯藤 세 가지로 만든 것이었다.[4] 환등은 등나무 껍질이 그대로 붙어 있는 상태, 피등은 환등의 껍질을 잘게 켠 상태, 그리고 심등은 피등을 만든 후 남은 환등의 속부분을 일컫는다. 피등이 심등보다 고급품이라 가격은 비싸지만 오래갔다. 반면 심등은 표면이 거칠거칠하고 내구성도 떨어지고 더러워지기 쉬운 데다 오염된 것을 씻어내면 칠이 지워져 관리가 까다로웠다. 가격은 대만 등나무로 만든 저렴한 것은 팔걸이 의자가 3원부터, 고급은 5~6원 정도였다. 가장 유행한 세트는 보통 탁자 한 개, 팔걸이 의자 두 개, 장의자 한 개로 이루어졌는데, 피등제와 심등제에 천으로 싼 고급 세트는 40원 정도였다.[5] 또 다른 기록에는 1932년 기준으로 피등 의자는 한 개에 대략 5원, 차 탁자가

제임스 티소가 1867년에 그린 〈온실에서〉. 등나무나 버드나무를 엮어 만든 위커 의자가 보인다.

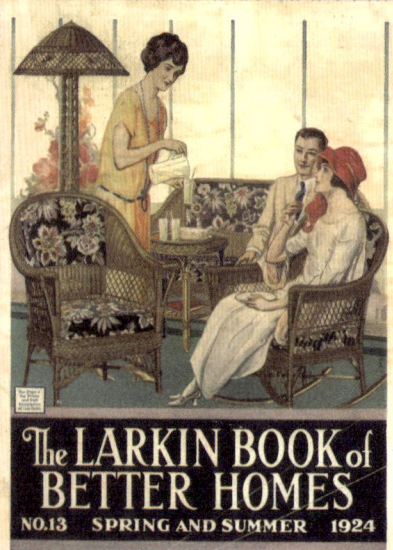

1924년 등나무 가구 전문업체인 라킨 사의 봄·여름 호 카탈로그 표지. 등나무 소파 세트의 등받이와 시트에 패브릭이 덧대어져 있다. 이와 유사한 소파 세트는 1980년대 우리나라에서도 크게 유행했다.

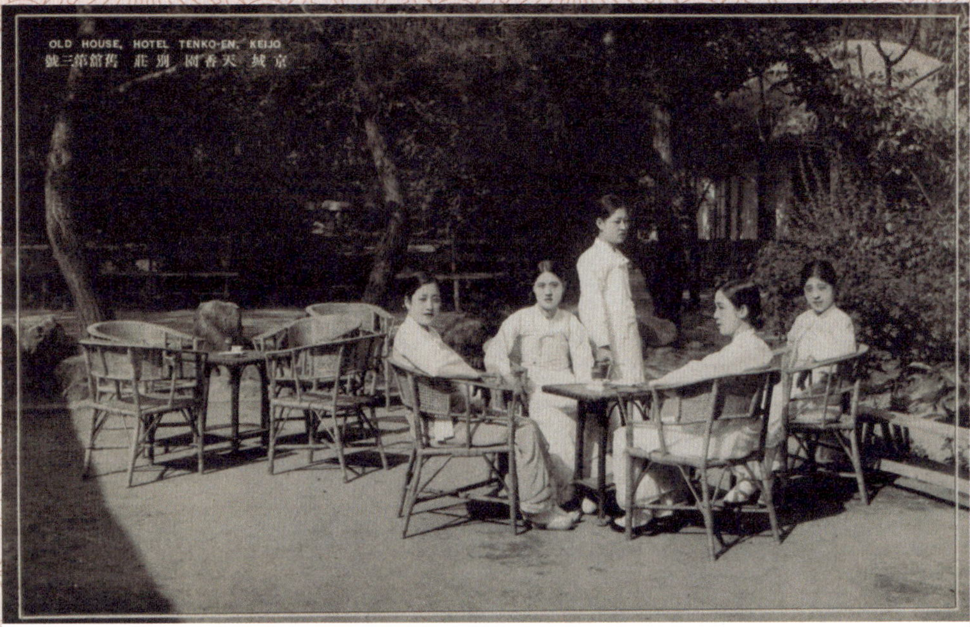

요릿집 천향원 별장 마당의 등의자에 앉아 있는 기생들. 국립민속박물관.

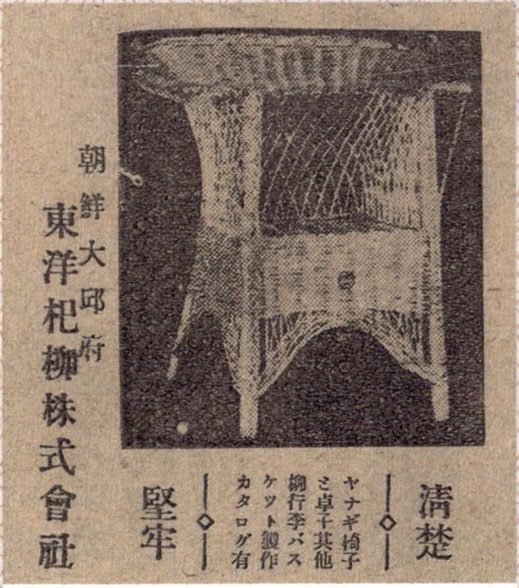

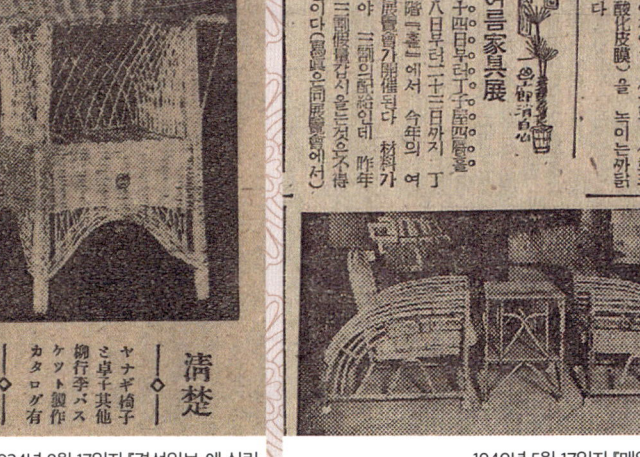

1924년 8월 17일자 『경성일보』에 실린 대구 동양기류주식회사에서 만든 고리버들 의자.

1940년 5월 17일자 『매일신보』에 실린 조지야백화점 여름가구전 안내 기사.

스나모토가구점에서 판매한 등의자.
국립민속박물관.

3원 정도였고 심등 의자는 1원 50전 정도[6]라고 했다. 이런 물가를 고려했을 때 선룸에 보통 수준의 세트를 놓는다면 20원 정도면 가능했다. 비교적 저렴한 등의자는 선룸이 없는 집, 심지어 독신자 아파트에서도 손쉽게 사서 쓸 수 있는 가구였다.

이태준의 소설 『신혼일기』에 등장하는 순남의 아파트 방 안에도 등의자 두 개에 테이블 하나가 놓였다. 그녀를 방문한 두 친구 화옥과 소춘이 의자를 왜 달랑 두 개만 샀냐고 묻자 화옥은 "백화점에두 못들어가봤어? 이런 등의잔 으레 테불 하나에 (의자) 둘씩이 한 벌 안야"라고 응수한다.[7] 비교적 저렴한 등의자 세트는 서민들의 집뿐만 아니라 카페, 호텔, 식당과 같은 상업 공간에서도 널리 쓰였다.

라탄과 비슷하게 우리나라에서도 기류杞柳 즉, 버드나뭇과에 속한 낙엽 관목 고리버들을 다양하게 활용했다. 궁궐에서는 기류로 만든 생울타리 취병을 둘러 밖에서 안이 보이지 않도록 했다. 기류는 주로 들이나 냇가의 축축한 땅에서 자라므로 긴 강 연안, 이를테면 낙동강 연안 같은 곳이 재배에 적합했다. 1924년 경상북도 내 기류 재배 면적은 오늘날로 치면 약 37만 2,900평에 달했고 이 가운데 약 33만 평을 대구 동양기류주식회사가 경영했다.[8] 1925년 「대구상공명록」에 따르면 오늘날 봉산동에 위치한 동양기류주식회사는 여행 가방, 바스켓, 의자, 탁자 등 싸고 견고한 기류 제품을 생산했다. 1926~27년 무렵 '대구의 야나기 의자'라고 신문에 꾸준히 광고를 싣기도 하고, 1926년 쇼와 천황의 동생 다카마쓰노미야 노부히토高松宮宣仁 친왕이나 스웨덴 황태자 구스타프 6세Adorf Gustav VI 부처가 대구, 경주를 방문했을 때 자사 제품을 사용한 것을 홍보하는 등[9] 황실 마케팅도 활용했다. 연예인, 유명인을 동원하는 오늘날의 광고처럼 당시에는 황실 인사를 거론하는 것이 효과적이었기 때문일 것이다.

선룸은 햇볕이 부족한 서양인들이 욕망한 공간이었다. 거기에 딱 맞는 가구는 그들에게 이국적 감성을 불러일으키는 등의자였다. 제국을 희망한 일본은 그것을 그대로 수용했고 등의자가 놓인 선룸은 한동안 경성에서도 모던한 집의 상징이 되었다.

예나 지금이나 지식인의 상징

서재에 꽂힌 책은 주인의 지식과 내면을 단적으로 드러내는 매개체다. 책은 곧 지식인의 상징으로 예나 지금이나 언론은 종종 당대 지식인들의 서재를 방문하고 인터뷰와 사진을 싣곤 한다. 1931년 『동아일보』의 「서재 풍경」이나 잡지 『신가정』의 「명류 여성 서재 방문기」도 그런 기획의 대표적인 사례다. 『동아일보』에는 국학자 정인보와 연희전문학교 조교수 최순주의 서재가, 『신가정』에는 김활란, 교사 서은숙, 유형숙·유형기 부부, 황애덕의 서재가 실리기도 했다.

5천여 권의 누더기 책을 좌우에 성벽처럼 쌓아놓아 학자의 면모를 보여준 정인보의 서재를 당시 『동아일보』 기자는 '옛 조선의 빛나는 역사와 문화, 그리고 온갖 우리의 보물이 들어 있는 금광'으로, 서재의 주인인 정인보를 '옛 보물을 찾기에 눈이 붉은 귀한 광부'라고 표현했다. 또한 미국에서 돌아와 연희전문 조교수로 재직 중이던 최순주의 서재에 대해서는 "집은 비록 조선집이나 가구라든지 그리고 서가가 핑핑 돌아가는 게 모다 양식"이라고 했는데, 아마도 방의 벽면을 책장이 둘러싸고 있는 형태를 묘사한 듯하다. 기사에 의하면 책꽂이의 책은 대부분 상업과 교육에 관한 영어 원서였다.

1920~30년대 독서는 더 이상 남성 고유의 취미가 아니었다. 여성 해외 유학생이 늘고 여성 교육이 보급되면서 여학생 수와 식자율이 증가했다. 게다가 책과 잡지가 대량 생산되면서 독서는 대중 속으로 급격히 퍼져 남녀를 불문하고 으뜸 취미가 되었다. 이를 보여주기라도 하듯 1930~36년 사이 발간된 잡지가 무려 137종, 외국인이 발행한 91종까지 합하면 무려 228종이나 간행되었다. 실로 잡지 전성시대였다. [1]

책은 읽지 않더라도 옆구리에 끼고 다니는 소지품으로, 교양과 지성의 상징이기도 했다. 독서하는 여성은 조선미술전람회(약칭 선전)과 일본 문부성미술전람회(약칭 문전)의 단골 주제였다. 프랑스 살롱 회화의 테마였던 여성 독서도가 일본에 이어 조선에 유입된 것으로 볼 수 있는데[2] 이 당시 책 읽는 신여성, 나아가 서재를 가진 여성은 그야말로 근대적 여성의 표상이었다.

특별히 눈길을 끈 여성 명사의 서재

"의자 놓고 테블 놓고 유리문 달린-화려한 넓은 방이 아니고 조선집 조고마한 뒷골방 바로 뒷울안 장독대와 마주 보이는 방이었습니다. 책을 어떻게 많이 디려쌓었는지 가뜩이나 적은 방에 두 사람 앉을 만한 자리도 넉넉지 못했습니다. 한 구석으로 적은 책상 한 개와 조선식 소반 두 개가 놓여 있었습니다."[3]

1931년 3월 30일자 『동아일보』에 실린 정인보 주택의 서재.

1931년 7월 6일자 『동아일보』에 실린 최순주 주택의 서재.

1934년 10월 『신가정』에 실린 김활란과 황애덕 주택의 서재.

독일화가 게오르크 프리드리히 라이머가 1860년 무렵에 그린 〈서재에서〉.

뭉크가 1883년에 그린 〈책 읽는 안드레아스〉.

장 오노레 프라고나르가 1769년 무렵에 그린 〈책 읽는 소녀〉.

미국 화가 프레데릭 칼 프리스크가 1904년 무렵에 그린 〈책 읽는 여자〉.

1934년 10월 잡지 『신가정』에 소개된 서재의 주인은 김활란이었다. 여성운동의 선구자라는 평가와 함께 친일 행적 논란이 있는 인물이다. 그의 서재 역시 천장까지 닿을 듯한 책장과 여러 종류의 책이 있었다. 맨 아랫단에는 백과전서, 그다음은 주로 종교철학, 사회경제, 여성운동 관련 분야, 그리고 맨 윗단에는 문예서적들이 꽂혀 있었다. 그는 재미있게 읽은 책으로 안드레 에카르트Andre Eckardt가 1929년에 펴낸 『조선미술사』를 언급했다.[4]

조선 후기 남성들 눈에 비친, 중국의 그림 속 책 읽는 여인들은 '남성들이 기대할 만한 책', '사회적 질서를 실천하는 데 위배되지 않는 책'들을 주로 읽었다.[5] 그러나 근대 여성들은 다방면으로 넓은 지평을 여는 책을 읽고 있었다. 김활란의 서재는 바로 그런 점을 보여주고 있어 흥미롭다. 책으로 빽빽한 서가 앞에 주인공은 카메라를 정면으로 응시하고 있다. "책상이 필요하다고 함부로 돈디려서 살 수도 없고 또 들고 다니며 공부하기가 편리해서요 이렇게 소반만 사용합니다"라고 인터뷰에서 말했지만 사진 속 그는 책상 앞에 책을 펼친 채 포즈를 취하고 있다.

"감나무, 배나무, 소나무, 버드나무, 이렇게 수목이 자욱히 둘러선 언덕 우에 안윽하게 자리잡은 양옥-우층에 넓은방 하나가 황애시덕씨의 서재랍니다.(…)한쪽에 치켜서 책장을 놓고 그 외에는 테-불, 의자, 들을 보기좋게 정돈해 놓았고 벽에다가는 간간히 좋은 그림과 사진을 붙였습니다. 창에 띠운 하-얀 커-텐이 바람이 조꼼만 불어도 살랑살랑 날려들고 푸른닢 냄새가 향기롭게 기어들었습니다.[6]

1934년 10월 잡지 『신가정』에 실린 사진이 정확히 언제 촬영한 것인지는 알 수 없지만 독립운동가이자 여성운동가인 황애덕黃愛德[7] 역시 천장에 닿을 듯한 책장과 그 앞에 놓인 책상 위 책에 손을 올리며 어색한 포즈를 취하고 있다.

서재는 전통적으로 남성의 공간이었다. 근대 소설 속에서 이는 선명하게 표상

되곤 했다. 서재는 등장인물의 내면이나 지성보다 오히려 재력, 특히 남성의 부를 과시하는 표상으로서 자주 등장한다. 박태원이 『여인성장』에서 묘사한 최상호의 서재는 "사방 벽이 뺑 둘러 책장으로 가리워졌고 그 책장 속에는 거의 온갖 부문의 서적이 꽂혀" 있었다. 상호의 여동생 숙경의 말마따나 "괜히 허영으루 사다 쌓기만 했지" 정작 제대로 읽은 책은 몇 권 되지 않았다. 하지만 정조를 잃어버려 마지못해 결혼한 숙자에게 "그대로 쌓아놓기만 하는 것이라 하더라도 이만한 서재의 주인으로 있다는 것은 그리 나쁘지 않은 취미"였다. 최상호의 서재가 책으로 가득 찬 책장과 책상, 그리고 의자로 구성된 서양식 방이었다면 그의 아버지 최종석의 서재는 조용한 대화에 적합한 프라이버시가 보장되는 공간으로서 일본식으로 꾸며져 있었다.

"주인의 서재라 일컫는 방은 바닥 하나만 조선 장판이요, 그 외는 모든 것이 내지식으로 꾸며져 있었다. 「도꼬노마」에 걸려 있는 한 폭 족자는 「겸재」의 산수요, 그 앞에 놓여 있는 한 개 과히 크지 않은 항아리는 백자가 분명하다. 방 한가운데는 자개박이 응접탁자- 그 위에는 순은제 담배합과 재떨이가 놓여 있고, 무슨 나무로 만들었는지 모르겠어도 한편 구석에 있는 사방탁자는 매일 손질을 정성스레 하는 듯싶어 윤이 흐른다."[8]

보고 싶은, 보여주고 싶은
욕망이 교차하는 곳

서재는 독립된 공간뿐만 아니라 응접실과 겸하는 경우가 퍽 흔했다. 김말봉의 소설 『찔레꽃』에 등장하는 조만호의 집이 그러했다.

1932년 2월 『조선과 건축』에 실린 계동 우종관 주택 서재.
벽에는 꽃무늬 벽지를 발랐고 벽 쪽에 큰 책장을 놓고 한쪽에는 책상, 방 가운데에는 탁자와 의자를 배치했다.

아일랜드 화가 윌리엄 오르펜이 1913년에 그린 〈서재에 있는 오토 베이트〉.

오스트리아 화가 루돌프 폰 알트가 1881년에 그린 〈비엔나 랭코론스키 백작의 서재〉.
책과 고풍스러운 가구를 비롯한 안락한 실내장식으로 가득한 이상적이고 전형적인 서재 모습이다. 이런 서재를 향한 열망은 백 년 전 경성에 살던 사람들만의 꿈은 아닐 것이다.

"XX은행의 두취(은행장) 조만호 씨의 서재 겸 응접실로 사용되는 이 방은 조씨의 부와 지위를 설명하기에 적당하리만큼 모든 비품이 구비되어 있다. 연황색 주단으로 사면 벽이 발라진 방 한가운데 설백의 테이블클로스를 뒤집어쓰고 있는 테이블! 테이블 주위에는 등의자가 너덧 개 적당한 자리에 놓여 있고 조 두취의 사서私書와 회사의 공문이 들어있는 흑단黑檀의 높은 책상 옆에는 천장까지 닿은 서가 속에 금 글자가 번쩍이는 내외국 서적이 질서 있게 쌓여 있다. 그 맞은편 벽에는 거의 반 칸이나 됨직한 큰 액면 속에 중세기 서양 풍속인 듯한 그림이 걸려 있고 서가書架 좌편에는 누구의 글인지 노랗게 색깔이 변한 비단 족자가 걸려 있는데 두어 군데 좀이 먹은 것을 보면 이것은 상당히 역사가 오랜 골동품인성싶다. 그 아래 화대 위에는 난초가 한 폭이 무르녹은 향기를 뿜고 있다."[9]

1931년 7월 20일자 『동아일보』 「근대의 서재」는 공간의 설계부터 바닥재, 벽지, 조명, 가구의 종류와 배치, 그리고 벽과 천정의 색상에 이르기까지 당시 서재의 모습을 퍽 세세하게 제시했다.[10] 독자가 마음만 먹는다면 기사에 실린 대로 공간을 꾸밀 수 있을 정도였다. 1936년 12월 15일자 『조선신문』은 응접실을 겸한 서재를 '명랑함'을 추구하는 근대적 감각이라고 소개했다. 어두운 감촉 존중은 옛말이고 책상 위의 작은 스탠드 대신 키 큰 플로어 스탠드로 명랑한 조명을 보여준다. 응접실 겸용 서재 가구 세트는 482원 50전, 오늘날 물가로 보면 약 500만 원 가량의 호화로운 것이었다. 신문 기사에서 실내의 특정 공간을 소개하는 일은 퍽 드물었다. 그런데 서재만큼은 종종 다루었다. 서재가 독자의 관심을 끄는 근대적 공간이었음을 단적으로 보여준다.

서재용 가구는 책장과 책상이 중심이었다. 책장은 선반만 있는 게 가장 흔했지만 문이 달린 것도 있었다. 책상은 양쪽에 서랍이나 수납 공간을 둔 형태가 많았다. 목재는 주로 졸참나무, 떡갈나무, 호두나무, 벚나무, 물푸레나무가 쓰였다. 여기에 회전의자를 함께 사용했다. 의자는 책상과 같은 목재에 소가죽이나 인조 가

1936년 12월 15일자 『조선신문』에
실린 올겨울 신경향 서재 모습.

1931년 7월 20일자 『동아일보』에
실린 근대식 서재의 설계 도면.

1938년 8월 『조선과 건축』에 실린 평동 최창학 주택의 서재. 벽에는 많은 책을 수납할 수 있는 붙박이식 책장을 갖췄고 바닥에는 화려한 문양의 카펫을 깔았다. 손님용 가죽 의자와 빅토리아 시대 것과 비슷한 느낌을 주는 중후한 참나무 책상과 회전의자도 보인다.

1900년 무렵 에드워드 램슨 헨리가 그린 〈서재 인테리어〉. 책상 맞은 편 벽면에 책장이 있고 방 가운데에 손님용 의자와 탁자를 배치한 것이 평동 최창학 주택 서재와 유사하다.

고야마양가구점의 책장과 책상. 국립민속박물관.

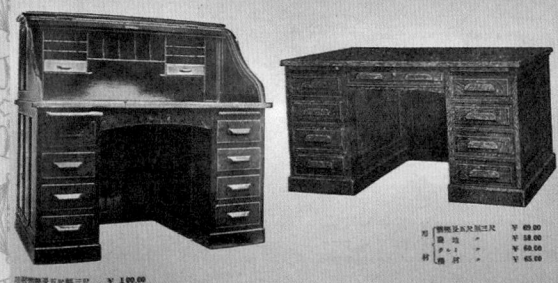

스나모토가구점 책상. 국립민속박물관.

스나모토가구점의 회전의자들. 국립민속박물관.

죽, 또는 모직물을 씌워 사용했다.

　대중은 사회 명사들의 서재를 엿보려는 욕망이 있다. 책장을 배경으로 한 여러 지식인의 서재는 일종의 스테레오 타입으로 오늘날까지도 TV나 인터뷰 기사에서 반복되는 표상이다. 서재는 보고 싶은, 그리고 보여주고 싶은 욕망이 교차하는 근대적 장소였다. 응접실과 마찬가지로 과시적 공간이면서 동시에 주인의 내면과 지적 욕망을 은근히 표출하는 공간이었다. 하지만 안방이나 응접실, 부엌, 화장실처럼 오늘날 집 도면에서 확정적 지위를 부여 받은 공간은 아니다. 응접실과 더불어 쓰이기도 하고 그저 방으로서 사용자의 필요에 따라 그 존재 여부가 결정되기에 독립된 서재는 여전히 권위를 내뿜는다.

"가정 생활 전체의 중추 기관"

안방

근대의 시작, 역할의 변화

건축가 박동진은 "내실을 보면 이 방은 주부의 방을 의미함인데 남녀의 별別이 엄격하던 사회 제도의 가정생활에 있어서는 이 방은 주부의 전용으로 되어 있고 대외적 가정생활에는 전연 몰간섭沒干涉하게 되어 있다. (…) 이 방의 기능이 금일 새 생활의 요구에 무슨 소용이 있을까. 대내적·대외적으로 좀 더 충분한 살림방으로서의 역할을 시켜야 한다. (…) 가정 생활에 있어서는 이 방이 전체의 중추 기관임을 꼭 알아두어야 한다"고 했고, 건축가 박길룡 역시 안방은 가정생활의 "중추 기관"이자 "집 전체로 보아 가장 긴요한 방"이라고 했다.[1]

전통 주거 공간에서 방은 성별로 나뉘어 사랑채를 중심으로 남성은 남성끼리, 안채를 중심으로 여성은 여성끼리 모여 지냈다. 안방 혹은 내방이라고 불리는 여성들의 방은 집 바깥에서 잘 보이지 않는 구석에 배치했고, 볕도 잘 들지 않는 매우 폐쇄적인 공간이었다.[2] 근대 한옥에서 안방은 더 이상 주택의 맨 안쪽이 아니라 볕이 잘 드는 남쪽이나 대문 가까이에 위치하기도 했지만[3] 방이 각각 '하나의 주택'이라는 개념을 가졌던 것은 유효했다. 하나의 방에서 잠도 자고, 밥도 먹고, 손님도 치르고, 볼일을 보기도 했다. 다시말해 방은 침실, 식당, 거실, 심지어 변소까지 총체적인 역할을 담당했다.[4]

하지만 박동진을 비롯한 근대 주택개량론자들은 방을 뚜렷한 목적이 있는 공간으로 개량하려 했다. 각각의 방을 잠자는 침실, 가족이 모이는 거실, 식사를 준비하는 주방 등 기능별로 분화해야 한다는 것이었다. 그 이전까지 우리의 주택은 기능이 정해져 있지 않은 열린 공간, 방을 썼다면 근대 이후 개량론자들은 기능이 정해진 닫힌 공간, 실을 쓰자고 한 셈이다.

한편 남성들의 사회적 활동이 많아지면서 근대에는 사랑방을 중심으로 한 남성의 공간이 집안에서 점차 사라졌다. 가회동과 계동의 우종관 주택이나 박길룡이 설계한 신당동 윤씨 주택[5]처럼 남성을 위한 주인실과 부인을 위한 부인실을 각각 마련하기도 했지만 둘을 통합하여 부부를 위한 침실로 설계한 곳이 점차 많아졌다. 주부실과 주인실이 따로 있는 경우 두 방은 항상 옆에 붙어 있었고 크기는 주부실이 더 컸다.[6] 이는 전통 주거에서 남자는 방을 한 개씩 사용한 반면 여자는 몇 명이 함께 썼던 것과 관계가 있다고 추정한다. 전통적으로 안방은 가족이 공용으로 사용하는 중요한 장소로 여겨졌다. 오늘날 아파트 평면에서 안방이 거실과 함께 제일 좋은 자리를 차지하는 것도 여기에서 비롯한다고 볼 수 있다.[7]

이런 경향에 따라 근대 건축가들은 내방, 즉 안방의 규모를 크게 잡아 장지문을 달고 식사나 가족 단란 등 복합적인 기능을 하도록 설계했다.[8] 안방을 부부 침실이라고 부르기도 하는데, 1970년 대한주택공사에서 건설한 한강맨션아파트에서 처음 사용했다고 한다.[9] 이처럼 안방은 여성의 공간에서 출발하여 가족 공동의 생활공간으로, 그리고 부부 침실로 변화를 겪은 셈이다.[10]

안방을 안방답게, 장롱

안방을 안방으로 만드는 것은 장롱의 존재라고 해도 과언이 아니다. 장롱이 없다면 여느 방과 다를 바 없다. 장롱은 예나 지금이나 안주인이 결혼할 때 혼수품으로 마련해 오거나 살다가 큰맘 먹고 장만하는 비싼 물품이었다. 자개장은 상점에서 경품 대매출 행사 때 1등 상품으로 거는 품목이었다. 이른바 '꽝' 없는 행사지만 대부분은 젓가락만 뽑혔다. 경품으로 실제 자개장을 주는지, 또 경품 행사 때 물건값이 다른 때보다 비싸다는 의심의 눈초리도 있어 공정 절차를 설명하는 신문 기사도 있었다.[11] 간혹 세일 품목의 가격을 미리 올려놓고 할인하는 오늘날과 비슷했던 모양이다. 장롱은 외국인들 사이에 경성 명물로 손꼽혔고 국내외에서 애용되었다.

"서울은 아즉까지 공업도회가 되지 못한 까닭에 공산품의 이럿타할 것이 만치 못하지만은 특산명물로 몃가지 말하자면 무교와 인사동의 목제롱장(으거리, 반다지 삼층장 등속)은 경성의 명산품으로 가정에서 귀중히 녁이는 세간이다. 시골에도 돈푼이나 잇는 집 가정에서는 의례히 그것을 비치하거니와 근래에는 외국 사람도 애용하야 해마다 국외수출이 늘어간다"고 했던 1929년 『별건곤』의 기사나 1927년 『조선인회사대상점사전』의 기록 등은 당시 장롱의 인기를 가늠할 수 있게 한다.[12] 특히 『조선인회사대상점사전』에 따르면 관훈동 원홍호의 장롱은 명성이 높았다. 오늘날 관훈동 6번지에 있던 가구점 원홍호장전은 화류가구, 자개물품, 동서양 문방구 등을 제작한 곳으로 기술우미技術優美를 특색으로 내세운 경성 일류 가구점이었다. 주인 문봉호는 고객에게 기술과 신용을 보여주기 위해 장에 자신의 이름 석자를 자부심과 함께 새겨 넣었다. 오늘날 혜화동 장면 가옥, 가회동 백인제 가옥 안방에는 그의 이름이 새겨진 농이 놓여 있다.

전통 가구는 새 시대의 요구에 맞게 변해갔다. 양복을 입게 되면서 옷을 착착 개어 보관하기보다는 옷걸이에 걸어두기 시작했다. 그에 따라 양복장의 필요가 커졌다. 소설가 이광수의 아내이자 의사였던 당대 엘리트 허영숙의 소원도 번듯한 양복장을 하나 갖는 것이었다.

안에 횟대가 있는 조선식 의걸이장이 그 역할을 대신하기도 했지만 1920년대부터는 일본식 옷장인 단스簞笥가 전통 가구와 나란히 안방 벽을 차지했다. 그 영향으로 전통 가구 단스화 경향도 생겨났다. 단스는 서랍이 달린 장으로 일본 에도 시대부터 만들어졌지만 메이지 중기부터 다이쇼 시대1912~1926를 거쳐 쇼와1926~1989 10년 무렵 대중화되었다. 대략 1880년부터 1935년까지가 전성기[13]였다고 할 수 있는데 다이쇼 시대 이후 도쿄 미가와시마三河島 지역에서 저렴한 양복 단스를 만들어 백화점 양가구 코너 같은 곳에서 널리 판매했다.[14] 양복장과 단스는 모두 여닫이문과 서랍이 있다는 점이 비슷해서인지 두 용어가 혼재되어 쓰였는데, 양복장은 옷을 거는 부분이 더 길어서 오늘날의 옷장과 가장 유사하고, 단스는 서랍 중심의 형태였다. 전통 화류장, 화류 의걸이장 같은 수납 가구는 용도에 따라 변형되었다. 하단부는 보통 서랍 달린 반닫이 형태를 취하고 상단 문짝에는 유리를 붙여 전통과 근대가 섞인 묘한 하이브리드 성격을 띠게 되었다.

20세기 초 우리나라에 들어온 서양 옷장은 덕수궁 석조전에 남아 있는 영국 메이플 사Maple & Co.의 옷장 세 점을 통해 짐작할 수 있다. 여기에는 'BEDROOM 4', 'EMPEROR'S BEDROOM', 'EMPRESS'S BEDROOM'이라는 명문이 남아 있어 애초의 배치 계획을 대략 가늠할 수 있는데 옷장 내부에는 서랍과 선반, 또는 옷을 거는 봉이 장착되어 있다.

한편 장롱의 모습은 당시 기생의 모습을 담은 다양한 자료를 통해 엿볼 수 있다. 하나같이 여러 종류의 장롱들을 화려한 배경으로 삼고 있는데, 마치 가구 전시장을 방불케 할 만큼 장롱으로 방의 벽면을 꽉 채우고 있는 것이 특징이다. 건축가 박길룡은 장롱으로 가득한 방을 두고 "사람이 사는 집이 아니라 옷장이 사는 집"이라고 비판하기도 했다.[15]

관훈동에 있던 경성 일류 가구점 원흥호장전에서 만든 장롱들이다. 주인 문봉호는 고객에게 기술과 신용을 보여주기 위해 장에 자신의 이름 석 자를 자부심과 함께 새겨 넣었다.
왼쪽은 서울공예박물관에서 소장하고 있고
오른쪽은 가회동백인제 가옥 안방에 남아 있다.

웬만한 집 안방에서 쉽게 볼 수 있던 장롱. 국립민속박물관.

혜화동 장면 가옥 안방에 놓여 있는 농 하단에는 '문봉호 특제상 원흥호 의장원조 경사동(경성 사동)'이라는 각인이 있다.

조선 후기 의걸이장과 1900년 무렵 의걸이장 서울공예박물관.

덕수궁 석조전의 황제 침실에 놓인 영국 메이플 사 옷장. 대한제국역사관.

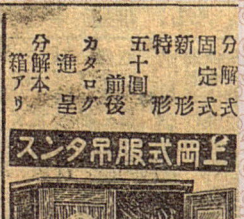

1929년 7월 7일 『경성일보』에 실린 가미오카 양복단스점 광고. 내부에 옷과 넥타이가 걸려 있고 아래에 서랍이 있는 서양식 옷장의 형태.

히라타백화점에서 판매한 양복장. 국립민속박물관.

우리에게 익숙한 장롱과 여러 문화권의 옷장을 비교해 보면 형태는 다르지만 시대와 나라는 달라도 옷을 수납하는 기본 역할은 비슷하다. 왼쪽부터 미국 브루클린 뮤지엄 소장품인 17세기 미국 옷장, 1810년경 리전시 마호가니 옷장, 1810년경 빅토리아 시대 옷장, 마지막은 퀸앤 스타일의 옷장이다.

기생방에 놓인 다양한 형태의 장롱들. 국립민속박물관.

펠릭스 발로통이 1904년에 그린 〈실내, 두 사람이 있는 침실〉 속 가구는 큰 거울이 달린 옷장이다.

네덜란드 화가 피에터 드 호흐가 1663년에 그린 〈옷장 앞에서〉. 네덜란드에서도 옷장은 중요한 가구다. 그림 속 옷장은 참나무에 흑단으로 새김 장식이 되어 있다.

앞에서 본 기생방에 놓인
비슷한 모양의 장롱으로 가득한 방.

1939년 조선총독부철도국에서 펴낸
『조선의 인상』에 실린
〈조선 부인의 생활 단편〉.
유리문이 달린 장롱에는 이불이
차곡차곡 들어 있다. 당시 안방의
벽면에는 조선 장롱과 양복장, 단스,
심지어 서양식 장롱까지 공존하는
하이브리드 양상을 보였다.

낙원동 김명하 주택 안방. 역시 그럴듯하게 장롱을 갖춰놓았다.

장롱으로 가득 채운 방에 앉아 있는 기생의 모습. 국립민속박물관.

IN ROOM, HOTEL TENKO-EN, KEIJO
京城 天香閣本店 第一號室內

요릿집 천향원의 방에서도 거울이 달린 커다란 장롱이 보인다. 국립민속박물관.

양복장과 단스의 유리는 "공연히 매화를 새기고 달을 새겨서 쌍스럽게" 만들었다고 비판을 받곤 했는데[16] 자료 속 기생의 방에도 대나무와 꽃을 새긴 유리가 붙은 장롱이 보인다. 대부분 화려한 금속 장식을 뽐내고 있고, 각각 서랍과 문의 면 분할에 차이가 있어 다양한 시각적 변주를 이룬다. 건축가 박동진은 이런 장롱의 형태에 대해서도 쓸데없이 서랍이 많고 은장식, 백동장식을 "함부로 더럽게도 붙여" 놓아서 마치 "추부醜婦가 분을 꺽지가 일도록 바른 것 같다"고 비판했다.[17] 추부는 추한 부인이라는 뜻이니 비판의 강도가 어느 정도인지 짐작이 가능하다. 건축가 박길룡 또한 "자개와 금속조각으로 복잡하게 장식한 것이 유쾌하나 이것도 자연미가 없고 어쩐지 우리 인간과 인연이 멀어진 것 같은 느낌"이라고 했다.[18] 이렇게까지 비판할 일인가 싶은데 건축가가 모두 남성인지라 여성의 전유물인 장롱에 더해진 장식을 '사치'라는 색안경을 끼고 더 매섭게 바라본 것일지도 모를 일이다.

화려한 장롱이 물론 기생방에만 늘어져 있던 건 아니다. 냉면 배달부로 변장한 어느 기자가 들여다본 관철동의 안방은 다음과 같았다.

"주인마님인 듯한 그 녀자는 방웃목에 미리 준비하야 두엇든 소반을 끄러 당겨다 노코 손수 냉면 그릇을 주섬주섬 집어다 놋는다. 긔자는 슬금슬금 방 속을 기웃거렷다. 칸사리 넓은 2간 장방에 비단 방장(모기장)이 쫙 둘러처 잇다. 자개 박은 조선장이 두 개 그 엽흐로 키 큰 양복장이 한 개 그 외에도 너저분하게 치장해 노은 것이 만타."[19]

안방에는 조선장과 양복장이 혼재한 모습이었음을 알 수 있다. 대부분 안방을 차지한 화려한 가구가 남성 건축가에게는 도무지 구미에 맞지 않았던 모양이지만 안방의 가구들은 장식이 거의 없는 조선식, 또는 일본식 공간에 상당한 시각적인 효과를 부여했고 안방 주인인 여성들의 든든한 자랑이자 취향에 따라 갖출 수 있는 의미있는 요소였다.

수납 문제 해결책, 일본식 벽장

한옥에서 수납 공간의 부족은 자주 지적받는 부분이었다. 1926년 잡지 『신민』新民에 「문화생활과 주택개선」이라는 글을 쓴 김상범은 주택의 개선할 점으로 행랑, 변소와 더불어 벽장을 꼽았다. 그는 식기와 작은 기구를 담는 작은 벽장이 아니라 옷과 침구 등을 넣는 일본식 벽장을 만들어 가급적 실내를 넓게 쓰자고 제안했다.[20] 실제로 건축가 박길룡은 주택 안방에 이를 시도했고 1920~30년대 문화주택에는 일본식 벽장인 오시이레押入れ를 종종 설치했다.

"(…) 그다음으로는 잘하자면 「코르세트」이니 일본말로 하면 「오시이레」요 조선말로 말슴하자면 골방입니다. 녯날에는 웬만콤 사는 집에는 이것이 다-잇서서 옷장가튼 것은 여긔에 너습니다. 그러나 요사이는 이것이 업서지고 갓득이 좁은 방에다가 자개장이니 무에니 거치장스러운 것을 노해서 사람이 사는 집이 아니라 옷장이 사는 집이 되고 마럿습니다. 원래 자개장이니 무에니하는 그것이 우리들 생활상 모에 그리 긴요하겟습니까. 무엇에고 그저 옷을 너허 더럽지만 안코 볼품에 사나웁지만 안흐면 되는 것인데 이것도 요사이 그러한 구조로된 방 한간에 십여명식이나 사러도 살데가 업는 우리들의 형편으로서 호화로웁게 제식대로 옷장을 벌려 노코 살수가 업는 고로-뿐아니라 서양사람의 집에나 일본 사람의 집 모양으로 집을 지을 때에 그 담빅을 뚤코서 옷장 비슷이 맨들고서 문만 해 달면 옷장이 업서도 될것이오 집 이사할 때에도 옷장 가튼 것을 실ㅅ고 다니지 안흘터이니 이것이 우리들 살림에 소비절약이 될 뿐 아니라 우리가 얼마나 편히 살게 될가를 생각해 보아야 하겟습니다."[21]

말하자면 담벽을 뚫은 오시이레는 화려한 장롱들이 자리를 차지하는 것과 달

1941년 4월 『조선과 건축』에 실린 종로구 청운동 김씨 주택 안방. 온돌방에 보료가 깔려 있고 일본식 벽장을 둔 것으로 보인다. 이 집은 조선의 제재소 갑부 김씨의 집으로서 '집장수'로 알려진 김용제가 시공했다.[24]

1937년 완공한 혜화동 장면 가옥 안방에 있는 일본식 벽장.

1903년 칼 라르손이 그린 〈엄마와 딸〉. 일본식 벽장과 비슷한 다양한 수납 칸이 있는 붙박이장이 보인다.

펠릭스 발로통이 1903년에 그린 〈인테리어, 벽장에서 찾고 있는 푸른 옷의 여인〉에 서도 수납을 위해 만들어둔 벽장이 보인다.

"가정 생활 전체의 중추 기관"_안방 · 165

리 오늘날 붙박이장과 같은 공간 친화적이고 간결한 수납 방식으로 서구에서도 공간 활용 방편으로 많이 사용했다. 박길룡은 "방에 오시이레가 없으면 가구나 다른 도구를 방에 늘어놓게 되어 보기에도 나쁠 뿐더러 방이 좁아져서 이용률도 떨어진다"고 했다.[22] 보통 깊이가 약 90센티미터였고 칸막이를 설치해서 이불이나 각종 물품을 효율적으로 수납하도록 만들었다. 가림막으로 맹장지 대신 커튼을 달기도 했다.[23]

안방 주인의 애용품, 경대

안방에서 여성들이 애용하던 가구 중 거울을 보며 화장을 하거나 매무새를 다듬던 경대를 빼놓을 수 없다. 헤치마ヘチマ크림과 헤치마코롱을 판매하던 다마노겐玉野源 상점[25]은 당사 화장품 빈 상자를 보내면 추첨을 통해 결혼할 때 여성들에게 필요한 용품을 보내주었다. 현상품으로는 일본식·서양식 혼인 인형과 더불어 오동나무 단스, 대형 경대, 방석, 반짇고리, 세면기, 화장품, 여행용품, 비누 등이 있었다. 현진건이 '빙허생'이라는 필명으로 발표한 「타락자」의 주인공이 반한 기생 춘생의 방에도, 또 다른 작품 「지새는 안개」에 등장하는 화라의 방에도 큼지막한 거울이 달린 "일본제 경대"가 있었다.[26] 경대 위나 서랍 속에는 화장수나 구라부 백분 같은 것을 두었을 것이다.

여배우의 방에도 경대는 빠질 리 없다. 영화 「무정」의 박영채 역을 맡은 여배우 한은진韓銀珍[27] 자택의 방은 다음과 같았다.

"벽은 하야케 바르고 천정판은 푸른 게통으로 바르고 테불과 의자와 경대와 또 그의 의상이 들어 있는 장농과 누구에게서 선물바든 불란서 인형이 이 방을 차지하

고 있다."²⁸

경대는 거울을 받치는 대라는 의미로 화장경이라고도 불렀다. 조선시대만 하더라도 거울을 내장한 작은 함이었지만 근대에는 벽에 거는 벽거울이나 바닥에 세우는 체경體鏡 등 커다란 거울이 나와서 얼굴만이 아니라 전신을 비춰볼 수 있었다. 서양에서도 화장대는 17세기 후반 거울 제작 기술이 발전하면서 작은 거울을 테이블 위에 놓고 쓰던 것이 일체형으로 변모했다. 18세기에는 토머스 치펀데일Thomas Chippendale, 1718-1779을 비롯하여 여러 가구 디자이너들이 화장대를 디자인했다.

형태는 갈수록 진화했다. 1930년대 경성에서는 거울을 상하좌우로 움직일 수 있도록 금속 대에 붙인 작고 편리한 것에서부터 긴 직사각형 거울이 있는 서랍 달린 경대에 이르기까지 다양한 것들이 등장했다. 서랍 달린 경대는 서양식 화장대의 좌식 버전이라고 할 수 있다.

경대는 백화점 양가구 판매부의 빼놓을 수 없는 아이템이었다. 화신백화점은 1934년 서관 3층에서 경대와 긴 벽거울을 판매했고 화재 이후 지어진 신관에서는 6층에서 이를 만날 수 있었다.

거울은 상당히 귀한 물건이라 신문에서는 고르는 요령, 고치는 법, 관리법 등을 알려줬다.²⁹ 우선 선택할 때는 거울의 표면이 평면일수록, 유리가 두꺼울수록 좋다고 했고, 유리가 푸르다든지 붉다든지 하는 빛이 없는 것을 권했다. 책상 위에 놓는 거울이나 손거울 뒤에 칠한 약품이 벗겨졌다면 탈지면으로 문지르고 초콜릿이나 담배 싼 은종이를 붙인 뒤 수은을 한 방울 떨어뜨려 번쩍번쩍 빛날 때까지 가죽으로 문지르면 되었다.³⁰ 1930년대의 이런 조언은 오늘날 단돈 몇천 원이면 손에 넣을 수 있는 물건에 상상하기 어려운 수고다. 1940년 경기도에서는 조선산 경대의 공정 가격을 지정했다. 종류별로 대략 4~8원 선이었는데 경대에 선鮮이라는 증표를 붙이지 않으면 반액으로 판매해야 했다.³¹

1931년 11월 『신여성』에 실린 헤치마코롱 화장품 회사 현상품. 인형, 화장품, 숯을 담는 화로인 히바치를 비롯해 경대와 단스가 보인다.

신당동 박정희 가옥 안방에 놓인 경대와 재봉틀. 일반적인 안방의 구성품이라고 할 수 있겠다.

조선시대 경대. 국립민속박물관.

일제 강점기 경대. 긴 거울에 서랍이 달렸다. 국립민속박물관.

토머스 치펀데일이 디자인한 화장대.
메트로폴리탄미술관.

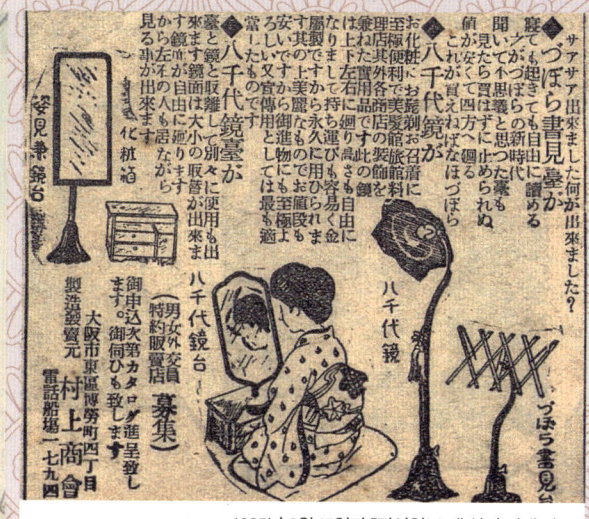

1925년 9월 15일자 『경성일보』에 실린 경대 광고.

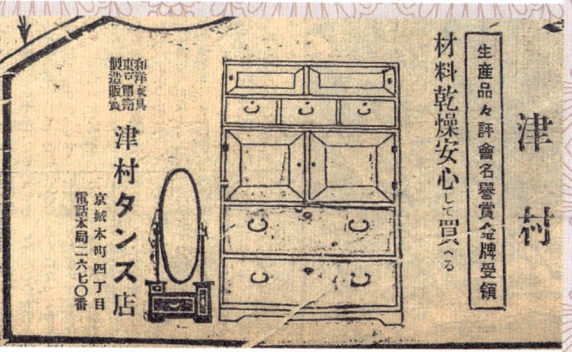

1927년 11월 16일자 『경성일보』에 실린 단스와 경대를 대표로
내세운 쓰무라단스점 광고.

덕수궁 석조전 황후 침실에 두었던
마호가니 화장대. 대한제국역사관.

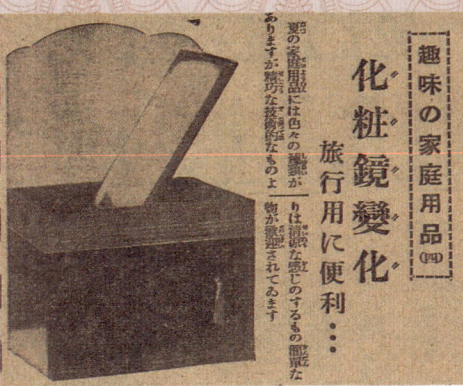

1936년 7월 15일자 『조선신문』에 실린 화장경. 조선시대 경대와 비슷하다. 가격은 14원 정도였다.

1938년 9월 10일자 『조선신문』에 실린 체경 앞에 선 여인.

큰 거울 앞에 앉은 기생. 국립민속박물관.

긴 거울에 서랍이 달린 경대 앞에 서 있는 여성.
바닥의 카펫이며 커튼의 문양이 무척 화려하다. 국립민속박물관.

"가정 생활 전체의 중추 기관"_안방 • 171

오귀스트 툴무슈가 1890년에 그린 〈허영〉.

프레더릭 칼 프리세크가 1909년에 그린 〈화장대에 앉은 누드〉.

우타가와 구니사다, 우타가와 구니히사가 1858년에 그린 〈에도 명소 백인미녀의 야나기바시〉에서도 경대 앞의 여인을 볼 수 있다.

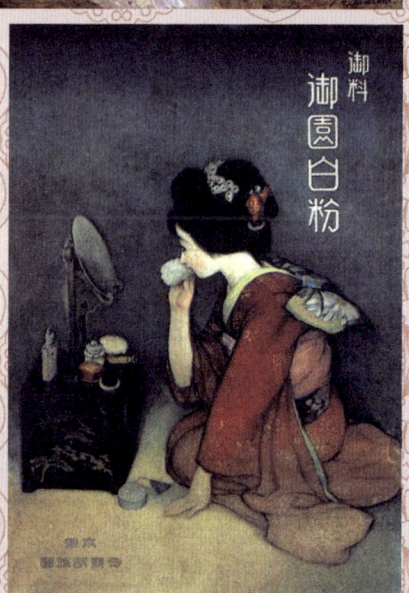

다다 호쿠우가 그린 미소노백분 포스터 속 경대에는 둥근 거울이 달렸다.

"침대가 뭐 좋다구 그러시오?"

침대는 이 무렵에만 해도 서양 가구 가운데 안방에서 가장 보기 드물었다. 사람들은 침대를 집이 아닌 학교 기숙사나 병원에서 처음 경험했다. 명사 몇 사람이 모여서 주고받은 학창 시절 이야기에 침대가 화제에 올랐다.[32]

> "이은상 : 그건 그만하고 기숙사에 대한 것을 말씀해 주시지요. 물론 개개인이 다 다르겠지마는…. 침대 같은 것은 어떻게 생각하십니까?
> 김수임 : 전 퍽 좋다구 생각합니다.
> 한복실 : 저두 그래요.
> 김복진 : 저는 침대생활을 못 해봤으니까요.
> 이은상 : 침대의 장점 단점은?
> 박봉애 : 전 침대생활을 꼭 하루 해봤어요.
> 한복실 : 하루?
> 박봉애 : 어려서부터 침대생활이 그렇게 하고 싶겠지요. 그래서 늘 부러워하던 터에 고보 졸업하고 나서 편도선이 났어요. 그래 수술까지 할 것도 못 되는데 수술을 하고 침대에 하로 자봤어요. 그랬더니 폭신폭신 한 게 좋기는 하더군요. 그렇지만 우리 생활과는 너무 거리가 머니까! 침대생활이 모든 점으로 봐서 향상된, 생활임에는 틀림없지마는 객관적으로 볼 때 학교에서 공연히 침대생활에 맛만 들여놓고 현실이 그것을 허락지 않는다면 차라리 없애는 게 좋찮을까요?
> 김수임 : 난 그럴 필요는 없다고 생각합니다.
> 이은상 : 학교에서 침대생활을 하다가 나와서 온돌방에서 자는 것이 불편합디까?

김수임 : 그렇지두 않아요.

김복림 : 첫잰 편하고 둘잰 아침 저녁으로 이불펴고 걷고 하는 수고가 없고….

김자선 : 어쨌든 기숙사의 침대를 일부러 폐지할 필요는 없을 것 같아요. 습관이 됐다고 나와서 그렇게 큰 타격을 받는 것도 아니니까요.

이은상 : 위생적으로는 어떻다고 봅니까?

김수임 : 좋아요. 어쩐지 침대우에서 자면 기분이 좋아요. 몬지도 안 올라오는 것 같구. 그러다가 땅바닥에서 자면 기분이 그냥….

박봉애 : 좋기야 물론 좋겠지오. 거기다 스팀이나 피고 좋은 카텐이나 느리고 하면. 그러나 문제는 그런 생활을 하다가도 우리 가정에 나오면 거기대한 일체의 동경을 버려야 하는 거기에 있겠지오.

김복진 : 그런 것쯤야 큰 문제 아니죠.

이은상 : 침대생활에 관한 우서운 이야기도 많겠죠?

김복림 : 있고말구요. (일동 우슴)

김자선 : 이런 일이 있었어요. 처음 침대에 들어누니까 좋기는 한데, 자다가 떨어지는게 어찌나 부끄럽고도 우서운지…..

김복림 : 웨 혼자만 떨어지나요? 모두들 쿵쿵하는데….

김봉애 : (김수임 씨더러) 거 봐요. 침대가 뭬 좋다구 그러시오? (일동 우슴)"

위의 대담에서 알 수 있듯이 침대는 기숙사나 병원처럼 주거 공간 밖의 사물이었다. 1923년에는 기차에 설치한 침대칸으로 이를 경험하기도 했다. 침대는 종종 굴러떨어지기도 하는, 익숙해지기 어려운 가구였다. 이와 반대로 조선을 방문한 외국인들이 주거 양식에 있어서 가장 힘들어했던 부분이 뜨거운 온돌 바닥과 침대가 없다는 점이었다.

"침대도 없으며, 조선 사람들은 대개 간단한 깔개를 깔고 자든지 그나마 없을 경

우에는 마룻바닥으로 만족한다. 깔개용 나무틀은 호사품으로 여겨진다. 이불 속에는 거친 솜이 들어있다."³³

실내에서 바닥에 이불을 깔고 자는 것이 보통이었지만 침대가 전혀 없는 건 아니었다. 조선 후기 서유구는 바닥에서 잘 때 온돌을 덥히는 아궁이 재의 열기가 식으면 곧 흙이나 돌 위에서 자는 것과 차이가 없어 산추(음낭이나 아랫배가 갑자기 아프거나 음낭의 한쪽이 부어 처지는 증세)와 반신불수 같은 질병의 원인이 된다고 보았다. 그래서 "중국 제도를 채택하여 앉는 데는 의자를 사용하고, 눕는 데는 침상을 사용하는 것이 옳다"고 했다.³⁴ 중국에서는 일찍이 나한罗汉침대를 사용했다. 한나라 시대에 무릎을 꿇고 앉을 때 쓰던 좌구인 '탑'榻에서 발전한 것으로 평상같이 생긴 탑에 병풍이 삼면으로 붙어 있는 형태다.³⁵ 청 황실과 귀족들이 널리 사용했다. 조선 초기에는 나한침대와 비슷한 와탑臥榻을 사용하기도 했다. 중국 성종 대 사신으로 조선에 온 동월董越은 자신이 머문 태평관에서 "와탑은 8면을 장막과 병풍을 둘러"쳤다고 기록했다.³⁶ 와탑의 사용이 민가에 널리 확산되지 않은 것은 아마도 온돌 보급과 밀접한 연관이 있을 것으로 추정한다.

서양인들이 사용하는 침대는 유길준의 눈에도 이채로웠다. 그는 『서유견문』에 침대 매트리스의 구성과 이불과 베개의 소재와 세탁법까지 세세히 적었다. 덕수궁 돈덕전과 석조전에도 각각 프랑스, 영국 침대가 들어왔다. 순종의 비 순정효황후는 창덕궁에서 침대를 사용했다. 낙선재에 거처할 때는 1937년 무렵 신성공예사의 김진갑金鎭甲, 1900~1972이 제작한 것으로 보이는 나전 침대를 사용했다.³⁷ 이후 왕실뿐만 아니라 조선의 일부 상류층이 점차 서양인들이 쓰는 침대를 들이기 시작했다.

"수도에 거주하는 몇몇 부자들은 외국인의 집에서 본 스프링 침대에 넋을 빼앗겨 자신이 사용하기 위해 그와 같은 침대를 구입했다."³⁸

이재관이 그린 〈고사한일도〉 그림 속 선비가 평상에 비스듬히 앉아 있다.
서유구는 온돌의 단점을 지적하며 의자와 탁자를 비롯하여 와상, 침상의 사용을 권장했다.

침상 위에 앉아 있는 기생들. 국립민속박물관.

"가정 생활 전체의 중추 기관"_안방 · 177

"고관 댁에서는 토속적 가구 이외에-비로드와 등나무로 만든 유럽 수입 의자, 벽시계, 책상, 난로, 심지어 철제 침대까지 들여놓는다. 하지만 침대는 사용하지 않는다. 조선인은 뜨뜻한 방바닥이 부드러운 침대보다 훨씬 우수한 줄 안다."[39]

철제 침대cast iron bed는 19세기 서구에서 널리 퍼진 위생 관념에 부합했다. 철제 프레임은 튼튼하고 디자인도 다양할 뿐만 아니라 나무보다 살균소독이 쉬워 위생적으로 여겨졌다. 위에서 언급한 조선의 양반은 철제 침대를 들여놓기는 했으나 그것에 익숙하지 않아 사용하지 않은 채 그냥 두었던 모양이다.

침대는 상류계층의 사치와 안락, 그리고 명예욕 같은 욕망을 통해 점차 퍼져 나갔다. 노르베르트 엘리아스가 지적했듯이 궁정의 관습, 예의, 행동양식은 하위 계층에 침투되어 모방되고 다른 사회적 상황에 맞춰 조금씩 변형되었다.[40] 게오르크 짐멜은 이러한 현상을 트리클 다운trickle down이라고 설명했는데 위에서 아래로 흘러내리는 유행의 진행 방향은 침대에도 적용되었다.

하지만 1920~30년대에 침대가 꼭 부유층의 전유물만은 아니었다. 매트리스가 깔린 서구식 침대는 앞서 명사들의 대화에서처럼 기숙사나 병원에서 처음 경험하는 경우가 많았지만 독신자나 샐러리맨이 주로 거주했던 경성의 아파트에서도 볼 수 있었다. 이태준의 소설 『신혼일기』에서 여기자인 순남의 소규모 독신자 아파트 방에도 좁은 공간을 활용하기 위해 침대가 구비되어 있었다. 김남천의 소설 「경영」에는 침대가 놓인 '죽첨정 야마도 아파트' 내부가 비교적 상세히 묘사되어 있다.[41]

"흰 요를 깔아놓은 침대는 북쪽 바람벽에 붙어서 누워 있고, 침대 머리맡에 전기 스탠드, 그 밑에 철필과 잉크를 놓은 작은 탁자, 양복장과 취사장이 지금 무경이가 서 있는 옆으로 나란히 설비되어 있으나, 물론 그 안에는 아무것도 들어 있지 않았다. 훤하게 유리알이 발린 남쪽 창문을 옆으로 하고 간단한 응접세트와 사무

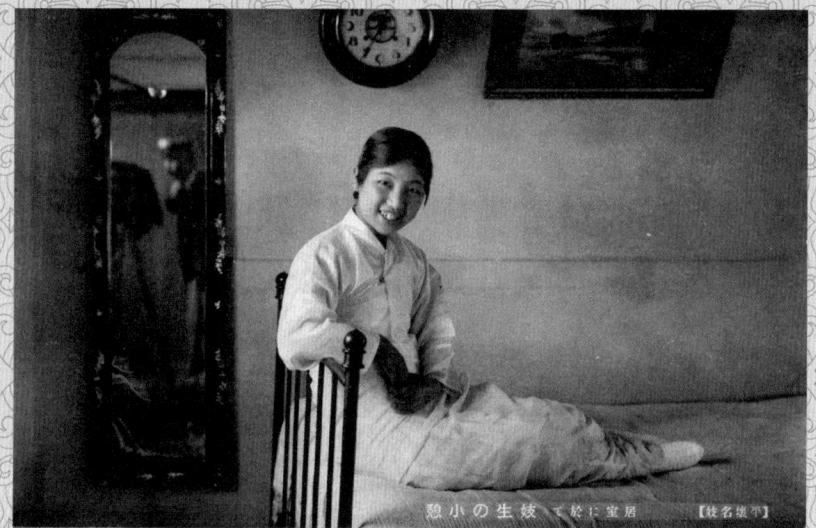

기생이 머물고 있는 방에는 철제 프레임의 침대가 있고, 벽에는 시계, 그림과 함께 한쪽에는 큰 거울이 걸려 있다. 국립민속박물관.

1930년 5월 『조선과 건축』에 실린 경성의학전문학교부속의원 병실 침대.

1933년 6월 『조선과 건축』에 실린 미쓰이물산 경성지점장 사택 침실. 침대 곁에 테이블과 의자 두 개를 놓았다.

1939년 3월 『조선과 건축』에 실린 신당동 윤씨 주택 침실 겸 서재.

1936년 도쿄 미쓰코시백화점 본점에서 열린 《신설계실내장식전》에 전시한 침실 모습.

1924년 미국 한 올랜도 클린턴 사의 〈우리 집 장식〉 카탈로그. 싱글 침대를 나란히 배치했다.

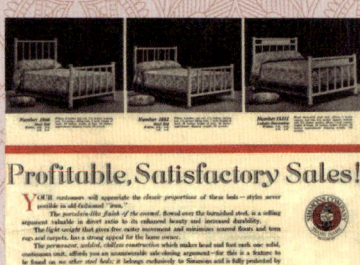
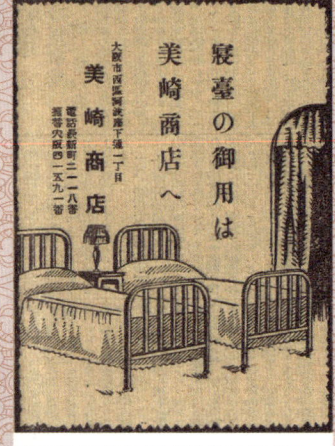

1930년 시몬스 침대 카탈로그에 실린 철제 프레임 침대.

1924년 10월 22일자 『경성일보』에 실린 미사키상점 침대 광고.

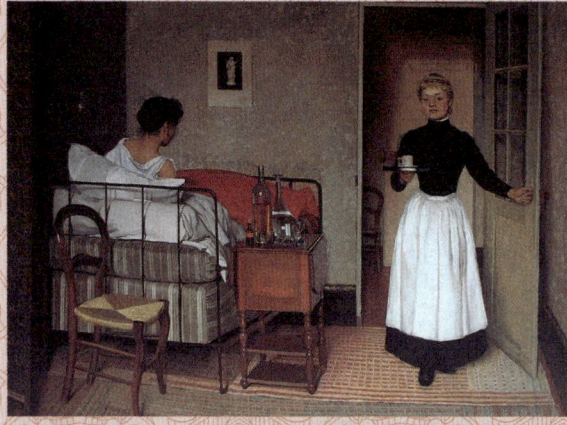

펠릭스 발로통이 1892년에 그린 〈환자〉. 그림 속 인물이 철제 침대에 누워 있다.

고야마양가구점에서 판매한 침대.

탁자, 응접 테이블 위에는 화분이 하나."[42]

침대는 모리스James H. Morris가 운영한 모리스상회, 윌리엄과 앨버트 테일러 형제가 운영한 테일러상회 등 개화 초기 각종 생활 잡화를 직수입하는 외국인 상점에서 판매했다. 1937년 무렵 경성 외국인 커뮤니티 기록 가운데 침대 수입과 관련한 흥미로운 기록도 있다. 석조전 공사 감독 영국인 데이비드슨Henry W. Davidson이 시몬스 침대도 수입했다는 것이다.[43] 그는 운산 금광에도 손을 댔고 이후 모리스나 테일러 형제처럼 보험대리업을 비롯해 수입업에 종사했다. 그가 수입한 품목 중 하나가 바로 침대였다. 또한 일본인들이 운영하는 고야마小山양가구점 같은 곳에서도 침대를 제작·판매했다.

침대를 배치할 때, 특히 더운 여름에는 방이 넓어 보이도록 가구 수를 제한하고 침대와 테이블 하나, 그리고 의자 두 개 정도만 배치하는 것이 일종의 정석으로 자리잡았다. 이불을 개고 펴면서 공간을 활용하는 우리의 방식과는 달리 침대는 자리를 많이 차지하는 가구다. 따라서 일단 침대가 공간에 들어오면 공간 활용에 제약이 크고 잠자는 역할에 충실한 공간인 침실이 된다. 서양의 모던 건축가들이 침대를 벽장 안에 넣거나 소파 베드를 고안한 것도 공간을 효율적으로 활용하기 위해서였다.

침대가 하루아침에 근대 주택 문화의 일상 속으로 편입된 건 아니었다. 초반까지만 해도 부유층의 전유물이기도 했다가 병원, 기숙사, 그리고 좁은 주거 공간에 삐죽 모습을 내민 독특한 사물이었다. 하지만 어느덧 침대는 안방이나 내방이라는 오래된 이름 대신 침실이라는 용어로 불리게 된 공간의 주인공이 되었고, 백 년쯤 지난 오늘날에는 신혼 필수품 1호가 되었다. 그것뿐일까. 심지어 우리 모두를 바닥에서 자면 허리가 아픈 서구적 몸으로 만들기까지 했다.

"무용하고 방해가 되어 사라진"

객간

일본 주택의 유전자

화양절충식 하이브리드 주택인 문화주택의 건축가와 일본인 건축주들은 새 집을 지을 때 그들에게 익숙한 생활 방식을 반영하기 위해 내부에 일본식 방, 즉 화실和室[1]을 두었다. 객간客間이나 거간居間이 대표적이다. 객간은 말 그대로 손님 접대용, 거간은 가족의 단란함을 위한 방이었다.

상류층 조선인 주택에 화실을 두기도 했다. 1939년 박길룡이 설계한 신당동 윤씨 주택 2층에는 자시키座敷라고 표시한 객간이 있었고, 건축주 본인이 직접 설계한 청운동 김씨 주택에도 화실을 두었다. 박완서의 『그 남자네 집』에서 화자는 '오카베 집'이라고 부른 2층집으로 이사했다. 이화동이라고 밝힌 소설 속 집은 실제로 1928년에 이화동에 있던 니시야마西山 주택과 비슷했을 것이다. 대지가 넓고 꽤 넓은 마당이 딸린 문화주택인 이 집 2층에는 "다다미가 여덟 장이나 깔린 넓은 방"이 등장한다.[2]

화실 객간은 바닥에 다다미가 깔리고 방의 정면에 도코노마床の間가 붙어 있으며 쇼지障子, 후스마 같은 건구로 이루어졌다. 화실의 원형은 에도 시대 초 완성한 서원조書院造, 즉 쇼인즈쿠리 양식이다.[3]

서원은 서재를 겸한 거실의 중국식 표현으로 쇼인즈쿠리는 원래 헤이안 시대 귀족 주택 양식이었던, 즉 침실을 위주로 한 주택 양식 침전조寢殿造가 오랜 시간 변화·발전한 것이다. 변화의 시작은 무로마치 시대의 무가주택이었다. 무가 사회에서는 주군과 부하가 대면하는 의례가 주종 관계를 확인하는 장으로서 중요했다. 이 대면의 공간은 주군의 권력과 위엄을 표시하는 무대장치였다. 서양에서 왕이나 영주가 캐노피 달린 높은 단 위에 놓인 의자에 앉았듯이 무로마치 시대 무사는 금박지의 화면에 화려하게 채색된 장벽화를 배경으로 번쩍이는 금구로 마감한 공간, 그리고 한 단 높은 바닥에 다다미 깔개를 깔고 앉았다.[4] 이 화려한 공간에서 마주한 주군에게 가신은 충성을 다짐할 것이었다. 이러한 쇼인즈쿠리는 도요토미 히데요시부터 도쿠가와 정권으로 이행하는 근세 초기에 크게 발달했다.[5] 도요토미는 낮은 신분에서 하극상을 이루고 오른 자로서 자신의 권력을 누구보다도 확실하게 과시할 장치가 필요했다. 그 때문에 실내 의장은 그야말로 호화찬란했다. 황금 다실이라 일컬을 정도로 다실 구조뿐만 아니라 다도구 모두 황금으로 만들어졌다.[6]

근세 초기 에도와 도쿄를 시작으로 전국 각지에서 화려한 쇼인즈쿠리를 모방했다. 하지만 에도 시대의 무가 사회는 과거와 달리 질소검약의 기풍을 강조했다. 에도 막부는 모든 번에 대해 호화로운 건축을 금지하고 신분제에 따라 건축하도록 규제를 정비했다.[7] 아울러 1657년 에도에서 발생한 대화재 이후 쇼인즈쿠리는 더욱 간소화되었고, 격식을 보여주는 방식 또한 약화되었다. 천장과 벽면을 덮었던 회화적, 조각적인 세부 의장 표현이 도코노마에 집약되고 소재감을 중시하고 규격화하는 특징으로 변화했다.[8]

이런 과정을 통해 쇼인즈쿠리의 실내장식은 단순화, 세련화, 대중화되었다. 이러한 움직임은 근세 초기 크게 유행한 다실의 확대와 함께 스키야數寄屋풍 쇼인즈

쿠리 양식을 탄생시켰다. 스키數寄는 풍아한 도에 마음을 기대고 애호하는 것이라는 의미다.[9]

다실은 근세 초기에 생겨난 말이고 이전에는 보통 차노유茶の湯 자시키, 스키 자시키, 고小 자시키라고 불렀다.[10] 자시키座敷는 다다미 깔린 방을 뜻하는데 다다미는 과거 신분이 높은 이들이 앉거나 누웠던 깔개였다가 중세 궁전과 무가주택의 영향으로 바닥 전체에 까는 바닥재로 그 성격이 변했다. 그래서 보통 다다미방을 자시키라고 하고 다실을 스키야라고 한다. 에도 시대 후기 다실은 초암다실의 영향을 받아 이른바 와비사비侘び寂び의 미학을 반영한 쇼인즈쿠리를 만들었다.[11] 와비는 한적함·부족함을, 사비는 쓸쓸함·고단함을 의미한다.

쇼인즈쿠리의 다실은 널찍한 공간으로 마련하여 귀족이나 무사, 승려 들이 중국에서 건너온 다도구나 다완, 서화 등을 즐기며 차를 향응하는 유흥의 장소로 이용했다. 반면 초암다실은 도회지에 있으면서 산촌의 운치를 느끼기 위해 실내 넓이를 다다미 네 장 반 이하로 꾸렸는데, 일본의 다성茶聖이라 부르는 센노 리큐千利休가 이 형식을 완성했다.[12] 다실을 표현한 여러 용어에서 보이듯 다실은 복잡한 규범과 화려한 장식을 지녔던 쇼인즈쿠리에서 출발했으나 점차 문인이나 귀족 들이 좋아하는, 풍류를 즐기기 위한 자유롭고 경쾌하며 검박한 형식의 자시키로 변화했다. 이러한 유래를 지닌, 문화주택에서 접객을 담당하는 화실 객간은 한마디로 스키야풍 쇼인즈쿠리가 정형화된 자시키라고 할 수 있다. 손님에게 차를 대접하는 것이 기본이므로 객간은 다실과 쇼인즈쿠리의 전통이 희미하게나마 이어진 것이라 할 수 있다.

문화주택의 객간 대부분은 비슷한 형식으로 표준화, 정형화되었는데 근대 건축가들이 사용한 견본책 히나가타혼雛形本의 역할이 컸다. 히나가타는 실물을 본떠 작게 표현한 모형을 의미하는데 말로 설명하기보다 그림으로 그린 일종의 도해집, 카탈로그에 해당한다. 실내 의장에 관한 히나가타혼은 에도 시대 후기부터 메이지 시대에 걸쳐 다양하게 출간되었다.[13] 다다미 까는 법부터 장지, 선반, 횡창 같은 실

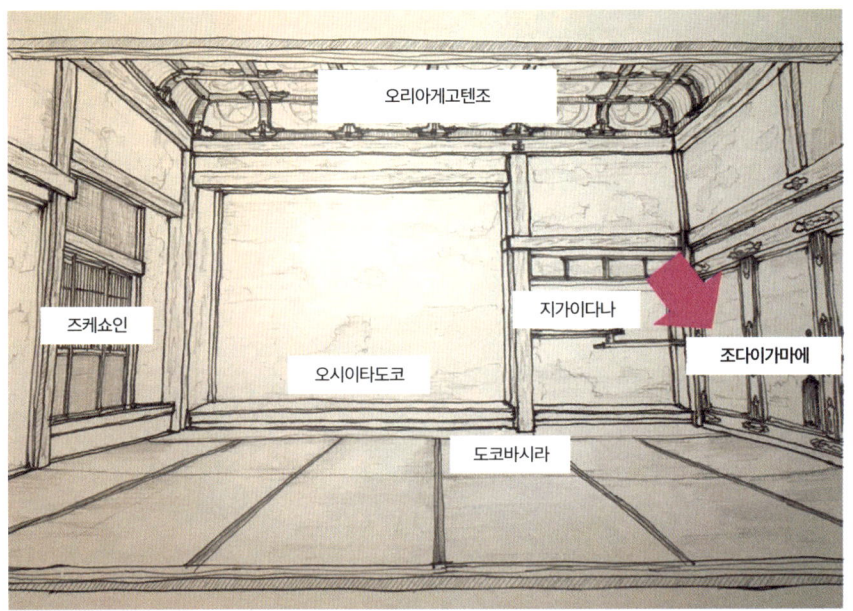

화실 객간의 일반적인 구성 요소.

내 세부를 상세히 기록한 히나가타혼은 자시키 의장을 설계하려는 건축가들에게는 좋은 길잡이가 되었다.

쓸모를 못 찾은 낯선 공간

객간을 구성하는 여러 요소로는 한층 높인 받침대, 오시이타도코押板床가 있는 도코노마, 어긋난 선반인 지가이다나違棚, 도코노마 옆의 즈케쇼인付書院, 즈케쇼인 맞은편 벽인 조다이가마에帳台構え 등이 있다.

"무용하고 방해가 되어 사라진"_객간 · 191

1939년 3월과 11월 『조선과 건축』에 실린 신당동 윤씨 주택과 모씨 주택 객간. 족자가 걸린 도코노마, 즈케쇼인, 지가이다나 같은 요소들이 보인다.

1941년 4월 『조선과 건축』에 실린 청운동 김씨 주택 객간. 도코노마 옆에 질감이 거친 통나무 기둥이 보인다.

다양한 객간들. 다다미가 깔린 객간은 여러 구성요소가 있다.
도코노마에는 족자가 걸려 있고 지가이다나에 장식품이 놓여 있으며 즈케쇼인이 있는 곳도 있다.

미적인 명품을 놓고 감상하며 정신적인 수련을 도모하는 도코노마 받침대는 향로, 화병, 촛대 세 가지로 장식했다.[14] 화병은 원래 득도의 도구로 계절에 맞는 꽃을 소담하게 꽂아두어야 했다. 이는 절대미를 강조한 초암다실의 철학이었다. 따라서 화려한 유럽식 꽃꽂이는 어울리지 않는 것을 넘어 금기였다. 벽면에는 먹으로 쓴 글씨나 그림 족자를 걸어 장식하고 감상했다. 일본인들은 도코노마를 화실에서 가장 중요한 요소로 여겼는데 조선의 예의범절을 소개한 일본 잡지는 "내지에서는 도코노마가 상좌"이고 "조선에서는 온돌의 아궁이가 상좌"라고 일러준다.[15] 한편 건축가 박길룡은 도코노마를 "불유쾌"하게 여겼고 보료가 깔린 온돌방 아랫목도 불결하고 비위생적이라고 지적했다. 대신 "자리의 상하"를 없애기 위해 받침 안에 방석을 구비하고 사용할 때 이리저리 늘어놓는 것을 제안했다.[16]

지가이다나 상단에는 향로와 붓을, 하단에는 책이나 두루마리, 벼루 등을 두었다. 그 끝이 도르르 말린 형태는 상단의 붓이 굴러떨어지지 않도록 하기 위해서다.

즈케쇼인은 원래 서원에서 글을 읽거나 쓸 때 쓰는 책상을 붙인 부분으로 붙박이처럼 도코노마 옆으로 튀어나와 있다. 그 위는 장지를 통해 밝은 빛을 끌어들여 읽고 쓰는 데 지장이 없도록 했다.

에도 시대 무사들이 칼을 차고 숨어 있다가 문제가 있을 때 주군을 비호하기 위해 뛰쳐나오는 곳이라 무사 은신처라고도 불렸다는[17] 조다이가마에는 근대에 와서 다른 방으로 연결되는 문 역할만 했다.

도코노마와 지가이다나 사이 굵은 기둥은 통나무에 칠을 하거나 굴곡이 있는 기이한 나무, 자단·흑단 같은 특수 목재를 사용했는데 이는 센차 다실의 영향이었다.

문화주택 안에 들어선 화실은 당시 조선인 거주자들에게 어떤 의미였을까. 무엇보다 일제 강점기라는 특정 시대 우리 삶 속으로 불쑥 들어온 낯선 공간이었다. 『실내장식』의 저자 곤도 쇼이치近藤正一가 언급했듯이 도코노마는 "일본의 풍토나 기후, 전통적 습관을 알지 못하는 다른 나라 사람에게는 무용"하고 "방해가 되는 것"일지도 모른다.[18] 그러니까 공간의 상징성이나 의미에 문외한이었던 이들에게 도코노마와 지가이다나는 더덕더덕 붙은 거추장스러운 구조물일 뿐이었다. 이미 들어선 그 공간을 어떤 이유에서라도 미처 없애지 못했다면 대부분 적당한 가구를 욱여넣거나 붙박이장이나 수납공간으로 활용했고, 점차 쓸모를 잃어 오늘날 우리 주거 양식에서는 완전히 사라졌다. 공간은 그렇게 철저히 사용자의 필요에 따라 생성, 소멸한다.

"조선 부인네 살님사리가
조곰 자미잇을 여디가 잇슬 것"

부엌

"몃가지만이라도
속속 개선하게 된다면"

"우리 나라 주택에서 제일 먼저 개선해야 할 점은 부엌이다."

"먼저 재래의 부엌을 곳처야 할 것이다. 단 두 평의 부엌이라도 필요하게 맨들게 달닌 것이다. 즉 부엌안에 좁은 마루나마 맨들고 본래 마루에 잇는 뒤주와 찬장을 그리로 옴기여 놋코 편리하게 또 정하게 음식을 갓초게 할 것이다. 장작, 석탄, 숫갓흔 것은 부엌마루 밋헤 옴기여다 두고 편히 꼬내쓰도록 하는 동시에 원마루에는 조흔 그림이라든지 혹은 조고마한 책탁자나 놋코 그 우에 조흔 꼿병이나 한 병쯤 꼬자 논다면 얼마나 집운치가 날지 몰 것이다. 이만한 것은 빈한한 집에서라도 과히 어렵지 안은 장식일 듯하다. 일반덕으로 부엌에 수도를 끌어쓰게 까지에는 아즉 멀은 듯하다마는 위선 우에 말한 것 몃가지 만이라도 일제히 속속히 개선하게 된다면 조선 부인네들의 살님사리가 즘 간단해지고 경편해짐을 따라 시간 여유를 어더서 조곰이라도 자미잇고 행복스러운 생활을 계속하게 될 여디가 잇슬 것이겟다고 나는 밋는 바이다."

첫 문장은 1976년 발간한 『가정생활백과』의 부엌에 관한 서술이고, 두 번째 인용문은 반세기 전에도 비슷한 주장을 펼친 1928년 『별건곤』의 동덕여고 교원 유영춘의 말이다.[1]

유영춘이 말한 우선 고쳐야 할 부엌은 당대 많은 신여성과 건축가 들의 주장과 맥을 같이 한다. 김유방을 비롯한 많은 이들이 조선 주택에서 가장 큰 결함을 가진 곳으로 부엌을 꼽았다.[2] 당시 이들은 부엌의 어떤 점을 그렇게 문제로 여겼던 걸까. 당시 신문 기사 분석 연구에 따르면 1920~30년대의 이른바 부엌개량론의 주요 키워드는 위생, 여성, 능률이었고 특히 1920년대에는 위생, 30년대에는 아래와 같이 능률을 더욱 강조했다. 1932년 『동광』에 실린 경성제대병원 김성진의 「생활의 변화와 여성해방」은 이런 점을 잘 보여주고 있다.[3]

"매일 3시의 식사준비와 식후 정리가 너무나 복잡하야서 아까도 잠간 말슴하엿습니다마는 부엌이 거실에서 상격相隔하야 잇고 또 음식재료는 이곳저곳에 산재하야 주부는 항상 시간과 노력을 희생하야 실로 불경제입니다. 조석 준비나 세탁, 재봉이 주부책임의 전부이든 봉건시대는 지나갓습니다."

김성진은 글을 통해 부엌과 거실이 서로 떨어져 있고 마루에 뒤주와 찬장을 놓고 두 곳을 오가며 음식을 조리하기에 시간과 노력을 허비하는 비능률적인 점을 지적했다. 나아가 가사노동이 주부의 전유물이 아니라는 진보적인 견해도 펼쳤다.

부엌 설비는 구체적으로 하수도, 불 때는 설비, 각종 기구에 이르기까지 여러 가지를 지적 받았다. 예컨대 건축가 김종량의 부인 조계은은 부엌에 냉장고·찬장·

선반 같은 설비가 필요하고, 아궁이·가마·나무 두는 곳·설거지하는 하수도 장치를 설치할 것을 제안했다.[4] 이화전문학교 방신영은 부엌 바닥에서 조리를 하기 때문에 먼지가 날려 음식에 떨어지는 문제를 거론했고 부엌 문지방을 없애고 바닥을 시멘트로 하면 좋겠다고 했다.[5] 경성여고 교사 손정규는 수도를 설거지대와 부뚜막 위 두 군데에 설치하고 가스 설비를 해서 굽고 끓이는 것과 찌는 것은 가스로 하고 찬장은 철망사문, 나무문, 유리문으로 하자는 등 구체적인 개선점을 제안했다.[6]

이처럼 다양한 의견을 정리하면 대체로 취사·난방의 분리, 콘크리트 바닥, 하수도 설비, 조리 보조 설비를 요구했다. 이는 결국 오늘날 우리가 사용하고 있는 서구식 입식 부엌으로 향하고 있음을 알 수 있다. 1929년 조선박람회에 전시된 이상적 부엌은 당시 실제로는 보기 어려운 말 그대로 이상적인 그림이었다.

실제로 일부 사회 명사들의 부엌은 저마다 나름대로 개량된 모습을 보였다. 1931년 10월 잡지 『신여성』은 살림살이의 기관실인 부엌을 몇몇 참관하고 연재했다. 무용가 최승희의 부엌은 마루방에 순조선식 기구를 간단히 갖추고 있었다. 마루 위에는 상 세 개, 그 위에 콩자반이 "맛스럽게 옹송그리고 상 우에 노여" 있고 기자가 전기 화로나 쓰지 않나 하고 기웃했으나 특별한 것이 없고 다만 보글보글 끓는 된장찌개 냄비 밑에 조선식 풍로만 소리 없이 타고 있었다고 전했다.[7] 같은 해 11월 호에는 사회운동가 윤향식·김하성 부부, 변호사 이인·고경희 부부, 교사 양주삼·김매륜(양매륜)의 주방을 소개했다. 이 가운데 이인·고경희 부부의 집 부엌 옆에는 부인들만 식사하는 다다미를 깐 여름 식당이 놓여 있고 그 옆에는 온돌로 된 겨울 식당이 있는 점이 독특했다. 부엌 앞에 물건을 너무 늘어놓은 것이 흠이라고 지적했지만 전반적인 인상은 복잡하면서도 청결했다. 가장 모던-이라고 평가한 부엌은 양주삼·김매륜 부부의 집이었다. 아침을 순 서양식으로 먹는다는 이 집의 아침 메뉴는 사과나 감, 죽, 우유 한 컵, 빵과 계란, 그리고 차였다. 죽은 보리죽, 밀죽, 잣죽을 번갈아 준비했다. 마치 호텔 조식을 연상케 한다. 부엌 한쪽 옆에는 전기 풍로가 놓여 있고 반찬장 안에는 여러 서양식 기구가 깔끔하게 정돈되어 있었다.

조선박람회의 경성전기주식회사 부스. 조선총독부 편, 『조선박람회기념사진첩』 1930.

"조선 부인네 살님사리가 조곰 쟈미잇을 여디가 잇슬 것"_부엌

재래식에서 근대로,
과도기 부엌 풍경

재래식 부엌에는 선반 이외에 이렇다 할 가구가 없었다. 백인제 가옥처럼 규모가 큰 한옥은 별도의 찬방을 마련해 두었지만 찬장이나 뒤주 같은 부엌용 가구는 보통 마루에 배치했다. 그 때문에 마루와 부엌을 오가며 조리하는 일이 여간 불편하지 않았다.

 개량 부엌은 이러한 동선을 합리적, 능률적으로 바꾸고자 했다. 1920년대 일본에 등장한 스즈키상행鈴木商行이 발매한 스즈키식 취사대 같은 부엌 가구는 오늘날의 싱크대와 비슷한 형태였다. 전기밥솥의 조상격인 후쿠로쿠가마도富久福カマド와 같은 밥 짓는 기계가 있는 가열대와 도마로 조리하는 조리대, 그리고 씻고 다듬는 개수대가 일자로 되어 있다. 1930년 오늘날의 장충동인 서사헌정에 위치한 와타나베의 집 부엌은 큰 창문과 수도를 설치한 개수대, 타일로 만든 조리대 및 수납 선반을 둔 입식이었다. 이와 비슷한 부엌으로는 1937년 건립한 장면 가옥의 것을 들 수 있다. 서울시 종로구 혜화로 5길 53에 지금도 현존하여 가볼 수 있는데, 타일을 바른 개수대와 아궁이가 부엌의 각각 한 면에, 그리고 그사이에 나무로 된 조리대가 있다. 콘크리트 바닥, 큰 창문, 붙박이 찬장을 설치한 이 부엌은 근대 보기 드문 개량 부엌이었다.

 앞서 개선책에서 제시했듯 바닥을 시멘트로 해서 먼지가 나지 않고 뒤주와 찬장은 물론 수도, 수채를 전부 부엌에 집중한 김복인의 집 부엌은 1938년 신문에서 소개할 정도로 신식이었다. 당시 부엌 바닥을 콘크리트 또는 시멘트로 하자는 내용이 종종 등장한다. 시멘트는 석회석을 원료로 가공한 단일 성분의 자재이고 콘크리트는 시멘트, 물, 자갈의 복합 재료다. 1920~30년대 개량 부엌의 바닥은 흙바닥이 아닌 시멘트와 물과 모래를 섞은 모르타르에 칠을 하거나 콘크리트로 했다.

1938년 5월 4일 『매일신보』에 실린 김복인 주택의 부엌.

1913년 준공한 가회동 백인제 가옥 부엌과 만해 한용운의 성북동 심우장 부엌. 두 곳 모두 전통적인 아궁이를 가지고 있다. 건립할 때부터 콘크리트 아궁이와 바닥이었는지는 명확하지 않다.

조선시대부터 사용해온 전통 가구 찬장과 뒤주. 국립민속박물관.

스즈키상행 카탈로그에 실린 스즈키식 특허 부엌 사례와 취사대.

건축가 박길룡이 제안한 새살림의 부엌. 1936년 4월 잡지 『여성』에 실렸다.

1939년 11월 『조선과 건축』에 실린 모씨 주택 부엌. 개수대와 조리대 등 입식 형태로서 가스 곤로가 놓여 있다.

1933년 8월 『신가정』에 실린 이화여전 교수 김메불이 제안한 부엌. 개수대가 있는 'ㄱ'자 형태의 조리대와 지하로 연결된 아궁이, 바닥과 벽의 콘크리트 마감을 제안했다.

일본에서 영국 기술을 도입해 1875년 도쿄에서 최초로 시멘트를 제조했다. 이름은 시멘트의 재료인 암석과 모래가 영국의 해안 포틀랜드와 닮았다고 해서 포틀랜드 시멘트라고 붙였다.[8] 영국식 시멘트는 일본의 오노다小野田시멘트 주식회사가 1917년 평안남도 강동군 승호리에 공장을 건설하고 1919년부터 생산을 시작했고 조선 내 시멘트 생산을 독점했다.[9] 이후 1936년부터 우베宇部시멘트, 아사노淺野시멘트 등이 진출하면서 조선 북부에 공장을 건설했고 조선 국내와 일본, 만주의 수요에 대응했다.[10]

위생과 설비 모든 면에서 불편하기 짝이 없던 부엌은 큰 변화를 겪었다. 외형적 변화와 더불어 가족 간의 관계에도 변화가 생겼다.

김복인 집의 부엌과 비슷하게 1940년 새로 부엌을 고친 박경희 집의 사례 역시 재래의 부엌에서 오늘날 입식 부엌으로 전환되는 과도기적 양상을 잘 보여준다.[11] 마루와 주방을 바로 통하도록 하고, 시멘트로 마감한 아궁이에 솥을 걸고 취사와 난방을 분리했다. 이동이 간편한 곤로도 사용했다. 특히 수도를 부엌에 놓았고 파이프를 연결해 수채로 내려가도록 만들었다. "수도와 와사(가스)가 부엌에 잇는 것이 조선 가정에서 사람 하나 둔 것보다도 편합니다"[12]라고도 했는데, 당시 부엌 안에 수도 시설을 둔 것은 그야말로 신식으로 극히 드문 일이었다. 1920년대 말~1930년대 초 건축가들이 설계한 여러 주택안에서 수도를 부엌 내부로 들인 것은 근대적 공간 계획을 단적으로 보여준다.[13] 1940년대에도 많은 이들은 각자의 부엌에 설치한 개별 수도가 아니라 공동수도에서 줄을 서서 물지게 통으로 물을 받아 날랐다.

집주인인 박경희는 흔히 마루에 두었던 찬장을 부엌 벽에 붙이고 조리도구는 못을 박아 걸어두었다. 이를 통해 재래식 부엌보다 몇 배나 시간을 절약할 수 있고 식모 없이 주부 스스로 부엌을 담당하는 것이 가장 경제적이라고 의견을 밝혔다.

1936년 박길룡이 제시한 새살림의 부엌에는 2척 5촌(약 76센티미터) 높이 화덕은 벽돌을 쌓고 타일을 붙였고(가), 그 위에는 철판으로 만든 흡기통, 요즘으로 치면 후드를 설치했다(마). 화덕 옆에 있는 (나)를 두고 "주방 설비에서 가장 중요한 것"이라고 했는데 중앙에 타일을 붙인 개수통이 있고 배수구가 있어 식기나 식재료를 씻고 왼쪽에 씻은 것을 두어 물이 빠지도록 하고, 개수통 오른쪽에 도마와 그 뒤쪽에 쓰레기 버리는 구멍을 설계했다. 이는 오늘날의 싱크대 구성과 거의 같다. 당시로서는 매우 혁신적인 아이디어였다. 또한 재래의 찬장처럼 식기를 수납하는 수납장(라)과 그 옆에 쌀 뒤주에 해당하는 보관함(차)을 설계했다.

부엌에 들어선 근대 신문물, 개수통·곤로·냉장기

부엌 설비에서 식재료를 씻고 다듬는 개수대는 매우 중요하다. 근대 부엌의 상징이라고 해도 과언이 아니다. 재래식 부엌에서는 이를 밖에서 해결하곤 했다. 일본에서는 개수통을 썼다. 원래 나무로 된 개수통에 대나무 자리를 깔아 쓰기도 했지만 젖어 있는 탓에 쉽게 썩고 미끌미끌해지는 단점이 있었다.[14]

1930년대 그 형태가 다양해졌다. 사각 통 안쪽에 아연을 붙여 쓰는 것이 일반적이었고 동이나 놋쇠 또는 합금 소재 라이닝을 붙여 쓰기도 했다. 좀 더 고급 소재라 한결 오래갔다.[15] 이후 콘크리트로 만들거나 거기에 더해 타일을 붙인 것이 등장하면서 20~30년을 너끈히 사용할 수 있었다. 또한 표면을 연마하여 인조석처럼 무늬를 낸, 기성품도 있었다.

하지만 콘크리트 개수통은 튼튼하기는 하지만 그릇이 부딪치면 쉽게 깨지거나 타일의 경우 떨어지는 단점이 있었다. 와타나베피부과 병원장의 집 장충동 와타나베 주택은 위생을 위해 식기용과 별도로 채소용 개수통을 따로 만들었다. 당시 인분을 비료로 썼기 때문에 변소에서 채소, 채소에서 개수통으로 기생충이 옮

1930년 10월 『조선과 건축』에 실린 장충동 와타나베 주택의 부엌(취사실). 식기용, 채소용 개수대를 분리하여 만들었다.

타일을 붙인 개수대와 아궁이 사이에 나무 조리대가 있는 혜화동 장면 가옥 부엌. 콘크리트 바닥과 큰 창문, 그리고 찬장을 마련했다. 부엌 개조론에 부합하는 근대적 모습이다.

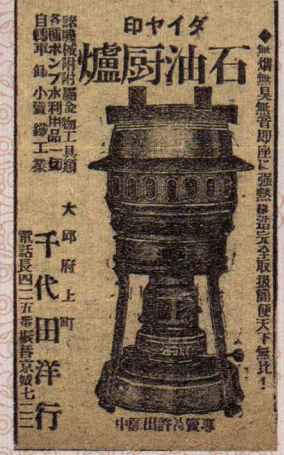
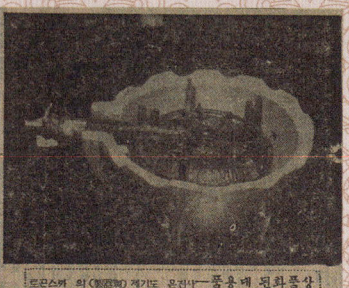

1939년에는 도자기로 된 가스 곤로가 상품화되었다.

어린 시절 곤로라고 부르던 부엌 화로는 풍로라고도 했다.
구노키(왼쪽)와 1925년 7월 23일자 『경성일보』에 실린 다이아표가 대표 브랜드였다.

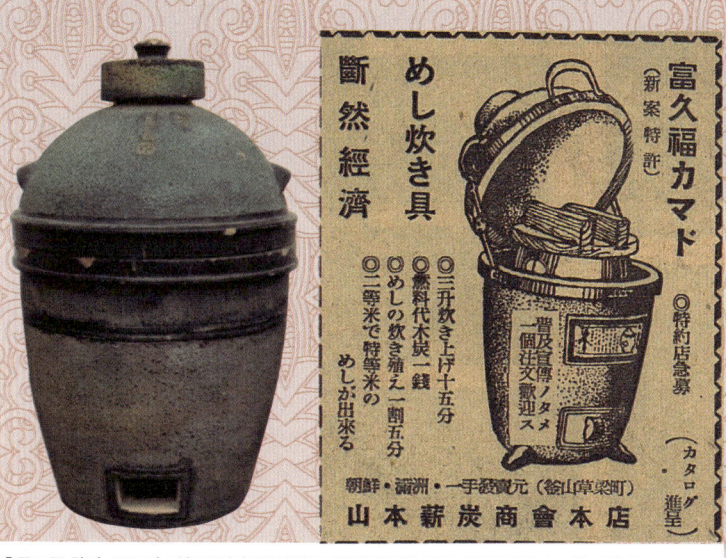

후쿠로쿠 화덕. 1937년 4월 20일자 『경성일보』에 밥을 빨리 짓고, 밥맛도 좋다고 광고했다.

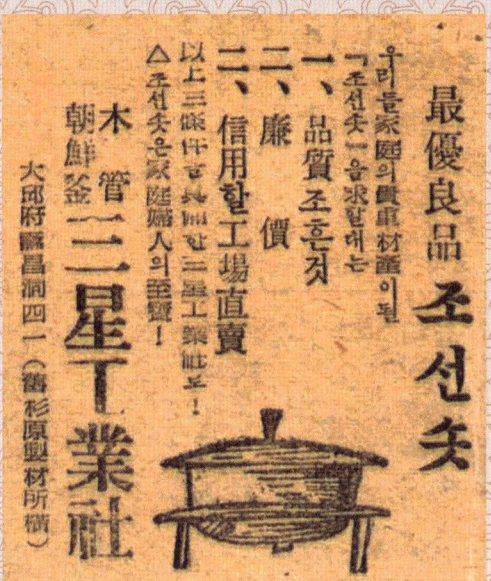

1949년 2월 18일자 『대구시보』에 실린 삼성공업사 조선솥 광고. 좋은 품질, 낮은 가격, 믿을 만한 공장 직매 등을 내세웠다.

창덕궁 대조전 서쪽 부엌. 바닥과 벽은 타일을 발랐고 콘크리트로 된 개수대가 있다. 철제 화덕을 갖춘 것이 눈에 띈다.

얼음을 채워 넣어 쓰는 1930년대 냉장기.

1932년 당시 이와타니냉장기 광고.

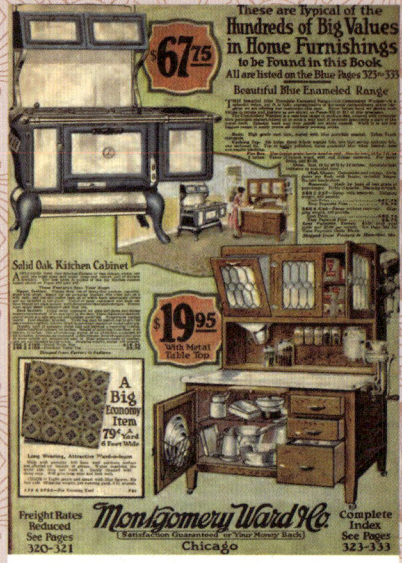

1922년 몽고메리 워드 사의 카탈로그. 주철에 파란 에나멜 칠이 된 레인지와 수납장을 판매했다.

인터내셔널 니켈 사가 1929년 발간한 카탈로그.

1924년 8월 잡지 『하우스 뷰티풀』에 실린 콜러 사의 부엌 싱크 광고.

옥스퍼드 캐비닛 사가 1935년 발간한 모던 부엌 관련 〈모던 부엌〉 카탈로그.

아갈 수 있기 때문이었다.[16] 오늘날 같은 스테인리스 싱크볼이 등장하기 전까지 개수통마저도 결코 쉽지 않은 숙제였던 것이다.

> "(…) 그리고 숫을 사용하거나 그 외것을 사용하야 반찬을 하는 것보다 전렬 즉 『곤로』를 사용하는 것이 또한 대단히 편리하며 정결하고 옷이 더럽지 안는 동시에 경제가 됩니다. 요사히는 숫 구공탄 등을 사기가 힘이들고 비싸니까 곤로를 사용하면 우에 말삼드린거와가치 아조 경제가 되는 것을 실지의 체험에서 어덧습니다. 급한 손님이 오실 때에 제일 편리합니다."[17]

1940년 새로 고친 부엌의 집주인 박경희는 곤로 사용이 편리하고 경제적이라고 밝혔다. 1915년 9월 열린 가정박람회에서 가스 난로를 아궁이 대신 정결하고 검약한 요리 난로로 전시한 이래 1920년대 중반부터 다양한 브랜드가 등장했다. 흔히 곤로라고 부른 부엌 화로는 풍로라고도 했고 일본에서는 주로 廚爐라고 불렀다. 대표적인 브랜드로 구노키久能木, 다이아표, 고다, 린나이, 아사히 등이 있었다.[18]

밥 짓는 특수 화덕도 등장했다. 후쿠로쿠 화덕은 약 5.4리터 정도 분량의 밥을 짓는 데 15분이면 되고 2등쌀로 특등 쌀밥이 되어 나온다고 광고했다.[19] 오늘날 전기밥솥의 조상인 셈이다.

전기냉장고가 가정의 필수품으로 자리 잡기 전 드물지만 얼음을 채운 냉장기를 몇몇 가정에서 사용했다. 천연 얼음 대신 인공얼음이 나오면서 요릿집과 일부 가정에 얼음을 배달했다. 냉장기는 1905년 일본에서 제조된 이와타니냉장기를 필두로 여러 브랜드가 등장했다. 눈보라를 연상시키는 후부키, 냉장기계의 패왕이라고 홍보한 스노우랜드, 외관이 명랑 순백색임을 강조한 라이토 등이 있었고 경성 여러 백화점도 자사 브랜드를 선보였다.[20] 이와타니냉장기는 미쓰코시·조지야·미니카이와 같은 유명 백화점을 비롯해, 가구는 물론 금고를 포함해 직물류까지 종합매장 역할을 한 요코야마상점 등 경성의 여러 특약 대리점에서 판매했다.

❖❖❖❖❖❖❖❖❖❖
**"식사는 단합하야
화락한 중에 하십시다"**
❖❖❖❖❖❖❖❖❖❖

"식사를 일정한 식간食間에 일제히 합시다. 보통 조선 가정에서는 소위 대주大主로부터 부엌덕이에 일으기까지 일정한 시간이 업시 멋층으로 식사를 하는 습관이 잇슴니다. 학교에 가는 애들을 제일 먼저 먹여 보내고 그 담 볼일 잇는 식구가 먹고 또 그담 엇던 사람이 먹고 또 그담 상 나기를 기다려 먹는 사람이 잇고 이와가티 하야 몃층으로 식사를 하기 때문에 모든 가족의 생활은 불규칙하고 집안부녀들은 상 심부름하기에 전력을 다하고 마는 것이외다 물론 이것은 유한계급가정에 한한 경우가 만흐나 내가 보는 바로는 적어도 도회지에서는 대개 이러한 폐단이 잇는 바 이것은 엇던 가정에서던지 개선하기로 결의하고 실행만 하면 될 것이며 그 효과는 의외에 큰 것으로 생각함니다."

"식사는 일가족이 단합하야 화락한 중에 하십시다. 학교 가는 아해가 한 때 먹고 나서, 회사에 출근하는 이가 그 후에, 노인들이 받고, 다음에 주부, 기타가 먹고, 최후로 하인들이 먹게 되니 그동안 수 시간에 연장된 노력과 번잡이 오죽하겟습니까. 이러한 노유老幼가 다 한자리에서 줄거웁게 밥을 먹는 가운데에 가정의 참된 단락이 잇는 것입니다." [1]

함께 밥을 먹는 행위야말로 사람 사이의 유대감을 가장 강하게 만든다. 가족이 한자리에 둘러앉아 같이 식사를 하는 일이 오늘날 자연스럽고 당연하지만 이는 지극히 근대적 풍경이다. 과거에는 앞에서 말했듯이 유교적 질서에 따라 남녀노소가 따로 밥을 먹었다. 가장과 웃어른은 주로 혼자 소반을 받았다. 해주반, 나주반, 통영반 같은 직사각형 소반은 1~2인용으로 쓰였다. 개화기에 들어서서 이러한 관습이 바뀌기 시작했다. 현진건의 『지새는 안개』 속에 등장하는 영숙네의 식사 풍경은 이러했다. [2]

"영숙의 집에서는 조석 때이면 전 가족이 모두 안방에 모이어 식사를 하는 것이 항례이엇다. –전 가족이라 하야도 행랑 사람 겸 드난 하인 겸으로 잇는 할멈의 내외를 빼고 보면 영숙의 양친과 영숙이와 창섭이 네 사람뿐이엇다. 그리고 이 네 사람 사이에 벌어지는 상은 단 둘뿐이니 창섭은 삼촌과 겸상이엇고 영숙은 어머니와 겸상이엇."

영숙네 가족은 한 방에서 식사를 했지만 네 사람이 남녀로 나누어 상을 받았다. 하지만 1930년대 바이올리니스트 계정식의 가정은 할머니와 아이들, 그리고 조카가 모두 원탁에 둘러 앉아 식사를 했다. [3]
남녀가 유별한 데 더해 며느리는 아예 상이랄 것도 없이 식모와 함께 부엌 아궁이에서 밥을 먹기도 했다. 이태준의 『신혼일기』에 나오는 화옥은 이와 같은 관습을 타파하기 위해 시도했다. 구습이 뼛속 깊은 시어머니에게는 일단 독상을 안방

피에르 보나르가 1935년 무렵 그린 〈정원이 보이는 식당〉.

펠릭스 발로통이 1904년에 그린 〈식당, 저녁〉.

빅토르 가브리엘 질베르가 1933년 무렵 그린 〈상 차리기〉.

기산 김준근이 19세기 후반에 그린 〈기생방에 배반나고〉. 여러 사람이 술상 앞에 둘러앉아 있다. 제목의 배반杯盤은 술잔과 그릇을 뜻하기도 하지만 술상 차림 전체를 이르는 말이기도 하다.

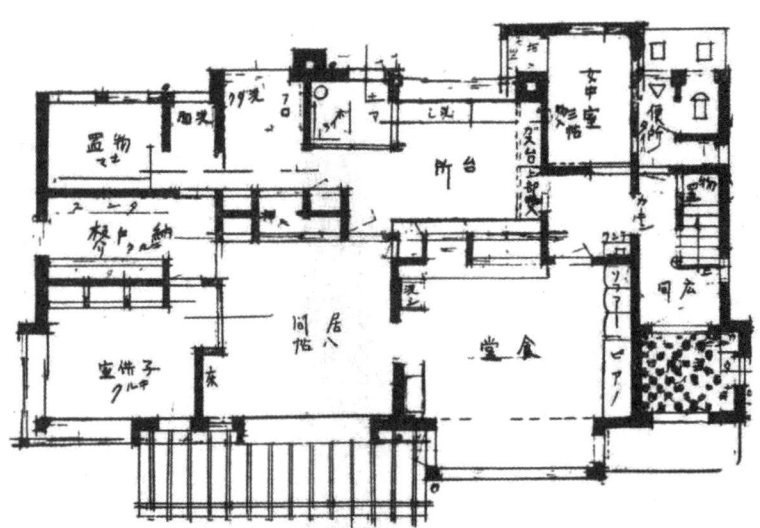

1931년 7월 『조선과 건축』에 실린 동숭동 구보 주택 1층 평면도. 복도가 없고 식당을 응접실과 겸용으로 쓰도록 설계했다.

1937년 10월 『조선과 건축』에 실린 장충동 하야노 주택 식당.

1934년 3월 29일자 『동아일보』에 실린 소설 『적도』의 삽화. 주인공 병일과 기생 명화가 일본요리옥에서 술을 마시는 장면에 교자상이 보인다.

1936년 1월 『신가정』에 실린 조미료 아지노모도 광고에는 남녀노소 온 가족이 둘러앉은 화목한 식사 모습을 담았다.

1933년 5월 『신가정』은 교자상을 펼쳐놓고 한 가족이 함께 밥을 먹는 모습을 실었다.

1938년 7월 『조선과 건축』에 실린 조선저축은행 중역 사택 식당.

으로 들여가고 "남편의 상은 자기의 수저와 함께 겸상으로 차려다 밥도 주발에 담지 않고 공기를 놓고 통에 퍼서 마루로 가져갔다. 어엿히 신랑과 마주앉아 밥을 먹기 시작하였다." 이런 화옥의 행동이 결코 시어머니 눈에 곱게 보일 리 없었지만 점차 익숙해져 마침내 변화를 이끌어낸다.

1930년 조재호는 새해부터 가정생활의 형식에 변화를 주려 했다. 바로 각상 대신 커다란 식탁을 쓰는 것이었다.[4]

"식사할 때에도 각상을 폐하고 커다란 식탁을 대용하야 식구가 한 자리에서 꼭 갓치 먹게 하되 찬 가튼 것을 여러 가지 떠버리지 말고 한 가지라도 조흐니 갑 헐하고 영양되는 것을 취택하고 십슴니다."

이른바 신생활을 시행하던 양주삼 가족도 역시 전 가족이 한 상에서 밥을 먹었고 밥이나 반찬을 큰 그릇에 담아 놓고 각자 덜어 먹었다.[5]

"시간경제를 하기 위하야 식사시간을 일정하게 하고 먹을 때에는 전가족이 한 상에서 먹고 반찬이나 밥도 모두 도거리로 놋코 개인은 각각 공긔로 먹게 함니다. 그러닛가 밥이 남던지 반찬이 남아도 항상 숫것이 되야 그것을 다시 먹던지 남을 주어도 마음에 깻긋함니다. 그것도 지금에 말슴하기는 쉬운 것 가트나 실시 하니라고 퍽이나 고심하얏슴니다. 제일에 우리 어머니 가튼신 노인은 츰음의 공긔밥을 드리닛가 걸인대접하는 것 갓다고 퍽 불만족하게 생각하십듸다. 그러나 오래 실행을 하닛가 지금은 도로혀 그것이 좃케 생각하심니다."

조선식 문화주택을 주장한 고봉경은 식당은 가족들이 다 같이 모여 식사하는 이외에 단락한 시간을 보낼 수 있는 적당한 곳으로 반드시 필요한 방이라고 생각했다.[6]

달리 생각한 이들도 있었다. 화가 김환기는 "식당에 나가서 식사를 하는 것보다 두 손으로 들어다 주는 소반을 받고 아랫목에 앉아 먹는 것이 무조건 좋다. 가족들끼리도 합상이 아니라 되도록 각자 독상을 받는 것이 더욱 좋다"고 생각했다.[7] 그는 이러한 취미를 "다소 야만적" "비문화적"이라고 했지만 이는 결코 야만이냐 아니냐의 문제는 아니었다.

근대 절충식 한옥인 도정궁 경원당[8]의 경우처럼 간혹 부엌 앞에 마루를 두어 식사를 위한 공간으로 사용하기도 했다. 하지만 박길룡이 설계하여 1932년에 준공한 관훈동 김명진 주택이나 옥인동 박노수 가옥[9]처럼 식사 전용 방인 식당, 이른바 다이닝룸을 별도로 갖춘 예는 드물었다. 경성대학 교수이자 의학박사인 구보 기요지久保喜代二가 1931년 지은 동숭동 구보 주택은 보통 부엌과 식당 사이에 있는 복도를 없애 공간의 효율성을 높였는데 그 평면은 오늘날 아파트와 퍽 유사하다. 특히 식당을 가족의 단란실이자 가까운 이들의 접객실로 삼았다는 점이 특이하다.[10] 이 집에서는 식당을 거실 겸용 접객실로 사용하도록 해서 한쪽에 장식장·소파·피아노를 놓았고, 손 씻는 세면대를 두어 청결에도 신경을 썼다. 오늘날 아파트도 식당은 별도로 두지 않고 식탁을 거실과 주방의 경계 또는 주방 안에 두는 경우가 많다. 식당이라는 공간이 점차 우리의 생활 공간이 된 것은 건축학자 아모스 라포포트Amos Rapoport가 언급했듯이 식사 유형에 대한 태도가 주거 형태에 영향을 미친 결과다.[11]

결국 밥상이 다른 공간으로 이동하느냐의 여부, 가족 구성원이 따로 먹느냐, 함께 먹느냐의 여부가 식당이라는 새로운 공간의 탄생과 유입을 결정지었다.

소반에서 교자상을 거쳐 식탁으로

한반도 곳곳을 다니며 조선 음식을 먹었던 미국인 조지 클레이턴 포크George Clayton Foulk, 1856~1893는 우리의 소반을 "가슴에 닿는 식탁"on a table reaching by breast[12]이라고 표현했다. 소반은 과거 오랫동안 사용했던 우리네 밥상이었다. 대체로 1~2인용이었다. 1920~30년대 이후 온 가족이 함께 둘러앉아 밥을 먹는 문화가 만들어지면서 소반 대신 큰 상이 등장했다. 사각형의 큰 상은 보통 교자상이라고 불렸고 둥근 두리반도[13] 많이 썼다. 원형의 두리반은 보통 두레반이라고 불렸다.

교자상의 기원을 인문학자 주영하는 개화기 이래 성업한 일본 요리옥이라는 외부 요인의 영향으로 보았다. 일본 요릿집에서 볼 수 있는 여러 사람이 둘러앉을 수 있는 식탁인 탁복卓袱이 일반에게 퍼져나갔다는 것이다. 탁복은 일본에서 일본화된 중국요리를 의미했다. 나가사키에 생긴 중국 요릿집에서 쓰는 식탁이 탁복대卓袱台였고, 차부다이チャブ台라고 불렀다. 여기에는 세 가지 설이 있다. 첫째 탁복을 푸젠성 같은 중국 남부에서 '차푸'チャフ라고 불렀기 때문이라는 설[14], 둘째 남중국인들의 유입과 그 영향으로 그들이 식사를 의미하는 용어 차판チャフン, '쟈반'ジャブン에서 식탁을 의미하는 차부다이가 나왔다는 설, 셋째 차부가 고기를 자르거나 식사를 의미하는 속어인 영어 'chop'에서 나와서 당시 서양요리를 차부차부, 요릿집을 차부야チャブ屋라고 불렀기 때문이라는 설도 있다.[15]

그러니까 크기가 큰 상이 나가사키의 중국집에서 출발해 우리나라 명월관 같은 요릿집을 거쳐 가정으로 퍼진 것으로 추정한다는 건데 어쨌든 그 기원을 떠나, 온 가족이 함께 식사하기 위해 크기가 큰 상이 등장한 것은 자연스러웠다. 그런데 우리나라에서는 보통 교자상이라고 부른 데는 어떤 사연이 있을까. 조선시대 잔치 때 쓰는 큰상을 이미 교자라고 불렀고 개화기 조선요리옥에 교자음식이라는 메뉴가 있었던 점 등으로 볼 때 교자상이라는 용어가 자연스레 정착되었다고 추정하는

대체로 1~2인용이던 소반은 오랫동안 우리네 밥상이었다. 1920~30년대 이후 온 가족이 함께 밥을 먹는 문화가 만들어지면서 큰 상이 등장했다. 사각형은 보통 교자상이라고 불렀고 원형 두리반은 보통 두레반이라고 불렀다. 소반과 교자상은 국립민속박물관, 두레반은 속초시립박물관 소장품이다.

19세기 조선 《회혼례도첩》 중 〈하객접대도〉.
잔치에 온 손님들 앞에 각각 따로 따로 상을 차려 내놨다.
국립중앙박물관.

1872년 일본 작가 가나가키 로분이 쓴 『규리스카이胡瓜遣』에 실린 차부다이.

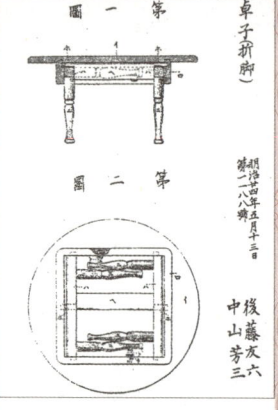

다리를 접을 수 있는 교자상. 일본에서 1981년 특허를 받았다.

1970년대 팔기상방에서 만든 교자상. 뒷면에 만든 사람과 취급 품목 등을 표시했다.

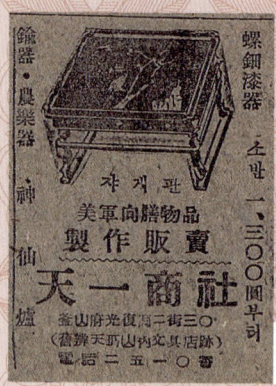

1947년 9월 13일자 『부산신문』에 실린 천일상사 나전칠기 소반 광고.

것이 설득력이 있다.[16] 잡지 『신가정』에 실린 정월음식 교자상 일식이라는 제목의 메뉴에도 교자상이라는 용어가 등장하는데 이것은 일상의 밥상이라기보다는 명절 손님 접대상을 일컫는 것임을 알 수 있다. 당시 메뉴로는 잡채, 식혜, 겨자선, 석이단자 등을 열거했다.[17] 일본에서도 우리의 소반처럼 각상인 메이메이젠銘々膳의 시대가 저물고 대략 1920년대 후반 차부다이, 즉 교자상이 급속도로 일반 가정에 보급되었다.[18]

교자상이나 두레반이라는 용어는 1970년대에도 널리 사용된 듯하다. 충남 태안읍 신시장에서 상을 만들던 공방 팔기상방에서도 식상, 제반(제사상)을 비롯하여 교자상, 두레반을 판매했다. 상 뒷면에 찍힌 인장에 따르면 주인 한병철이 운영한 이곳에서는 식상, 제반, 교자상, 두레반 등을 제작했다. 식상은 가장 일반적인 밥상이었던 듯하다.

교자상은 다리를 접어 편리하게 수납할 수 있는 것도 발명되었다. 일본의 발명가가 1891년 특허(번호 제1188호)를 낸 것인데 다리와 상판은 서양의 식탁에서 영감을 얻었다. 서양의 식탁처럼 둥글게 돌려 깎은 다리가 두 개씩 마주 접히는 것이 특징이다.[19]

가족 사이의 위계에 따라 각상을 받았던 시대가 저물고 모두가 함께 둘러앉아 밥을 먹게 되면서 큰 밥상은 민주적인 가족의 단란과 행복을 상징하는 가구로 자리 잡았다.[20]

교자상은 꽤 오랜 시간 손님 접대용으로, 신혼부부의 집들이용으로 애용되었지만 과거의 다양한 상이 오늘날 식탁으로 수렴되면서 오늘날 가정에서는 점차 보기 어려워졌다. 온돌바닥에 이불을 깔고 자는 대신 침대를 사용하는 것에 익숙해진 것처럼 상 대신 식탁을 쓰는 데 익숙해진 우리의 몸은 어느새 바닥에 앉는 것을 불편하다고 느낀다. 언젠가부터 오래된 대중음식점에서도 바닥에 앉는 밥상 자리를 없애고 식탁으로 바꾸는 추세다. 그런 모습이 이제는 더이상 낯설지도 않다.

"재래 주가에서
세면소 형식을 못 보니 큰 유감이요"

욕실

연중행사였던 목욕을
일상 속으로 들여온 욕실

개선해야 할 일상생활의 여러 문제에 대한 토론도 종종 이루어졌다. 1933년 『신가정』 역시 이런 기획 의도로 가정 위생 특집 기사를 실었는데 여기에서 건축가 김종량의 부인 조계은은 생활개선을 주장하면서 목욕실에 대해 이렇게 운을 띄웠다.[1]

"재래식 조선집은 대개가 목욕실이 없습니다."

한옥에서 일상의 세면은 마당을 비롯하여 부엌, 광, 방, 마루와 같은 여러 공간에서 이루어졌다. 목욕은 다른 문제였다. 집 안에 목욕실이 따로 없어 사람들은 부엌(정지)에서 물을 데워 쭈그리고 하거나 곳간 안에 나무로 만든 큰 목욕통을 두고 사용하기도 했다.[2] 어떤 이들은 공동 목욕탕으로 향했다.

목욕재계를 계율로 삼은 불교가 융성한 고려시대에는 하루에도 수 차례 목욕을 했고 개성의 큰 내에서는 심지어 남녀가 한데 목욕을 했다.[3] 하지만 유교 사상을 중시한 조선시대에는 남녀 혼욕은 물론 알몸을 노출한 전신욕은 불온한 행위로 간주해 목욕용 옷을 걸치고 해야 했다.[4] 그 때문에 가옥 내에 목욕실이 없는 것을 당연하게 여겼다.

하지만 20세기에 들어서면서 목욕은 "문명의 정도를 추측"하는 일로 여겨졌다. 공동 목욕탕보다 각자 집에서 "열흘에 한 번이던지 닷새에 한 번씩은 반드시 목욕하는 습관"을 들이도록 권한 것을 보면 목욕과 위생에 대한 인식이 높아지고 있음을 알 수 있다.[5]

19세기 후반 서양인들은 위생을 문명과 야만을 가르는 척도로 인식했지만 정작 그들도 오랫동안 불결했다. 16~17세기 서양인들은 물, 특히 뜨거운 물이 모공을 넓혀 나쁜 공기가 몸속으로 스며들게 한다고 여겼다. 목욕은 위험한 행위였다. 그래서 19세기까지 세면은 방에서 조심스레 해야 했다. 그러자니 오히려 번거로웠다. 물병에 담아온 물을 방 안에서 대야에 따라 씻은 뒤 그 물을 다시 양동이에 버려 내가야 했다. "영국인들은 인생의 5분의 1을 세숫대야에서 보낸다는 우스갯소리도 있다"고 할 정도로 조심스럽게 씻는 데 시간을 할애했다. 1860년대 영국을 방문한 프랑스 역사가 이폴리트 텐Hippolyte Taine, 1828-1893은 어느 시골집에서 방에 놓인 크고 작은 물주전자와 대야, 칫솔 접시, 비누 접시, 각각 다른 종류의 수건, 스펀지, 얕은 아연 욕조를 보았다. 아침이면 하인이 뜨거운 물이 담긴 물주전자와 씻을 때 바닥에 까는 아마포 요를 가져왔고 물은 점심과 저녁 전에 다시 채워졌다고 기록했다.[6] 생각만으로도 번거로워 씻기가 싫어질 것 같다.

우리도 크게 다르지 않았다. 조선시대 백과사전인 『임원경제지』에는 놋쇠·사기·질그릇·나무·가죽 등으로 만든 세숫대야, 깔개, 세수할 때 물이 튀어 옷이 젖지 않게 두르는 앞치마 비슷한 세수치마, 수건, 목욕통 등이 도구로 등장한다. 금속 사용이 통제되던 1938년에는 플라스틱의 전신인 셀룰로이드 세숫대야도 나왔다.

알프레드 스티븐스가 1867년에 그린 〈목욕〉.

장 밥티스트 파테르가 1730년에 그린 〈목욕〉.

19세기 후반 메리 카사트가 그린 〈몸 단장〉, 메트로폴리탄미술관.

우타가와 구니사다, 우타가와 구니히사가 1858년에 그린 〈에도 명소 백인미녀의 고텐야마〉 속 젊은 여성이 방 안에서 귀밑머리를 씻고 있다.

예전에는 세수할 때 이런 놋쇠 대야를 사용했다.
국립민속박물관.

1938년 9월 27일자 『조선신문』에 실린 셀룰로이드 세숫대야.

덕수궁 석조전 침실에 놓인 세면대.

피에르 보나르가 1908년에 그린 〈화장대〉.
석조전 세면대와 비슷하다.

그런데 이런 세면이 아닌 목욕이라면 공간 문제가 간단치 않다. 욕실을 집안에 설치하자고 주장한 여러 명사들은 실室의 방향과 동선, 설비에 이르기까지 매우 다양한 의견들을 내놓았다.

조계은은 목욕실의 청결은 기본이고, 방위는 동북향, 자녀방과 식모방이 가깝고 화장실과 직접 통할 수 있는 위치가 좋다는 견해였다. 이밖에도 욕실 방향을 서향·동향으로 제안하거나,[7] 건넌방 옆에 목욕실 장치를 장해놓고 군불 때는 것을 이용하여 건넌방 솥에 끓는 물을 파이프로 보내 목욕물로 쓰게 하면 퍽 경제(절약)가 된다는 아이디어가 나오기도 했다. 욕조, 세면대, 거울, 비누 그릇, 수건 거는 곳을 내부 설비로 갖췄으면 한다는 이야기도 나왔는데 오늘날 욕실 구성품과 별반 다르지 않다. 욕실 옆에 옷 갈아입는 방이나 세탁실을 붙이자는 견해도 있었다.[8] 건축가 박동진은 다른 지면에서 아래와 같이 의견을 피력하기도 했다.[9]

"우리 재래의 주가에서 욕실이나 세면소의 전형적 형식을 볼 수가 없는 것이 우리의 수치요, 모욕이요, 큰 유감이다. (…) 다른 면적을 할애하여서라도 이 욕실이나 세면소는 취하여야 할 것이다. 욕실은 현재 생활에 가장 다망한 세탁실로 겸용할 수도 있는 것이라 일 평 내지 일 평 반이면 충분하다. 탈의실(혹은 화장실 등) 변소, 또는 주방이 연락하게 되는 위치에 두는 것이 편리하다. (…) 급수, 배수의 관계를 충분히 고려하지 않으면 후일의 걱정감이 되기가 쉽다."

일제 강점기 욕실을 가진 집은 그야말로 고급 주택이었다. 주택에 욕실을 갖추기 위해서는 상수도 문제가 급선무였다. 1930년 경성의 인구 약 30만 명 가운데 급수 인구는 고작 7만 8천 명, 약 26퍼센트에 불과했다.[10] 수돗물이 공급된다 해도 욕실을 가진 이는 훨씬 적었다고 할 수 있다. 1941년 총독부가 설립한 조선주택영단이 지은 영단주택은 갑(20평)·을(15평)·병(10평)·정(8평)·무(6평)의 다섯 개 유형이 있었고 이 가운데 욕실은 갑형, 을 형, 병 형에만 설치되었다.[11]

갈수록 진화한 욕조의 세계

목욕을 위해 꼭 필요한 욕조의 모양은 오늘날과는 사뭇 달랐다. 잡지 『신가정』의 기자는 오늘날 가회동 감사원 인근에 있던, 경성의학전문학교 외과 교수 백인제 주택[12]을 방문해 목욕실을 형사처럼 매의 눈으로 살폈다.[13] 목욕실 넓이는 한 평쯤, 세면실이 반 평쯤으로 그리 넓지 않았다. 바닥은 콘크리트이고 벽은 습기가 배지 않도록 칠을 했다. 특이한 것은 욕조였다. 백인제의 아내 최경진과의 대화는 이랬다.

「쇠가마가 보통것보다 싸지오?」
「싸구말구요 한 사, 오원밖에 안가는걸요. 녹나는 것은 좀 안되엇지만!」
「녹나는 것은 없애면 안되어요? 저-누구에게 들으니까 가마를 불을 좀 때서 뜨겁게 해가지고 소기름 칠을 해두면 녹이 안난다고 하든데요」
「그래요? 풋내기 주부라서 그런것도 몰랏지오」
이 말을 옆에서 듣는 시어머니인 듯 한 분이 이렇게 보탠다.
「아니 원 누가 쇠솥에다가 소기름을 바른다든? 솥이 식으면 허연 기름이 그냥 돌아서 쓰나. 그리고 더럽구. 도야지 기름을 발러야 되는거야!」
「네- 그럿습니까?」"

가마솥 욕조는 소기름이 아닌 돼지기름을 발라 닦아야 녹이 슬지 않는다고 한 말이 퍽 재미있다. 대화 속 쇠가마 욕조는 잡지에 실린 사진으로 짐작한다. 그렇다면 겉은 돌 또는 콘크리트로 마감되어 있고 내부에 쇠가마가 들어 있었을 것이다.

일본식 욕조 조슈부로長州風呂다. 팽이형의 철제 가마솥 안 나무판을 밟고 목욕을 하는 조슈부로는 도시한옥, 문화주택, 그리고 일제 강점기 영단주택에도 있었는데 종종 고에몬부로五右衛門風呂와 혼동된 듯하다.

1929년 8월 조선박람회 건축관에 진열된 욕조와 위생도기. 조선총독부 편, 『조선박람회기념사진첩』, 1930.

1933년 8월 『신가정』에 실린 백인제 주택의 세면기와 쇠가마 욕조. 세면기와 타일은 모두 흰색으로 추정된다.

목욕용 철제 가마솥. 지름 94, 높이 65센티미터 크기로 바닥 한쪽에 물 빠지는 구멍이 있다. 국립민속박물관.

일본 가마솥 욕조는 크게 고에몬부로와 조슈부로[14]가 있었다. 전자는 원통형의 나무 욕조를 무쇠로 만든 하부에 올려놓았고, 후자는 무쇠 욕조를 매립했다. 고에몬부로는 가마 속에서 끓는 물에 죽은 도요토미 히데요시 시대의 대大 도적 이시카와 고에몬石川五右衛門의 이름에서 유래했다고 한다.[15] 철이 귀한 에도 시대 이를 절약하기 위해 나무로 욕조통을 만들었는데, 굴뚝이 없어 연기도 많이 나고 가마와 통이 이어지는 부분에서 물이 새기도 해서 점차 사라졌다. 반면 조슈부로는 가마 자체가 따뜻해져 뜨거운 물이 대류하는 원리로 목욕을 할 수 있었다. 또한 굴뚝이 있어서 연기가 나지 않고 열효율이 높아 물이 빨리 끓는 장점이 있었다. 둘 다 욕조 바닥이 철제이므로 나무판을 깔고 써야 했다. 당시 경주를 여행하던 한 외국인이 한 여인숙에서 욕조 사용법을 몰라 화상을 입었다는 에피소드는 그 시절 사람들의 모습을 짐작할 수 있게 한다.[16]

"그것은 깊은 철제 가마솥이었다. 물은 밑에서 때는 불로 가열되었다. 우리는 목욕법대로 목욕통에 들어가기 전에 몸을 씻었다. 아구(아귀)가 맞지 않은 문과 창문 사이로 찬바람이 불어 들어왔다. 대조적으로 우리가 퍼부은 물은 대단히 뜨거웠다. 유시국이 먼저 솥 안으로 도전했다. 그리고는 비명을 지르며 덴 다리를 붙잡고 뛰쳐나왔다. 그는 확실히 일본 목욕통에 익숙하지 않았다. 서양인인 내가 동양인인 그에게 그 동양 물건의 사용법을 설명해주었다. 목욕통은 나무 덮개로 덮여 있었다. 덮개를 밟고 서면 그것이 가라앉으면서 바닥으로부터 몇 인치 위에서 자체적으로 고정된다. 밑에서 불을 때면 발에서부터 피부가 데지 않을 정도로 물이 뜨거워진다."

여기 등장하는 욕조가 아마도 조슈부로였을 것인데 그 사용법이 보통 사람들에게 익숙지 않았음을 보여준다.

궁궐에도 조슈부로를 설치했다. 1914~15년 이왕직에서 펴낸 『덕수궁원안』德

壽宮原安에 따르면 정관헌에는 서양식 욕조가 있었고 다른 전각에는 조슈부로가 설치된 곳도 있었다.[17] 덕수궁에 서양식, 일본식이 혼재하고 있다는 점이 욕조에서도 드러난다. 창덕궁 희정당 영역의 음식을 준비하는 등 부엌 역할을 하던 찬시실饌侍室 북쪽에도 조슈부로가 남아 있다.

일본인들은 조슈부로를 가장 경제적이고 일반적인 방식이라 여겼다. 그래서 경성에 문화주택을 지을 때는 건물 자체는 서양식으로 해도 욕조만큼은 대부분 조슈부로를 고집했다.[18] 조슈부로는 도시한옥에 딸린 목욕실에도 있었다. 1950년대 후반부터 1960년대 초 동숭동 한옥에서 살았던 신철식은 아버지 신현확과 함께 목욕한 일을 이렇게 기억했다.[19]

"목욕실은 부엌 옆에 있었는데 아궁이에 불을 지펴 커다란 무쇠솥에 물을 데웠다. 뜨거운 물 위에 나무 격자를 띄우면 나는 그걸 밟고 솥에 들어가야 했다. 솥 바닥이나 옆면에 피부가 닿으면 벌겋게 데었다. 하지만 그렇다고 해서 '앗, 뜨거!' 하고 약한 소리를 하면 회초리가 날아왔다."

앞서 경주를 여행하던 외국인과 동행한 유시국처럼 신철식은 분명 조슈부로에 발을 담갔을 것이다. 이와 비슷한 욕조가 1937년에 준공한 장면 가옥에도 남아 있다. 조슈부로는 평면도에 보통 장면 가옥의 것처럼 끝을 둥글린 사각 안에 원을 그려 넣어 표기했다.

백인제 주택에 이어 상업가 허택 주택 욕실을 찾은 『신가정』 기자는 그곳의 목욕통은 "흰 사기로 된 것"이었고 "바닥은 빛깔 있는 사기"로 되어 있다고 적었다.[20] 기자가 표현한 "사기"는 타일을 의미한다. 타일이라는 용어가 일반인들에게 익숙하지 않았던 듯하다. 요즘으로 치면 허택의 집 욕조는 타일을 붙인 조적식이다. 한편 조선저축은행 중역 사택 욕조는 편백나무로 만들었다. 욕실 바닥과 세면실 벽 하부에 바른 모자이크 타일과는 대조를 이룬다. 일본 작가 다니자키 준이치로의

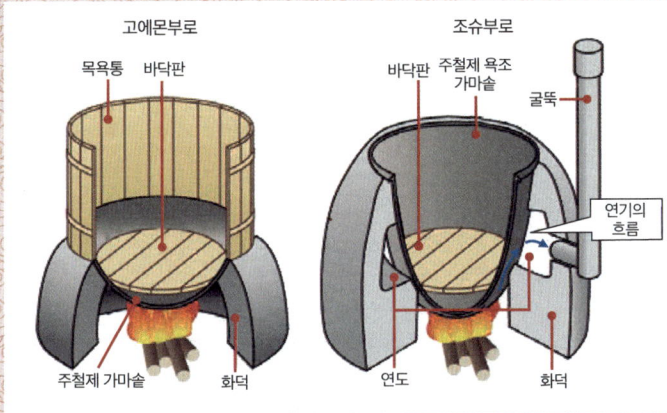

목욕용 철제 가마솥을 갖춘 혜화동 장면 가옥의 조슈부로.

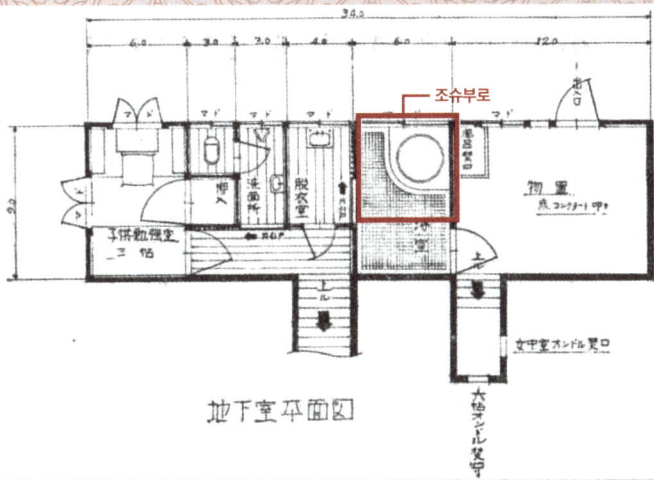

1937년 5월 『조선과 건축』에 실린 후암동 고바야시 주택 지하 평면도에 표기된 조슈부로.

1938년 7월 『조선과 건축』에 실린 조선저축은행 중역 사택 세면실과 욕실. 바닥과 벽 일부를 타일로 하고 욕조는 편백나무로 했다.

1933년 8월 『신가정』에 실린 허택 주택 타일 욕조.

1937년 3월 『조선과 건축』에 실린 동양척식주식회사 경성지점 중역 사택 욕실. 흰색 세면대와 대리석 욕조를 갖췄다. 벽에는 갈색 경질도기 타일을, 바닥에는 모자이크 타일을 붙였다.

벗이었던 여관 주인이 언급했듯이 일본인들은 나무 욕조를 퍽 선호했다.[21] 보존상 다소 경제적이지 못하긴 하지만 입욕할 때 상쾌한 기분이 들어서였다.[22]

조적식 욕조가 없는 경우 간편하게 설치할 수 있는 다양한 욕조가 생겨났다. 스미가와식 스에부로据風呂는 생활합리화를 부르짖는 시대에 가장 적합한 욕조라고 광고했다. 아궁이가 딸린 욕조水風呂로, 아궁이에 나무나 석탄을 때 물을 데우는 급탕 방식이었다. 1930년에 특허출원 중이던 스미가와식 욕조는 고작 3전의 연료로 4~5인 가족이 충분히 쓸 수 있었고, 분구가 상부에 붙어 있어 사용이 편리했으며 욕조 설치에 자리를 차지하지 않아 약 90센티미터 정도의 모서리면 충분했고, 구식 욕조로는 목욕물 끓이는 데 한 시간이 걸렸는데 30분 정도면 끓었고, 무엇보다 가격이 비교적 싸다는 특징이 있었다.

당시 다른 브랜드 욕조들도 연료가 적게 들어 경제적이고, 연기가 나지 않으며, 물을 빨리 데울 수 있다는 등 비슷한 장점을 열거했다. 대략 360리터 정도 물을 데우는 데 20~30분 남짓 걸려 이전보다 훨씬 빠르다고 했다. 오늘날처럼 즉각적으로 더운물을 콸콸 쏟아내는 보일러와는 비교할 수 없을 만큼 느리지만 당시로서는 나름 급탕이었다. 또한 취사 겸용 온수난방이 가능한 욕조도 출시되었다.

입욕제로 목욕의 효과를 높이다

목욕의 효과를 더욱 높이는 것으로 입욕제가 있었다. "조선의 겨울은 견딜 수가 없다"며 기온이 뚝 떨어지면 목욕으로 삼한을 사온으로 바꾸라고 하면서 광고하는 제품이 있었다.[23] 다름 아닌 인삼 목욕제였다. 인삼이 몸에 좋은 것은 이미 상식이었지만, 보혈보온에 좋다며 입욕제로도 개발·애용되었다. 조선총독부전매국에서 제조한 삼정蔘精 입욕제는 농축 진액 형태로 욕조에 작은 잔으로 한두 컵 섞으면 집

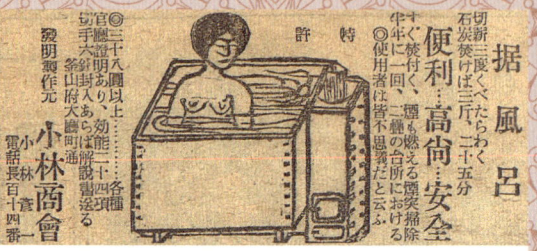

1927년 4월 2일자 『경성일보』에 실린 고바야시상회의 스에부로.
편리하고 고상하며 안전함을 내세웠다.

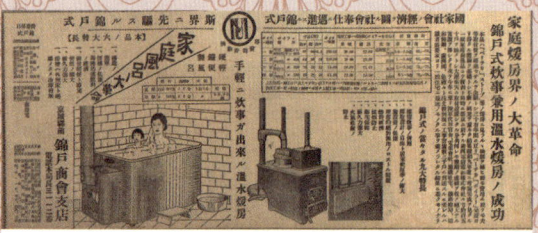

1935년 9월 6일자 『조선신문』에 실린 금호상회의 취사 겸용
온수 난방 욕조.

1936년 2월 18일자 『조선시보』에 실린
가토통욕조 제조부의 덕용 통욕조 광고.

1937년 2월 23일자 『조선신문』에 실린 조선제약합자회사
목욕용 조선인삼 광고.

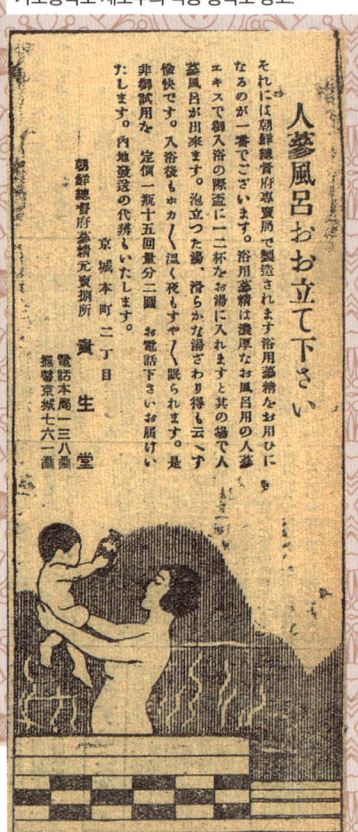

1931년 2월 6일자
『경성일보』에 실린 귀생
당 삼정 입욕제 광고.

에서 인삼 온천을 즐길 수 있었다. 빈혈냉증, 신경통, 류머티즘, 위장병, 부인병 등 그 효과는 거의 만병통치 수준이다. 가격은 1929년 기준으로 15회 분량 한 병에 2원, 1회분이 2~3전 정도로 저렴하다고 광고했다.[24]

위생은 "이민족을 바로잡는 만만한 회초리"로 작용해 왔다.[25] 나치가 유대인을 불결하게 여겼듯이 일본인들은 조선인에 대해 그러했다. 따라서 목욕은 점차 문명인이라면 꼭 해야 할 습관으로 여겨졌다. 위생과 청결에 대해 저술한 작가 캐서린 애선버그Katherine Ashenburg의 말대로 청결이 당연하고 보편적이며 영구적으로 보이지만 이는 문화창조의 복잡한 과정이자 끊임없이 진행되는 과정이다.

명절을 앞두고 아이들이 동네 목욕탕으로 이끌려 가던, 목욕이 연중행사였던 시절이 있었다. 욕실이 근대 주택의 실내에 들어오면서 몸을 씻는 일은 행사가 아니라 일상이 되었다. 오늘날 욕실이라는 공간은 그 중요성이 점차 커졌고, 어느덧 주택 내에서 차지하는 면적도 덩달아 커졌다. 샤워기보다 욕조가 딸린 욕실은 여전히 공간의 여유와 품격을 보여주는 지표다. 1975년 건축가 김수근은 이렇게 말했다.[26]

"건물의 일류, 이류를 따지는 데 있어서 가장 쉽게 알 수 있는 것, 건축의 수준이나 공업생산의 수준을 알 수 있는 것이 욕실"

그는 수준이라고 말했지만, 건물의 수준을 논하기보다 수도꼭지를 틀었을 때 금방 더운물이 콸콸 쏟아지는 오늘을 사는 것, 그것이야말로 축복이 아닐 수 없다는 생각이 든다.

화장실

차마 드러내놓을 수 없던 변소의 민망함

화장실은 일제 강점기에 변소라고 불렸다. 오늘날에도 어느 정도 연배 있는 이들에게 익숙한 용어다. 당시 신문 기사에서는 전통 가옥이나 도시한옥의 변소의 민망함을 꽤 자주 지적했다. 아래 기사도 그 연장선에 있다.[1]

"조선에 잇서서 집을 지을 때에 뎨일 주요하게 생각하여야 할 부억과 변소를 생각해 두지 안는 통례가 잇습니다. 변소로 말 하드래도 의례히 집을 짓고 남은 구석이 잇서야 맨드러 노는 터인데 이것도 또한 안대청을 향하야 안치는 것입니다. 그리하야 엇더한 집은 변소에서 뒤보는 사람의 간임쓰는 꼴까지 보게 되는 이러한 추한 현상입니다. 무엇보담도 이것을 곳처야하겟습니다. 이왕 그러케 맨들어 노코 다시 어떠케 할 여유가 업는 집은 그 변소 압해다가 판장을 세워 노튼지 문을 돌아 내든지 하여야 할 것입니다. 그리고 깁흔 똥통을 해 박고서 똥물이 튀지 안토록 하여야 합니다. 또한 아모리 뒤가 매렵드래도(우수운말슴이나) 집안 사람들이 밥먹는 때만은 참으시는게 가뎡 도덕상 식사 도덕상 조흔 것 갓습니다."

보기 쉬운 곳에 변소가 있어 "오줌 누는 소리 또는 대변 보는 소리가 나며 악취가 나오게 되여 손님이나 혹은 같이 음식 먹던 사람으로 하여금 불결한 생각이 일어나게 된다"고 하는 기사도 있다.[2]

변소는 1920년대 후반 주택 개선에 대해 목소리를 높일 때마다 조선 가정에서 시급히 고쳐야 할 곳으로 빠지지 않았다. 대체로 변소의 위치는 도시한옥의 경우 대문에 인접·연결되는 경우가 많았고 고급 한옥과 문화주택에서는 복도와 부속방에 인접했다.[3] 말하자면 도시한옥의 변소는 대부분 본채 밖에, 고급 한옥과 문화주택은 주택 안에 두었다. 실내 변소가 옥외 변소보다 꼭 낫다고 할 수는 없었다. 경성정미회사 사장 오가사와라小笠原는 러시아에 살았던 경험을 바탕으로 1925년 집 외관을 러시아식으로 번듯하게 하고 변소는 따로 지었다.[4] 변소의 악취가 집 안으로 들어오는 것을 차단하기 위해서였다. 문화주택 건축주들은 대체로 변소를 따로 짓는 것을 이상적이라 여겼지만[5] 부지가 허락하지 않아 어쩔 수 없이 실내에 들이는 경우가 많았다. 냄새와 위생은 이 당시 변소의 치명적 단점이었다. 1939년 열린 잡지사의 가옥개선 좌담회에서도 이런 이야기가 나왔다.[6]

"문화주택을 써보니까 이 역시 불편한 점이 많드군요. 우선 변소에서 나는 냄새가 밖으로 잘 안 나가고 집 안에 퍼져서 못 견디겠드군요. 그야말로 서양식으로 물을 틀어 번번이 씻어 내려가게 하면 몰라두."

수세식이라는 근본적인 해결책에 이르기 전 문화주택의 화장실 냄새 문제 해결을 위해 다양한 시도가 있었다. 예컨대 바닥과 똥통의 거리가 얕아서 냄새와 심지어 벌레가 올라오는 것을 막기 위해 콘크리트로 분호를 깊게 만들었다.[7] 다조식 개량변소가 등장하면서 이 문제는 그나마 조금 나아졌다. 1935년 조선시가지계획령 시행 규칙에 따라 콘크리트나 벽돌 등 내수 재료로 분뇨통을 만들었고, 밀폐 가능한 뚜껑을 설치한 분뇨 수거용 급취구를 설치했다. 파리가 변소에 꼬이는 것을 막기 위해 창에 철망을 설치하는 등의 조치도 이어졌다. 건축가 박길룡은 "집주인의 문화 정도는 변소가 말한다"고 하면서 새로 집을 짓는 이들에게 신발을 신지 않고 곧장 변소로 갈 수 있도록 만들고, 변소 속은 걸레질로 항상 깨끗하게 관리하며, 환기통을 달아 냄새를 빼고, 유리창을 내어 가끔 공기도 통하게 하고, 망을 쳐서 파리가 드나들지 않도록 하라는 등의 변소 설치 및 관리에 관해 조언했다.[8]

이동식 화장실, 요강

변소를 집 안채 밖에 두어 신발을 신고 나가야 하는 집에서는 한겨울이나 한밤중에 밖으로 나가는 것이 여간 불편하지 않았다. 그런 집의 필수품이 있었으니, 바로 요강이다. 경성제대병원에 근무한 김성진은 요강에 대해 이렇게 말했다.[9]

"장죽長竹을 물고 두러 누은채 팔을 조금만 뻐치면 될 것을 「이애 그 요강 가저오너라」 하야 사람을 시켜서는 바지 속에 놓고 졸졸 누어 내놓는 양반을 우리는 자조 봅니다. 우리끼리나 할 말씀이지 외국 사람이 잇다면은 말슴하기도 부끄러운 일입니다. 그러고서야 무슨 문명이 잇고 어데 진취가 잇겟습니까. 우리네 변소는 원격한 곳에 설비하야 잇는 고로 야간夜間 부득이 사용할찌라도 뚜껑이나 덥허서 창외에 놓앗다가 쓰도록 하십시다. 그러하지 안하야도 환기가 좋지 못한 방안에 밤새도록 악취를 발산시키고 그 속에 누어 자는 것은 참으로 비위생적입니다."

방 한편에 놓아두고 쓰는 요강은 방 안 악취의 원인이었지만 신발을 꿰신고 밖으로 나가야 하는 불편함을 덜어주는 편리한 이동식 화장실이기도 했다. 서유구의 『임원경제지』는 요강에 대해 이렇게 설명한다.[10]

"갈이틀로 오동나무를 깎아 요강을 만들고, 안팎에는 모두 옻칠한다. … 시장에서 파는 요강은 대부분 잡목으로 만들어 오래지 않아 터져 갈라진다. 풀 먹인 종이를 틀에 찍어 내서 만든 요강도 오래 견디지 못한다. 소가죽으로 만들어 기름을 먹인 요강이 좋다."

요강은 조선시대 혼수물목에도 옷, 의롱, 함과 함께 들어 있는 주요 품목이었다.[11] 방마다 놓인 요강은 그 크기도 제각각이었던 모양이다. 재질로는 도자기나 금속 이외에도 나무, 가죽과 같은 소재를 가공하여 다양하게 만들어졌다는 점이 흥미롭다.

놋쇠, 즉 유기 요강은 고려시대와 조선 전기까지 왕실과 귀족층의 전유물이었다. 그러다가 조선 후기에 이르면 일반 민가에서도 보편적으로 사용했다. 1890년대부터 약 20년 동안 궁궐과 관청에 각종 그릇을 납품하던 공인 지규식池圭植이 쓴 『하재일기』[12]에도 왕실에 요강을 납품하거나 시장에 유통한 내용들이 등장한다.[13] 1924년 신문에서 "일반으로 식기와 변기에 금속기를 사용하는 습관이 근래 점차 도자기를 사용하는 경향을 보여 그 사업은 더욱더 유망하게 되었다"고 언급한 것을 볼 때 자기 요강의 사용이 20세기에는 퍽 늘었음을 알 수 있다.[14] 요강은 냄새가 나지 않도록 뚜껑이 달린 것도 있고 애초에 없는 것도 있었다.

서양에서도 19세기 이전 요강chamber pot을 사용했다. 손잡이가 달린 자기 요강은 식기인 소스 보트의 형태와 비슷하여 종종 후대에 그 용도를 착각하게 한다. 부르달루bourdaloue라고도 했는데, 루이 14세의 궁정 목사 루이 부르달루Louise Bourdaloue, 1632-1704의 이름에서 따왔다는 설이 전해진다. 그의 길고 유창한 설교를 듣던 여성

루이 레오폴 보이이가 1790년에 그린 〈뚫린 의자에서 볼일을 보는 여인〉.

프랑스 루이 15세의 정부인 퐁파두르 부인이 썼다는 뚫린 의자.

프랑수아 부셰가 1760년대 그린
〈오줌 싸는 여자〉.

18세기 프랑스 요강.
메트로폴리탄미술관.

왼쪽부터 놋쇠 요강. 모란문 사기 요강, 녹유요강. 국립민속박물관.

지승요강. 종이를 비벼 꼬아서 만든 요강이다. 여성들이 가마를 타고 이동하면서 볼 일을 볼 때 사용했다. 뮤지엄 산.

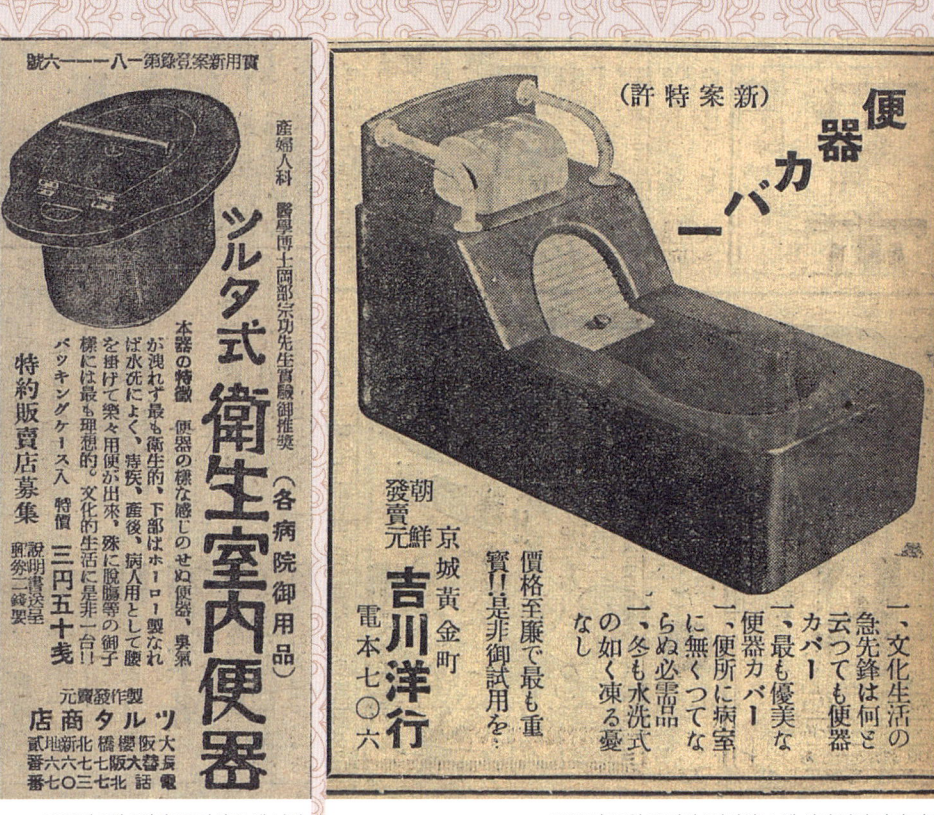

1936년 2월 3일자 『조선신문』에 실린 쓰루타식 위생 실내 변기.

1933년 10월 10일자 『경성일보』에 실린 커버 달린 변기.

들이 볼일을 보긴 봐야 할 텐데 당시 궁정에는 화장실이 없었다. 그럴 때 하인에게 요강을 가지고 오게 해서 치마 속에 넣고 사용했다는 데에서 유래했다.[15] 요강은 상자 형태의 가구 속에 수납해 방에 두거나 베르사유 궁전 안에서는 구리나 자기 요강이 내장된 뚫린 의자chaise percee를 썼다.[16]

우리나라 민간에서 주로 사용한 자기 요강은 둥그런 호 형태였다. 무늬 없는 백자도 있었고, 그물문·모란문·녹유 등으로 장식한 요강도 있었다. 생산된 가마 터를 비롯해 근대 유적지 곳곳에서 출토되었다.[17] 그 가운데 코발트와 크롬 안료로 모란을 그린 것이나 녹유 요강은 일본에서 만들어 들여온 것들이 많았다. 모란문 요강은 시오다塩田, 하사미波佐見 지역을 아우르는, 규슈 북부 사가 현과 나가사키 현 일대의 옛 지명인 히젠肥前 지역에서, 녹유로 마감한 크롬 청자 요강인 녹색 요강은 세토瀬戸, 미노美農 지역에서 제작한 것으로 알려져 있다.[18] 모란문 요강은 일반에서 가장 널리 사용했는데 하사미에서 여러 크기로 만들어 조선으로 들어왔고 부산의 일본경질도기에서도 만들었다.[19]

이처럼 다양한 재질의 요강은 방에 두고 썼을 뿐만 아니라 여러 개를 장식품 처럼 늘어놓기도 했다.

"밤에 방속에서 오줌을 누기 위하야는 한방에 하나나 둘쯤 잇스면 족하그런데 큰 요강 중요강 작은요강 알요강 길을 맞추어 재판 우에 쫙-느려 놋코 안저서 손님이 오면 자랑을 한다."[20]

1930년대에는 항아리 형태의 요강 이외에 이른바 문화생활에 적합한 개량 변기도 나왔다. 커버가 달려 변소나 병실에서도 사용 가능하고 수세식처럼 동파할 염려가 없고 하부에 에나멜(법랑) 처리를 해서 위생을 고려한 실내 변기 등을 예로 들 수 있는데 이런 변기들을 당시 사람들이 과연 널리 사용했을지는 의문이다.

변기의 진화, 계급의 상징에서
일상의 필수품으로

1848년 영국 런던 소호를 중심으로 퍼진 콜레라와 장티푸스의 원인이 오염된 물이라는 점이 밝혀졌다.[21] 이로써 위생 문제, 특히 하수 처리를 위한 배관과 변기 개발은 새로운 전환점을 맞았다. 런던과 마찬가지로 경성 역시 "죽음의 도시, 병의 도시"로 불렸는데 이 역시 "분뇨 등 오물처분의 불완전한 것과 하수도의 불비, 상수도의 보급 불철저" 등으로 인한 것이었다.[22]

런던에서의 공중 변소에 대한 인식은 1851년 런던대박람회장의 화장실을 계기로 크게 바뀌었다. 박람회장의 2등실 화장실은 1실링만 내면 깨끗한 변기에서 볼일을 볼 수 있었다. 제닝스Josiah George Jennings, 1810-1982가 고안했는데 원숭이도 쓸 수 있을 정도로 사용법이 간단하다고 해서 원숭이 변기Monkey Closets라 불렀다.[23] 무려 80만 명이 넘는 사람들이 박람회 기간 동안 사용했다고 한다. 1등실 화장실은 1파운드를 내고 입장했는데 2등급보다 고급인 밸브식 변기가 설치되어 있었다. 어떤 변기에 앉느냐가 사회적 지위를 단적으로 말해주었다. 제닝스를 비롯한 여러 개발자가 변기에서 올라오는 악취와 역류 문제 등을 해결하기 위해 이후로도 개량을 이어나갔고 1870년대부터 위생 과학에 대한 관심이 본격화되었다.

대형 도자기인 변기는 가마에서 구울 때 그 무게 때문에 쉽게 무너지는 경향이 있어 바탕 재료 개발 또한 꾸준히 이루어졌다. 도기earthenware, 석기stoneware, 도기와 석기의 혼합물에 이어 유리질의 자기vitreous china로 점차 개선되었다. 여러 위생 도자기 업체 가운데에서 덜튼Doulton 사의 사장 헨리 덜튼Henry Doulton은 런던 내의 하수도 배관을 석기로 만든 공로로 1887년 빅토리아 여왕으로부터 기사 작위를 받았다. 에드워드 7세로부터는 영국 업체라면 못 받아 안달인 왕실 인증Royal Warrant도 획득, 당당히 회사명을 로열 덜튼Royal Doulton으로 바꾸었다. 덜튼을 비롯하여 티포드Twyford 같은 변기 제조소에서 발매한 변기는 모양도 색채도 다채로웠다. 티포드 사에서 출시한 유니타스UNITAS 모델은 용기와 배관 일체형으로 단독으로 서 있는 받침형 변기다. 윗부분에 나무 시트를 장착해 오늘날의 양변기처럼 여성들의 좌변기로도, 시트를 들어 올려 남성들의 소변기로도 사용했다. 버킹엄궁전에도 도입되었고 러시아에 수출되어 유니타스는 러시아어로 화장실WC을 의미하는 단어가 되었다. 하지만 화려한 무늬가 있거나 부조relief 장식이 있는 빅토리아 시대의 변기는 오물이 남아 있을 수 있어 20세기에 들어서면서부터는 비위생적으로 여겨졌다.[24]

일본에서 도자기 변기를 생산한 것은 메이지 시대 중기 이후이다. 그 이전 일본의 귀족들은 우리의 매우틀(매화틀)과 같은 상자 형태의 나무 변기인 히바코樋箱를 사용했다. 쭈그리고 앉아 볼일을 볼 때 기모노 옷자락이 더러워지지 않도록 히바코에는 고로모가케 또는 고로모가쿠시라고 부르는 T자형 돌출부가 있었다. 초창기 도자기 변기는 이 목조 히바코를 본떠 직사각형의 판金隱을 붙인 형태였다. 고온에서 구울 때 판이 뒤틀리고 깨지기 쉬워 남아 있는 예가 퍽 드물다.

1891년 아이치 현과 기후 현에서 일어난 노비대지진으로 인해 무너진 여관, 요정, 그리고 부유한 저택을 복구할 때 세토瀨戶[25](아이치 현)에서 만든 청화 변기를 설치했고 이를 계기로 전국적으로 보급을 시작했다. 물론 비수세식 변기다. 세토 지역 도자기는 서양에서 도입한 새로운 기술을 바탕으로 식기, 장식품, 그리고 변기에 이르기까지 품목을 다양화했고 전 세계로 수출했다.

히바코의 형태에서 나온 사각판형 변기 대신 세토에서 반원형 막이 있는 것이 등장했다. 바로 재래식 변소에서 쭈그리고 앉아 용변을 보는 화변기의 형태다. 석고 주형을 사용하여 만들었다.[26] 그러니까 원래 화변기의 가림판 부분을 히바코처럼 엉덩이 쪽으로 두고 쓰는 것이었다고 할 수 있는데 원래의 의도와는 반대로 쓰게 된 셈이다. 양복 착용이 늘어나면서 기모노 자락의 오염 걱정이 줄어든 것과 무관하지 않아 보인다. 세토산產 청화는 색조가 거무스름한 파란색이고 타원형 면에 모란, 후지산, 소나무가 있는 설경 같은 그림을 손으로 그리거나 전사로 찍어내 변기에 한폭의 그림을 담았다. 옆면 테두리에는 문어당초蛸唐草라고 부르는 곡선의 패턴이 이어져 있다.[27]

화변기의 원조라 할 수 있는 세토산을 모방하여 아리타有田, 야마가타 현인 히라시미즈平清水 등 여러 지역에서 청화 변기를 제작했다. 아리타에서는 극히 소량만 제작했는데 아라베스크 문양이 여백과 어우러진 모습이다. 세토나 히라시미즈 생산품은 조선과 만주로도 퍼져 나갔다. 창덕궁을 비롯하여 근대 주택 곳곳에서 발견되는 것도 그 때문이다.

화변기에 익숙한 일본인들에게 수세식 변기를 비롯한 위생 설비는 익숙치 않았다. 위생이라는 단어는 영어의 'sanitary'와 'health'를 일본어로 번역한 말인데 위생도기에는 수세식 변기, 세면대, 욕조가 포함된다. 1919년 일본에서 열린 생활개선전람회 포스터에는 문화설비 즉, 수세식 변기나 세면대 사용법을 몰라 당황하는 이의 모습이 그려져 있다. 수세식 위생 도자기를 본격적으로 생산, 수출한 곳은 동양도기주식회사였다. 1912년 제도연구소를 설립한 뒤 1914년 일본 최초로 수세식 양변기 제작에 성공, 1917년 동양도기주식회사를 설립했다. 동양도기주식회사를 줄인 동도東陶를 영어식 표기로 한 브랜드가 TOTO다. INAX와 함께 오늘날 일본의 2대 위생도기 업체다. 동도의 모체는 일본 도자기 산업을 대표하는 회사인 모리무라구미森村組로 거슬러 올라간다. 모리무라구미의 창립자가 설립한 일본도기합명회사, 오늘날 노리다케컴퍼니에서 분리·독립하여 위생도기 부문을 담당한 것이 시작이다. 일본도기합명회사는 내수 시장을 넘어 미국을 비롯한 서구 해외 시장을 겨냥하여 주로 식기를 생산했고, 동도는 변기를 중심으로 위생도기를 생산하여 아시아 시장을 겨냥했기에 그 이름을 동양으로 지었다. 동도의 초대 대표 오쿠라 가즈치카大創和親는 1917년 기타큐슈 고쿠라小倉에 본사를 설립했고 이듬해 주요 관계자들이 조선 요업의 장래를 내다보고 경성에도 경성도기주식회사를 설립했다.[28] 하지만 그 성과가 미미했는지 1924년 사업을 접었다.[29] 이밖에 1920년대

1883년 티포드 사에서 출시한 유니타스 모델.

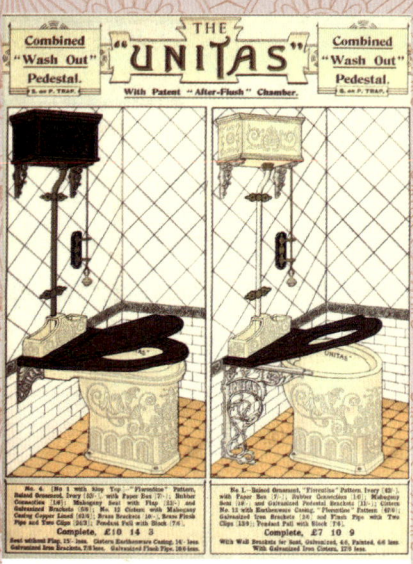

1894년 카탈로그에 실린 유니타스 수세식 변기.

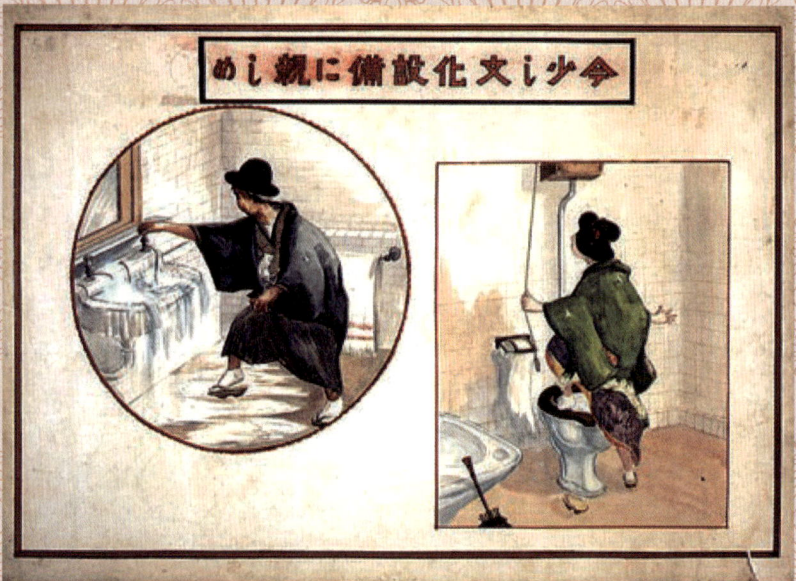

1919년 일본 문부성에서 개최한 생활개선전람회 포스터. '이제 좀 문화설비에 친숙해지라'고 썼다.

조선 왕실에서 썼던 매화틀과 그 속에 넣는
동제 변기. 국립고궁박물관.

메이지 시대의 사각판이 달린 변기.
목재 변기 히바코를 모방해 만들었다.

화변기의 원조라고 할 수 있는 세토산 변기.
창덕궁 희정당 영역 귀빈실 남쪽 화장실(가운데)에도, 군산 빈해원(오른쪽, 군산 근대건축관)에서도 같은 것을 썼다.

세토산 변기를 모방하여 만든 아리타 변기(왼쪽)와 하라시미즈 변기(오른쪽).

일본에 설립한 위생도기공장은 다섯 곳[30]이었고 위생도기는 도자기 상인과 무역업자들이 밀집한 나고야를 중심으로 판매가 이루어졌다.[31]

우리나라에서 수세식 화장실은 1900년을 전후로 선교사 주택, 덕수궁 석조전과 같은 곳에 드물게 존재했다. 대부분 영국과 미국에서 들여왔다. 1925년 화원공무소花園工務所 대표가 지은 사무소 겸 주택은 변소가 세 곳이었는데, 모두 수세식이었다.[32] 이런 사례는 퍽 이례적이라 눈길을 끈다.

가장 이상적이라고 할 수 있는 수세식 변소는 1930년 무렵에만 해도 몇 군데 되지 않았다. 당시 경성에서 수세식은 방류식과 급취식 두 가지가 있었고 수세 방류식 변소의 취체 규칙은 퍽 까다로웠기 때문에 선뜻 채택하지 못했다. 장충동 와타나베 주택은 1층은 화풍 변기, 2층은 양풍 수세 급취식으로 했는데 사용을 제한적으로 했다. 인근에서 가장 높은 지대에 위치한 집에서 수세 급취식을 많이 쓰면 퍼내는 양이 많아져 경성부가 수고스럽기 때문이라고 밝혔다.[33] 박길룡이 설계하고 1939년 완공한 신당동 윤씨 주택 변소도 수세식이었다.

수세식 변기가 점차 개발되면서 아무 장식 없는 백색 변기야말로 위생의 대명사가 되었다. 오늘날 우리가 하루에도 몇 번씩 화장실에서 쓰는 하얀 변기의 역사는 그리 길지 않다. 백색 변기 생산 전, 변기 선진국이라고 할 수 있는 영국에서도 앞서 살폈듯이 그 모습은 자못 화려했다. 백색은 한마디로 근대의 위생과 합리성을 상징하는 색이었다.[34]

일본에서는 제1차 세계대전 직후인 1918년 스페인 독감 팬데믹 이후 그 수습책으로 위생에 대한 인식이 높아졌고 1922년 도쿄 평화기념박람회에서 백색 타일을 붙인 여러 공간이 소개되었다.[35] 이 무렵 오사카부 의회는 일본 전역에 있는 유곽의 변소와 소독장에는 타일을 바르도록 결의했다.[36]

이후 백색 변기와 타일은 욕실, 화장실, 부엌 등 물을 쓰는 공간을 점령하기 시작했다. 동도의 새하얀 위생도기는 오늘날 을지로2가인 황금정2정목 일대에 포진한 스가상회須賀商會, 히가시구치상회(황금정2정목 21)[37], 요시카와양행吉川洋行(황금정2정목 정류장 앞) 같은 곳에서 취급했다. 특히 1927년 미국 스탠다드 사의 제품을 판매한 스가상회 경성지점 광고가 눈길을 끈다. 위생도기는 건축박람회에서도 전시했고 1927년 준공한 M씨 주택 같은 일부 상류층 문화주택에도 설치했다.[38]

1930년대 아르 데코 영향으로 위생도기에 색상이 되살아나는 등 때때로 컬러풀한 변기들이 시대의 유행에 발맞춰 등장했지만 흰색은 오늘날까지 대세로 자리 잡았다. 1931년 건축가 박동진은 "서양식으로 수세 변소는 완전한 것이고 이상적이라고 할 수가 있으나 탱크, 변기, 오수 정화 장치 등 아무리 적게 만들어도 오륙백 원의 비용이 든다"며 일반으로 보급하기 어려운 점을 지적했다.[39] 변기 자체도 고가의 물품이었다. 1920년대에는 시내 관공서 곳곳에서 대·소변기를 전문적으로 훔친 이가 있을 정도였으니 말이다.[40]

1930년대 고급 주택에 설치한 변기 모습을 오롯이 담은 사진은 거의 없다. 응접실이나 서재와 달리 아무리 최신식 설비를 갖추었어도 변소는 결코 자랑할 만한 공간이 아니었기 때문일 것이다. 시대를 거치면서 개량을 거듭했기 때문에 원래의 모습을 가진 화장실도 드물다.

변소 바닥은 보통 타일을 깔았는데 겨울에 차갑고 미끄러워 위험하다고 창덕궁 희정당처럼 리놀륨을 깐 주택도 있었다.[41] 사람들은 복도에서 변소로 들어갈 때 슬리퍼를 벗어두고 아마도 변소용 슬리퍼로 갈아 신었던 모양인데 이때 변소 문을 열면 복도 슬리퍼가 옆으로 밀리는 경우가 있었다. 이를 방지하기 위해 동숭동 다카쿠스 주택을 설계·시공한 가와자와공무소는 문의 끝단을 슬리퍼 높이만큼 올려 달았다 한다.[42] 이처럼 세세한 부분은 건축 설계자가 사용자의 경험에서 배우지 않으면 알 수 없었다.

수세식 변기는 설비 비용과 상하수도 시설의 미비 및 엄격한 제도 때문에 그 보급 속도가 더뎠지만 개선하려는 노력은 꾸준했다. 청년 발명가 이상봉은 자동개폐변기를 1932년 발명하기도 했고[43], 1936년에는 교북동 금성공업사 김수명이 회

백색 변기와 소변기를 설치한 창덕궁 희정당 영역 귀빈실 남쪽 화장실.

1927년 9월 『조선과 건축』에 실린 스가상회 경성지점 광고. 미국 스탠다드 위생도기 제품을 판매했다.

東口商會

東洋陶器株式會社製

洋風大便器

C—41　￥40.60
ハイタンク外　￥70.00

洋風大便器

C—51　￥55.00
ロータンク外　￥85.00

和風大便器

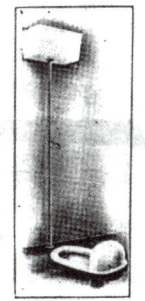

C—1　￥23.50
ハイタンク外　￥60.00
陶器トラップ　￥5.00

ダブル前丸シート

木製A　￥12.00
〃 B　￥28.00

竪型小便器

U—80　￥180.00
排水金物外　￥14.50

フラッシュバルブ

ハンドル式　￥35.00

平付小便器

U—5　￥17.00
小便カラン　￥8.00
排水トラップ　￥10.00

（型錄進呈）

朝鮮代理店　東口商會　京城

1938년 『건축자료형록』에 실린 히가시구치상회에서 판매한 동양도기주식회사 백색 변기 제품.

전식 수세 변기를 발명하여 특허원을 제출했다.[44] 기사에 따르면 그의 기계는 변기 아래쪽 단을 누르면 대변이 씻겨 내려가고 하부의 뚫린 구멍을 막게 되어서 악취가 나지 않을 뿐만 아니라 수도 시설이 없는 일반 가정에서도 사용할 수 있었다. 기사 설명만으로는 그야말로 획기적인, 오늘날의 수세식 변기에 버금가는 것인데 상용화되었는지는 알 수 없다. 부산에서는 분뇨를 분리해서 처리하는 위생 변기가 발명되어 도시의 골칫거리인 분뇨 처리에 대한 기대감을 높이기도 했다.[45]

1959년 실시한 주택실태 조사에서 수세식 화장실을 갖춘 주택은 8,019세대 중 32세대뿐이었다.[46] 수세식 화장실은 1962년 마포아파트를 비롯해 1960년대에 이르러서야 점차 확산되었다. 국내 위생도기 회사는 1942년 환선요업연구소로 시작하여 1967년 계림요업으로 이어졌다. 1966년 공영주택의 시범주택에 적용한 수세식 양변기는 실용특허를 받은 국산 제품으로 같은 해 잡지 『주택』에는 이를 문화식 변기로 소개했다.[47]

어떤 학자는 사회적 진보란 "사치품이 편의품으로, 편의품이 필수품으로 전환되는 과정"[48]이라고 말했다. 그러고 보면 하얀 변기에서 하루에도 몇 번씩 물을 내려보내는 우리는 확실히 과거보다 진보한 사회에 살고 있다.

그 시절 변소 악취 해결법, 파리 잡는 법

문화주택이나 도시한옥의 변소는 대부분 수세식이 아니었기 때문에 악취는 늘 골칫거리였다. 그뿐만 아니라 파리가 꼬이므로 전염병에 대한 우려도 컸다. 악취를 없애는 방편들은 신문·잡지에 자주 소개되었다. 변기에 넣으면 도움이 되는 것으로는 소금·귤이나 레몬 껍질·재·마늘·가루 숯·오동나무나 무화과 또는 나팔꽃

잎·담뱃가루 등이 있었고, 약품으로는 크레신·장뇌·나프탈렌 등이 있었다.[49] 파리 잡는 데 가장 간단하고 효과적인 것은 구례신이라고도 했던 크레신이었다. 이걸 약국에서 사다가 물에 희석해서 변소나 수채에 뿌리면 되었다.[50]

일제 강점기 변소는 욕실과 더불어 신문이나 잡지의 기자들이 위생설비를 갖춘 집의 방문기를 실을 만큼 관심의 대상이었다. 그랬던 변소, 오늘날의 화장실은 이제 더 이상 배설만을 위한 공간이 아니다. 건축가 김수근이 말했듯이 변소에 놓인 한 송이 꽃, 벽에 걸린 한 폭의 그림, 조그만 책상에 비치된 서적, 화장수와 향수, 풍부한 양의 휴지, 손수건과 타월 같은 것들이 이 공간에 "질서를 부여함으로써" 이 공간은 "시간 사유 공간"[51]이 되었다는 말에 동의하는 사람이 나만은 아닐 것이다.

3부
경성 주택
구석구석

 어떤 집을 잘 지었느냐, 아니냐를 판단할 때 살피는 것이 바로 마감재다. 천장과 바닥, 벽은 집의 피부에 해당한다. 노동의 흔적이 없는 귀족의 고운 살결처럼 고급스러운 마감재는 집의 격을 말해준다.
 새로운 재료와 기법이 새로운 집을 낳았다. 코르크, 리놀륨, 페인트, 벽지, 벽돌, 유리, 타일 같은 생소한 자재는 집 안팎을 새롭게 했고 사람들의 눈을 사로잡았다. 위생과 경제는 근대적 설비와 자재를 선택할 때 자주 거론되는 가치였다. 실내 공간의 격에 따라 때로는 물 건너온 값비싼 수입 자재와 고급 마감 기술을 동원하기도 했지만, 건축주는 실용적이면서 무엇보다 경제적인 쪽을 택하는 경우가 많았다.
 일본은 서양의 근대적 소재들을 발 빠르게 모방했다. 신소재 개발을 위해 기술자를 초빙하거나 해외로 사람들을 파견해 선진국의 기술을 배웠다. 식민지 조선이 이 대열에 끼어들기는 어려웠다. 자연히 근대적 마감재의 생산 노하우를 배우기는 쉽지 않았다. 일제는 자국의 자원을 십분 활용하고 모자란 것은 식민지를 적극 이용했다. 생산보다 수입이 더 경제적이라고 판단하면 수입하는 쪽을 택했고, 생산이 궤도에 오르면 수입을 줄이고 일본산을 국산이라며 적극 보급했다.
 일본이 모방한 초창기 자재들은 기술력 부족으로 그 품질이 대체로 서구에 비해 떨어졌다. 하지만 영국이나 독일, 미국 등지에서 들여온 기계와 기술이

간극을 좁혔고 1930년 무렵에는 상당한 수준의 제품들을 생산했다. 기계화 대량화를 거쳐 신소재를 싼값에 공급했고, 그럴수록 더 많은 집에서 새로운 소재들을 적극적으로 사용했다.

경성 주택을 이루는 마감재에는 산업화로 향해 가는 각 분야의 발자취가 고스란히 새겨져 있다. 근대적 건축 자재들은 끊임없는 기술 개발로 진화를 거듭했고 대부분 그 유전적 형질을 고스란히 안은 채 오늘날까지 이어졌다. 그 가운데 일본 전통 취향이 뚜렷한 것은 잠시 유행을 타긴 했으나 결국 우리 주거 형식에서는 완전히 자취를 감췄다.

도시한옥이나
문화주택의 근대적 면모
·
천장재

같은 나무, 다른 방식

천장天井의 높이와 마감 방식은 공간의 격을 가늠케 한다. 천장과 천정은 자주 헷갈리는 용어다. 천정은 일본식 표현인데 일제 강점기부터 오늘날까지 천장보다 더 많이 쓰인다.

일본 건축에서 천장 마감은 퍽 다양하다. 우선 궁전이나 사원 건축에서 흔히 볼 수 있는 천장 마감이 격천장格天井이다. 우리나라 우물천장과 비슷한 형태인데 각재를 바둑판 모양으로 틀을 짜고 판재를 끼워 넣었다. 격이 높은 공간에서는 가운데 부분을 올려 만들기도 했다. 궁전이나 사원 건축에 주로 사용했던 격천장을 적용한 주택이라면 건축가나 건축주가 그 공간에 퍽 공을 들였음을 짐작할 수 있다.

신식이라고 했던 도시한옥이나 문화주택에는 일본식 천장 가운데 반자틀竿縁, 메스카시目透, 아지로網代 천장 같은 일반적인 방식을 적용했다.

반자틀 천장은 일본식 방 천장의 대표격이라고 할 수 있다. 얇은 판을 겹쳐 늘

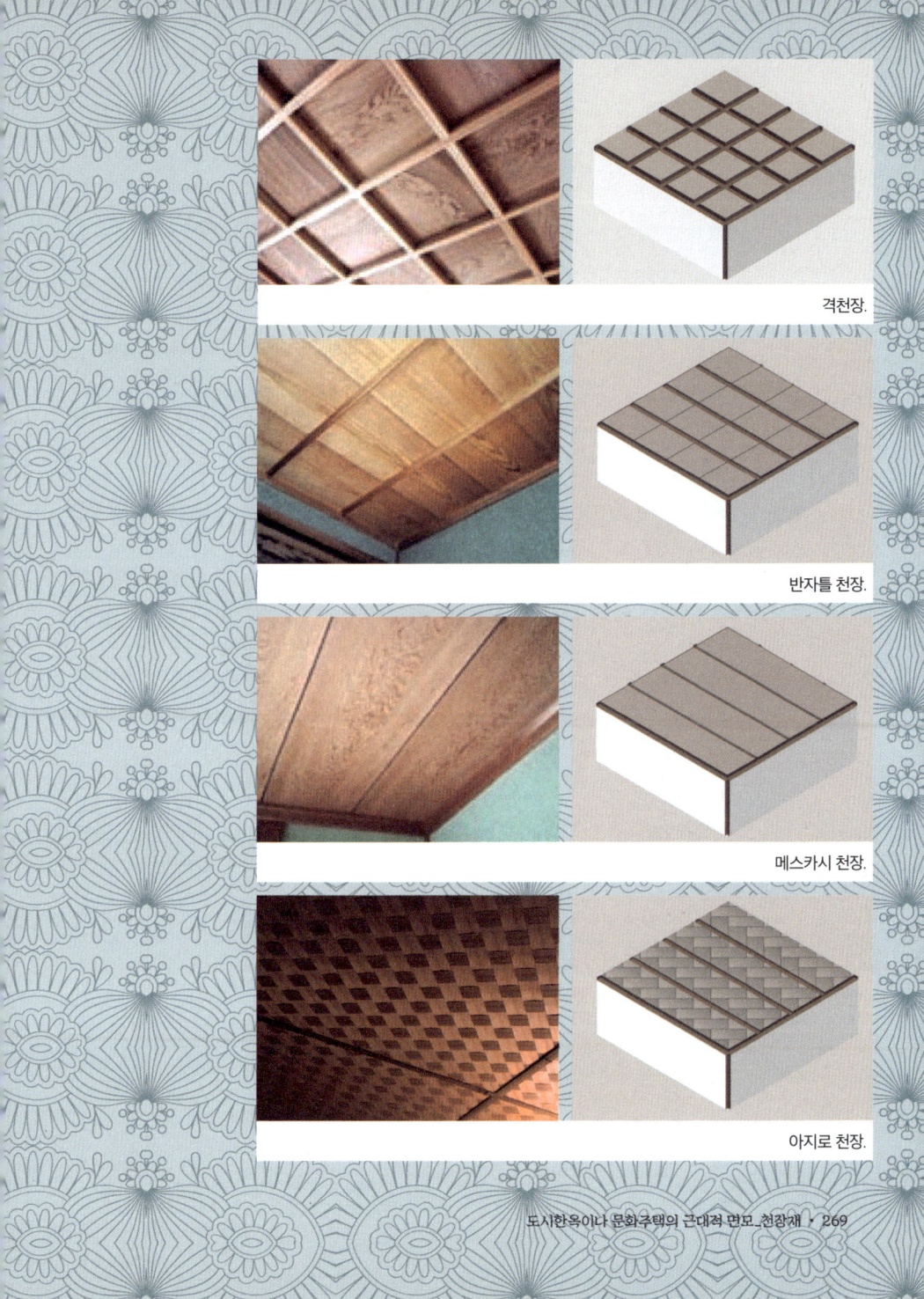

격천장.

반자틀 천장.

메스카시 천장.

아지로 천장.

거울천장.

1940년 2월 『조선과 건축』에 실린 모씨 주택. 천장을 텍스를 붙인 격천장으로 꾸몄다.
조선식에 일본식, 양식을 절충했음을 알 수 있다.

어놓고 긴 막대기㎦를 끼워 천장에서부터 매다는 방식이다.[1] 다듬는 방식에 따라 여러 종류가 있다. 예컨대 막대기 모서리를 60도로 깎아 날렵하게 보이는 것은 원숭이 뺨처럼 아래쪽이 쑥 들어갔다는 의미로 사루보猿頰 천장이라고 부른다. 당연히 손이 더 가니까 상급으로 친다. 메스카시 천장은 판재와 판재 사이에 작은 눈, 즉 틈을 만들어 붙이는 방식을 말한다. 겉으로는 보이지는 않으나 판재 뒷면, 즉 천장 안쪽에 목재 틀이 대어져 있다. 아지로 천장은 마치 자리나 바구니 짜임처럼 보이는데 갈대, 대나무, 삼나무, 히노키 등을 얇게 깎은 판을 엮어 짠 것으로 고기잡이 어살(망)과 같아서 붙여진 이름이다.[2] 그 밖에도 삼나무나 히노키, 느티나무, 오동나무 같은 나무의 결이 아름다운 나무판 한 장을 평평하게 붙이는 거울천장鏡天井도 있다.[3] 나무판의 크기가 크지 않으므로 화실의 도코노마 위와 같은 작은 공간에 자주 사용한다.

텍스, 이전에 듣도 보도 못한

문화주택 응접실 천장은 판재를 붙이고 회칠을 하는 경우도 많았다.[4] 새로운 방식으로 섬유판纖維板인 텍스tex를 붙이기도 했다. 텍스는 영어의 'texture'에서 온 말로 벽이나 천장에 붙여 말 그대로 질감을 부여하는 소재다. 미국에서 개발했는데 처음에는 짚을 압착해 만든 내수, 내화성의 판재였다. 이후 널리 개발, 보급된 섬유판의 재료로는 크게 목재 펄프와 사탕수수를 들 수 있다. 목재 펄프로 만든 것은 핀란드의 엔소보드Enso board가 대표적이다. 일본에서 쇼와 시대 초기에 생산을 시작해 빠른 속도로 퍼져 나간 것은 식민지 대만의 설탕 제조업의 폐기물인 사탕수수 찌꺼기를 활용한 것이었다.[5] 세로텍스セロテックス, 또는 켄텍스ケンテックス라고 부른 이 섬유판은 다이쇼 시대 이후 주택·공연장·방송국 등의 실내 난방이나 흡음을 위한

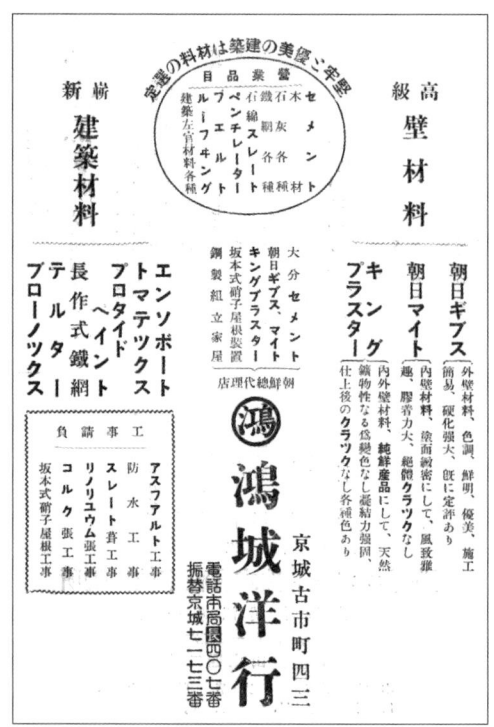

1930년 8월 『조선과 건축』에 실린 고조양행 광고. 엔소보드나 토마텍스 같은 텍스를 판매한다고 되어 있다.

내장재로 널리 쓰였다.[6] 세로텍스를 필두로 일본에서는 인슈라이트(미쓰이물산), 토마텍스トマテックス(오지제지王子製紙, 삼화상회), 후지텍스(후지제지) 등 여러 텍스를 개발했다.[7] 이 가운데 오지제지가 1928년 개발한 토마텍스는 잡목 펄프 찌꺼기를 이용한 것으로 미국산 대신 천장뿐만 아니라 벽지 대신 벽면에도 널리 사용했다.[8] 경성에서는 1930년대 경성역 앞에 있던 키이상점キイ商店, 오늘날의 동자동에 있던 고조양행鴻城洋行이나 아오키상회靑木商會 같은 건축재료 전문점에서 취급했다.

텍스를 붙일 때 천장재나 바닥재를 가로, 세로 90도로 회전해 바둑판같이 체크 형태로 붙이는 이치마쓰 모양으로 붙여 멋을 내기도 했다. 에도 시대 인기 가부키 배우 사노가와 이치마쓰佐野川市松가 이 모양의 하카마(일본 전통 하의)를 입은 것에

서 이름이 유래했다고 한다.[9]

　도시한옥이나 문화주택의 '근대적'인 면모는 여러 방면에서 드러났다. 새로운 재료와 기술은 주택의 천장부터 바닥까지 확 바꾸어 놓았다. 한옥의 천장에 텍스를 붙인 모씨 주택 응접실은 이른바 한·양·일식 절충의 묘한 이채와 조화를 자아낸다.

　그때 그 시절 신식으로 여겨졌던 반자틀 같은 일본식 천장은 오늘날 우리의 주거 양식에서 사라졌다. 역시 그때 그 시절 최첨단 소재로 각광 받던 텍스는 오늘날 사무실이나 학교, 그리고 상업 공간에서 널리 사용하는 저렴한 소재로 남아 있다.

공간마다 달라지는 바닥재

1920~30년대 주택 실내 바닥에 사용한 바닥재는 여러 가지였다. 우리에게 익숙한 온돌방은 유지 즉 기름장판을 깔았다. 하지만 새로 구성하는 공간, 이를테면 응접실이나 서재에는 공간의 성격에 따라 선택하는 재료와 기법이 각각 달랐다. 우선 마룻바닥wood flooring부터 차이가 보인다. 전통가옥에서 넓은 대청은 한옥의 상징으로 통한다. 대청마루는 판재를 작게 잘라서 우물 정井자처럼 나무를 끼워 맞춘 우물마루가 많다. 재료를 경제적으로 이용할 뿐만 아니라 계절에 따라 수축·팽창하는 나무의 성격까지 고려한 지혜로운 방식이다.

이른바 신식 주택인 도시한옥이나 문화주택에는 우물마루 대신 마루널을 길게 깐 장마루가 많았다. 일본에서는 엔갑판緣甲板이라고 한다. 일본 전통가옥에서 툇마루인 엔가와緣側의 바닥재로 쓰였다고 해서 붙여진 이름이다. 약 10센티미터의 폭, 약 12~15밀리미터 두께 정도의 판을 이은 것으로 원래 히노키, 삼마, 소나무 같은 침엽수를 사용했다.[1] 우물마루보다 훨씬 손이 덜 가는 경제적인 방식이라고 할 수 있다.

1920~30년대 이른바 문화주택의 바닥에 힘을 준 곳이라면 빼놓을 수 없는 요소이자 실내 바닥 장식 중 으뜸으로 꼽는 것이 쪽모이 바닥parquet flooring이었다. 장식적인 대리석 바닥을 모방한 것으로, 작은 나뭇조각을 기하학적으로 모자이크처럼 짜맞췄는데 헤링본herringbone, 셰브런chevron, 베르사유versilles 등 모양에 따라 이름도 다양했다. 프랑스어와 영어로 파케트리parquetry라고도 하는데, 작은 구획을 의미하는 프랑스어 'parchet'에서 유래했다. 일본어로는 요세기바리寄木張라고 부른다.

프랑스 베르사유 궁전의 파케는 베르사유 파케parquet de Versailles라는 이름을 얻을 정도로 17세기 럭셔리 바닥의 대명사였다. 다이아몬드 패턴으로 쫙 깔린 베르사유 파케를 밟으며 춤추던 유럽 귀족들은 자국의 궁전과 저택에 이를 고스란히 모방했다.

바닥에 주로 카펫을 깔던 영국에서는 프랑스의 것이라면 늘 뜨뜻미지근한 반응을 보였기에 파케도 비교적 늦게 도입했다. 19세기 후반 산업화와 기계화에 맞서 실내장식에서 개혁의 목소리를 드높인 찰스 이스트레이크Charles Eastlake, 1836~1906는 싸구려 기계 직조 카펫보다 파케 바닥을 더 나은 취향으로 여겼다. 비록 당시의 파케 역시 기계로 제작한 것이었지만 화려하고 조악한 패턴의 카펫보다는 절제된 모습으로 비쳤다. 그의 영향으로 파케는 19세기 말~20세기 초에 유행한 스마트한 인테리어에 한몫을 차지했다.

파케는 참나무, 호두나무, 체리나무, 소나무, 단풍나무, 마호가니 등을 사용하여 대조적인 색상과 무늬를 만들었다. 워낙 손이 많이 가는 터라 바닥 전면을 깔지 않고 테두리에만 활용하고 가운데는 민무늬로 해서 그 위에 부분 카펫을 깔기도 했다. 파케 바닥 전문 회사들은 테두리 부분과 가운데 부분을 별도로 제작 판매했고 "영구적이며 평생 간다"고 홍보도 했다.[2] 그 말이 결코 허풍은 아니었다. 걷어내지 않는 한, 백 년이 지난 건물에도 파케 바닥은 멀쩡하다.

프랑스 베르사유 궁전의 거울의 방에 깔린 베르사유 파케.

베르사유 파케.

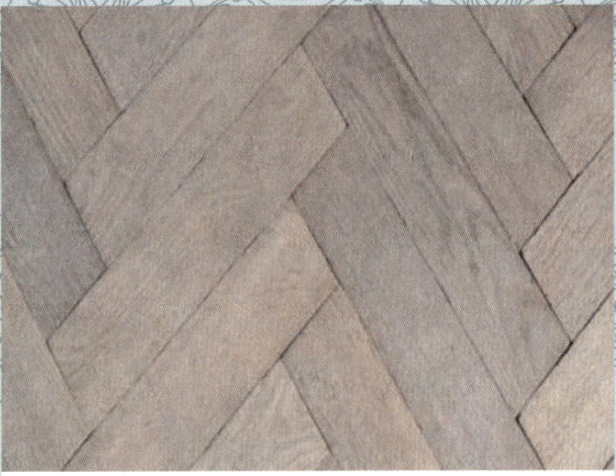

헤링본 파케.

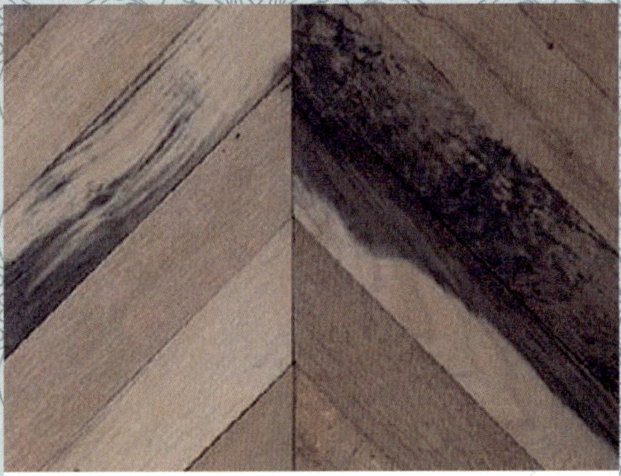

셰브런 파케.

©최지혜

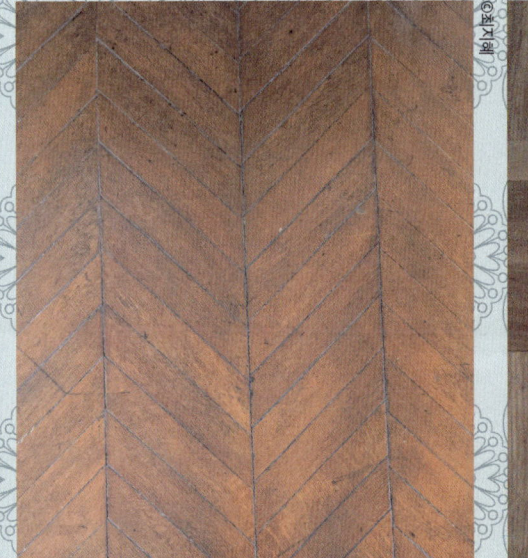

홍파동 홍난파 가옥 거실의 바닥에는 헤링본 파케를 깔았다.
오늘날도 여전히 멀쩡하게 잘 남아 있다.

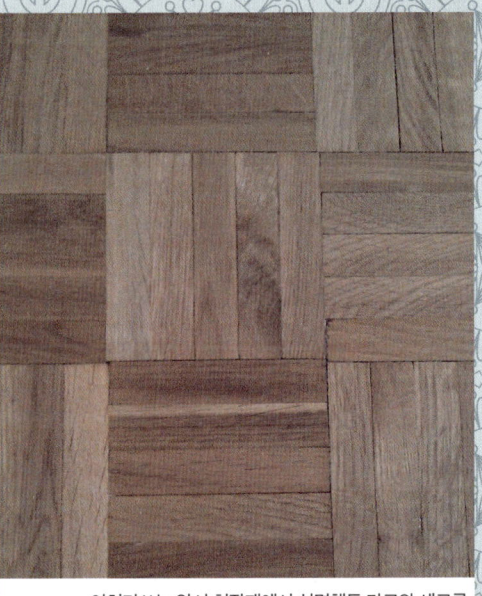

이치마쓰는 앞서 천장재에서 설명했듯 가로와 세로를
90도로 회전해 바둑판같이 체크 형태로 붙인 것이다.

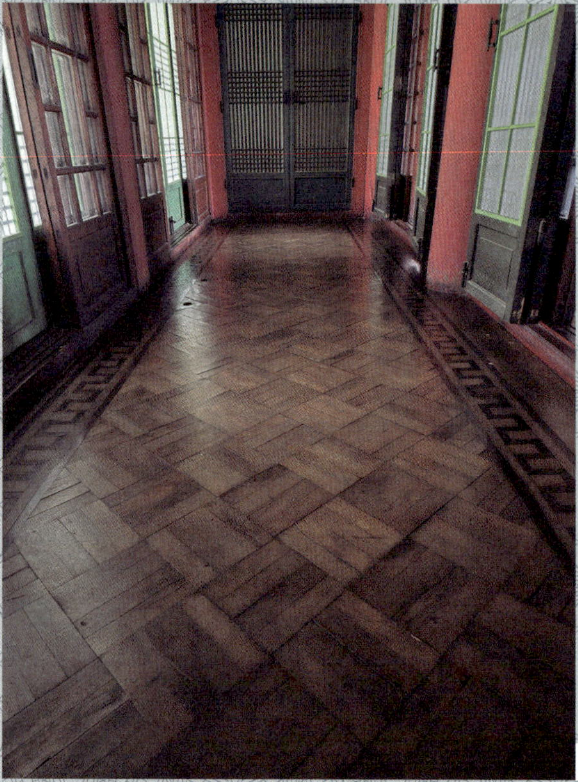

©최지혜

창덕궁 대조전 복도의 쪽모이 바닥.

©최지혜

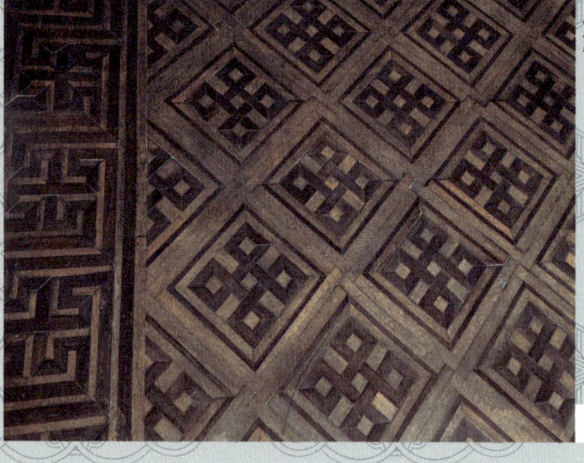

창덕궁 대조전의 쪽모이 바닥.

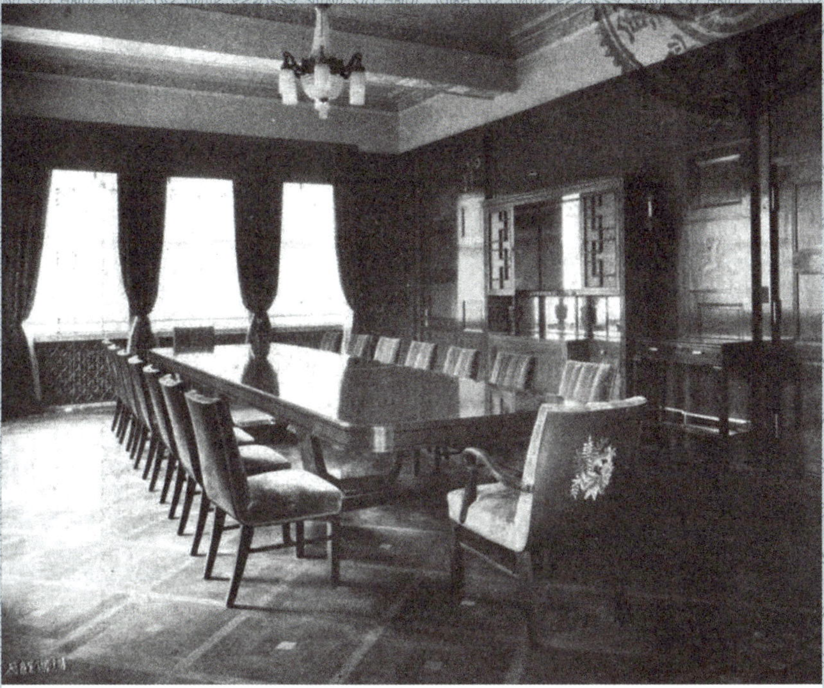

1938년 8월『조선과 건축』에 실린 평동 최창학 주택 식당. 바닥을 쪽모이로 디자인했다.

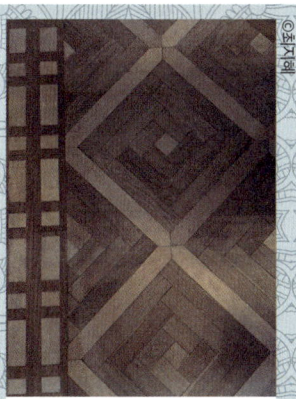

©최지혜

평동 최창학 주택 식당 바닥 세부.

©최지혜

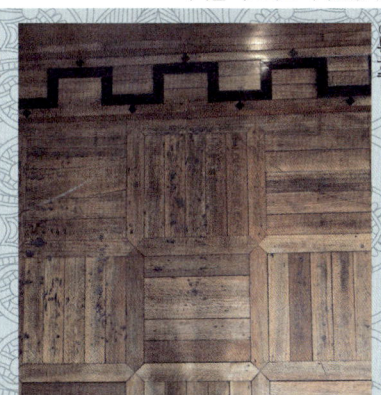

평동 최창학 주택 2층 응접실 겸 서재의 쪽모이 바닥. 이치마쓰 형태와 테두리 장식이 87년 전 모습 그대로 유지하고 있다.

귀스타브 카이유보트가 1875년에 그린 〈나무 바닥을 대패질 하는 사람들〉. 오르세미술관.

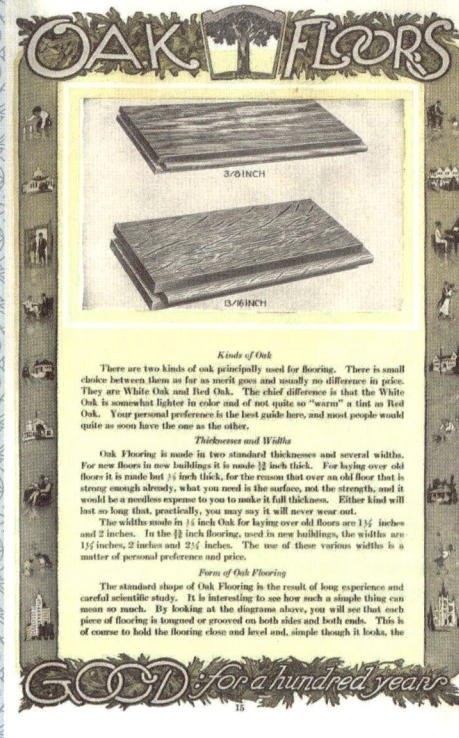

1922년 오크플로어 사 카탈로그와 취급하던 참나무 바닥재.

메이플 사 파케 광고.

1911년 인테리어 하드우드 사 카탈로그에 실린 테두리 및 넓은 면 파케 디자인.

1892년 인테리어 하드우드 사 도록에 실린 테두리와 면 파케.

품이 많이 드는 기법인 만큼 우리나라에서는 20세기 초 궁궐에서나 볼 수 있는 고급 장식이었다. 대표적인 서양식 궁궐인 석조전과 창덕궁 대조전 등에서 그 예를 찾아볼 수 있다. 석조전 실내장식은 영국인 리처드 굴번 로벨Richard Goulburn Lovell의 진두지휘 아래 19세기 영국의 대표적인 가구회사였던 메이플 사Maple & Co.에서 진행했다. 1905년 메이플 사의 도록에 따르면 바로 시공이 가능한 다량의 잘 말린 파케와 다양한 샘플 패턴을 보유하고 있으며 사람이 많이 다니는 런던 본사 매장 바닥에 약 25년 전에 깐 파케가 여전히 좋은 상태를 유지하고 있다고 했다.[3] 한마디로 다양성과 내구성을 자랑하는 바닥재였다. 1933년 이왕직영선계 주임 야스모토 히라사부로保元平三郎는 석조전에 대해 언급하면서 "공법으로써 우리들이 배워야 할 것"으로 요새기바리 즉, 파케를 꼽았고 "단순히 판 위에 쌓지 않고 그 사이에 튼튼한 마포를 사용한다"고 영국 기술을 상찬했다.[4]

일본 청부업자들이 깔았을 창덕궁의 쪽모이 바닥은 패턴도 다양하고 정교한데 영국의 기술을 제대로 습득한 듯하다. 경성 갑부 평동 최창학 주택의 것은 베르사유 궁전 바닥과 견주어도 뒤지지 않는다. 1920~30년대 바닥재는 블록을 끼워 맞추는 방식이 오늘날과 큰 차이는 없지만 미국 오크플로어 사Oak Floors Manufacturer's Assoc.처럼 못을 보이지 않게 박는 경우도 있었고 그루브를 가공·절단해 못 없이 서로 끼워 접착하는 방식相互剝도 있었다. 바닥재는 오늘날 동자동에 있던 건축자재 전문점인 마루산상점丸三商店에서 판매했다.

근대의 바닥재, 리놀륨

1860년 영국인 프레데릭 월튼Frederik Walton, 1837~1928이 개발한 소재로 만든 바닥재인 리놀륨은 큰 인기를 누렸다. 리놀륨은 아마를 뜻하는 라틴어 'linum'과 기름을 의미하는 'oleum'의 합성어다. 발명을 둘러싼 유명한 에피소드도 전해진다. 어느 날 월튼이 유화에 사용하는 아마인유가 담긴 병 뚜껑을 열어둔 채 자리를 비웠는데 돌아와 보니 병 속에 기름막이 형성된 것을 발견했다.[5] 이를 건져내어 천 위에 발라보면서 새로운 소재 탄생의 서막이 올랐다. 월튼은 아마인유 기름병에서 걷어낸 기름막이 일으키는 산화의 결과물에 주목하여 산화 오일, 수지, 그리고 코르크를 혼합하여 삼베(아마포)에 압착시켜 새로운 바닥재를 만들어냈다. 그는 자신이 만들어낸 리놀륨을 두고 "유포와 달리 완벽한 방수 천이면서도 고무와 같은 마감과 유연성을 갖고 있다"고 언급했다.[6]

월튼의 기술을 바탕으로 영국과 미국에서 생산된 리놀륨은 20세기 초 우리나라 덕수궁이나 창덕궁 바닥에도 두루 깔렸다.[7] 지금은 거의 모두 사라져 덕수궁에는 기록으로만 남고 창덕궁에는 부분적으로 원형이 남아 있어 아쉽다. 궁궐에 사용한 리놀륨은 청색과 갈색 무지가 많았다.

리놀륨은 대리석이나 타일, 나무와 같은 종래의 바닥재를 모방한 대체재였다. 그런 까닭에 무늬 자체는 기존 바닥재를 흔히 모방했다. 특히 모자이크 형태의 타일 패턴은 언뜻 보면 타일을 시공한 것처럼 보이지만 자세히 보면 리놀륨이었다.

그 시절 리놀륨은 재료비와 시공비에 있어서 훨씬 경제적인 소재로 꽤 각광을 받았다. 1930년대부터는 경성 곳곳에서 일본산 동양리놀륨TOLI 제품을 사용했을 것으로 짐작한다. 동양리놀륨은 1919년 설립, 이듬해 리놀륨을 개발하고 1921년부터 본격적인 생산에 들어갔다. 선박 바닥을 시작으로 점차 사무실, 상업 공간, 그리고 주택으로까지 퍼졌다. 1937년에는 열차 "삼등석 승객의 기분을 좋게 만들기 위해" 기존의 나무판 대신 리놀륨을 깔기로 했다는 보도도 있었다.[8] 주택에도 궁궐에 썼던 것처럼 청색과 갈색 무지 리놀륨을 많이 썼다. 가회동 우종관 주택은 2층 양실 객간에는 청색, 서재와 침실에는 갈색 리놀륨을 깔았다.[9]

리놀륨은 천연 소재이면서 방수가 된다는 점이 가장 큰 특징이었다. 위생을 강조한 시절답게 물을 많이 쓰거나 오염되기 쉬운 곳에 리놀륨은 고무타일과 더불

1920년 암스트롱 리놀륨 사 광고.

1924년 암스트롱 리놀륨 사 광고.

1921년 암스트롱 사 카탈로그에 실린 파케를 모방한 리놀륨.

1916년 몽고메리 워드 사 카탈로그에 실린 다양한 리놀륨. 타일, 카펫, 파켓를 모방한 패턴이나 대리석 느낌의 무지도 있다.

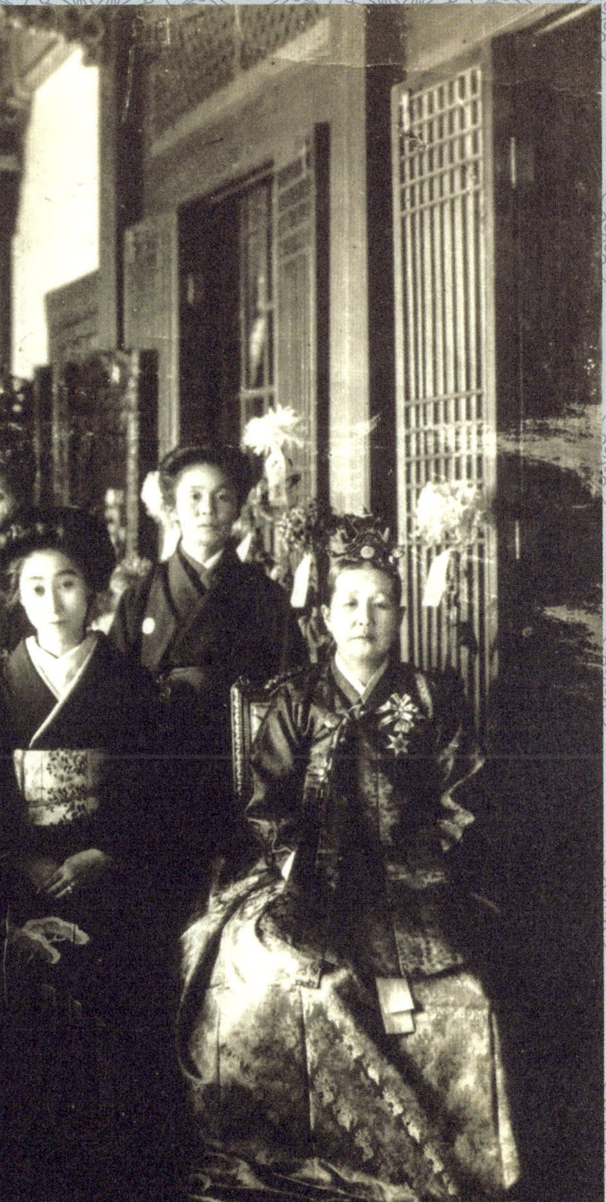

©최지혜

©최지혜

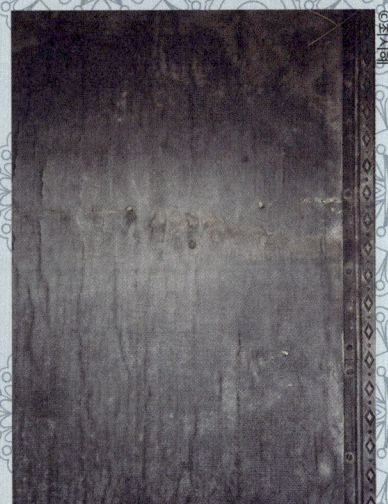

창덕궁 대조전 서행각에 깔려 있는 타일 무늬 리놀륨과 변소에 깔린 청색 무지 리놀륨.

순종의 비 순정효황후와 의친왕비가 친잠례 참석을 기념하여 창덕궁에서 촬영한 사진이다. 복도 바닥에 리놀륨이 깔려 있다. 이길주 소장. 경운박물관.

1921년 영국 나이른 사 리놀륨.

ARMSTRONG'S EMBOSSED INLAID LINOLEUM

No. 1110 Embossed Inlaid—3/16-in. Gauge
(Plate shows 36″ x 36″ section) 2 yards wide only

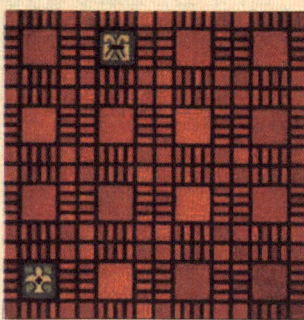

No. 1111 Embossed Inlaid—3/16-in. Gauge
(Plate shows 36″ x 36″ section) 2 yards wide only

No. 1112 Embossed Inlaid—3/16-in. Gauge
(Plate shows 36″ x 36″ section) 2 yards wide only

No. 1120 Embossed Inlaid—3/16-in. Gauge
(Plate shows 36″ x 36″ section) 2 yards wide only

No. 1121 Embossed Inlaid—3/16-in. Gauge
(Plate shows 36″ x 36″ section) 2 yards wide only

No. 1122 Embossed Inlaid—3/16-in. Gauge
(Plate shows 36″ x 36″ section) 2 yards wide only

[11]

1930년 암스트롱 사 인레이드 리놀륨.

1936년 동양리놀륨 카탈로그에 실린 리놀륨이 깔린 공간.

1980년 럭키 모노륨 광고.

어 가장 적합한 소재였다. 국내에서는 다카시마야출장점이나 키이상점 같은 곳에서 동양리놀륨 회사의 리노타일이나 라이트러버 같은 고무질 깔개를 판매했다.

시간이 흐른 뒤 리놀륨과 비슷한 겉모습을 가진 비닐장판이 등장했다. 우리나라에서는 오늘날 LG화학의 전신인 락희화학공업사에서 1957년 처음 생산했다. 리놀륨은 천연 소재이지만 비닐장판은 화학제품이라는 점에서 차이가 크다. 하지만 바닥에 깔린 것을 눈으로 볼 때 디자인이나 느낌은 퍽 비슷하다. 이후 1978년 출시하면서 "세계적인 패션 플로어"라고 광고한 럭키 모노륨은 1980년대 가정과 상업 공간에서 선풍적인 인기를 얻었다. 기능과 디자인으로 볼 때 리놀륨의 후신인 셈이다.

기능으로는 으뜸, 고무타일과 코르크

리놀륨과 마찬가지로 방수 기능이 뛰어난 것으로 고무타일rubber tiles이 있었다. 고무로 바닥 타일을 시도한 역사는 13세기로 거슬러 올라가지만 그리 성공적이지 못했다. 그로부터 약 600년 뒤인 1830년대 찰스 굿이어Charles Goodyear와 나타니엘 헤이워드Nathaniel Hayward가 수지에 설퍼sulfur와 라텍스를 혼합하여 오늘날의 고무를 만들었고 이후 자동차 타이어를 비롯해 고무장갑이나 풍선 등 다양한 제품으로 거듭났다. 바닥재로서는 1896년 프랭크 퍼니스Frank Furness가 모자이크처럼 끼워 맞추는 고무타일 특허를 받았다.[10]

고무타일의 대표적인 회사로는 뉴욕 벨팅앤패킹 사New York Belting and Packing Co.가 있었다. 1911년 광고에 따르면 고무타일은 내구성이 뛰어나고 위생적이며 청소하기 쉬운 장점을 지녔다. 방수성인 고무의 특성상 오염 물질이 통과하지 못한다. 이음매는 깔 때 시멘트로 마감해 세균이나 불순물을 막아준다. 물청소가 가능하고 방음, 미끄럼 방지 기능도 있어 조용함과 안락함을 선사했다. 12가지 색상을 생산했고, 타일 한 장의 크기는 가로세로 6센티미터, 두께는 약 1센티미터 남짓이었다. 1931년 증축한 도쿄의 일본은행 본점에도 이 고무타일을 사용했다.[11]

일본에서는 1900년 미쓰비시 사에서 고무 제조 공장을 설립했는데, 1910년대 메이지 천황의 어차 바닥·일본 유선·동양 기선의 선실 바닥 등에 여기에서 제조한 고무타일을 썼다.[12]

코르크는 리놀륨이나 고무타일처럼 약간의 탄성이 있으면서도 가볍고 내구성이 풍부한 소재였다. 와인 병마개에서 흔히 볼 수 있는 코르크는 스페인, 포르투갈, 남프랑스, 아프리카 북부 연안 등에 자생하는 코르크 참나무 겉껍질로, 코르크 바닥재는 코르크 마개를 제작하기 위해 기계에서 돌려 깎고 남은, 동그랗게 말려 있는 부분cork curling을 압착해 만든다.

오늘날 용산구 문배동에 공장을 두었던 다카다高田코르크 광고에 따르면 압착 코르크 판의 용도는 퍽 다양했다. 주택의 바닥, 천장, 벽은 물론이고 양관 건물, 응접실, 홀, 복도, 지하실, 병실, 격리실의 음향 차단용으로도 쓸 수 있었다. 방음 효과에 대해 금화장 주택지 충정로3가에 살던 경성제대 법학 교수 다케이 렌竹井 廉은 집 천장에 건축가가 "코르크를 발라주어서 아무리 피아노를 세게 쳐도 소리가 흩어지지 않는다"고 했다.[13]

코르크는 철근 콘크리트 연와, 석조 건물의 보온·방열·방습, 그리고 냉장고 양조실, 얼음을 만들고 저장하는 제빙실·저빙실, 누에고치 종자를 저장하는 견잠종 저장실, 냉장 화물차, 가구류 등에도 응용할 수 있었다.

다카다코르크는 "수입품을 능가"한다고 광고했는데 당시 가장 정평이 나 있는 코르크 판은 리놀륨 제품으로 명성이 높은 미국 암스트롱 사Armstrong Cork Company의 것으로, 이들은 무엇보다도 코르크가 따뜻함을 특징으로 하는 편안한 바닥재라고

뉴욕 벨팅앤패킹 사 고무타일 카탈로그와 샘플.

1905년 뉴욕 벨팅앤패킹 사 인터로킹 고무타일 광고.

뉴욕 벨팅앤패킹 사 고무타일이 깔린 공간.

1930년 7월 『조선과 건축』에 실린 코르크판 광고.

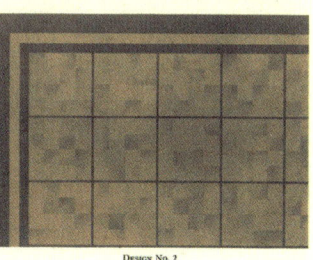

코르크 바닥재 소재가 되는 코르크 병마개를 만들고 남은 컬링.

1924년 암스트롱 사 코르크 타일 바닥재[16]

암스트롱 사 코르크 타일을 깐 여러 회사와 기관.

홍보했다.

경성의 주택에서는 비위생적·비경제적이라고 비판 받은 다다미의 대체재로 쓰이기도 했다.[14] 건축사무소인 하나조노花園공무소 대표 하나조노花園가 사무소와 주택을 겸용할 건물을 지으면서 아이들이 다다미에 물이나 차를 엎지르면 불결하고 청소하기도 어렵다는 점을 감안해 아이들 방에는 다다미 대신 코르크를 깔았다[15]는 것을 사례로 들 수 있겠다.

그렇지만 바닥 마감은 공간의 성격뿐만 아니라 품격도 단적으로 보여주는 요소였다. 어떤 공간에 어떤 바닥재를 선택하느냐에 있어서 가장 우선적으로 고려한 것은 실용성과 경제성이었다.

낯설고도 화려한 근대의 물건, 카펫

두꺼운 실로 짠 깔개인 카펫은 시각과 촉각을 동시에 만족시키는 특별한 바닥재다. 흔히 쓰는 레드 카펫이라는 말에서 알 수 있듯 카펫을 까는 것은 밟는 이를 환영함과 동시에 특별히 예우하는 행위다. 오늘날에도 완성된 실내 바닥 위에 보조적으로 까는 것처럼 그 시절에도 쪽모이 마루, 심지어 온돌 바닥 위에 부분 또는 전체를 깔았다. 모직으로 만든 것이 가장 많았다.

20세기 초 우리나라에서는 카펫을 두고 융전絨氈, 단통緞通이라고 불렀다. 왕실에서는 외국산 양탄자洋彈子를 쓰기도 했다. 창덕궁 대조전에는 쪽모이 바닥 테두리와 똑같은 모티브의 카펫을 깔아 조화를 이루었다. 경성에 거주했던 외국인들은 종종 경매를 통해 이를 중고 거래했다. 1938년 6월 21일자 『동아일보』의 「상품지식」에는 융전에 대한 상세한 설명이 다음과 같이 실렸다.

"종류=융전은 수입품과 국산품으로 대별大別하야 수입품에는 영국제, 미국제, 베루샤, 백의기, 독일, 불란서 제품 등이 잇는데 이 중 영국산이 제일 조코 백의기, 베루샤산이 이에 다음하고 수입품, 국산품, 공히 장물모절융전과 일매부모절융전과가 잇고 장모절융전에는 아쓰기스미루다 모-다(영국제)=모절융전 병물 영국제급 국산, 화제和製 기타 모절융전 (…)"

당시 신문 독자 중 이런 설명을 이해한 이가 과연 있을까 싶을 정도로 복잡한 용어가 난무한다. 우선 종류에서 으뜸으로 꼽은 것은 영국산이고 그 다음이 벨기에와 페르시아산이었다. 이어 언급한 '장물모절융전'은 옷감처럼 길게 이어 짠 것을 공간에 맞게 잘라 까는 것을 의미한다. 흔히 월투월walltowall 방식 즉, 벽에서 벽까지 까는 전체 카펫으로 여겨진다. 한편 '일매부모절융전'은 한 장짜리 자른 카펫 즉, 단독으로 깔 수 있는 카펫이나 보통 일반 카펫보다 크기가 작은 러그를 뜻하는 것으로 보인다.[17]

1930년대 일본어로 카펫을 보통 주탄絨毯, 러그를 단쓰緞通라고 했다.[18] 카펫은 파일 짜임인데 윤나(실 고리)가 있는 것, 즉 루프 파일loop pile과 이를 절개해서 짧은 술이 서 있는 커트 파일cut pile이 있다.[19]

앞의 기사에서 언급한 '아쓰기스미루다'는 영국의 대표적인 카펫인 액스민스터Axminster를 일컫는다. 액스민스터 카펫은 생산지인 영국 데본Devon 지방의 액스민스터 마을의 이름에서 따왔다. 이 마을에서 카펫을 제작한 토머스 위티Thomas Whitty로 인해 명성이 자자했다. 1713년 액스민스터에서 태어난 시골 직조공 위티는 대도시 런던에서 처음 접한 튀르키예 수입품 카펫의 화려한 색감과 크기에 놀랐다. 그와 비슷한 카펫을 제작해 보기로 마음먹고 오랜 시행착오 끝에 1755년 드디어 액스민스터산 튀르키예 카펫을 탄생시켰다. 당시 다른 지역에서도 고급 카펫들이 생산되고 있었지만 위티의 카펫은 흔한 말로 '가성비 갑'이었다. 주로 남성들이 짜던 경쟁 업체와 달리 위티는 10~17살 정도의 소녀들을 고용했다. 값싼 노동력에

실고리가 있는 루프 파일(위)과 실고리를 자른 커트 파일(아래).

더해 소녀들의 섬세한 손끝이 품질에 한몫을 했다.[20] 18세기 중반 영국 귀족 저택은 건축가들이 카펫을 천장과 어울리도록 디자인했고, 카펫은 그에 따라 주문·생산되었는데 위티의 액스민스터 카펫이 여기에 안성맞춤이었다. 점점 입소문을 탄 뒤 1789년 8월에는 영국 왕 조지 3세 부처와 가족들이 그의 공방을 방문해 직접 주문까지 하게 되었다.[21] 액스민스터 카펫의 명성이 더 커진 것은 더 말할 나위가 없다. 튀르키예 카펫에서 영감을 얻었지만 디자인은 18세기 후반 영국 실내장식 디자인과 맥을 같이하는 신고전주의 스타일의 무늬가 많은 것도 특징이다.

19세기 액스민스터와 함께 영국 카펫의 대명사로 일컫는 월턴Wilton 역시 영국 월트셔의 월턴 지역에서 제작한 데서 이름이 나왔다. 액스민스터와 월턴 둘 다 고급 카펫으로 손꼽히지만 직조 방식에는 차이가 있다. 액스민스터는 동양의 카펫처럼 균일하게 자른 커트 파일로 직조하므로 다양한 컬러와 촘촘한 질감, 그리고 내구성을 자랑한다. 월턴 역시 커트 파일이지만 하나의 실로 바탕과 파일을 직조함으로써 질감이 벨벳처럼 부드럽다. 카펫은 페르시아, 브뤼셀처럼 직조된 지역의 이름을 따라 부르는데, 월턴과 액스민스터 카펫 역시 하나의 고유명사가 되어 영

창덕궁 대조전에는 쪽모이 바닥 테두리와 똑같은 모티프의 카펫을 깔아 조화를 이루었다. 국립고궁박물관.

에라스터스 필드가 1839년 무렵 그린 〈조셉 무어와 그의 가족〉에는 월투월 카펫이 깔려 있다. 보스턴 미술관.

미국 화가 프레데릭 칼 프리스케가 1902년에 그린 〈핑크 옷의 여인〉. 바닥에 부분 카펫, 러그가 깔려 있다.

이탈리아 화가 루치오 로시가 1875년에 그린 〈읽고 있는 여인〉. 바닥에 동양의 정취를 풍기는 카펫이 깔려 있다.

1866년 세이무어 조셉 가이가 그린 〈부케 싸움〉에는 월투월 카펫이 묘사되어 있다. 메트로폴리탄 미술관.

1656년 페르메이르가 그린 〈뚜쟁이〉에는 난간에 걸쳐진 튀르키예 카펫으로 추정되는 것이 보인다.

1900년 칼 라르손이 그린 초상화 〈루스〉. 바닥에 월투월 전체 카펫이 깔려 있다.

1877년 티소가 그린 〈숨바꼭질〉. 한 장짜리 단독 카펫이 깔렸다.

액스민스터 카펫이 깔린 영국 파우더햄캐슬 뮤직룸.

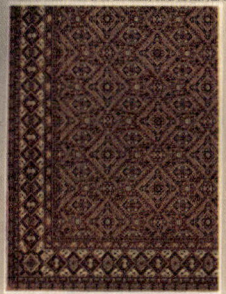

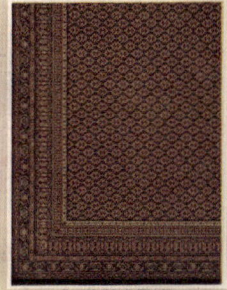
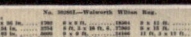

1913년 미국 칼슨 피리 스콧 앤드 컴퍼니 카펫부 카탈로그에 실린 윌턴 카펫.

E GRADE PRINTED

Pattern No. 5367 E Grade Printed
8/4 and 16/4

E GRADE PRINTED

Pattern No. 5392 E Grade Printed
8/4 and 16/4

Pattern No. 5370 E Grade Printed
8/4 and 16/4

Pattern No. 5395 E Grade Printed
8/4 and 16/4

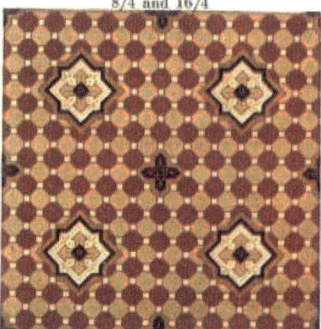

Pattern No. 5375 E Grade Printed
8/4 Only
Page 102

Pattern No. 5404 E Grade Printed
8/4 Only
Page 103

1921년 블라본 아트 리놀륨 카탈로그. 타일이나 카펫 등에서 차용한 패턴을 선보였다.

1913년 6월 잡지 『아키텍처럴 리뷰』에 실린, 카펫이 깔린 덕수궁 석조전 대기실 모습.
액스민스터나 윌턴 카펫으로 보인다.

1938년 8월 『조선과 건축』에 실린 카펫이 깔린 평동 최창학 주택 응접실. 액스민스터나 윌턴 카펫으로 보인다.

1885년 무렵의 울 카펫 조각. 쿠퍼 휴잇 컬렉션.

일본 아코 카펫의 게 모란 패턴.

국뿐만 아니라 미국의 여러 회사에서도 제작·판매했다.

　20세기 전반 일본의 건축과 실내장식에 관한 방대한 출판물을 간행한 고요샤洪洋社[22]자료에 따르면 1930년대 후반 일본에서 수입한 카펫 가운데 튀르키예, 페르시아, 인도, 중국(베이징, 톈진)산이 환영을 받았다.[23] 프랑스나 영국 제품은 기계로 짠 것이 대부분이지만 프랑스의 오뷔송Aubusson은 수제로 호평을 얻었다. 하지만 역시 영국의 월턴과 액스민스터를 가장 많이 수입, 고급 실내장식에 사용했다.[24]

　1931년 10월 일본 잡지 『부인화보』는 실내장식에 관한 다양한 기사를 실었다. 그 가운데 카펫과 관련해서는 튀르키예 카펫도 많이 사용했지만 일본 가정에서 가장 많이 사용한 것은 영국산 월턴 카펫이라고 했다. 페르시아 카펫은 미려하지만 비쌌고, 중국산은 가격이 비교적 저렴한 데 반해 품질이 괜찮은 편으로 요즘 말로 '가성비'가 좋다고도 평가했다.[25]

　일본에서도 카펫 제작을 시도했지만 수작업으로 짠 동양 각지의 고급 수입 카펫의 품질을 따라가지는 못했다.[26] 효고 현의 아코赤穂 단쓰, 사가 현의 나베시마鍋島 단쓰, 오사카 사카이 지방의 사카이堺 단쓰를 일본 3대 카펫으로 꼽는다.[27] 아코단쓰의 모란 꽃잎이 펼쳐진 것이 게의 집게발 같다고 이름 붙인 이른바 게 모란 문양이 유명하다. 사카이 단쓰는 주로 미국으로 수출했다. 일본 최초의 카펫 제작소는 스미노에住江직물 주식회사로서 야마토오리倭織라는 이름의 카펫 직조 특허를 얻어 제국의회의사당 카펫을 제작하기도 했다.[28] 이는 실내장식업으로 명성 높았던 다카시마야백화점과의 밀접한 관계 덕분이었다. 다카시마야는 스미노에의 카펫을 철도 차량, 선박 내부, 트램 좌석을 비롯하여 국내외 여러 곳에 공급했다.[29]

"남의 집에서
그 아무 것보다도
눈에 띄는 것"

벽마감

**방 안을 고급스럽게,
판벽부터 페인트까지**

실내의 벽마감 방식은 다양하다. 그 가운데 판벽은 퍽 손이 가는 고급스러운 마감재다. 원래는 벽돌집에 스며 올라오는 습기를 방지하기 위해 벽 하부 즉, 다도dado에 두른 나무판을 일컫는다. 16세기 중반 무렵부터 서양의 실내 판벽으로 정착되었는데 영국의 웨인스코트wainscot가 대표적이다. 마차를 뜻하는 독일어 'wagen'에 가림막을 의미하는 'schote'를 결합해 부른 것을 포함해 어원을 둘러싸고 몇 가지 설이 있다.

웨인스코팅 참나무wainscoting oak라고 부르는 판재를 단순하게 세로로 이어 붙인 비드보드beadboard에서부터 가운데 패널이 움푹 들어가거나 반대로 돌출된 것, 리넨폴드linenfold(천 주름) 장식 등 형태는 다양하다. 오늘날에는 기능보다도 장식 목적, 나아가 고급스러운 이미지를 가진 인테리어에 주로 활용한다.

일본어로는 판벽을 하메羽目라고 불렀고 웨인스코트에 해당하는 약 1미터 높이, 성인의 허리높이 정도의 판벽을 고시하메腰羽目라고 했다. 현관 벽 하부에 고시하메를 두르고 상부에는 카세인 도료를 칠하곤 했다. 성북동 김연수 주택 식당은 고시하메에 벽지를 발랐다. 1930년대 낙원동 김명하 주택 응접실은 졸참나무에 바니시를 칠해 마감했다. 응접실에 고급스러운 이미지를 주려고 했던 듯하다.

도료 즉, 페인트는 실내 마감재로 가장 널리 사용하는 소재다. 일본유지주식회사 가와사키도료 공장장 오하시 기쿠조大橋喜久三는 1939년 경성토목건축업협회 옥상에서 열린 강연회에서 예산 부족을 비롯해 여러 가지 문제로 지정한 물품을 납품하지 못하는 경우가 생긴다며 도료는 "유종의 미를 장식하는 것"으로 페인트 공사를 건축 청부할 때 따로 떼어달라고 거듭 부탁했다.[1]

페인트는 크게 보면 안료의 기름 비율이 12~13퍼센트인 견련堅鍊 페인트와 안료의 기름의 비율이 30~40퍼센트인 용해溶解 페인트 두 종류였다. 용해 페인트는 물이 증발하면서 도료의 도막을 형성하는 수성 도료로, 젤라틴과 카세인casein이 있다. 우유에서 흔히 발견되는 인단백질의 일종으로 도료 원료로 사용하는 카세인은 바르기가 편하고 잘 마른다는 특징이 있다.[2] 많이 들어본 에멀전은 용해 페인트에 '와니스'를 더한 것이다. 와니스는 바니시의 일본식 표현으로 흔히 이를 줄여 '니스'라고도 한다. 페인트는 냄새가 심하다는 단점이 있다. 오늘날에는 친환경 페인트가 많고 냄새도 비교적 없지만 과거 양실에 주로 썼던 페인트 냄새는 지독했던 모양으로 두통을 유발하는 악취가 육체와 정신에 악영향을 미친다고 표현할 정도였다.[3]

회반죽으로 거칠게 마감한, 이른바 '미술벽'이라고 했던 마감도 종종 활용했다. 회반죽을 벽에 발라 반 정도 굳었을 때 솔이나 주걱으로 긁어 기하학적이고 반복적인 문양을 내고 때로는 그 위에 색을 입히기도 했는데 내구성이 뛰어나고 씻어낼 수 있다는 것이 장점이었다.

1898년 칼 라르손이 그린 〈부엌〉. 배경에 비드보드 벽 패널이 있다.

1905년 칼 라르손이 그린 〈카이〉. 배경의 벽 하부에 판벽을 둘렀다. 일본에서는 이를 고시하메라고 부른다.

1901년 칼 라르손이 그린 초상화 〈시그네 티엘〉. 배경에 다도 패널과 벽지를 함께 사용했다.

1856년 조셉 나쉬가 그린 〈옥스포드 막달렌 칼리지의 식당 모습〉. 웨인스코트 하부와 회벽 상부로 되어 있다.

판벽의 다양한 방식. 벽에 판재를 붙일 때 패널이 움푹 들어가거나 돌출되도록 장식하는 등 여러 방식이 있다. 허리 아래 부분에 두르고 윗부분은 칠이나 벽지로 마감하는 고시하메 방식(오른쪽 위)도 있고, 천을 차곡차곡 모은 것처럼 마감하는 리넨폴드 방식(아래)도 있다. 리넨폴드는 중세 고딕 양식에서 자주 사용했다.

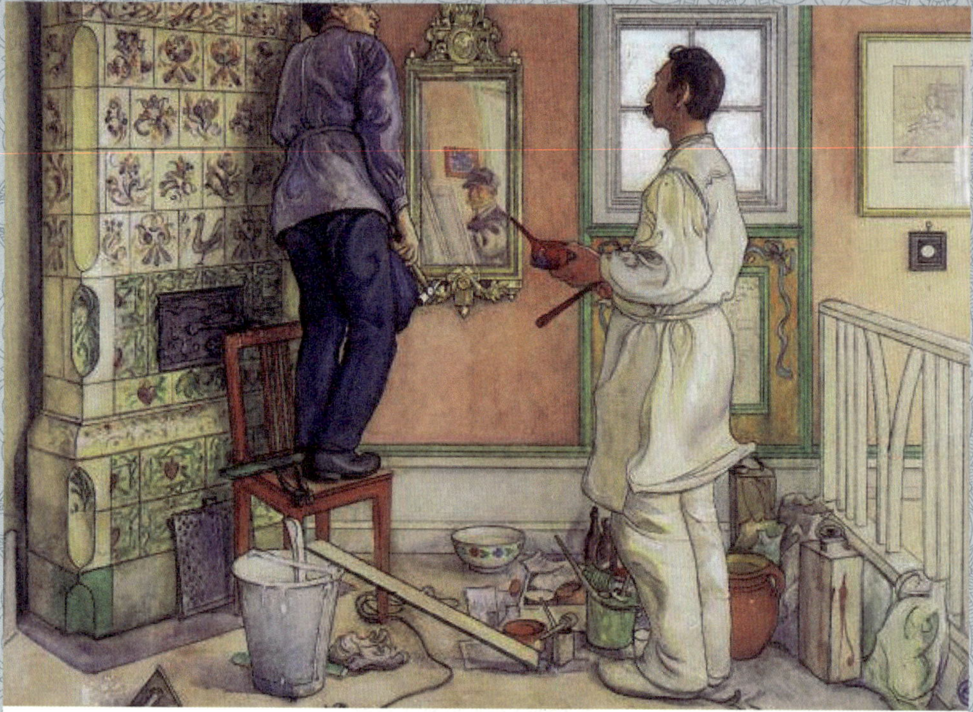

1909년 칼 라르손이 그린 〈내 친구, 목수와 페인트공〉.

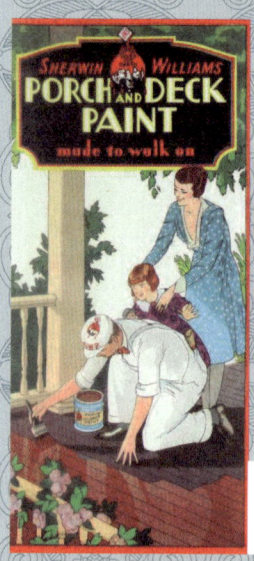

1937년 포치와 데크용 페인트를 소개한 미국 페인트 회사 카탈로그.

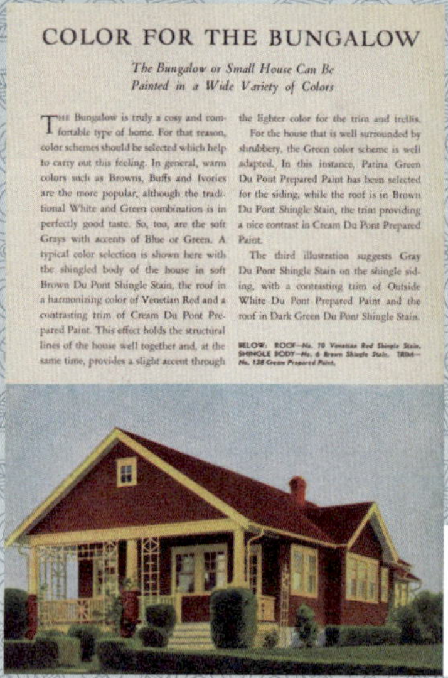

COLOR FOR THE BUNGALOW

The Bungalow or Small House Can Be Painted in a Wide Variety of Colors

THE Bungalow is truly a cosy and comfortable type of home. For that reason, color schemes should be selected which help to carry out this feeling. In general, warm colors such as Browns, Buffs and Ivories are the more popular, although the traditional White and Green combination is in perfectly good taste. So, too, are the soft Grays with accents of Blue or Green. A typical color selection is shown here with the shingled body of the house in soft Brown Du Pont Shingle Stain, the roof in a harmonizing color of Venetian Red and a contrasting trim of Cream Du Pont Prepared Paint. This effect holds the structural lines of the house well together and, at the same time, provides a slight accent through the lighter color for the trim and trellis.

For the house that is well surrounded by shrubbery, the Green color scheme is well adapted. In this instance, Patina Green Du Pont Prepared Paint has been selected for the siding, while the roof is in Brown Du Pont Shingle Stain, the trim providing a nice contrast in Cream Du Pont Prepared Paint.

The third illustration suggests Gray Du Pont Shingle Stain on the shingle siding, with a contrasting trim of Outside White Du Pont Prepared Paint and the roof in Dark Green Du Pont Shingle Stain.

BELOW: ROOF—*No. 10 Venetian Red Shingle Stain.* SHINGLE BODY—*No. 6 Brown Shingle Stain.* TRIM—*No. 138 Cream Prepared Paint.*

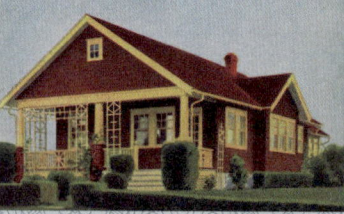

1935년 방갈로 주택을 위한 컬러를 제안하고 있는 미국 페인트 회사 카탈로그.

일명 미술벽이라 일컬어지는 벽 마감의 사례를 보여주고 있는 도쿄 아사카노미야 저택.

그때부터 지금까지
벽마감의 클래식, 벽지

냄새가 심한 페인트와 달리 종이가 주재료인 벽지는 친숙한 벽마감 소재다. 1929년 12월 4일자 『동아일보』는 벽지 인테리어에 대해 이렇게 조언한다.

"방의 성질에 짤아서 도배지를 변하라
방과 얼리는(어울리는) 것과 안얼리는 것

평시에 늘 보고 잇는 자긔 주택으로는 그다지 분명히 알 수 업습니다마는 남의 집을 방문한 째 그 방에 들어가면 우선 아무것 보다도 눈에 씌우는 것은 문창호와 벽도배한 것입니다. 이것은 어떤 의미로 보아 주택의 화장이며 의상이라고 할 수 잇는 것입니다. (…) 응접실겸 쓰는 방에는 싸쯧한 맛이 잇는 색을 그러고 서재에는 밝고도 갈아안즌 색을 또 침실에는 오로지 갈아안즌 색을 쓸 것입니다. 또 밝은 빗과 모양(무늬)이 잇는 것은 대체로 좁은 방을 넓게 보이며 이와 반대로 갈아안고 컴컴한 배색은 넓은 방을 좁고 안윽하게 보이는 것에는 주의할 것입니다. (…)"

벽지는 공간의 화장재로서 큰 역할을 한다. 더럽거나 찢어진 벽지는 마치 "더럽고 터진 옷을 그대로 입고 있는 것과 마찬가지"라고 할 정도로 공간의 첫인상을 좌우한다. 또한 넓은 벽면을 뒤덮기에 벽지가 주는 시각적 영향이 상당히 크다. 미국의 소설가 샬럿 퍼킨스 길먼Charlotte Perkins Gilman의 단편소설 『노란 벽지』가 그렸듯이 벽지의 누런색과 패턴은 신경쇠약을 앓는 주인공에게 정신착란을 일으킬 정도로 강력하게 작용했다.

그림 속에 보이는 1910년대 영국의 다양한 벽지 패턴들. 모두 다 해롤드 길먼이 그린 것으로 왼쪽부터 시계 방향으로 〈옆모습 초상: 메리 헤롤드 길먼〉, 〈티컵과 소녀〉, 〈미스 루스 도젯〉. 앞의 두 점은 1914년에, 나머지는 1915년에 그렸다.

1920년대 상류층 가정의 모습을 담은 엽서에는 꽃무늬 다마스크 패턴의 천장 벽지와 카펫이 깔려 있다. 서울역사아카이브.

1940년 2월 『조선과 건축』에 실린 수송동 이씨 주택 객간. 벽에 꽃무늬 벽지를 발랐다.

1924년 8월 잡지 『하우스 뷰티풀』에 실린 벽지 광고.

1930년대 살루브라 사 다마스크 패턴 벽지.
이렇게 강렬한 색상은 썩 호감을 얻지 못했다.

1930년대 살루브라 사 스트라이프 벽지.
물결 모양 무아레 실크 천의 느낌이다.

1930년대 살루브라 사영국 벽지로 기하학적인 문양의 바탕에
꽃 덩굴이 결합되어 마치 담장에 핀 꽃을 연상시킨다.

1930년대 살루브라 사 다마스크 벽지. 다마스크 천에서 유래한
이 패턴은 시대를 막론한 클래식이 되었다.

1930년대 살루브라 사의 기하학적 패턴의 벽지.

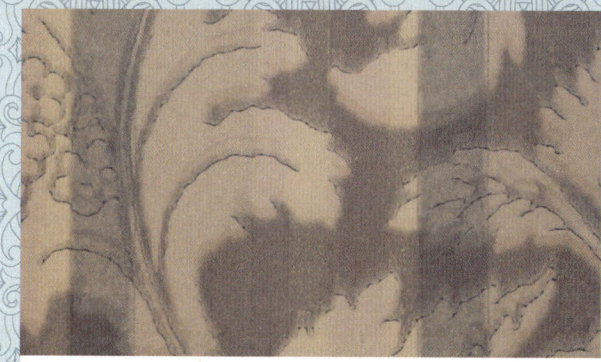

1930년대로 추정되는 도쿄 시부야 이건 주택 침실과 서재 벽지.
침실은 다마스크 패턴, 서재는 다마스크에 스트라이프가 혼용된 패턴이다.
일본 하마마쓰 도서관.

1917년 프레데릭 칼 프리스케가 그린 〈블루 가운〉. 배경의 밝은 꽃 무늬 벽지는 20세기 초반 흔히 볼 수 있었던 패턴이다.

1839년 러시아 작가로 추정되는 화가가 그린 〈침실 드로잉〉으로, 그림 속 침실 벽에 노란색과 파란색의 스트라이프 패턴 벽지를 발랐다.

일반적으로 벽지는 어디까지나 가구나 소품의 배경으로서 지나치게 튀지 않는 게 좋다고 여겨졌다. 창호가 많은 조선의 주택에 창호지는 예로부터 매우 중요한 용품이었다. 조선시대 궁궐에서는 주로 벽과 천장에 백릉화지를, 테두리나 반자에는 푸른색 청릉화지를 사용했다. 하지만 궁궐이나 전통한옥에 온통 무늬가 없는 하얀 창호지만을 발랐다고 여기는 건 큰 오해다. 특히 유교적 세계관을 바탕으로 주로 복을 기원하는 의미를 지닌 만자문, 수복문, 용봉문은 한·중·일의 공통적인 문양으로서 도배지의 단골 문양이었다.

개항 이후 조선을 방문한 외국인의 눈에 비친 조선의 생활상은 이채로웠다. 실내도 그러했는데 간혹 조선의 벽지에 대한 언급도 있다.[4]

"벽은 방바닥으로부터 색깔 있는 벽지에 이르기까지 훌륭하게 치장되어 있다. 조선의 벽지는 여러 가지 등급이 있는데 어느 것은 비단처럼 부드럽고 어느 것은 도화지처럼 딱딱하다."

주로 일본 자료를 바탕으로 책을 집필한 W. E. 그리피스W. E. Griffis, 1843~1928[5]에 따르면 조선에서 사용하는 벽지는 색과 등급이 다양했다. 하지만 그가 실제로 보고 서술했는지는 알 수 없다.

일반 가정에서는 역시 흰 도배지가 가장 흔했고 문을 떼어 하얀 창호지를 바르는 것은 집안의 연중행사였다. 창호지는 대개 남도에서 서울로 올라왔고 크기와 두께에 따라 삼첩지三貼紙와 장지張紙 두 가지를 가장 많이 썼다.[6]

20세기에 들어와서는 전통적인 문양 대신 화려한 꽃을 필두로 각종 문양으로 가득한 수입 벽지가 벽과 천장을 수놓았다. 1920~30년대 수입 벽지의 문양은 그야말로 다종다양했다. 영친왕의 장남 이건李健, 1915~1983[7]의 도쿄 시부야 주택은 1930년대에 지어졌다. 1931년 7월 도면을 작성한 것으로 전해지는데 이 주택의 장식을 설계한 세이코사誠工舍는 침실과 서재에 다마스크 문양의 벽지를 계획했다.

아쉽게도 제2차 세계대전 당시 도쿄 공습으로 전소되어 지금은 볼 수 없다.

시기마다 유행도 달랐다. 수입 벽지의 대표격인 영국 벽지는 1920년대에는 붉은색, 푸른색, 주황색, 노란색 등 매우 밝은 색에 오리엔탈 분위기의 디자인이 크게 유행했다. 1930년대에는 독일 디자인에 영향을 받아 기하학적 무늬에 갈색, 녹색, 적갈색, 노란색 등 이른바 가을 색이 강세를 보였다.[8] 한편으로는 유행과 상관없이 꽃무늬, 줄무늬, 다마스크, 기하학 패턴부터 그리스·로마의 고전적 모티프 등을 자유자재로 조합한 것에 이르기까지 디자인의 변주는 끝이 없었다.

디자인도 생산지도
유행 따라 취향 따라 재력 따라

미국인 선교사 G. W. 길모어G. W. Gilmore는 "조선 사람들은 일본인처럼 투명한 흰 종이를 사용하지 않고 반투명한 것을 사용한다"고 하면서 도배를 하는 방식에 대해서도 『서울 풍물지』에 퍽 상세히 적었다.[9]

> "벽의 안쪽은 한지나 중국산 또는 일본산 종이로 바른다. 벽지는 두루마리가 아니라 사각형이라는 점이 특이하다. 조선의 도배장들은 두루마리로 된 외국 벽지로 외국인의 집을 도배할 때면 잘 감시해야 한다. 그들은 네모난 종이를 더 잘 다루기 때문에 두루마리 벽지를 토막 내어 붙인다."

도배장이 외국산 두루마리 벽지 즉, 롤roll 형태의 벽지를 토막 내어 붙인다고 한 점이 흥미롭다. 가옥의 벽면 형태가 달랐기 때문이기도 했을 것이다. 실내 벽면은 기둥이나 보와 같은 구조가 드러나는 벽면인 신카베眞壁와 구조가 벽체 안으로 숨어 있는 넓은 벽면인 오카베大壁가 있다. 다시 말해 신카베는 벽체 내부에 구조 목재가 드러나는 방식이고, 오카베는 구조 목재가 보이지 않는 방식이다. 둘 다 일본식 용어다. 오늘날의 대한주택공사인 1940년대 조선주택영단이 지은 영단주택의 특징도 오카베였다.[10] 오카베는 약 10센티미터의 기둥 사이를 대나무로 얽어 거기에 시멘트나 흙으로 벽을 치고 철망을 덮고 기둥까지 함께 모르타르를 바르는 공법이다.[11] 화실 즉, 일본식 방은 기둥이 드러나는 신카베지만 문화주택의 벽은 그것을 숨겨 넣고 넓은 평면으로 마감한 뒤 회칠을 하거나 벽지를 바른다. 넓은 벽을 의미하는 오카베는 왠지 튼실하지 못한 어감을 준다. 시공이 빠르고 보온이 잘 되지만 벽 내부에 공간이 있으므로 화재에 취약했다.[12] 그 때문인지 오카베 집은 평범하다거나 건물값은 별로 안 나간다는 인식도 있었다.

"이번「도배」는 엇더케 하시렴니까.
흰도배는 파리가 안젓다 가면 똥을 깔기고 조곰만 더러운 손을 대기만 하여도 더러워집니다. 그뿐 아니라 우리들의 옷도 흰옷이기 때문에 입은 첫날은 몰라도 안젓다 이러나던지 드러누엇다 이러나도 더러운 관계로 도배가 너무 흰즉 옷이 더욱 더러워 보힙니다. 흰 도배는 아야 하지 마십시요. 그러면 돈 적게 들고 오래 변치안코 잘 더럽지 안는 도배는 어더케 하여야 할것인가.
지전에 가보면 서양도배지가 여러 가지 종류가 잇슴니다. 대개는 빗싼 것이지만 아조 헐한 것도 잇슴니다. (…) 빗갈로 말하면 여러 가지가 잇슴니다. 그중에 제일 기픈 회색이나 기픈 구동색이나 조금 모양을 내랴면 연분홍도 조치마는 이것은 더러움을 잘 탐니다. 기픈 도색도 조코 보라빗도 좃슴니다. 퍼런빗은 엇전 세음인지 중국 사람만 조화하는 것인데 푸르다면 싱싱한 것 가태서 조흔 것 갓지만 도배로 하는 대는 그리 조흔 빗도 아님니다. 스카이 뿔류라고 연청색은 산듯한 맛도 잇슴니다. 그러면 사방 도배를 컴컴한 빗으로하면 방이 어두어서 쓰겟느냐고 하실슴니다. 그말슴도 올슴니다. 그러니까 지금까지 뒤집어된 말하자면 도배를

신카베와 오카베 벽면을 보여주는 사진들. 신카베 방식은 방 안 벽면에 나무 구조가 노출이 되어 있고, 오카베 방식은 나무 구조를 가려 넣어 벽면이 말끔하다.

희게하고 천정을 물색으로 바르시는 것을 뒤집어란 말삼입니다. 천정만은 흰빗으로 바르십시요. 그러면 그 흰빗의 반사로 방안이 환-할 것입니다. (…)"

1931년 10월 7일자 『조선일보』는 벽지에 대해 이렇게 조언한다. 그때만 해도 오늘날과 달리 더러움을 잘 타는 흰 도배지를 벽에, 무늬가 있는 것을 천장에 사용하는 예가 많았던 듯하다. 기사는 이를 거꾸로 벽은 무늬 있는 것으로, 천장은 흰색으로 하라고 추천한다. 벽지는 "다른 기구의 배경"이므로 화려하게 강조하는 것은 좋지 않다고[13] 했던 건축가 박길룡의 생각과도 일맥상통한다.

개항 이후 벽지는 여러 나라에서 들어왔다. 『조선무역연표』의 1919~21년 사

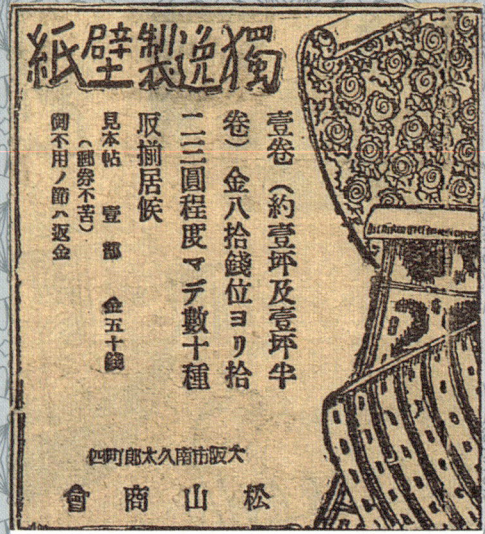

1927년 10월 9일자 『경성일보』에 실린 마쓰야마상회의 독일제 벽지 광고.

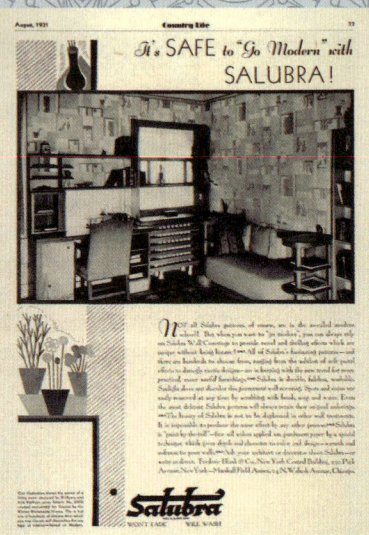

1931년 미국 잡지에 실린 살루브라 벽지 광고. 탈색도 되지 않고 씻어 낼 수 있는 벽지로 "모던하게 가길" 원한다면 살루브라를 선택하라고 홍보했다.

19세기 중반 그려진 〈벽지 공방 내부〉. 런던 페런스 아트 갤러리.

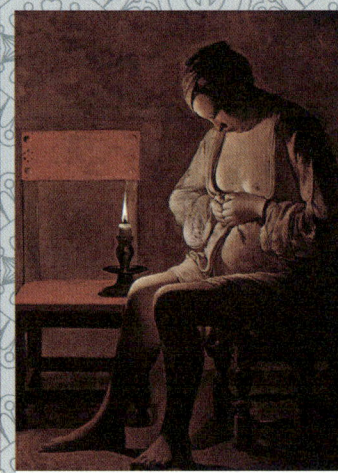

1638년 무렵 조르주 드 라 투르가 그린 〈벼룩 잡는 여인〉.

1930년 도쿄 사토 요시스케 주택 겟카소 서재. 살루브라 사의 벽지를 사용했다.
1931년 10월호 잡지 『부인화보』에 따르면 코발트색 바탕에 파란색 문양이다.

1932년 2월과 1933년 2월 『조선과 건축』에
각각 실린 위쪽의 계동 우종관 주택 서재와
왼쪽 조선식산은행 별관에는 같은 것으로
보이는 화려한 꽃무늬 벽지를 발랐다.

다마스크 벽지를 바른 평동 최창학 주택 응접실.

1934년 4월 『조선과 건축』에 실린 경성 나카무라 주택 응접실.

1930년 미국 시어스 사 벽지.
꽃무늬는 시대를 막론하고
벽지에 가장 많이 사용한 패턴이다.

1935~1951년까지 생산한 다마스크 패턴의
미쓰비시벽지. 도쿄 종이박물관.

1935~1951년까지 생산된 기하학적 패턴의
미쓰비시벽지. 도쿄 종이박물관.

1935~1951년까지 생산된 스트라이프 패턴의
미쓰비시벽지. 도쿄 종이박물관.

1931년 미국 인디펜던트
벽지 사의 기하학적인 패턴과
정형화된 꽃을 가미한 벽지.

이 국가별 수입량을 보면 일본이 가장 많고 기타 국가, 영국, 그리고 미국 순이었다. 1930년대 초반에는 중국, 독일, 미국 순이었다. 1930년대 독일 벽지가 미국 것보다 더 많이 수입되었다는 점은 흥미롭다. 이를 방증하듯 신문에는 독일 벽지 광고도 눈에 띈다. 당시 독일 벽지로 종종 오인한, 실제로는 스위스 회사인 살루브라 Tekko & Salubra의 벽지는 내구성이 강하고 탈색되지 않으며 오염을 물로 닦아 낼 수 있어서 위생이 강조되던 시절 미국·독일·이탈리아 등지에서도 두루 사용되었다. 물론 도쿄의 고급 주택에서도 사용했다.[14] 1930년 도쿄에 지은 사토 요시스케佐藤義亮의 주택 겟카소月華莊의 서재와 1933년 아르 데코 양식으로 지은, 오늘날 도쿄도 정원미술관이 된 아사카노미야朝香宮 저택이 대표적이다.

1917년 발생한 화재 직후 모던하게 재건한 창덕궁 대조전이나 희정당에도 영국을 비롯한 여러 나라에서 들어온 수입 벽지를 발랐다.[15] 경성의 대표적인 지물포였던 철남지물포 사장 김정렬은 "독일품의 특색은 가격이 염가함과 품질이 견고한 것이며 영국품의 특색은 윤택이 풍부한 것이나 고가임으로 수요가 극소"[16]했다고 말한다. 1920~30년대에는 영국, 독일 외에도 프랑스, 벨기에, 스위스 등 꽤 여러 나라에서 벽지가 들어왔다. 응접실 꾸미는 장면이 묘사된 이태준의 소설 『신혼일기』에서 화옥은 종이전에 가서 심지어 캐나다산 중 제일 무늬 좋은 것을 골라 직접 바른다.[17]

서양 벽지는 색깔이나 문양이 다양하지만 우리의 것이 우월한 측면도 있었다. 특히 사람들에게 괴로움을 주는 빈대 퇴치에 효과가 있었다.[18]

> "도배지는 대개는 양지를 가지고 하지마는 이것은 처음에는 깨끗한 까닭에 그것으로 하는 모양입니다. 사실에 잇서서 양지처럼 더러워지고 잘 찌저지는 종희는 업슴니다. 더욱이 빈대가 잇는 집이면 양지 도배는 빈대가 더욱 번식하기 쉬웁다는 것임니다."

빈대를 박멸, 방제하기 위해 각종 약품을 사용했는데 자칫 잘못 사용하면 위생과 생명에 지장이 있을 수 있었다. 오히려 우리의 것을 발라 빈대의 출입구를 폐쇄해서 꽤 효과를 거두었다고도 전한다.[19]

벽지 산업을 둘러싼 요모조모 속사정

일본의 벽지는 내수보다 수출을 겨냥한 특수한 상품에서 출발했다. 동인도회사를 통해 나가사키와 데지마로 들어온 물품 중 네덜란드의 금박 문양이 있는 가죽, 금당혁金唐革이 일본에서 큰 인기를 얻었다. 서양에서 금박 가죽gilt leather은 벽지가 생산되기 전 벽에 붙이는 벽장재wall covering로 사용했다. 원래 북아프리카에서 처음 만들어졌다고 알려졌는데 17세기 중반 런던에서도 생산을 시작, 부유한 이들의 주택에서도 사용해 17세기 네덜란드 풍속화에도 종종 그 모습이 드러난다.

일본에서는 이를 모방하여 기름을 먹인 종이에 압형 문양과 금박을 입힌 의혁지擬革紙를 만들어 해외에 선보였다. 영국을 비롯하여 파리, 비엔나 박람회에서 큰 주목을 받은 의혁지로 처음에는 작은 담뱃갑 같은 소품을 제작했지만 상품성에 주목하여 벽지 생산으로 발전시켰다. 이후 일본은 1880년 지폐를 찍어내는 지폐료紙幣寮 인쇄국에서 만든 금당혁지金唐革紙를 요코하마의 로트만상회Rottmann, Strome & Co.를 통해 미국, 캐나다 등 해외로 수출했다. 초반에는 관이 주도한 벽지 사업을 통해 외화를 벌어들였지만 기관의 부가 사업만으로는 오래 지속하기가 어려웠다. 로트만상회와의 독점 판매 계약이 만료된 1890년 기관은 이 사업에서 손을 뗐고, 이후 벽지 사업을 인수한 민간 회사 야마지山路벽지제조소가 금당혁지의 명성을 이어나갔다. 1900년대 초반에 이르러서는 여러 벽지 회사가 금당혁지 경쟁에 뛰어들었으나,²⁰ 20세기에 들어와 시장에 양질의 싼 벽지들이 등장하고 해외에서 선풍을 일으켰던 자포니즘의 인기 또한 시들해지면서 고가의 금당혁지 인기 역시 사그라들었다. 1938년 6월 벽지 가격을 보면 일반적인 일본 벽지는 평당 0.5~3엔 정도인데 야마지벽지는 평당 6~25원 남짓으로 일반 벽지보다 많게는 50배까지 차이가 났다.²¹

서양 벽지는 우리의 한지나 일본 전통지인 화지와 달리 폭이 넓다. 서양 종이, 즉 양지洋紙를 일본에서 처음 제작한 것은 1873년 도쿄 오지王子에 설립한 쇼지抄紙 회사였다. 근대 일본 경제의 아버지로 일컬어지는 시부사와 에이이치澁澤榮一의 주도로 만들어졌다.²² 이후 (주)오지제지를 거쳐 오늘날 오지홀딩스와 일본제지 회사의 전신이다. (주)오지제지는 종이 장사로 사업의 기반을 마련했던 종로 화신백화점 주인 박흥식이 종이 공급을 받으려고 시도했지만 거절당한 회사이기도 하다.

(주)오지제지 외에도 교토, 고베, 오사카 등지에서 양지 생산이 이루어졌는데 서양 벽지를 모방해 동판 인쇄한 벽지를 생산했다.²³ 1921~32년 시장 점유율이 가장 높은 회사는 역시 (주)오지제지였고 후지富士제지, 미쓰비시三菱제지, 가라후토樺太공업 등이 그 뒤를 이었다.²⁴ 미쓰비시 제지는 원래 미국인 월시 형제Thomas Walsh, John Greer Walsh가 창립한 고베제지소를 1898년 인수해 1904년 미쓰비시제지로 개칭했다.²⁵

이처럼 여러 회사에서 서양식 벽지를 제작했지만 기술이 부족하고 문양을 내기 위한 형틀의 제작 단가가 높은 데다 수요 또한 적어서 발전이 더뎠다.²⁶ 품질 역시 서양 제품과 비교하기 어려웠다. 일본에서도 고급 벽지는 여전히 영국·미국·독일·프랑스 등지에서 수입한 것을 꼽았고, 특히 영국 벽지가 가장 품질이 좋다는 평가를 받았다. 국내에서도 일본 벽지를 꽤 사용했을 것으로 추정은 하지만 아직 본격적인 연구가 미비하다.

경성에서는 1910년 무렵 김성환이 운영한 지물포에서 각종 벽지를 수입해 상당한 매출이 있었던 모양이었다. 그가 운영하는 지물포는 대광교에 본점을 두고

피터르 드 호흐가 1663년 무렵 그린 〈우아한 분위기의 여가 시간〉. 금박 가죽을 벽장재로 사용한 실내가 보인다.

일본 금당혁지. 도쿄 종이박물관.

도쿄 이와사키 주택 금당혁지.

전남 보성에서 발굴된
1910~20년대 벽지.
배무이 제공.[27]

전남 장성(왼쪽)과
충남 강경에서 발굴된
1930년대 후반[28] 벽지.
배무이 제공.

안동별궁 앞에도 지점을 두었다. 1920~30년대에는 종로의 철남지물포, 홍종철이 운영한 종로지물포, 영인창지물포 등 여러 지물포에서 우리 것은 물론이고 외국산 벽지를 다양하게 취급했다. 여느 상점들이 그러하듯 지물포의 규모나 영업 상황은 제각각이었다. 영인창지물포는 포목점들이 포진해 있던 남대문 근처 상업은행 종로지점 인근에 있었는데 간판에는 수입 벽지도 취급한다 했지만 실은 우리 것 위주였다. 가게 내부에 들어서면 기름종이 냄새가 코를 찌르고 청소 상태도 불량하다는 비판을 받았다.[29]

종로의 철남지물포는 3대에 걸쳐 운영한 경성의 대표적인 지물포로서 경쟁업체의 표적이 되었다. 흔한 말로 '잘 나가는' 가게들이 종종 그렇듯 점원들이 불친절했다.[30] 1927년 당시 대표 김정렬은 봄·가을이 지물 판매의 성수기라고 했다. 우리 종이로는 전북에서 생산한 것을 으뜸으로 쳤고, 그 외에는 대부분을 일본에서 들여왔다. 천장지 같은 것은 독일, 영국 제품도 취급했다. 김정렬은 앞으로 대규모 공장을 설치, 일본 물건을 압도할 제품을 생산해 자급할 계획이라는 포부도 밝혔다. 하지만 1937년 중일전쟁으로 인해 큰 타격을 받았다. 1939년 신문에 등장한 또 다른 인터뷰에서 그는 평소 1년에 한 차례 도배를 하던 가정에서 2년에 한 번씩 하는 일이 많아서 매상고가 40~50퍼센트가량 줄었다고 하소연했다.[31]

1939년 무렵 경성에는 지물포가 약 30곳 정도였다. 각종 실내장식 전문점에서도 일본과 서양의 수입 벽지를 취급했다. 요코야마상점은 1924년 벨기에산 최신 벽지를 다수 수입했다고 신문에 기사성 광고를 실었다.[32] 부산의 대표적인 실내장식점 삼우상회는 일본산 미쓰비시벽지[33]를 판매했다. 가격만 보더라도 일본산과 서양의 수입 벽지는 차이가 컸다. 다카시마야경성출장점에서 1937년 제시한 금액에 따르면 일본 벽지는 평당 1엔부터였지만 서양의 수입품은 평당 3엔부터 50엔까지로 많게는 50배나 더 비쌌다.[34]

1924년 5월 20일자 『조선일보』에 실린 철남지물포 광고.

1932년 3월 24일자 『조선신문』에 실린 박래품을 능가한다는 '순국산벽지' 광고. 경성 남대문통 3정목에 위치한 치카자와겐조상점이 일본산 벽지의 조선·만주 총대리점이었다.

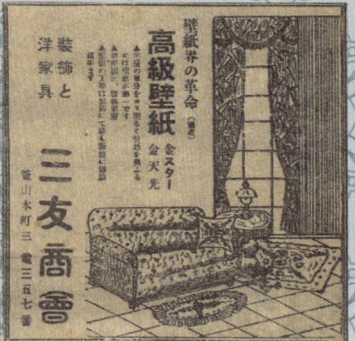

1932년 1월 24일자 『조선시보』에 실린 고급벽지 '금스타, 금천광'을 취급한다는 삼우상회 광고. "벽지계의 혁명 (국산)"이라고 광고하고 있다.

1940년 2월 28일자 『조선시보』에 실린 미쓰비시벽지를 판매한 부산의 삼우상회 광고.

"우리 기술로 완전한 제품을 만들어내는 건국적 의의"

도배를 할 때 흰 종이 아래에 초배지로 신문지를 바르곤 했는데 이 방식은 곧잘 문제가 생겼다. 1933년 9월 21일자 『조선일보』는 이런 문제점을 기사로 알리고 있다.

"(…)경제를 한다면서 경제도 되지안케 신문지를 벽에다나 쏘는 방바닥에 발나서 도배한 그 우호로 글자가 식검엇케 소사나오게 되는 것입니다. 그리하야 힌 종이는 발낫지만 발느나마나하게 식검헛케 보이는 것이올시다. 그러고 신문지를 발나서 한가지의 큰 폐해가 잇는 것은 신문지가 바를 쌔에는 제법 착착 붓는 것 갓지만 나종에는 붓텃든 신문지가 전부 들쓰기 시작하야 나종에는 도배한 벽이나 장판이 쿨넝쿨넝 하여지며 우굴쑤굴하여지는 것이올시다. (…) 도배도 녯것을 버리고 새 방식을 취하자–흰 종히를 바르기 전 신문지 바르면 엇던 편을 보든지 폐해가 만습니다."

창덕궁 석복헌 천장에서는 초배지로 과거 시험에 낙방한 사람의 답안지를 활용한 예도 있었는데 일반 가정에서는 신문지를 사용하는 예가 많았다. 하지만 기사에서 말했듯 신문지는 바를 때 발림성이 좋은 것 같지만 나중에 들떠서 그 위에 도배한 벽지가 꿀렁거리거나 우글쭈글 울게 되는 경우가 많았다. 1942년 9월 2일자 『매일신보』는 도배 잘하는 법을 소개하기도 했다.

"(…)천정을 바를 쌔에는 먼저 모조리 반자지를 말러 놋는데 문의와 문의가 맛도록 말러서 그 뒤 등에다 번호를 맥여 노코 아랫목편에서부터 다음 다음으로 발러 나가는 것입니다. 그 다음에는 벽을 바르는 것인데 이것도 문의 잇는 벽지일쌔는 반자지와 갓치 문의가 맛도록 먼저 모조리 말러서 번호를 맥여 노코서 바람벽 아래두리서부터 우이로 치발너 올나가는 것입니다. 이 벽지를 바를쌔흔히 바를 벽에다 풀칠을 하고 바르시는 분이 게시니 그보다 벽지(종이)에다 풀칠을 해서 벽에다 부치는 것이 잘 붓습니다. 발러노코 마른 수건으로 잘 붓도록 문질르는데 이것은 종이 중앙에서부터 사방으로 문질을 것이며 한쪽에서 시작하여 문질으면 흔히 주름살이 잡히게 되는 것이니 잘 주의해야될 줄 압니다."

위에 소개된 도배법에 따르면 천장에 바르는 반자지는 무늬가 맞도록 잘라서 뒷면에 번호를 매겨 방 아랫목 쪽에서 차츰 바른다. 벽에도 마찬가지로 무늬 있는 벽지는 무늬가 맞도록 모두 자른 후 번호를 매기고 아래에서 위로 발라 올라간다. 풀칠은 벽보다 종이에 하는 것이 좋고 바른 후에는 마른 수건으로 종이 중앙에서 사방으로 문질러야 주름지지 않는다.

'국산'으로 일컬어진 일본산 벽지가 아닌 우리의 원료와 기술로 만든 진짜배기 국산 벽지 생산 소식은 광복 이후에 들려왔다. 1947년 4월 30일자 『동광신문』은 이렇게 밝혔다.

"화선지 학교 습자용지 화용지 미농백지 양벽지 등 종이를 우리 손으로 만들어내자는 계획하에 약 삼 년 전부터 시설 중에 있든 시내 사정 천일광주제지공장은 요지음 모든 시설을 맛치고 조업을 개시하였다는데 동 공장에서는 순국산 원료로써 완전한 제품을 내이는 동시에 장래에 있어서는 양식 건축에 없어서는 않될 양벽지를 주로 생산하리라 하며 그 생산량에 있어서는 아직 국내의 수요를 충족식힐 정도는 되지 못하야 생산량에 큰 기대를 가질 수는 없으나 국산 원료를 완전히 살리여 우리 기술로 완전한 제품을 만들어 낸다는데 건국적 의의가 있으며 압흐로 규모의 확장과 기술의 발전여하로는 우리의 외화학득(획득)에 중요한 상품으로 성공을 거둔 것이라는데 동 공장이 완성하기까지에는 실업가 김영준씨와 김량실씨의 끈침없는 의협적 원조가 절대하였다 하며 압흐로도 자본에 대하야 전기 량씨가 원조할 것이라 한다."

오늘날에도 실내 벽마감을 할 때는 칠과 도배 즉, 페인트와 벽지에서 크게 벗어나지 않는다. 과거에는 수입에 의존했지만 이제 앞서『동광신문』이 기대한 것 이상으로 "우리 기술의 완전한 제품"이 즐비하다. 어쩐지 마음이 뿌듯해지는 것은 어쩔 수 없다.

"근대 주택의
기능과 장식을 도맡은 붉은 피부"

벽돌

한옥과 어느덧 자연스럽게 어우러진

일본 작가 다니자키 준이치로는 『도쿄생각』에서 일본인에게는 나무 성질을 그대로 드러낸 예전 건축이 가장 적합하다고 언급했다. "돌이나 시멘트 덩어리를 쌓아 올리고 현란한 타일이나 벽돌로 장식한 높고 화려한 건물은 큰 몸집에 뼈대가 굵고, 버터나 비프스테이크를 먹는 인종에게나 어울릴 뿐 물에 밥 말아 먹는" 일본 국민에게는 어울리지 않는다는 극단적인 비유를 했다.

 서양식 건축물 외피로서 중요한 역할을 한 벽돌은 적벽돌을 일컫는다. 우리나라 문헌에서 벽돌이라는 용어는 1895년 편찬된 사전 『국한회어』國漢會語에 'Brick'의 번역어로 처음 등장했다.[1] 일제 강점기 벽돌은 보통 일본식으로 연와煉瓦라고 불렀다. 개항과 함께 성당을 비롯해 공사관·영사관·상관 등에 두루 사용했다. 개항 초기에는 주로 중국과 일본에서 수입한 벽돌을 중국 기술자들이 쌓았다. 벽돌 건축의 걸작으로 손꼽히는 명동성당도 중국에서 온 수십 명의 벽돌공들이 벽돌을 쌓았다. 1894년 청일전쟁으로 벽돌 공급에 지장이 생기자 코스트 신부Eugene Jean Georges Coste는 자체적으로 벽돌 제조소를 설치하고 신도였던 김흥민에게 생산 기술을 가르쳐 공사를 이어갔다.

우리나라에서 본격적으로 벽돌을 제조하기 시작한 것은 1907년 탁지부 건축소 부설 연와제조소가 설립되면서부터다.[2] 이곳에서는 호프만가마[3]를 도입해 기계식 벽돌을 생산했다.

민간 벽돌공장은 1897년 일본인 모리시타가 오늘날 효창동 일대에 설립한 것이 시작이었다. 1902년부터 일본인이 운영하는 벽돌공장이 계속 늘어났다. 1916년 함흥군 운흥리 운흥연와제조소, 1922년 강경문연와공장과 최영배연와공장 등 민족자본에 의한 벽돌공장이 여럿 세워졌으나 규모는 영세했다.[4]

1915년 기준 전국의 벽돌공장은 36개, 1924년에는 59개로 증가했다.[5] 목조와 벽돌조 건물이 주를 이루었던 20세기 초 일본 건축은 1923년 발생한 관동대지진으로 일대 변환을 맞았다. 내진 설계가 가능한 콘크리트 건물의 수요가 급증하면서 일본에서 벽돌은 사양길로 접어든다. 일본은 벽돌 생산 기지로 조선을 택했다. 조선만이 아니라 만주라는 큰 시장을 염두에 둔 행보였다. 1931년 일제는 만주 침략을 계기로 전쟁 특수를 누리면서, 만주에 들어서는 각종 건축물에 쓰일 벽돌을 조선에서 대량 생산·수출했다. 대표적인 회사가 1933년 설립한 경성연와주식회사였다. 서울 경기 지역에 여덟 곳, 함경남도에 두 곳, 만주 봉천에 한 곳의 공장을 짓고 연간 700만 장을 찍어내며 1930년대 국내 벽돌 산업을 주도했다.[6]

벽돌은 한옥과도 자연스럽게 살을 섞었다. 개항 이후 조선에 건너와 생활한 선교사들은 한옥의 목조 결구와 벽돌 벽체를 그럴싸하게 변용한 집을 지었다. 청주 탑동 양관[7]이 그러하듯 이들은 벽돌을 한옥에서 그리 어색하지 않게 만들었다. 이후 근대 한옥에서 벽돌은 기능과 장식 두 마리 토끼를 모두 잡는 똘똘한 소재가 되었다. 예컨대 백인제 가옥의 기단과 꽃담의 벽돌은 함실아궁이에서 튈지도 모를 불꽃을 막는 방화벽의 기능과 더불어 벽화를 구성하는 요소가 되었다.

백인제 가옥 꽃담. 벽돌과 시멘트는 함실아궁이의 불꽃을 막는 방화벽의 기능도 하면서 유리창과 함께 장식벽을 이룬다.

1924년 완공 당시 딜쿠샤와 2021년 복원한 딜쿠샤. 서울역사박물관.

청주 탑동에 있는 포사이드 기념관.

1860년 완공한 윌리엄 모리스의 레드 하우스.

붉은 벽돌과 담쟁이덩굴이 있는 홍난파 가옥.

파격적인 한옥과의 만남을 넘어 벽돌은 집의 주재료로 거듭났다. 테일러 부부의 집 딜쿠샤나 홍난파 가옥처럼 온통 붉은 벽돌로 감싼 집은 이국적이면서 부티가 났다. 1924년 서대문 행촌동에 지은 딜쿠샤는 당시 미국에서 유행한 방갈로 중에서도 고급스러운 버전이었다. 방갈로는 19세기 중반 윌리엄 모리스William Morris가 주도한 미술공예운동Arts and Crafts Movement의 영향을 많이 받았다. 따뜻한 소재와 장인의 손길이 느껴지는 공예품을 추구했기에 적벽돌은 그 철학에 꼭 맞는 재료였다. 런던에 있는 모리스의 신혼집 레드하우스는 사랑하는 아내 제인의 붉은 머릿결처럼 적벽돌로 쌓은 낭만의 성이었다. 붉은 벽돌집의 낭만은 벽을 타고 오르는 초록 담쟁이와 보색 대비를 이루며 더욱 인상 깊어진다. 홍난파의 부인 이대향에 따르면 깔끔한 성격의 남편 홍난파는 아침 8시쯤 창을 열어 환기를 시키고 파자마 바람으로 뜰에 나가 화초에 물을 주었다.[8]

경성에 새로 들어선 붉은 벽돌집은 사람들의 마음속에 멋진 집으로 각인되어 문화주택과 붉은 벽돌 2층 양옥에 이어 1970년대 유행한 불란서식 주택으로까지 선망의 이미지가 줄곧 이어졌다.[9]

집밖에만? 집 안에서도!

벽돌이 건물의 외피로만 쓰인 것은 아니다. 벽돌은 말 그대로 내·외장재로서 실내에서도 불꽃 빛을 발했다. 특히 벽난로를 감싸는 재료로 그만이었다. 김유방은 이렇게도 말했다.[10]

"이 페티카-라는 것은 지금 흔히 쓰는 난로(스툽)와 근사한 것으로 그 크기가 방바닥으로부터 거의 천정에 다리 만한 것인데 페티카의 내부에는 연와를 공묘히 적

딜쿠샤 1층 거실 벽난로와 현존하는 벽난로. 서울역사박물관.

윌리엄 모리스의 레드 하우스 거실의 붉은 벽돌 벽난로.

1916년 미국 조립식 방갈로 전문 회사 고든 밴타인 사 카탈로그 『스탠더드 홈스』 표지. 벽돌로 지은 집들이 보인다.

1912년 시어스 사 카탈로그에 실린 모던 홈 리빙룸. 벽돌로 마감한 벽난로가 보인다.

1921년 고든 밴타인 사 카탈로그에 실린 붉은 벽돌 벽난로.

1920년대 미국 방갈로 거실. 맥피앤드맥기니티 사 카탈로그.

축하야 한번 그 연와가 불에 달으면 비교적 온도의 변화가 적고 보온하는 시간이 길므로써 그 특색이라 합니다."

그의 말대로 벽난로는 연와 즉 적벽돌을 공묘히 쌓아 만들었고 어떤 집은 천장에 닿을 듯 웅장했다. 실내의 적벽돌 벽난로는 따뜻한 감성을 주기에 충분하다. 다른 목소리도 있었다. 경성의 건축가들이 건물 외벽에 적벽돌을 적극 활용한 것을 두고 김수근은 1970년대에 이를 강하게 비판했다.[11]

"일제 강점기에 들어서서 영국식이라 하여 붉은 벽돌공장이 세워지고 회색 전돌 대신 우리 풍토에 맞지 않는 붉은 벽돌이 만연되어 마치 지금에 와서는 붉은 벽돌 피부가 우리의 것인양 착각하고들 있다. 국화의 과오를 이곳 서울까지 들고 온 잘못된 피부이다."

붉은 벽돌을 "잘못된 피부"라고 폄하한 김수근은 그러나 이후 자신의 건축에서 한국적인 공간을 구현하는 데에 이를 십분 활용했다. 인생은 여러모로 참으로 아이러니하다.

"위생을 실천하는 데
적합하고 게다가 예쁘기까지"

타일

처음부터 환영을 받은 것은 아니지만

타일은 1920년대 부엌·변소·욕실처럼 물을 많이 쓰거나 오염되기 쉬운 장소나 공간을 밝고, 청결하게 해주고 청소 등 관리가 쉽다는 장점 덕에 주택 안에서 나무나 벽지 같은 소재를 밀어내기 시작했다. 타일은 초창기 일본에서 화장化粧연와, 첩부貼付연와, 장식裝飾연와, 첩와貼瓦, 부와敷瓦 등으로 불렸다. 공통적으로 붙은 연와는 보통 벽돌을 의미하는데 여기에 장식한다거나 붙이고 깐다는 의미를 더해 타일의 의미를 설명했다. 이후 1922년 4월 12일 도쿄평화기념박람회에 모인 관련 업자들이 용어를 통일하면서 타일이라는 명칭이 정착했다.[1]

1914~15년 이왕직에서 작성한 『덕수궁원안』에도 욕실 바닥재를 설명하는 부분에 '모양입도기와부'模樣入陶器瓦敷 즉 문양이 들어간 도기 기와 깔개라는 표현이 등장한다. 1922년 이전의 기록, 그러니까 타일이라는 용어가 사용되기 전이므로 이는 무늬가 있는 타일을 적은 것으로 추정한다.[2]

근대적 소재로 타일을 받아들이긴 했지만 일본에서도 처음부터 환영 받았던 것은 아니다. 일본 작가 다니자키 준이치로가 자신의 집을 지을 때 타일에 대한 생각은 이러했다.³

"훌륭한 일본 목재로 천장·기둥·벽에 널빤지를 붙일 경우, 일부분을 요란한 타일로 마감해서는 아무리 생각해도 전체와 어울림이 좋지 못하다. 갓 지은 집은 아직 괜찮지만, 몇 해가 지나 널빤지나 기둥에 나뭇결 본연의 멋이 우러나왔을 때 타일만 하얗게 반들반들 빛난다면 그야말로 나무에 아무렇게나 대나무를 갖다 붙인 듯하여 부자연스러울 터다. 그래도 욕실은 취향을 위해 실용성을 얼마간 희생해도 괜찮겠지만 변소는 한층 더 성가신 문제를 불러일으킨다."

그는 타일의 경제성과 실용성을 인정하면서도 사용에 퍽 소극적이었다. 타일은 번쩍거려서 고풍스런 나무와 어울리지 않다고는 하지만 새로 대두한 위생 관념을 실현하는 가장 적합한 건축 자재였다. 관동대지진 이후 지어진 콘크리트 모더니즘 건축의 내·외부를 화려하게 장식할 수 있는 소재 또한 타일이었다. 일본은 타일 선진국이라 할 수 있는 영국과 미국의 제품을 복제하다시피 모방했고 우리는 1920~30년대 이를 수입해 썼다.

우리에게는 평양제가 있었다

일제 강점기 건축 재료로 사용한 타일은 일본 제품에 크게 의존했지만 1930년대 중반 우리나라에서도 타일에 대한 연구와 실험, 공장 신설을 위한 움직임이 바빴다. 1932년 부산에서 열린 만몽박람회⁴에서는 평양공업시험소에서 제작한 타일을 전시했다. 나고야에 기사를 파견해 기술을 습득하고 제작에 성공한 것인데, 섭씨 1200도 정도의 고온에서 구운 것으로 일본 제품보다 우수하다는 평을 얻었다.[5] 평양제도소는 이를 대량 생산하기로 하고 적극 홍보했다. 1933년 무렵 신축한 평양부 청사, 조선은행 평양지점 건물, 평양의 현관문이라고 할 수 있는 평양역의 중개축에도 이 타일을 사용한다는 보도로 보아 꽤 성공한 듯했다.[6] 1935년에는 영하 30도 이하를 견디는 내한 테스트를 통과한 덕분에 대동강 하구의 광량만 염전에 총 3억만 장의 타일이 깔릴 예정이라고도 했다.[7] 이에 힘입어 평양도 당국은 자본금 30만 원으로 염전 타일을 주력으로 하는 '평남 염전 타일 회사'를 창립하기로 했는데 그 기대와 전망으로 일본에서부터 투자자가 몰리기도 했다.[8]

평양 이외에도 도자기로 명성이 자자했던 회령에서 생산한 기와와 타일을 경주 불국사, 경주역에서 사용했다.[9] 1935년 4월 16일자 『경성일보』에 따르면 이 무렵 경성에도 타일 공장이 한두 군데 있었지만 대부분 일본에서 수입했고 일본경질도기사가 부산에 타일 공장을 신설할 계획이라고 했다. 이런 점을 미루어 볼 때 광복 이전까지 국내에서 타일을 본격적으로 생산하지는 못했을 것으로 추정한다.[10]

미적 생활의 대중화 시대를 열다

타일은 종류도 퍽 다양했다. 주로 바닥에 사용한 클링커Clinker 타일, 벽에 화려한 색감을 더해주는 마욜리카 타일, 욕실이나 벽난로 장식 등 다용도로 사용한 모자이크 타일 등이 대표적이었다.

클링커 타일은 시멘트 제조 과정에서 생성되는 클링커라고 부르는 흙을 사용해 만든다. 우리나라 근대 주택을 비롯하여 도시 거리 곳곳에서도 볼 수 있는, 기하학적인 디자인이 독특한 타일이다. 가운데 동심원이 있고 가장자리에 골이 져

제국호텔 바닥에 사용한 클링커 타일. INAX뮤지엄.

'황소 눈' 바닥 벽돌이 깔린 미국 버지니아 렉싱턴 인도.

옥인동 박노수 가옥 현관 바닥 타일. '황소 눈' 패턴의 클링커 타일이다.

신당동 박정희 가옥 현관 바닥 타일. 직선 모양의 홈이 파인 클링커 타일로 체크 형태로 붙였다.

있는데 원래 미국 오하이오 지역에서 만든 바닥 벽돌인 황소눈 벽돌Bulls-eye paver을 모방,[11] 미국 모델을 약간 변형하여 일본에서 제작했다. 프랭크 로이드 라이트가 1920년대 일본의 제국호텔 옛 본관 바닥에 깐 것을 필두로 도쿄대학, 오사카 다이마루백화점 등 근대를 상징하는 건축에 두루 사용했다. 소금을 칠해 고온에서 소성하는 석기질 타일로, 투수성이 없고 밀도도 높아 두껍고 상당히 무겁다.[12] 주로 건물 밖이나 현관 바닥, 지붕 등에 사용하는 데 미끄럼 방지를 위해 요철 문양이 있는 것이 대부분이다. 그 밖에도 동아공업주식회사에서 출시한 작은 크기의 시멘트 모자이크 타일도 실내 현관 바닥에 자주 사용했다.

마욜리카 타일은 화려한 색감이 눈길을 끌어 장식성이 뛰어나다. 1851년 런던대박람회에서 화려한 색감의 민턴 사Minton & Co.의 마욜리카 화분과 도기류를 전시한 뒤 19세기 후반부터 20세기 전반에 걸쳐 크게 유행했다. 이탈리아를 중심으로 번성했던 16세기 마욜리카 도기의 오마주로서 마졸리카라고도 불렸다. 하지만 과거의 마욜리카는 중국 청화백자를 모방한 주석유약tin glaze의 청화가 주류였다면 19세기의 마욜리카는 납유약lead glaze을 바른 화려한 색감을 자랑했다. 민턴 사는 화분 같은 마욜리카 도기뿐만 아니라 타일로도 유명했다. 19세기에 민턴이라는 이름을 걸고 타일을 생산한 영국 회사는 무려 일곱 군데나 되었다. 민턴이라는 명성 때문에 회사 관련자들 간의 내분과 유명세를 톡톡히 치른 셈이다.[13]

일본은 민턴의 명성을 좇아 일본제 마욜리카 타일을 생산해 국내 시장만 아니라 세계 각지로 수출했다. 단토淡陶타일은 대표적인 제조사로서 오늘날 을지로에 있던 요시카와양행에서도 이곳 제품을 취급했다.

나고야를 중심으로 제조한 일본 마욜리카 타일은 크게 세 종류가 있었다. 우선 민턴 사 등의 영국 제품을 그대로 모방한 것, 중국과 대만 수출용, 그리고 인도 수출용이 있었다. 중국과 대만 수출용 타일은 과일·박쥐·나비 같은 길상 문양을, 인도 수출용은 힌두교 신을 그려 수출지의 기호에 맞게 생산했다.[14]

일본산 마욜리카 타일이 대만이나 인도에서는 크게 유행했지만 우리나라에서는 썩 그렇지 않았다. 요란한 색감이 우리 정서와는 그리 맞지 않았던 때문인 듯하다. 동래온천 같은 상업 시설에서 주로 사용한 것으로 추정한다.

마욜리카 타일 대신 우리는 이른바 미술 타일로 일컬어지는, 세토 지역에서 생산한 다양한 타일을 주로 사용했음이 눈에 띈다. 경성 주택에서 실내장식용 타일로 많이 사용했다. 미술 타일을 만든 이름으로는 고모리 시노부小森忍와 이케다 다이잔池田泰山을 빼놓을 수 없다. 중국 옛 자기 유약의 아름다움에 매료되어 연구를 시작한 고모리 시노부는 1928년 쓰바키가마山茶窯를 설립하고 미술 타일을 생산했다.[15] '미술 타일의 최고봉'을 만들어낸 인물은 이케다 타이잔이다. 그는 1917년 교토에 자신의 이름을 내건 타이잔제도소를 설립하고 미술 타일을 개발했다. 그 가운데 대표적인 것이 포목布目타일이다. 타일 표면에 천의 올 문양을 찍고 이라보유伊羅保釉를 비롯해 오리베유織部釉, 철유鉄釉, 진사유辰砂釉 등을 발라 구워내 다양한 색을 표현했다.

우연은 종종 새로움을 만든다. 포목 타일 역시 우연히 얻은 아이디어에서 비롯했다. 타일에 응용한 포목 무늬의 시작은 다름 아닌 지푸라기였다.[16] 추적추적 비 내리는 어느 날, 제도소 재료 창고 앞 발판에 미끄럼 방지를 위해 깔아 둔 짚이 금세 질척거리자 누군가 곡물을 담는 마댓자루로 바꿨다. 물을 흡수한 마대가 마른 뒤 거기에 달라붙은 흙의 모양을 보고 이케다 타이잔은 타일 문양을 착안했다.[17] 타일에 무늬를 넣을 때는 미끄럼 방지를 위해서였다고도 하는데 시각적으로도 뜻밖에 아름다운 공예품이 탄생했다.

타일에 독특한 미감을 더해주는 것은 유약의 힘이 크다. 도자기 그릇을 떠올리면 이해가 쉽다. 포목 타일에 이라보유를 바른 것을 오늘날에도 볼 수 있다. 옥인동 박노수 가옥 현관 벽에 붙은 것이 바로 이라보유를 사용한 포목 타일이다. 박노수 가옥은 1937~38년 무렵 윤덕영이 그의 딸과 사위 김덕현을 위해 서울 종로구 옥인동 대지 약 500평 위에 건립한 2층집이다.[18] 이라보유는 조선시대 다완에

1870년 무렵 제작한 민턴의 마욜리카 타일.

1905년 민턴 홀린스 사의 타일 카탈로그. 벽에 세트로 붙일 수 있는 마욜리카 타일이다.

화려한 일본 마욜리카 타일. 주로 대만에서 많이 사용되었다.

화려한 일본 마욜리카 타일.

색색의 화려한 마욜리카 타일로 장식한 교토 후나오카船岡온천.

서 볼 수 있는 거친 느낌의 유약으로 까칠까칠하다는 뜻의 일본어 'いらいら'에서 이름이 유래했다.

옥인동 박노수 가옥의 포목 타일은 특히 만들기 어렵다는 진사유를 사용했다. 진사유 도자기는 일찍이 중국과 조선을 통해 일본으로 전해졌는데 타이잔제도소는 이를 바탕으로 가마에서 불을 땔 때 온도를 때때로 조절(변요 기술)해 자주색, 보라색 등 여러 가지 적색 계열의 색을 얻었다.[19] 말하자면 불과 유약이 만나 이룬 자연스러운 색의 변주가 타일 한 장 한 장에 구현되어 있다.

한 장 한 장 구워내는 미술 타일은 그야말로 미술 작품, 미술 공예품처럼 보기에는 아름다웠으나 1920~30년대 늘어나는 타일 수요에 맞춰 생산하기에는 역부족이었다. 이를 해결한 것이 야마우치 이쓰조山內逸三가 개발한 모자이크 타일이다. 그 이전에도 일본에서 유약을 바르지 않은 약 25밀리미터 크기의 모자이크 타일이 시도되었다. 1924년 아이치 현 남서부 도시인 도코나메常滑의 이나제도伊奈製陶(오늘날 LIXIL)가 창립과 함께 이 사업에 뛰어들었고, 당시 위생을 강조하는 사회 분위기와 맞물리면서 이후 여러 회사들이 생산을 시작했다.[20]

1920년대 후반부터 1930년대 초반에는 모자이크 타일의 시공 효율성을 높이기 위해 약 303제곱밀리미터(한 면이 약 30센티미터/면적 약 30제곱센티미터) 크기 종이에 모자이크 타일을 붙여 가공, 판매했다.[21] 작은 모자이크 타일 조각을 하나하나 붙이는 것이 아니라 뭉텅이로 붙일 수 있으므로 빠른 시공이 가능했다. 이쓰조가 개발한 대량 생산 체제는 기후 현의 오늘날 다지미多治見시인 가사하라초笠原町에서 건식성형[22]으로 타일을 찍어내고 컨베이어 벨트에서 자동으로 유약을 바르는 방식이었다. 이렇게 대량 생산이 가능해지면서 1930년대 일본의 일반 가정의 현관, 욕실, 화장실, 부엌, 아궁이 주변을 비롯하여 공중목욕탕, 지하철역 등 공공장소에서도 두루 사용했다.

경성에서는 장곡천정 91번지의 호자와상점戶澤商店, 황금정 2정목의 이케다상점池田商店과 요시카와양행, 남대문통 4정목의 아라이新井상점 같은 건축 재료 전문

포목 타일을 비롯한 다양한 미술 타일.

도쿄 제국호텔을 지은 프랭크 로이드 라이트의 애제자 엔도 아라타가 설계한 일본 고시엔 회관 바닥이다. 1930년에는 고시엔 호텔이던 때 사용한 공간 바닥에 여러 종류의 타이잔 미술 타일 샘플을 모자이크처럼 붙였다.

옥인동 박노수 가옥 현관 벽 타일. 이라보유를 바른 포목 타일로 천의 올이 선명하다.

평동 최창학 주택 실내에 깔린 포목 타일.

옥인동 박노수 가옥 1, 2층 벽난로와 타일 세부.
진사유를 바른 타이잔 포목 타일은 미술 타일의 최고봉이라 여겨진다.

평동 최창학 주택 1층 응접실 벽난로와 타일 세부. 천의 올이 선명한 이라보유를 바른 포목 타일이다.

평동 최창학 주택의 2층 응접실 겸 서재 벽난로와 타일 세부. 노란색과 올리브색이 오묘한 미술 타일이다.

미국 로이드 타일 사의 1932년 카탈로그. 상업 공간과 계단 등에 타일을 적용한 사례를 실었다. 모자이크 타일을 붙였다.

대전 유성온천 본관 욕실. 모자이크 타일을 붙였다. 국립민속박물관.

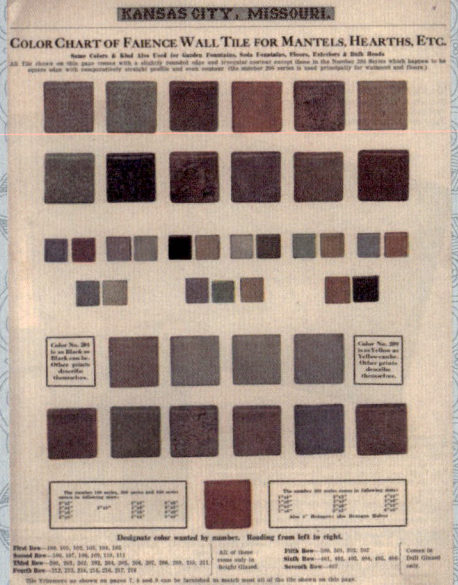

미국 로이드 타일 사의 벽난로용과 욕실용 타일 카탈로그.

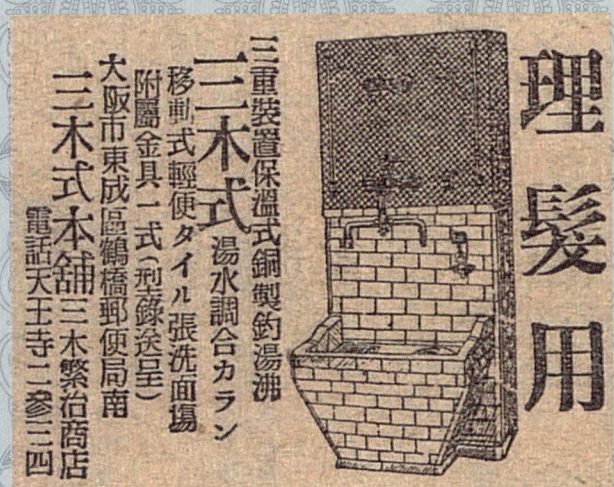

1930년 10월 11일자 『경성일보』에 실린 이발용 이동식 세면대 광고. 세면대에 타일을 붙였다.

1931년 6월 5일자 『경성일보』에 실린 나고야타일 광고.

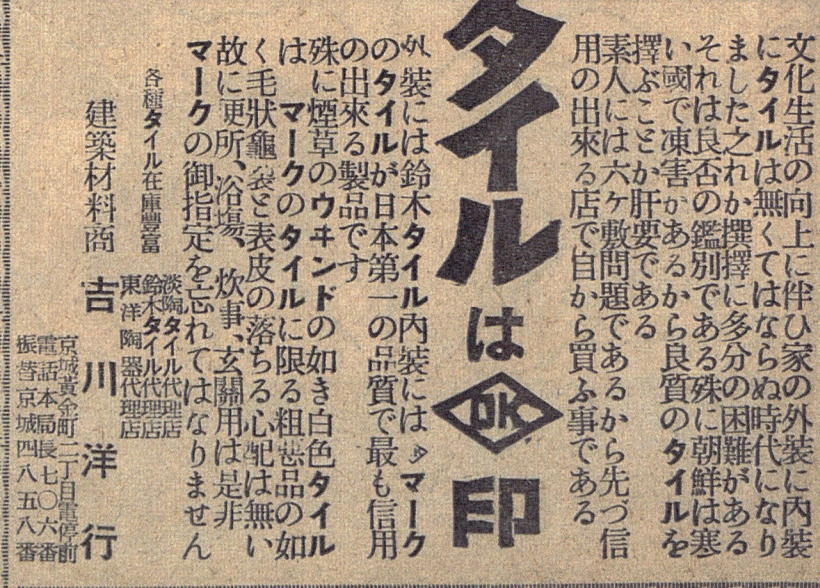

1936년 7월 23일자 『경성일보』에 실린 건축재료상 요시카와양행 광고.

조선저축은행 중역 사택의 현관 벽 타일. 야마우치 이쓰조가 생산한 부조 타일과 비슷하다. 네 장을 붙여 연속 문양을 만드는 것이 유행이었는데 백제의 바닥 전돌을 붙이는 방식을 떠올리게 한다.

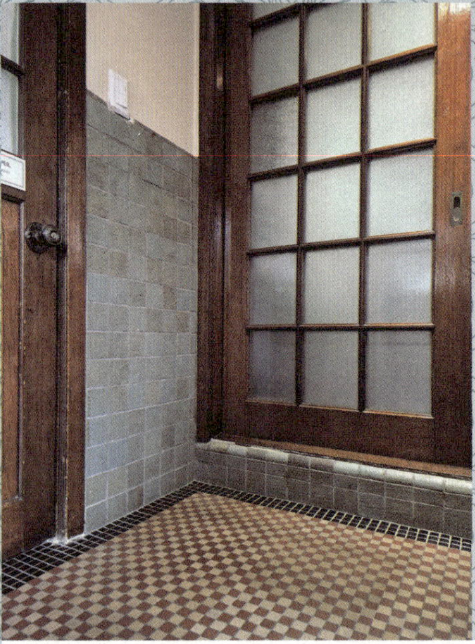

©조지혜

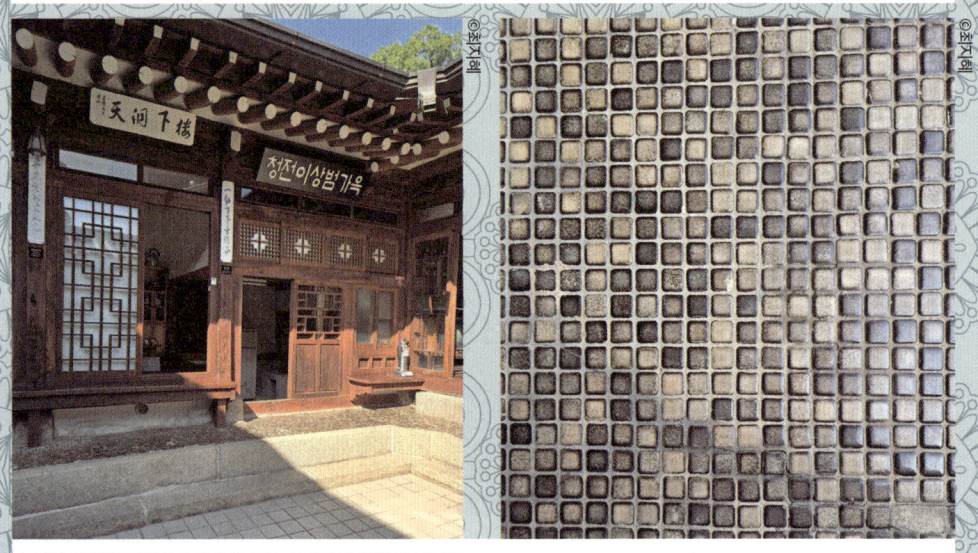

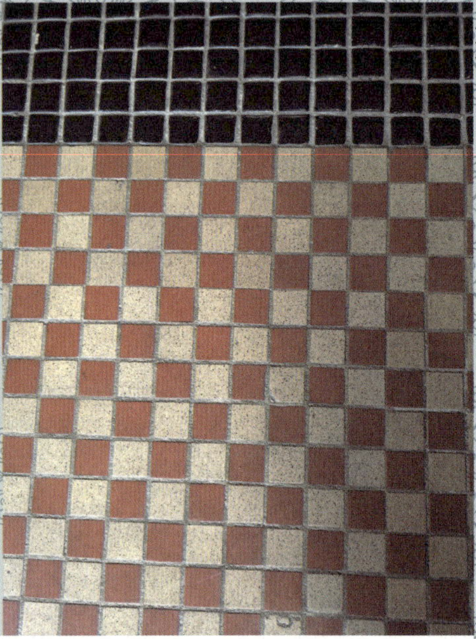

©조지혜

옥인동 박노수 가옥 현관과 바닥 타일 세부. 바닥에는 모자이크 타일을, 벽면 허리 부분까지는 포목 타일을 붙였다.

©조지혜

©조지혜

누하동 이상범 가옥과 기단 타일 세부. 모자이크 타일을 붙였다.

점에서 이나제도소나 나고야제도의 타일을 판매했다. 장곡천정은 오늘날의 소공동 일대이고, 남대문통 역시 남대문 일대다. 황금정은 오늘날 을지로에 해당하는데 이곳에 밀집한 타일·도기 상점의 역사는 이때로 거슬러올라간다. 백 년 전부터 시작한 살아 있는 역사의 현장인 셈이다. 요시카와양행은 외장용으로는 '스즈키鈴木타일', 내장용에는 'DK마크가 있는 타일'이 일본 제일의 품질로 금이 가거나 벗겨질 염려가 없는, 최고 신용할 수 있는 제품이라고 광고했다. 스즈키 타일은 스크래치 타일류로 추정하고, DK마크가 있는 타일은 단토 사 제품을 뜻한다.

    1930년대 기계화, 대량화된 타일은 저렴하게 누구나 쓸 수 있는 재료로서 '미적 생활의 대중화 시대'를 열었다는 점에서 의미가 크다.[23] 하지만 건축가 김수근은 광복 이후 서울 을지로 일대의 타일이 만들어낸 건물의 '욕탕식 피부'를 비판했다.[24] 그렇지만 그때만 해도 "국적 불명, 족보불명의 것이 전국적으로 만연되어"[25] 있던 것들의 흔적은 오늘날 그리 썩 많이 남아 있지 않다.

"얇고도 투명한,
모던 주택의 홀마크"

유리

한옥에 달린 유리문, 한양절충의 시작점

"지난 10년 동안 작은 유리의 사용이 늘어나 이제는 거리를 다니다 보면 1~2인치 크기의 유리가 문에 붙어 있는 것을 볼 수 있다. 이는 집 안에 사는 사람들이 밖을 내다보기 위해 부착되어 있는 것이다. 길가 쪽의 벽에는 거의 창문이 없는데 이는 집 안에 사는 사람들의 사생활이 노출되지 않게 하려는 습관 때문이다."[1]

미국인 선교사 길모어가 관찰했듯이 19세기 말 서울에서 유리문이 드문드문 눈에 띄기 시작했다. 하지만 유리문이라고 부르기에는 뭣한, 고작 손바닥만 한 유리 한두 장을 붙인 것이었다. 당시 유리라는 물건 자체를 조선에서 보기 어려웠고 건축재료로는 더더욱 그러했다. 고종의 외교 고문 오언 N. 데니의 주택은 전면을 마치 유리로 도배한 듯 유리 미세기 문을 달았고, 이런 어마어마한 유리문 때문에

고종의 외교 고문 오언 N. 데니의 집 외관. 유리창을 전면에 둘렀다. 『한국사료총서』 28 데니문서.

1928년 미국 아메리칸 윈도 글라스 사 카탈로그 표지.

그의 집은 장안에서 유명했다. 그는 어처구니없게도 이렇게 고치는 데 큰돈을 들였다며 귀국 때인 1890년 정부에 엄청난 리모델링 비용을 청구했다.² 그가 조선에 부임한 때는 1886년이다. 그 무렵 사용한 판유리는 모조리 영국이나 벨기에 등지에서 수입한 것이었다. 판유리를 국내에서 본격적으로 제작한 것은 광복 이후의 일이다.

　한옥에 달린 유리문은 건축에서 한양절충의 시작이라 해도 과언이 아니다. 데니의 한옥 리모델링 이후 20세기 초 유리문을 단 크고 작은 신식 한옥이 속속 등장했다. 1913년 한성은행 전무였던 한상룡이 오늘날 종로구 북촌로7길 16에 건립한 가회동 백인제 가옥에도, 우리나라 최초의 서양 화가로 유명한 고희동 화백이 일본 유학 후 돌아와 1918년 종로구 원서동 16번지에 직접 설계하고 지은 뒤 41년간 거주한 옛집에도, 만해 한용운 선생이 10여 년을 거주한 성북동 심우장에도 유리문이 마치 모던 한옥의 홀마크인 양 달려 있다.

　작가 이태준은 1935년 무렵 당시 성북동, 혜화동에 늘어나는 집에 생겨난 벽돌담, 기름칠, 페인트칠을 퍽 못마땅해 했다. 또한 "유리창도 편리하기는 하지만 큰돈을 드려 지을 바에는 조선 건물로서의 면목을 죽여가면서까지 유리창에 열광할 필요는 업지 안을가"³라고 일갈했다. 값비싼 유리창이 조선 가옥과 그리 조화롭지 못하다고 여긴 것이다. 그는 길을 다니면서 아름다운 집들을 보기는커녕 "길길이 뻘건 담을 쌋코 그래도 못미더워서 세상을 다 도적으로 아는지 유리병을 깨트려 박은 것이라 참말 그 집 주인을 위해 딱해하지 안을 수 업는 것"이라고 한탄했다.⁴ 도둑 막는 데에 그리 효용도 없을 것 같은 유리 박힌 담은 어릴 때 동네에서 종종 마주했던 모습이다. 그 살풍경은 1930년대 이미 생겨난 현상인 듯하다.

　유리창이 마뜩잖았던 이는 또 있었다. 건축가 박길룡은 1933년 11월『매일신보』에 연재한 실내장식 관련 칼럼에서 이렇게 말했다.⁵

　"창은 역시 온돌방에는 재래식 조희(종이) 발른 완자 미닫이가 맛고(맞고) 양식 오

1913년 지은 가회동 백인제 가옥. 안채에 유리문을 달았다.

1933년에 지어진 만해 한용운의 성북동 심우장 전경과 유리문 부분.

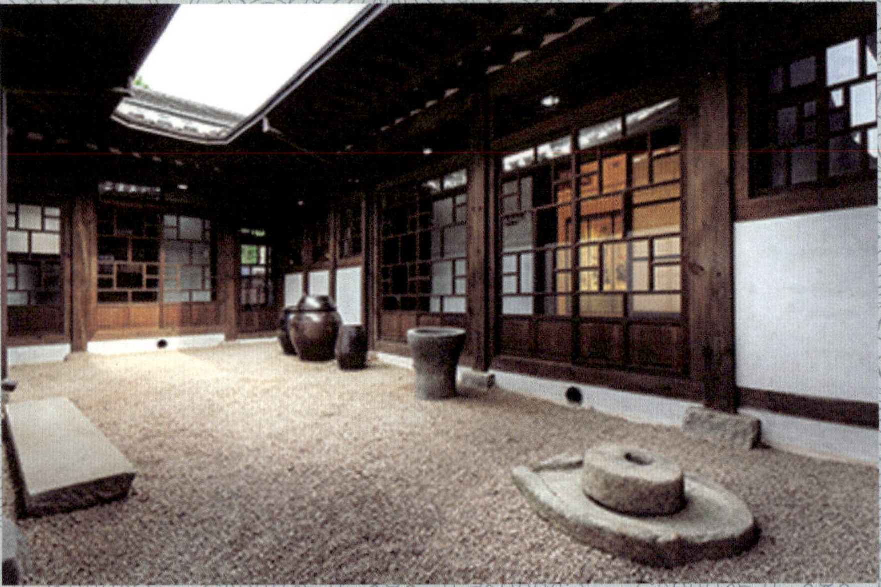

©최지혜

©최지혜

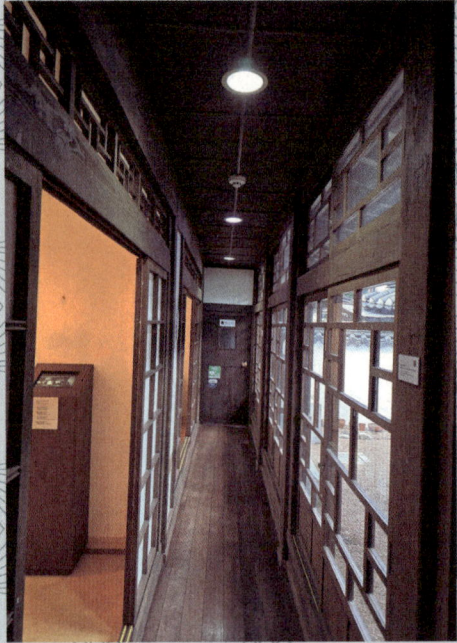

오늘날 고희동미술관으로 운영 중인 원서동 고희동 가옥 안채와 복도. 여기에서도 유리문을 볼 수 있다.

르나리는 유리창은 조화가 못된다. 유리창을 사용하려면 박게는(밖에는) 유리창을 달고 안으로는 조희 발는(종이 바른) 미닫이 쌍창의 겹二重창으로 하는 것이 적당하다."

하지만 유리 덧문을 달거나 문화주택에 이중 유리창을 하는 것은 온돌과 마찬가지로 한국에 살러 온 일본인들에게조차도 방한을 위한 합리적인 선택이었다.

우리 손으로 만드는 유리를 향하여

유리는 20세기 초만 하더라도 국내에서 생산하지 않는 비싼 소재였다. 러시아 학자 세로셰프스키가 쓴 『대한제국 견문록』에는 1903년 무렵 짓다 만 유리공장 이야기가 나온다.[6] 그로부터 몇 년 뒤 우리나라 최초의 유리공장으로 보이는 것이 등장한다. 서대문에 이재현이 세운 서대문초자공장이다. 초자는 유리를 뜻하는 한자어다. 1913년 신문 기사에 따르면 4년 간 업무가 점점 발전했다 하니 그 설립 연도는 1909년으로 거슬러 올라간다. 설립 당시 약 5천 원의 자본으로 시작했지만 4년 간 경영난을 겪다 친척 이재원이 오천 원을 더 투자하고 경성초자제조소로 이름도 바꾸면서 부활을 꾀했다.[7] "투약병·등피·람포·어항·곱보·우유병 등 각종을 정미히 제조 판매"했다[8]고 하니, 병·램프 갓·컵 같은 작은 유리 제품을 주로 생산했던 듯하다. 평양에서는 1913년 5월 조선인 직공 30여 명이 제조하는 초자제조소가 설립되었다. 이곳 역시 파리 잡는 기구인 승취기 같은 소품을 생산했다.[9]

1921년 5월 2일자 『매일신보』 기사에 따르면 당시 경성, 인천, 대구, 평양, 부산, 청진 등에 있는 유리공장은 주로 일본인이 경영했고 생산 제품은 주로 호야와

승취기. 국립민속박물관.

승취기 등 설초자屑硝子 즉, 유릿가루를 원료로 만든 것이었다.[10] 호야는 램프 갓을 일컫는 일본식 표현으로 램프를 흔히 호야라고 부르기도 했다.

1926년 통계에 따르면 우리나라에 유리 제조사는 총 13곳이었다. 그 가운데 오늘날 인천광역시 동구 만석동인 경기도 인천부 만석정과 오늘날 서울 충무로 일대인 고시정 57번지 두 곳에 있던 마루산丸三초자제조소, 그리고 오늘날 서울 후암동 일대인 경성부 삼판통 17번지에 있던 오쓰카大塚초자제조소가 대표적인 유리 제조업체였다. 이 두 곳에서도 작은 유리병이나 등갓 같은 소품을 제조했다.[11] 1930년대 비교적 규모가 큰 공장은 인천초자제조소가 유일했다. 포목전, 연초도매상, 정미소 등으로 큰돈을 모아 인천 재계에서 입지가 단단했던 김봉조金鳳祚가 경영하고 조선 청년 50명을 종업원으로 두었는데 연 생산액이 5만 원 정도였다.[12] 여기에서도 판유리를 제작한 것은 아니었다.

일본에 서양의 유리 제조 기술이 전해진 것은 19세기 말로 알려져 있다. 가고시마나 사가 현 등지에서 유리 용기 같은 것들을 소규모로 제작했다. 유리병에 비해 판유리는 훨씬 제조가 까다로웠고 고도의 기술이 필요했다. 1873년 도쿄 시나가와에 설립된 고교샤興業社가 판유리 제조를 시도했다.[13] 하지만 수 년 간 채산이 맞지 않아 공장은 1876년 국영 시나가와제조소로 바뀌었다. 여전히 판유리 제작은 여전히 어려웠고 병, 식기류 등의 생산에 머물렀다. 유리 수요가 많아지고 수입량이 증가하자 서구 기술을 도입해 판유리 생산에 도전했다. 넓적한 판유리를 만들기 위해서는 녹인 유리를 대롱으로 불어 큰 유리공을 만들고 이를 잘라 평평하게 해야 한다. 체구가 작은 일본인으로서는 쉽지 않았다. 일본에서 최초로 판유리

❶ 녹인 유리 퍼 담기.   ❷ 원료 섞기.   ❸ 녹인 유리 붓기.

❹ 작은 실린더 늘이기.   ❺ 완성된 실린더.   ❻ 실린더 평평하게 하기.

1926년 아메리칸 윈도 글라스 사 카탈로그에 실린
창유리 제작 공정의 일부.

❼ 자르기.

를 생산한 것은 미쓰비시 사에서 설립한 아사히旭유리였다.[14] 1907년 설립 이래 2년 뒤인 1909년 벨기에에서 수취법手吹法 즉, 유리 불기blowing 기술을 도입한 아사히유리의 아마가사키 공장은 덩치 큰 전직 스모선수를 채용했다고 한다.[15] 아마도 큰 체구를 가진 스모 선수들이 폐활량도 좋아서 유리공을 최대한 크게 부는 데 퍽 유리했을 것이다. 이후 미국에서 개발한 여러 기계 인상법引上法[16]들로 인해 얇고 품질 좋은 판유리를 제작했다.

제1차 세계대전은 일본 판유리 산업에 큰 전환점이 되었다. 당시 수입품의 70~80퍼센트를 차지하던 벨기에 제품의 공급이 끊어지자 일본은 자국 수요 충당은 물론이고 아시아 일대로 수출도 가능했다. 1918년 일본판 우리 설립 이후 1920년 일본 최초로 연속기계생산에 성공했다. 덕분에 대량 생산이 가능했고 가격이 내려가면서 일반 주택에도 점차 판유리가 보급되기 시작했다.

종이 대신 유리가 달린 문은 공기의 흐름을 차단하고 비바람을 막아주며 채광이 가능한 꿈의 재료였다. 찬바람을 막아주는 유리창은 홋카이도 같은 추운 지방 주택에 먼저 도입되었고 차차 서남쪽으로 퍼져 나갔다. 일본은 전통적으로 툇마루 끝에 비바람을 막아주는 나무 덧문인 아마도雨戶를 설치했지만 유리문이 일반화되면서 툇마루는 투명한 유리 속으로 쏟아지는 빛을 안은 밝은 공간이 되었다. 나쓰메 소세키가 1915년에 쓴 자전적 소설『유리문 안에서』는 당시 드물던 유리문이 등장한다. 고질병인 위궤양을 앓고 있는 작가는 '소세키 산방'의 서재에서 유리문으로 세상과 단절된 채 단조로운 생활을 하며 방문하는 사람들과의 이야기를 담담히 풀어내었다. 그 유리문은 그가 설계한 것이 아니라 집주인이 미국 유학에서 돌아온 의사여서 진료실로 썼던 까닭이다.[17]

"상처가 남긴 미학, 스리유리와 결상유리
유리琉璃에 차고 슬픈 것이 어린거린다.
열없이 붙어서서 입김을 흐리우니

길들은 양 언 날개를 파다거린다.
지우고 보고 지우고 보아도
새까만 밤이 밀려 나가고 밀려와 부디치고,
물먹은 별이, 반짝, 보석寶石처럼 백힌다.
밤에 홀로 유리를 닥는 것은
외로운 황홀한 심사이어니,
고흔 폐혈관肺血管이 찢어진 채로
아아, 늬는 산山새처럼 날아갔구나!"

아들을 잃은 시인 정지용이 1930년 1월 어느날 한밤중에 홀로 유리창에 입김을 불며 느낀 심상을 적은 시 「유리창」이다. 시 안에 등장하는 유리창은 안과 밖을 흐릿하게 보여주는 간유리가 아니라 말간 투명 유리였을 것이다. 일본에서는 간토 대지진 이후 복구한 건물과 늘어난 임대주택에도 유리문을 달았다. 투명한 유리는 남의 집 안이 훤히 보이는 단점이 있어 사생활 보호가 어려웠다. 아직 집의 내부가 보이지 않는 간유리 제조 기술이 도입되지 않았던 때였다. 때문에 이를 해결하기 위해 당시의 판유리는 투명 유리를 2차 가공하여 무늬를 낸 것을 수입했다. 스리磨り유리와 결상結霜유리인데 둘 다 퍽 비싼 소재였다.[18]

스리유리와 결상유리, 근대 주택의 흔적

스리유리는 투명한 판유리 표면에 미세한 상처를 낸 것이다.[19] 보통의 투명 플로트 float 유리 즉, 탱크에서 금속 위에 녹인 유리를 부유시켜 만든 판유리에 모래를 분

1938년에 지은 혜화동 도시한옥에 남아 있던 무늬 유리창.

1938년에 지은 혜화동 도시한옥에 남아 있던 탱자나무 패턴 무늬 유리창.

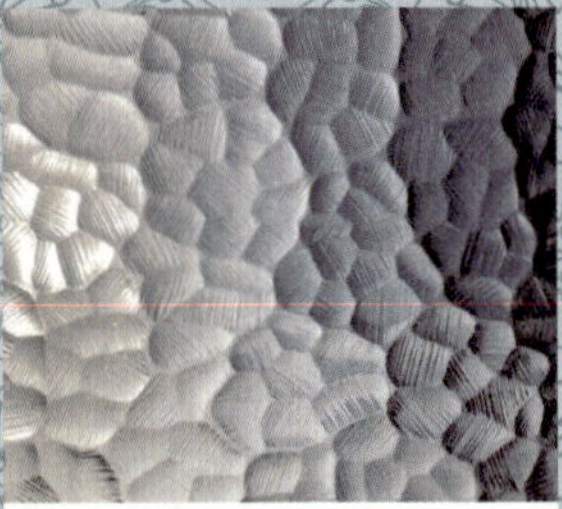

❶ 돌무늬石目(1956). 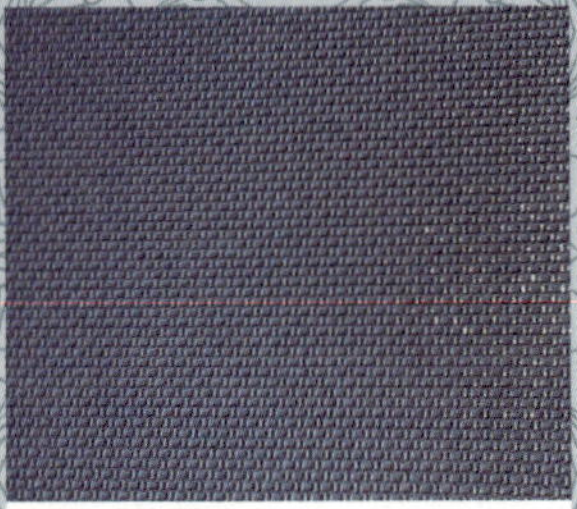　❷ 마직물 짜임(1969). 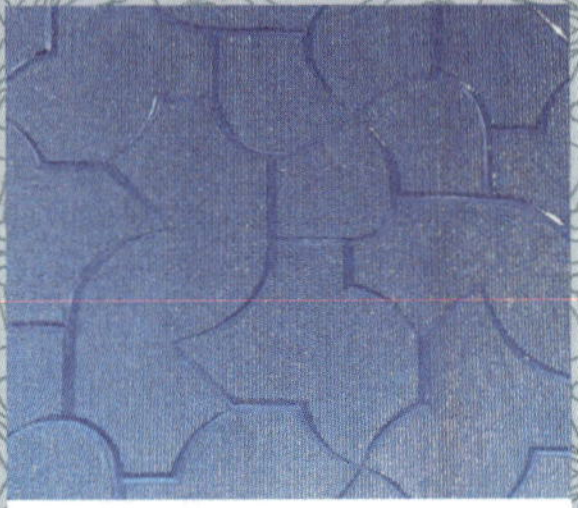　❸ 탱자나무(1966).

❹ 만발한 꽃(1969). 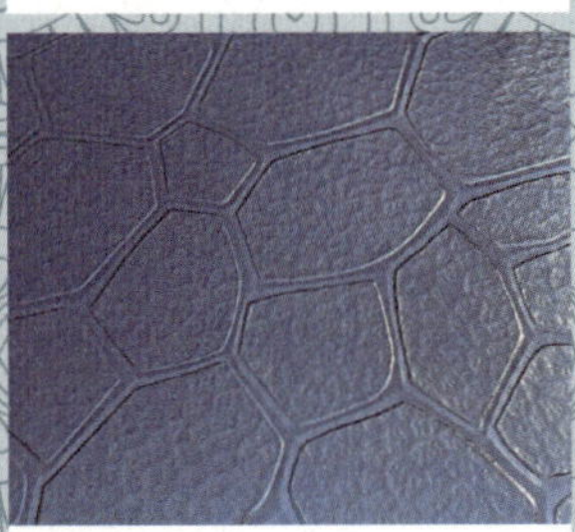　❺ 돌담(1964). 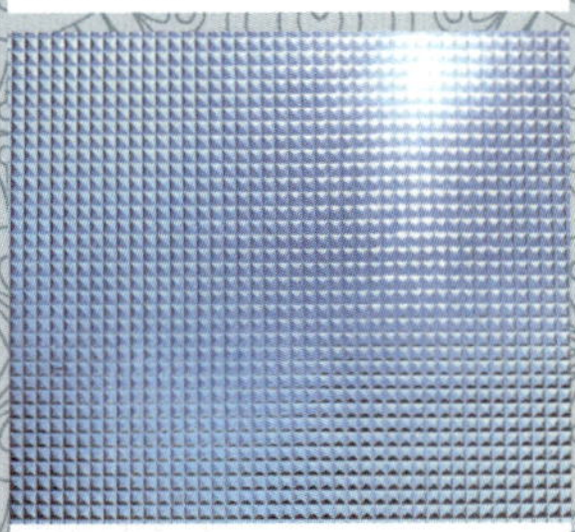　❻ 미스트라이트(1965).

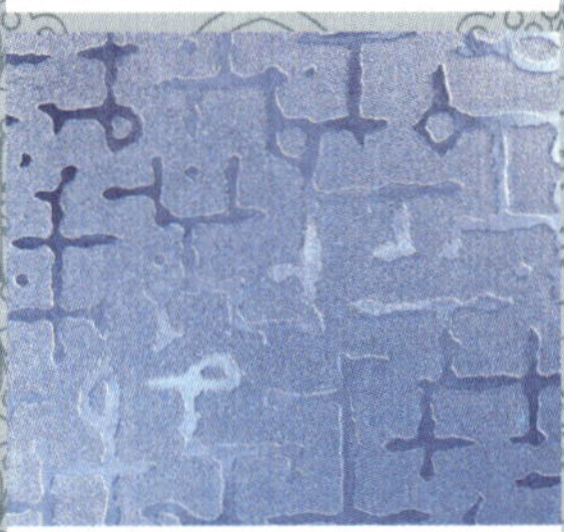

❼ 인도 면(1964). 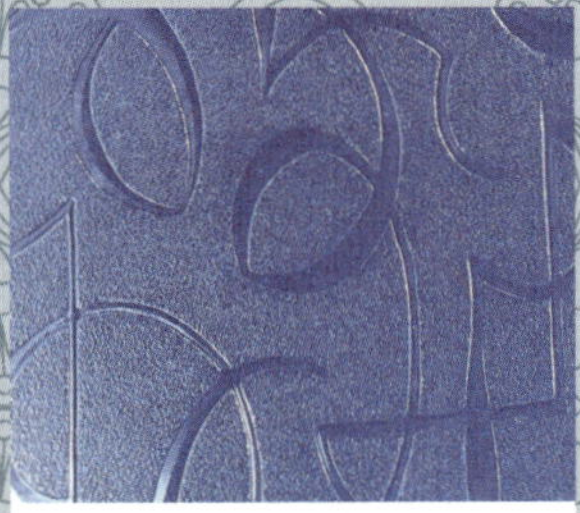　❽ 아라비아문자(1967). 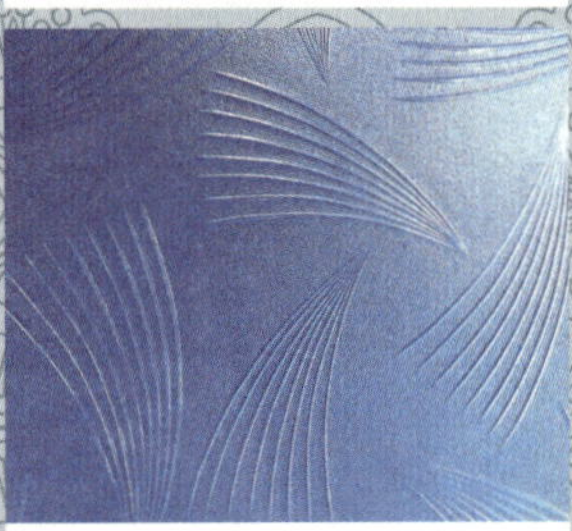　❾ 싹(1969).

일본에서 생산한 다양한 판유리들. 1950~60년대 발매했다고 하지만 대부분 1930년대 광고에도 등장하는 것으로 보아 진작 제작되어 유통했을 것으로 추정한다. 괄호 안의 숫자는 레트로 판유리 발매 시점이다.

청파동 근대 가옥 킷테 내부 유리문. 왼쪽은 작은 색종이 문양인 시키시しきし 패턴 무늬이고, 오른쪽은 일본판초자에서 제작한 인도 염직 목면 사라사 패턴 무늬다.

스리유리.

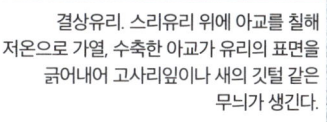

결상유리. 스리유리 위에 아교를 칠해 저온으로 가열, 수축한 아교가 유리의 표면을 긁어내어 고사리잎이나 새의 깃털 같은 무늬가 생긴다.

결상유리가 있는 홍건익 가옥의 덧문과 결상유리 세부. 덧문 한 가운데 바깥 확인용 투명 유리를 끼웠다.

일본 근대 주택의 미세기문에 남아 있는 결상유리.

오늘날 건국대 캠퍼스 안에 있는 도정궁 경원당[24] 유리문과 세부. 후지산을 모티프로 한 무늬와 배경은 불투명하게, 그 아래 풍경은 가는 선으로 무늬를 넣었다.

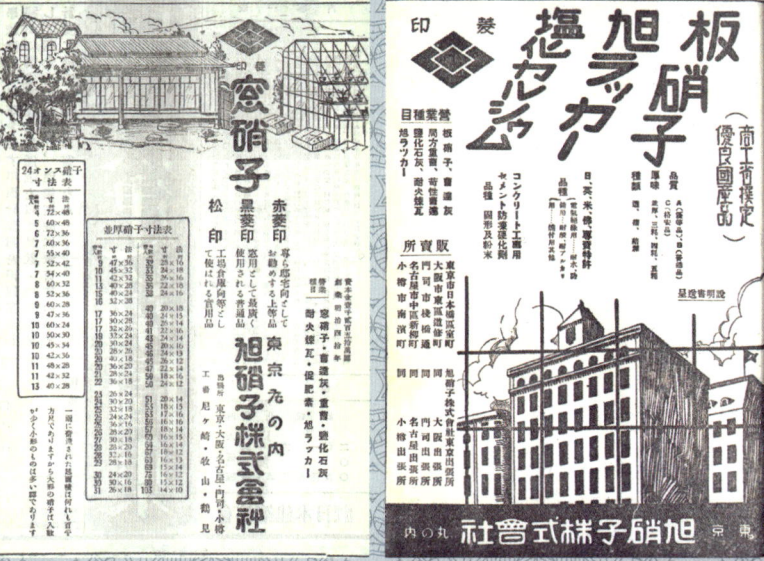
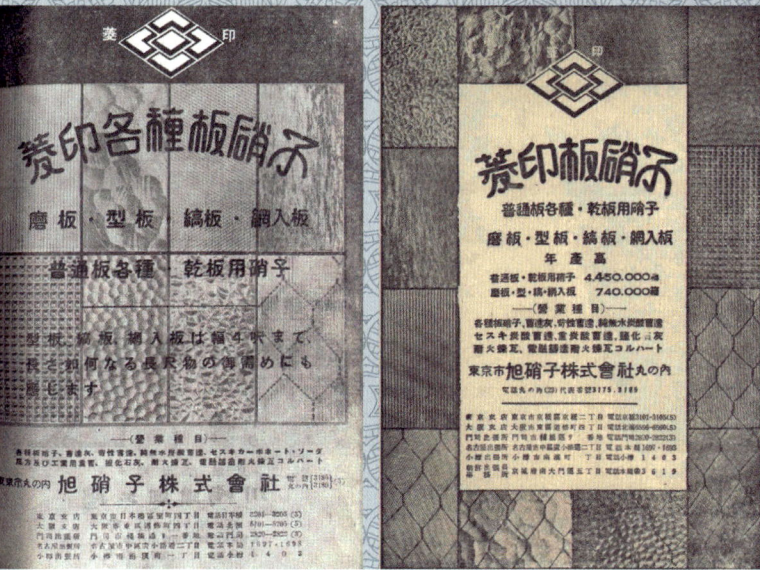

『조선과 건축』에 실린 아사히창 유리 광고들. 맨 왼쪽은 1930년의 것으로 문화주택, 목조 가옥, 온실 일러스트와 함께 여러 용도와 다양한 크기가 있음을 광고한다. 1934년, 1937년, 1940년 광고에는 돌무늬를 비롯한 다양한 무늬의 형판 및 철망을 넣은 망입 유리가 보인다.

유리문은 거실 덧문으로 갈매기 패턴의
유리가 끼워져 있다.

왼쪽은 갈매기 패턴, 오른쪽은 탱자나무 패턴의 무늬다.

박정희 가옥의 유리들. 박정희 가옥은 1930년대 신당동 일대에 들어선 문화주택 단지인
앵구 주택지 가운데 유일하게 남아 있는 주택[34]이다. 오늘날 중구 다산로 36가길 25에 있다.
앵구 주택지는 일대에 벚나무 천 그루를 심어 '벚나무 언덕'이라는 의미의 이름을 붙인 것이다.

옥인동 박노수 가옥의 유리들. 박노수 가옥은 1937~38년경 윤덕영이 그의 딸과 사위 김덕현을 위해 지은 집으로 화가 박노수가 그 집을 사들여 40여 년 동안 거주한 곳이다. 종로구에 기부한 뒤 지금은 박노수 미술관으로 운영하고 있다. 서울시 종로구 옥인1길 34에 있다. 다양한 무늬의 간유리를 끼운 창(왼쪽)과 탱자나무 패턴 유리를 끼운 창(오른쪽)이 있다.

청파동 근대 가옥 킷테의 유리창. 다이아(다이아몬드) 패턴의 유리를 끼웠다.

사하는 샌드블라스트 기법sandblasting이나 연마재인 금강사金剛砂를 사용한 솔 등으로 유리 표면을 마찰하여 가공한 반투명 유리다. 손으로 만지면 까칠까칠하다. 종이를 바른 장지문 대신 스리유리는 부드러운 빛을 실내로 들이는 장점이 있지만 물에 젖거나 결로가 생기면 도로 투명해져서 안이 들여다보인다. 게다가 올록볼록한 부분에 손때나 물때가 남으면 제거하기가 어렵다는 단점도 있다.[20] "스리가라스 창"은 이태준의 소설 『신혼일기』에서 소공동에 새로 난 어떤 찻집에서 친구들을 만나기로 한 화옥이 앉은 구석 자리 옆에도 보인다.[21] 그곳에서 그녀를 뚫어져라 쳐다보았던 교양 있어 보이는 남자는 다름 아닌 친구 소춘과 결혼할 황순필이었다. 여기에서 "스리가라스 창"은 마치 결혼의 길목에서 예쁜 화옥에게 흔들리는 황순필의 내면과 결혼 후 그의 부적절한 행동을 불투명하게 암시하는 듯하다.

결상유리는 영어로 'Glue Chip Glass' 또는 'Feather Glass'라고 부른다. 마치 표면에 성에가 낀 듯하고 새털이 붙은 것처럼 보이기도 한다. 스리유리 위에 아교를 칠해 저온으로 가열하면 수축한 아교가 유리의 표면을 긁어내기 때문에 유리 표면 전체에 고사리잎이나 새의 깃털 같은 랜덤한 무늬가 생긴다. 그러므로 박리된 것같이 깎인 부분은 투명하고 무늬 부분은 뿌옇다. 우연이 그려내는 세상에 하나뿐인 문양이다. 얇은 결상 유리는 용케도 살아 남아 근대 주택의 유리문을 살피면 생각보다 많은 곳에서 발견할 수 있다. 1934년 무렵 종로구 필운대로1길 14-4에 지어진 필운동 홍건익 가옥, 용산구 청파로47가길 9-6의 근대 주택 '킷테' 등 도시한옥이나 근대 주택을 찾을 때마다 곳곳에서 눈에 띈다.

스리, 결상유리의 두께는 2밀리미터로 얇은 것이 특징이다. 표준 치수는 '75'. 이것은 한 상자에 가로세로 30센티미터, 40.6센티미터짜리 판유리가 75장 들어 있는 것을 의미한다.[22]

스리유리나 결상유리처럼 자연이 그려낸 문양이 아니라 사람이 섬세하게 그림을 만들어 낸 유리판도 등장했다. 서양의 모래분사법sandblasting을 응용한 것인데 나가사키의 유리 수입상이었던 가와조에 진베이川添甚兵衛가 금강사를 분사해 사군

자나 후지산을 모티프로 한 풍경화 같은 그림을 유리판에 새기는 것을 개발했다.[23]

유리 산업 발전의 뒷모습

집집마다 유리를 쓸 수 있게 된 것은 기계로 무늬를 찍어내는 형판型板유리 덕택이다. 1932년 일본판유리 사가 기존의 기술을 응용하여 형판유리 제조를 시작했다. 1935년 무렵부터 아사히유리도 미국 포드사에서 사용하는 기술(롤법)[25]을 도입해 녹인 유리를 두 개의 롤에 끼워 무늬를 찍어내는 방식으로 형판유리 제조를 시작했다. 두 회사는 일본 판유리의 양대 산맥이 되었다. 굵은 줄무늬를 비롯하여 다양한 무늬의 판유리가 이때부터 등장하기 시작했다. 창유리는 후쿠오카 현의 모지門司, 시모노세키에서 가장 많이 수입했다.[26]

일본 유리 산업 발전에는 식민지 원료가 큰 역할을 했다. 유리의 원료인 규사는 대흑산도 모래의 품질이 좋았다. 아사히유리는 한 달에 서너 번 약 1천 톤의 규사를 운반해 판유리를 만들었다. 아사히유리 공장이 있는 기타큐슈의 와카마쓰 인근 토바타로 모래를 실어 나르기 위해 대흑산도와 와카마쓰 사이 운반선 항로를 개통했다.[27]

평안남도 대동군에서도 좋은 품질인 순백의 규석이 발견되었다는 보도[28]가 나왔다. 조선 각지에 질 좋은 모래가 식민지 시기 일본 유리 제조에 토대가 되었다. 식산국은 유리공업이 조선에서 유망한 사업임을 간파했다. 대흑산도뿐만 아니라 황해도의 규사와 평안남도의 무연탄을 원료로 해서 진남포나 경인 지방에 공장을 설립하기 위해 기업자를 물색하기도 했다.[29] 흑산도 규사가 발견되었을 당시에는 무진장 있는 규사가 "초자 제조계의 대 복음"이며 조선 경제에 크게 유리할 것으로 보도했지만[30] 20여 년 동안 이루어진 대량 반출로 우리나라 유리 제조를 위한 원료는 부족해졌다. 규사뿐만 아니라 도자, 금속 원료 또한 일본으로 과도하게 유출됨으로 인해 고갈되는 것은 식민지 시기 우리 땅이 앓아야 했던 아픔이었다. 1940년에 당시 극도의 원료난을 겪고 있던 국내 26개의 유리 공장이 함께 한 경기도초자제조조합은 원료의 수·이출을 금지하도록 식산국에 요청하기도 했다.[31]

1947년 1월 26일자 『중외경제신문』은 국내 판유리 현황에 대해 상세히 보도했다. 국내에 판유리 생산 설비가 갖춰지지 않아 여전히 값비싼 수입 유리에 의존하고 있다는 내용이다. 당국의 대책이 시급했다.

> "기차 전차의 창 그리고 경대 등에 없어서는 아니 될 판장 유리는 시내 용산구 모 공장에서 소악품이 소량 생산될 뿐 전도는 극히 우려할 상태이다. 이러케 판장유리의 생산이 전무 상태에 있는 것은 원레 평면 유리 공업은 대규모의 기게시설과 적어도 일—천만원의 자금이 필요하고 또 특수한 기술이 요청되어 일본의 예를 들더라도 해방즉전까지 이 부문만은 외국인 기사의 의존하야왔다한다. (…) 동양에서는 중국의 대련과 일본의 대판이 최적소이어서 대련에 일공장이 있고 오사카에 일본판초자공장과 아사히판초자의 두 공장이 있을뿐이다. 이리하야 해방전이나 해방후이나 판장유리만은 외래품에 의존하지 안흐면 안되는데 현재 이 판장유리는 일부 화교들의 손으로 밀수입되어 이것이 평당(사방 1척) 1백 5십원으로 매매되고 있다. (…)"

광복 이전 우리나라에서 사용한 판유리는 모두 수입품인 셈이다. 1957년 9월 설립한 인천 한국유리공업주식회사가 국내 최초의 현대식 판유리공장이었다.[32]

판유리는 창문과 문 이외에도 단스 같은 가구에 부분적으로 쓰여 서양의 장식장처럼 내부 기물이 보이도록 하거나 문화주택의 온실, 상점의 진열장 등에 널리 쓰이면서 도시의 풍경을 바꿔놓았다. 근대 가옥에 남아 있는 판유리의 발매 시기는 제각각이고 유리가 얇아 깨지기 쉬운 만큼 후대에 새로 교체한 것도 많다. 그렇지만 간유리를 마주할 때마다 옛집에 대한 이른바 '레트로 감성'이 어슴푸레하게 피어올라 시간을 거슬러 올라가게 만든다. 이런 감성을 좋아하는 건 나만은 아닌 듯하다. 국내 생산이 가능해지면서 기하학, 잎사귀, 구름 모양 등 다양한 무늬의 판유리가[33] 1970~80년대 주택에도 널리 쓰였던 걸 보면 그러하다.

4부
경성 주택 꽃단장

"주거는 거처하는 사람의 반영이라고 볼 수가 있습니다. 취미의 실내장식이라면 돈을 많이 드려서만 되는 것이 않이라 같은 시간 노력 돈을 갖이고 잘 활용하는데 그 결과가 다르게 됩니다. 흔이 우리 가정의 실내장식이라는 것은 살풍경이라고 볼 수가 있습니다."[1]

경성 주택에서 장식이란 호사였다. 실내를 아름답게 꾸미는 일은 기능을 충족했을 때 비로소 고려할 수 있었다. 어둠을 밝히는 조명은 더 밝고 환한 전구에 대한 갈망을 충족시키기에 바빴다. 한낱 백열전구도 그 수명과 밝기를 개선하는 데 부단한 노력이 필요했다. 전등갓 역시 공간에 빛을 조금이라도 넓게 퍼지도록 하는 보조 역할이 우선이었다. 그럼에도 유행은 만들어졌고 어떻게든 아름답게 공간을 꾸미려는 이들의 관심은 줄곧 이어졌으며 새로운 물산을 만들어내고 수용하는 과정을 반복했다.

미국의 조명을 모방한 모델이 경성의 상업 공간과 주택을 가리지 않고 크게 유행했다. 기능주의적 건축이 등장하면서 조명 역시 기하학적이고 단순한 형태가 주를 이루었다. 화양절충식 주택에서 조명과 건축의 조화를 꾀하려는 건축가의 시도는 층고가 낮은 주택에 펜던트형 조명을 밀어내고 직부형이 자리하는 데 일정 부분 기여했다.

주택에 유리창이 생기면서 커튼은 채광과 통풍을 담당하는 도구이면서 동시에 공간에 개성을 부여하는 역할을 맡았다. 조명처럼 건축과 어울리는 서구의 유행이 반영되었다. 19세기의 복잡한 디자인과 구성 대신 간결한 것이 유행했다. 특히 레이스 황금시대로 일컬어질 정도로 레이스 커튼은 기능을 넘어 장식의 역할을 톡톡히 했다. 기계로 대량 생산한 레이스가 계층의 상징을 무너뜨리고 대중화되었기 때문이다.

실내는 아름답게 꾸미기 전에 우선 정리되어야 했다. 실내장식은 복잡하게 늘어놓은 세간을 마땅히 치우는 것이면 그만이었다. 1920~30년대 서구의 실내장식 유행은 일본을 통해 번안되었고 국풍이라는 새로운 양식도 등장했다. 하지만 특정 양식이 크게 유행하기보다는 경제와 합리성, 실용의 가치가 강조되었고 지나치게 화려한 것이나 값비싼 물품들은 오히려 꺼렸다.

유행하는 그림과 사람들의 취향, 그림 거는 방식 모두는 지극히 사회적인 산물이었다. 실질적 의미의 실내장식을 하는 데에는 백화점과 몇몇 인테리어 상점이 유행을 선도하며 사람들의 요구를 충족시켰다. 하지만 이들을 통해 가구, 직물, 커튼, 벽지를 조달하거나 장식을 맡기는 이는 극소수였다.

첨단 문명의 이기, 전깃불

1887년 경복궁 건청궁의 밤이 환해졌다. 칠흑 같은 어둠을 틈탄 변란을 두려워한 고종의 뜻에 따라 궁궐에 백열전등이 켜졌다.[1] 덕수궁과 창덕궁도 차례로 전등 빛에 물들었다. 이화문이 새겨진 미국 제너럴 일렉트릭 사의 샹들리에, 에디슨 전기조명회사나 오늘날의 동양유리주식회사의 전신인 일본 시마다島田유리제조소[2], 다카다高田상회 등지에서 들여온 다양한 전등이 궁궐을 밝혔다.[3] 종로의 거리에도 가정에도 전등이 보급되면서 남포등(램프)과 촛대가 함께 어우러져 경성의 밤은 때로는 희미하게, 때로는 밝게 비쳤다.

1929년 11월 미쓰코시백화점 경성 지점은 전등 발명 50주년을 기념하여 『경성일보』 및 경성전기의 후원을 받아 전기전람회를 개최했다. "전등이 발명된 이래 그 발달경로를 쉽게 알 수 있도록 실물을 진열하는 외에 전등의 은인 에디슨 옹의 일대기를 전기 장치로 재미있게 알게 했으며 기타 촉광 및 전등과 실내의 광협(넓

1929년 11월 28일자 『매일신보』와 12월 2일자 『경성일보』에 실린 미쓰코시백화점 전기전람회.

1936년 10월 10일자 『경성일보』에 실린 미쓰코시백화점 조명문화전.

환하게 불 밝힌 경성의 밤거리. 오늘의 충무로다. 서울역사아카이브.

이) 등 일반 참고가 될 각종 지식과 여흥이 있어 매우 볼 만하다"고 보도되었다.[4]

그로부터 7년 뒤인 1936년 10월 미쓰코시는 또 한 번 '조명문화전'을 개최했다. 조선전기사업령이 발표된 지 35주년을 기념한 행사였고 10월 8일부터 1주일 동안으로 예정했다. 연일 5천 명이 넘는 관람객이 방문해 대성황을 이루어 18일까지로 연장했다.[5]

전깃불은 오늘날의 스마트폰처럼 사람들의 큰 관심을 불러일으킨 문명의 이기였다. 1932년 기준 조선 내에 있는 전등의 총 수는 2,005만 9,543호였고 그 가운데 조선인은 15만 4,152호, 조선에 들어와 살던 일본인은 10만 116호, 외국인들은 5,275호로 집계되었다.[6] 상점이나 가정에 달린 전등은 대부분 알전구 하나만 달랑 달린 형태였지만 그 밝기는 초나 석유램프에 비해 월등했다.

일본 최초의 백열전구는 오늘날 도쿄전기주식회사의 전신인 백열사[7]에서 1890년에 만들었다. 당시 전구 제작은 오늘날 반도체만큼이나 개발하기 어려운 최첨단 기술이었다. 백열전구의 핵심은 필라멘트다. 영국의 스완Joseph Wilson Swan 경이 발명하고 미국의 에디슨이 보완한 전구[8]를 수입해 쓰던 일본이 자국에서 백열전구를 완성한 것은 일본의 에디슨이라 불리는 후지오카 이치스케藤岡市助, 1857~1918의 부단한 노력 덕분이었다. 필라델피아 만국박람회에서 선진국의 기술 발전을 실감한 그는 에디슨을 찾아갔다. 에디슨은 그에게 "아무리 전력이 풍부해도 기구를 수입에 의존한다면 그 나라는 망합니다. 전기 기구 제조에 손을 대서 자급자족할 수 있도록 하시오"라고 조언했다.[9] 에디슨으로부터 교토산 대나무를 정제해서 전구 필라멘트로 쓴다는 사실을 듣고 실험을 거듭하여 자신의 고향이자 오늘날의 야마구치 현인 이와쿠니 시 인근 강변에 자생하는 참죽八幡竹을 소재로 탄소 필라멘트를 완성했다.[10] 바로, 끝이 뾰족한 서양 가지처럼 생겼고 내부에 두 줄의 탄소선이 있는 후지오카식 백열전구였다. 하지만 탄소 필라멘트의 수명은 약 1천 시간 정도로 짧아 오래가지 못했고, 1909년 미국 쿨리지William D. Coolidge 박사가 개발한 텅스텐 전구에 밀렸다. 그가 개발하여 GE 사에서 만든 마즈다Mazda 전구는 밝기도 더

바느질하는 여인을 그린 그림 속 남포등이 보인다. 국립민속박물관.

전등이 보급되기 전 널리 사용한
남포등. 국립민속박물관.

창덕궁 대조전에서 사용한
마즈다 텅스텐 전구.

1890년 개발한 후지오카식
백열전구. 도시바미래과학관.

1917년 GE 사 마즈다 전구 광고.

1929년 10월 『마쓰다신보』에 실린
신마쓰다 쓰야케시전구 광고.

1910년 무렵 헝가리 텅스텐 전구 광고.

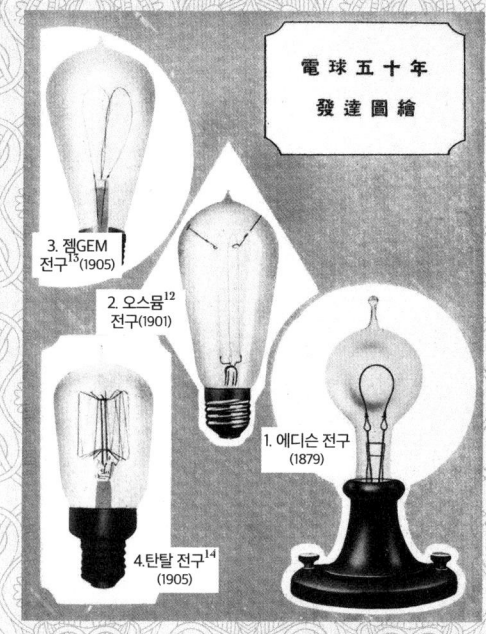
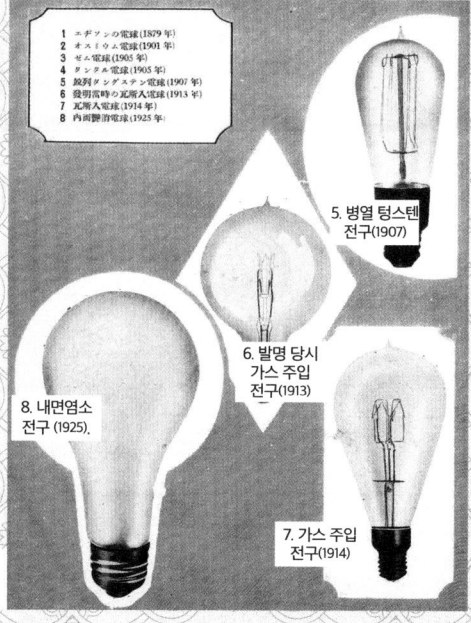

1929년 『마쓰다신보』에 실린 전구 발달 도회.
괄호 안의 숫자는 개발 연도다.

강하고 수명도 약 2,200시간으로 두 배 이상 더 길었다. 마즈다는 조로아스터교의 신 아후라 마즈다Ahura Mazda에서 유래한 빛과 지혜의 존재라는 뜻이다.[11] GE 사는 영국의 톰슨-휴스턴Thomson-Houston이나 일본 도시바 등 여러 전구 회사에 자사의 상표 사용을 허가했고, 그렇게 나온 전구를 흔히 마쓰다 전구라고 불렀다. 1945년까지 미국 미니애폴리스에서, 그리고 이후 수십 년 간 미국 외 다른 곳에서 생산했다.

텅스텐 전구에 이어 여러 화학자가 가스 주입 전구, 이중 코일 전구를 끊임없이 개발해 전구는 갈수록 더 밝고 오래가는 것으로 진화했다.[15] 전구의 능률 향상뿐만 아니라 1925년에는 사용자의 눈부심을 없앤 내면염소內面艶消 전구도 개발되었다. 유리구 내면을 스리유리 상태로 만든 불투명한 전구로 일반 조명용 전구로 사용되었다.[16] 끝이 뾰족한 서양 가지 형태에서 우리에게 익숙한 둥근 전구는 1920년대 중반부터 백열전구의 전형이 되었다.

전구와 전등갓에 더해지는 미감

전등갓은 조촐한 백열전구 빛을 좀 더 넓게 퍼지도록 해준다. 이른바 P1형이라고 부른 우산 형태의 갓이 가장 일반적이었다. P2, P3, P4, P5 모델도 있었다. 앞에 붙은 'P'는 외국 상품 목록 명칭 'Porcelain'에서 유래했다고 한다.[17] P시리즈는 도자기처럼 보이는 유백색의 유리 갓으로 가격이 저렴해 도쿄전기가 적극적으로 보급한 모델로,[18] 제2차 세계대전 무렵까지 일반 가정에서 가장 많이 쓴 베스트셀러였다. 우리 땅에도 들어와 덕수궁 함녕전 복도각부터 경성의 일반 가정에까지 널리 보급되었다. 화형花形 갓은 P형보다 좀 더 화려했다. 주름 잡힌 꽃 모양에 여러 가지 색과 커팅 장식을 했다. 빅토리아 시대 가스등 갓과도 비슷하다. 1939년 3월 11일자 『매일신보』 기사는 전구 '삿갓'의 먼지를 털 때 "총채를 쓰지 말 것"을 당부했다. 자

1915년 전등갓 모델들. P1, P2, P3와 화형이 있다.

꽃 모양 전등갓. 2등용 일렉트로리야. 마루비시상회에서 판매한 것과 같다. 국립고궁박물관.

1937년 도쿄전기 카탈로그에 실린 트로자리야 조명이 달린 상점.

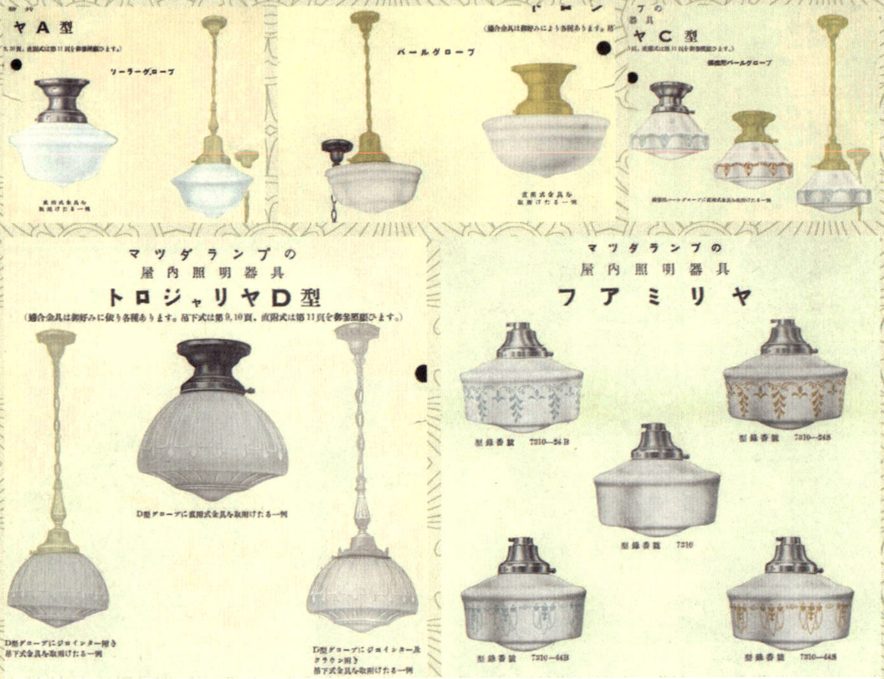

1929년 도쿄전기 카탈로그에 실린 트로자리야 A, B, C, D형과 파미리야 모델.

꽃 모양 전등 갓이 달린 샹들리에. 빅토리아 시대 가스등 형태와 비슷하다. https://hikarataro.exblog.jp/30165830/

창덕궁 대조전 욕실에 달린 아이반호 트로잔 직부형 전등.

1930년에 도쿄에 지어진 아사히 주택 전경과 다다미 방에 달린 펜던트 형 전등.

1933년 2월 『조선과 건축』에 실린 조선미곡창고회사 사장 사택 현관 홀에 달린 둥근 조명.

1940년 2월 『조선과 건축』에 실린 수송동 이씨 저택의 복도에 달린 둥근 펜던트 조명.

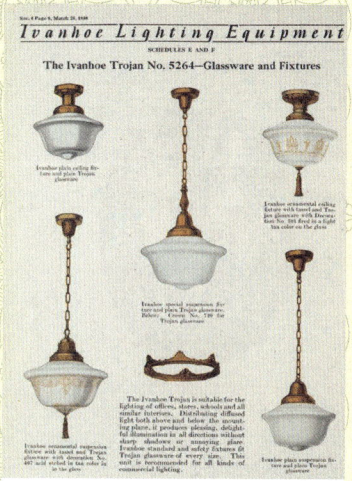

1930년 『아이반호 트로잔 카탈로그』에 실린 전등 기구들.

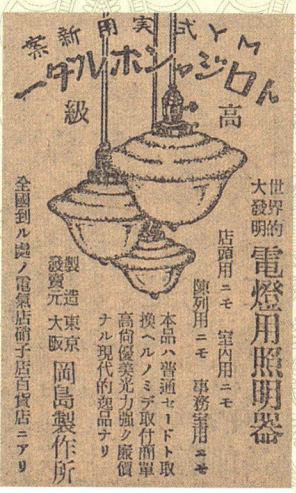

1927년 『조선신문』에 실린 오카시마제작소의 트로잔홀더 전등 조명 기구 광고.

1929년 6월 『마쓰다신보』에 실린 마쓰다 램프가 들어간 트로자리야 C형 전등 광고.

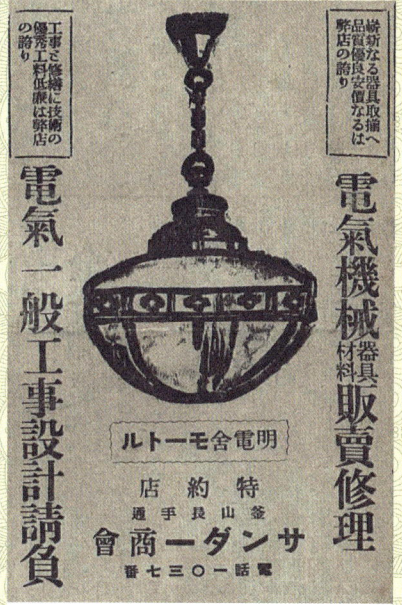

1928년 『조선시보』에 실린 센다상회 조명기기 광고.

1929년 『경성일보』에 실린 시마다초자제조소의 전등 광고.

 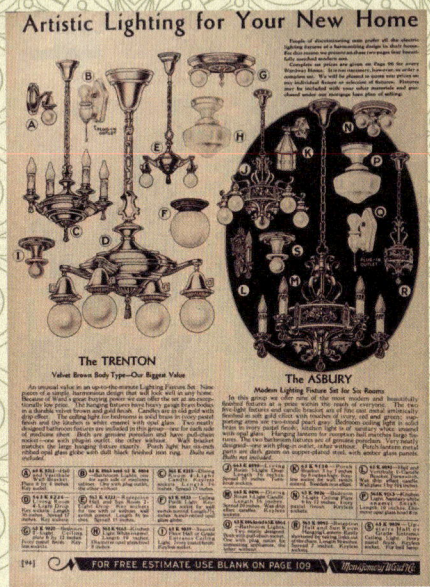

1930년 몽고메리 워드 사에서 발간한 『뷰티풀 워드웨이 홈스』 카탈로그 표지와 조명.
둥근 조명을 비롯하여 당시 유행한 각종 펜던트, 샹들리에, 직부등을 수록했다.

1937년 도쿄전기주식회사의
카탈로그에 실린 일본식 방을 위한
펜던트 조명 모델들.

1934년 경성 나카무라 주택 응접실 조명과 1938년 조선저축은행 중역 사택 식당 조명. 원통형의 기하학적인 디자인이 돋보인다.

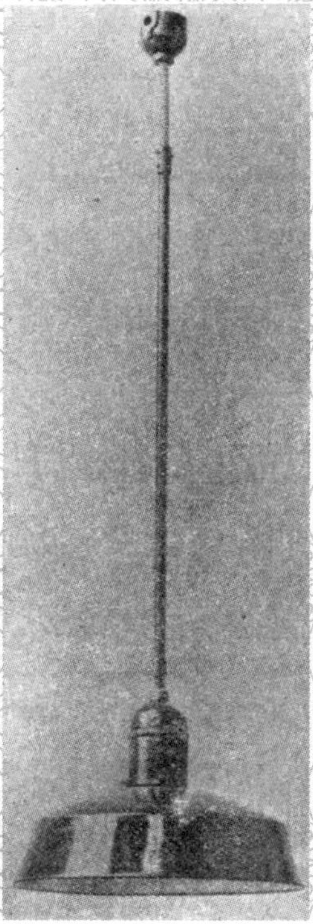

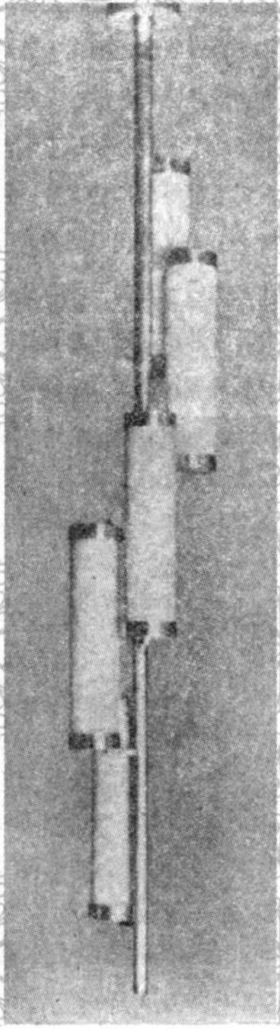

1937년 조명들. 왼쪽부터 세 개는 펜던트형, 오른쪽은 튜브형 조명이다. 오늘날 조명 가게에서 볼 수 있는 것과 거의 비슷하다.

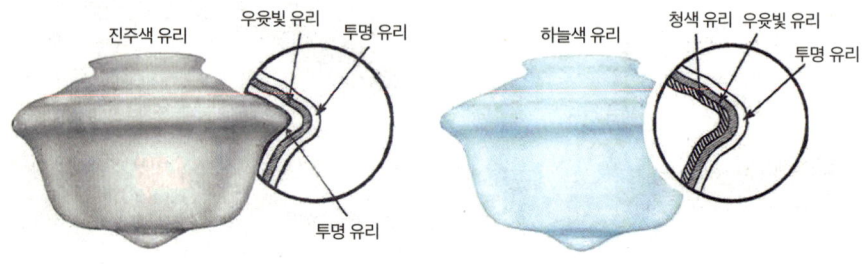

1937년 도쿄전기에서 발매한 도록에 실린 진주색과 하늘색 전등 갓.

칫하면 전구가 흔들려 줄이 끊어질 수도 있기 때문이었다.

    1937년 나온 도쿄전기 카탈로그에는 사무소와 상점, 그리고 가정용 전등이 다양하게 실렸다. 이 가운데 특히 트로자리야ㅏㅁジャリヤ라고 부른 등이 인기가 좋았다.[19] GE 사의 계열사로 오하이오주 클리블랜드에 위치한 아이반호-리젠트 웍스Ivanhoe-Regent Works에서 마즈다 전구를 사용해 출시한 트로잔Trojan 조명을 모방하여 만들었다.[20] 트로자리야는 A, B, C, D형이 있었고 각각 직부형과 펜던트형을 출시했다. "조명기구의 생명은 유리"라고 밝힌 도쿄전기 연구소에서 수 년 간 개발한 갓은 크게 진주색과 하늘색 두 가지였다.[21] 진주색은 얇은 우윳빛 유리와 투명 유리를 겹쳐 만들었고, 하늘색은 진주 유리에 청색 유리를 합해 만들었다. 두 가지 색에 무늬를 넣기도 했다. 트로자리야보다 곡선미가 강조된 파미리야ファミリヤ 모델도 있었다.

    전등갓은 도쿄전기 외에도 오사카의 시마다유리제조소, 오카시마岡島제작소, 마루비시丸菱상회[22] 같은 업체의 상품들이 경성에서 유통되었다.

    오늘날 거리와 상점 곳곳에서 볼 수 있는 완전히 둥근 구球형 조명은 달린 장소에 따라 조촐하게도 보이고 시크하게도 보인다. 1930년대 초 서양의 발터 그로피우스나 르 코르뷔지에가 주창한 기능주의적 건축의 유행에서 비롯한 디자인이다. 이들로부터 큰 영향을 받은 건축가 야마다 마모루山田守가 원형 펜던트 조명을 디자인했다는 주장도 있지만 근거가 명확하지 않다. 원조 디자이너가 불분명한 가운데 군더더기 없는 둥근 구형 조명은 시대를 막론한 클래식이 되었다. 그 밖에도 다양한 튜브형 디자인의 등이 등장했다. 천장에서 길게 금속관을 내려뜨리는 형태로 구, 단순한 갓, 원통, 그리고 실린더 형태의 기하학적인 디자인은 어느덧 시대를 초월하는 미감으로 자리를 잡았다.

혼연일체가 되어가는 조명과 건축 디자인

일본 건축에서 화양절충이 고려되던 때 조명 역시 일본 전통에 서양의 미감을 더한 것을 고안했다. 가장 일반적인 펜던트형 조명은 층고가 높지 않은 방에는 어울리지 않아 직부형 등을 많이 달았다. 특히 다다미가 깔린 일본식 방에는 더더욱 그러했다. 화양절충식 공간에서 일본인들은 다실을 가장 일본적인 공간으로 여겼다. 한 조명 전문가는 다실에 펜던트형 조명을 다는 것은 "살풍경하다"라고 느꼈고 차라리 조명을 달지 않거나 꼭 달아야 한다면 도코노마 위의 틀 사이에 달아 은은하게 빛이 퍼지도록 하라고 조언했다.[23]

시대에 맞는 일본풍 건축에 대해 고민했던 일본의 1세대 건축가들은 어울리는 조명을 고안했다. 교토를 중심으로 활동한 건축가 후지이 고지藤井厚二[24]가 대표적이다. 일본식 주택에서 가장 만족스럽지 못한 부분이 조명이라고 한 그는 자신의 집 초치큐聽竹居에 일본 전통과 모던을 결합한 조명을 선보였다.[25] 건축물에 조명을 딱 붙이는 이른바 '건축화 조명'[26]은 건축과 한몸인 듯 자연스레 녹아들고 종이를 발라 공간에 은은한 빛을 선사한다. 우리가 흔히 사용하는 직부형 방등과

다다미가 깔린 객간에 달린 조명. 일본 식 전통 공간에 펜던트형 조명은 "살풍경하다"고 지적 받곤 했다. 오사카전기박물관.

1930년 도쿄 사토 요시스케 주택 겟카소. 홀 조명. 둥근 펜던트 조명을 달았다.[27]

1920~30년대 주택에 사용된 양면등. 현관이나 복도에 달아 안팎을 동시에 밝혔다.

후지이 고지가 디자인한 초치큐쿄 외관과 실내.
실내의 직부조명은 기하학적 형태에 종이를
발라 화양절충의 분위기에 어울린다.

후지이 고지가 디자인한 초치큐쿄 실내 직부조명.

도 비슷한 형태다.

『조선: 고요한 아침의 나라』로 유명한 퍼시벌 로웰이 조선의 종이창을 통해 들어오는 빛에서 느꼈듯이 종이를 바른 등에서 나오는 은은한 빛은 보는 이로 하여금 환상에 젖어 들게 한다.[28] 후지이 고지는 전등의 낮은 면에는 투과율이 좋은 얇은 미농지를, 측면에는 반사율이 높고 투과도가 낮은 창호지를 사용해 빛의 효과를 미세하게 고려했다.[29] 당시 시판하던 유리 갓에 매달린 알전구가 단지 밝기에만 급급했다면 후지이 고지는 전통적인 행등에서 착안해 은은하고 부드러운 간접조명의 효과를 추구했다. 이를 위해 전구도 투명한 것보다 반투명한 것을 선호했다. 종이를 붙인 조명 기구는 특히 일본 간사이 지방에 널리 퍼졌다. 일본 작가 다니자키 준이치로도 『음예예찬』에서 "이미 사방등식 전등이 널리 퍼지기 시작하였음은 우리가 한동안 잊고 있던 '종이'라는 물건이 지니는 부드러움과 따스함에 다시금 눈뜬 결과"라고 언급했다.[30] 그는 당지唐紙나 일본지는 반짝거리는 서양 종이와 달리 보드라운 첫눈처럼 폭신하게 광선을 지그시 빨아들이기 때문에 종이가 유리보다 일본 가옥에 적합하다고 보았다.[31]

천장이 높지 않은 주택에는 길게 늘어진 샹들리에보다 직부형이 더 적합하고 전통 창호가 아니더라도 벽지와 같이 종이를 많이 사용하는 공간에 종이를 바른 등은 자연스러운 선택이 될 수 있다.

건축가가 조명 디자인까지 신경을 쓰게 된 것은 1930년대 중반 무렵이다. 1920~30년대 일반 가정에서 조명까지 미감을 고려한 예는 드물고 대부분 펜던트 등 하나만 매달려 있었다. 1934년의 건축과 조명에 관한 글에 따르면 조명에 익숙하지 않던 시대에는 전등 기구와 건축을 각각 별도로 계획했지만 조명 기구가 발전하면서 점차 혼연일체가 되어갔다.[32] 당시 건축가가 건축에 어울리는 등을 별도로 설계할 때 기성 전구가 맞지 않는 일도 있었다.[33]

전기료가 비쌌기 때문에 절약을 위한 방편으로 공간과 공간 사이에 '바르베

1980년 폴 시냐크가 그린 〈램프 옆의 여인〉. 그림 속 램프는 등유 램프로 보인다.

1939년 4월 6일자 『매일신보』에 실린 스탠드를 켜놓고 공부하는 소녀. '근시안을 고치는 데는 "스탠드" 등이 제일'이라는 제목의 기사에 딸린 사진이다.

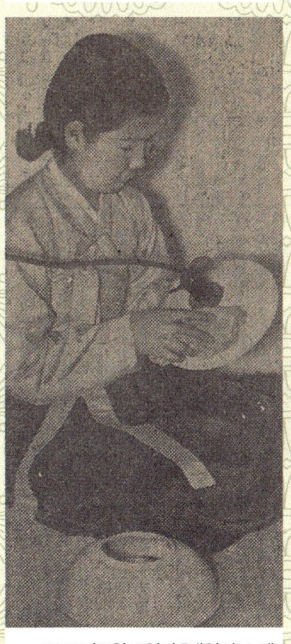

1939년 3월 11일자 『매일신보』에 실린 전등 갓 청소하는 모습.

1907년 로베르트 파니치가 그린 〈램프 옆 독서〉.

행등을 켜는 미녀.
일본 국립 국회도서관.

1900년 미즈노 도시카타가 그린 연재 소설 삽화 속에 종이를 바른 일본 전통 등이 보인다. 왼쪽 그림 속 등과 그 형태가 비슷하다.

1900년 미즈노 도시카타가 그린 연재 소설 삽화 속에 파라핀 램프가 보인다.

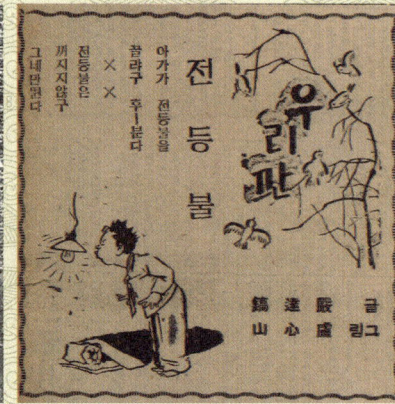

1936년 『조선중앙일보』에 실린 시 「전등불」. 어린 아이가 전등을 불어서 끄려는 모습을 묘사했다.

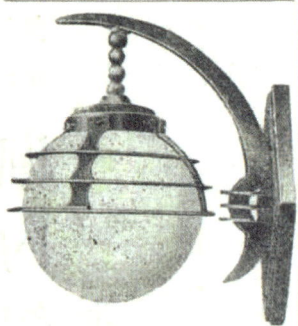
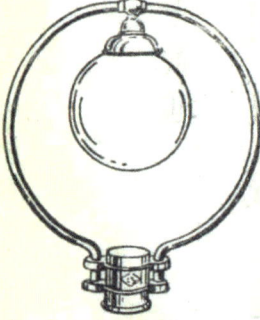

1930년 7월 『조선과 건축』에 실린 하라이상회의 외등 광고.

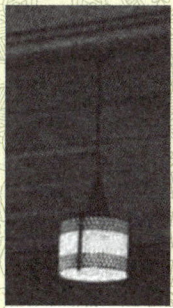

1938년 조선저축은행 중역 사택 다다미 객간과 응접실 조명. 전통적인 미감과 기하학적인 모더니즘이 결합된 형태다.

1931년 마쓰시타전기제작소의 내쇼날 전기 고타쓰 광고.

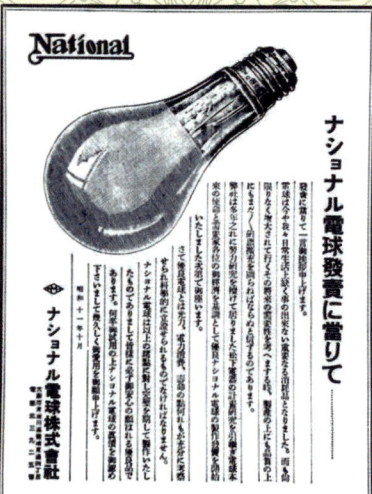

1936년 내쇼날 전구 광고.

1938년 『경성일보』에 실린 내쇼날국민소케트 광고.

1918년 마쓰시타에서 제작한 어태치먼트 플러그.

'아타친' 전등 소켓.

저자가 실내 재현한 딜쿠샤 내부의 각종 조명들. ⓒ최중화

트'バルペット[34]라고 부른 양면등을 설치해 한쪽은 밝게 반대쪽은 희미하게 밝히기도 했다. 예컨대 1928년에 지은 요시다 나오 주택은 현관과 응접실 사이에 양면등을 설치해 항상 현관을 밝게 하고 그 빛으로 응접실도 어슴푸레하게 비추었다. 평소 책을 볼 때는 탁상 스탠드를 쓰고 손님이 오면 응접실에 달린 전등을 켰다고 한다.[35]

전등과 함께 가정 전기 기구 사용도 점차 늘었는데 콘센트가 부족했다. 오늘날에는 집안 곳곳에 콘센트를 설치하지만 그때만 해도 각 가정에서 쓰는 전기 소켓의 수가 적다보니 전등선에 다른 전기 기구, 이를테면 라디오·일본식 난방기구인 고타쓰·다리미 같은 것을 접속해 쓸 수 있는 일종의 '멀티 플러그'가 나왔다. 1918년 오늘날 파나소닉의 전신인 마스시타松下전기기구제작사는 보통 '아타친'ァタチン이라고 줄여 부른 '아타치멘토 플러그'attachment plug를 개발했다. 모던한 형태에 저렴한 가격으로 호평을 얻어 국민 소켓으로 널리 쓰였다.[36]

어둠을 밝힌다는 본연의 기능에 어느 정도 익숙해지고 나서야 비로소 주변과의 조화를 고려하는 디자인이 탄생했다. 다니자키 준이치로는 서양인들이 "촛불에서 램프로, 램프에서 가스등으로, 가스등에서 전등으로, 끊임없이 밝음을 추구하면서 약간의 그늘조차 물리치고자 고심"한다고 지적했지만 이는 더 밝음을 좇는 현대인 모두의 열망이었다.[37]

오늘날은 어떨까. 이제는 사방이 너무 밝아서 문제다. 그윽함을 느끼려면 외려 거꾸로 눈길을 돌려야 한다. 별이 어둠 속에서 더욱 빛나듯 전등의 과잉 속에 사는 현대인들이여, 다니자키의 제안처럼 방 하나의 전등을 꺼보면 어떠할까.

양실이든 조선방이든 그 어떤 방이든
유리창의 단짝, 커튼

"양실이든 조선방이든 유리창이 잇스면 반드시『커-튼』을 쳐야할 것입니다. 그러치아느면 마치 니싸진 톱 갓태서 격지 맛지 안습니다. 훌륭한 「커-튼」 하나로 방 안에 풍치가 생기고 또 실용적으로 본다면 여름가튼 째 발 대신도 될 것입니다."

"여름철이 되면 어쩐 가정을 물론하고 「레-스·커-튼」 한두개쯤 안치신 곳은 업슬 것입니다. 그런데 모양 내이려고 일쯕 친 「레-스·커-튼」에 째가 뭇거나 먼지가 안거나 해서 그것을 한여름 그대로 걸어둔다는 것은 차라리 안치는 것만 갓지 못 합니다."

1936년 5월 8일자, 1937년 7월 15일자『매일신보』신문 기사에서 보듯 1930년대 중반 커튼은 일반 가정에 퍽 보편화되었던 모양이다. 문장門帳, 창괘窓掛라고도 했지만 커-튼, 카-텐이라는 용어를 보편적으로 쓰고 있었다. 1900년대 이전 창괘는 주로 비단과 같은 장막이어서 단장緞帳[1]이라고 했다. 두께에 따라 두꺼운 것은 후장厚帳, 얇은 것은 사장紗帳이라고 나눠 불렀다.

유리창이 없는 전통 가옥에서 커튼은 필요하지 않았다. 종이를 바른 창호가 커튼의 역할까지 했기 때문이다. 근대 건축에서 볼 수 있는 유리창과 단짝인 커튼은 그 존재 자체가 근대적이다. 근대 공간에서 창문은 퍽 중요한 요소였다. 커튼은 채광과 통풍을 담당하는 창문에 한층 더 능동적인 역할을 부여했다. 한기를 막고 시야 조절 기능까지 하므로 단순한 가림막 이상이었다.

커튼의 구성은 크게 보면 늘어뜨린 천인 드레이퍼리drapery와 머리장식인 발란스valance로 나뉜다. 드레이퍼리의 주름은 많이 잡으면 풍성하고 화려해 보이고, 적게 잡으면 간소하고 모던하다. 발란스의 형태도 주름을 잡아 반원형으로 늘어뜨리는가 하면 특정한 모양, 이를테면 '람브르캥'lambrequin[2]이라고 부른 조가비 형태의 머리장식으로 멋을 내기도 했다. 프랑스 루이 14~16세 시대 커튼은 특히 이 람브르캥 장식을 많이 썼다. 프랑스 바로크 양식을 네덜란드와 영국에 전파한 궁정 장식가 다니엘 마로Daniel Marot, 1661~1752의 커튼 디자인에도 이 람브르캥 형태의 발란스가 특징이다.

드레이퍼리는 테두리에 구슬이나 실을 꼬아 만든 술tassel을 달아 꾸미기도 했다. 유행에 따라 주름을 잡고 늘어뜨리는 방식도 다양했다. 풍성함은 빅토리아 시대 커튼의 키워드였다. 하지만 20세기에 들어서면서 복잡한 발란스를 걷어내고 단순함이 미학으로 자리잡았다.

1870년 무렵 미국 화가 이스트만 존슨이 그린 〈해치 가족〉. 머리장식이 있는 풍성한 겉커튼과 레이스 속커튼이 사용되었다.

1893년 무렵 에두아르 뷔야르가 그린 〈노란 커튼〉. 머리장식 없이 심플한 와이어에 단순한 주름이 잡힌 커튼이다.

17세기 다니엘 마로의 커튼 디자인.
람브르캥 머릿장식이 독특하다.

1878년 출간한 윌리엄의 가사 시리즈
『뷰티풀 홈스』에 실린 커튼.

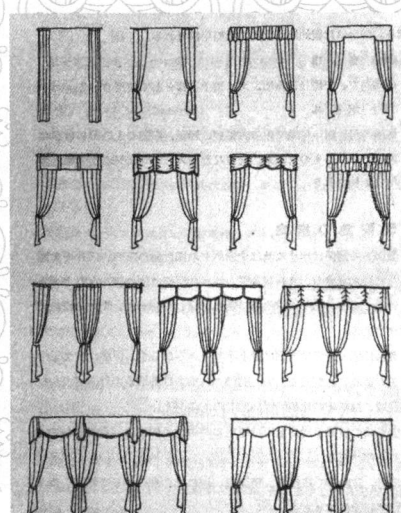

1930년대 커튼 디자인.[3]

"뭐니뭐니해도 으뜸은 영국과 프랑스제"

개화기에 들어선 서양식 건물 양관에는 영국과 프랑스에서 직수입한 커튼을 사용했다. 이후 1920~30년대에는 다카시마야백화점이나 요코야마상점 같은 실내장식 전문점에서 커튼을 제작·판매했다. 고급 직물로는 프랑스 왕실 직조 공방인 고블랭Gobelin과 비견되어 '일본의 고블랭'으로 불린 교토 니시진에서 생산한 니시진오리西陣織가 있었다. 미쓰코시를 비롯하여 여러 백화점에서 때마다 진열회를 열 정도로 유명했고, 시중에는 이른바 '짝퉁'도 나돌았기에 니시진오리를 증명하는 증서나 인장을 도입하기도 했다.[4]

가와바타 야스나리의 소설 『고도』는 니시진을 배경으로 펼쳐진다. 갓난아기 때 버려진 치에코는 포목상 부부에게서 아가씨 대접을 받으며 유복하게 자랐지만 쌍둥이 자매인 나에코는 산에서 나무 일을 하며 어렵게 살아간다. 두 사람의 재회와 그 심리를 기모노의 올처럼 짠 듯 그렸다. 치에코의 양아버지 다키치로는 포목상 주인이지만 오히려 새로운 도안을 고뇌하는 장인에 가까운 인물이고 기모노의 허리 부분에서 옷을 여며주고 장식하는 띠인 오비를 짜는 데 탁월한 솜씨가 있는 히데오는 니시진 장인을 대표하는 인물이다. 전통적으로 오비를 베틀로 수작업해 짜는 니시진도 외국인 관광객의 취향에 맞추어 기계로 대량 생산한 물품들이 늘어나고 근대화 되어감에 따라 가내 수공업이 사장되어 가는 모습을 우려하는 목소리도 소설 속에서 엿보인다.

니시진 직물의 가장 대표적인 브랜드가 가와시마 진베이川島甚兵衛의 가와시마 직물이었다.[5] 가와시마직물의 대를 이은 2대 진베이1853~1910는 프랑스 직물의 중심지 리옹과 고블랭 공방에서 직조 기술을 직접 눈으로 보고 익힌 뒤 일본에 돌아와 기존의 직조 방식을 개량했다.[6] 그는 조선과의 교역을 추진하기 위해 직물 개량

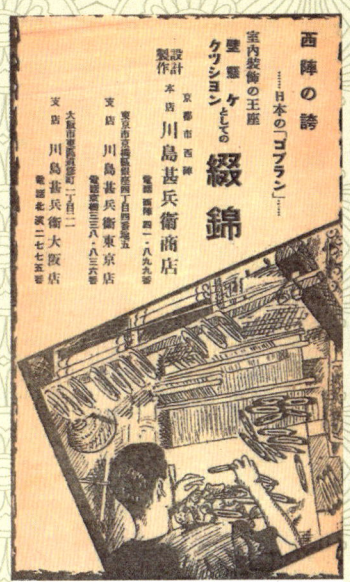

1937년 가와시마 진베이의
쓰즈레오리 광고.[12]

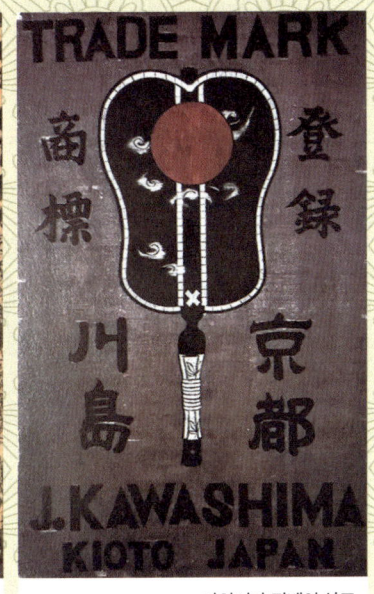

가와시마 진베이 상표.

1938년 10월 8일자
『경성일보』에 실린
니시진오리 진열회 광고.

에도 힘을 썼다.[7]

　가와시마직물은 여러 가지 색실로 무늬를 짜넣은 직물 쓰즈레오리綴織 기술을 확립하여 천 벽지, 장식용 태피스트리, 자동차와 비행기의 좌석 커버, 커튼 등 다양한 실내장식용 직물을 개발·판매했다.[8] 도쿄에 지어질 황실의 새 궁전 실내장식용 직물을 담당했을 뿐만 아니라 조선 순종의 국혼에 쓰인 의장용 직물도 제작했다.[9] 1920년대 니시진 직물업계는 제1차 세계대전 이후 호황기를 누렸는데 조선인 직조공 수가 일본인 수를 능가할 정도로 많았다는 점도 흥미롭다.[10]

　니시진의 직물공장은 식민지 시기 일본을 둘러본 관광단, 시찰단의 방문 코스에도 있었다. 이 시기 무수히 파견된 시찰단 가운데 경성부 주최로 1922년 4월 14일~5월 5일 파견된 상공시찰단에는 조선의 유력 실업가 20여 명이 참가했다. 『매일신보』 경제부 기자 조강희가 당시 열린 도쿄 평화기념박람회 참관의 실황과 일본 공업의 상황을 독자에게 보도하기 위해 특파원으로 동행했다. 그는 「부상행」扶桑行이라는 제목으로 총 30회에 걸쳐 여행기를 연재했는데 교토 니시진오리의 역사와 규모도 상세히 소개했다.[11]

　커튼에 주로 쓰인 직물은 비단, 벨벳, 호박단, 공단, 포플린, 면 등이었다.[13] 1937년 도쿄대 건축학과 교수 호시노 쇼이치는 방에는 비교적 얇은 크레톤creton이나 면 돈스, 조금 고급으로는 모 돈스나 벨벳 등으로 만든 커튼을 추천했다.[14] 겉커튼 소재로 자주 일컬어지는 돈스ドンス는 한자로 단자緞子인데 다마스크를 뜻한다. 생사 또는 연사로 짠 광택이 많고 두꺼운, 무늬 있는 수자 조직의 견직물이다. 면 돈스, 즉 면 다마스크는 면실로 무늬를 짠 직물로 일반적인 모직 다마스크보다 얇다. 그는 응접실 역시 얇은 레이스를 안쪽에, 두꺼운 모 다마스크나 벨벳을 바깥쪽에 두고 짙은 청·녹·갈·적색 등 비교적 어두운 색을 추천했다.

　1930년대 후반 커튼의 무늬는 모더니즘 건축 경향에 따라 화려한 것보다 무늬가 없거나 있더라도 줄무늬 같은 것이 많았다. 일반 가정에서는 기성품이 아닌 천을 사다 직접 마르거나 자투리 천을 활용하는 DIY도 성행했다.

리처드 굴번 로벨의 커튼 디자인. 머릿장식인 발란스 형태는 고전적인 것과 롬브리캥 형태를 응용했다. 로벨은 덕수궁 석조전의 실내장식도 설계했는데 위쪽 디자인은 석조전 접견실 커튼과 비슷하다.

손탁호텔. 밖에서 보이는 커튼은 레이스 커튼으로 보인다. 서울역사박물관.

1924년 미국 한 올랜도 클린턴 사의 〈우리 집 장식〉 카탈로그. 홀에 주름 잡은 발란스와 심플한 형태의 커튼이 보인다.

1917년 뉴욕 알프레드 피츠사의 홈 데코레이션 카탈로그. 다양한 커튼 발란스 디자인을 제시하고 있다.

20세기 초 커튼 디자인. 누구의 작품인지는 알 수 없지만 화려한 바로크 양식의 발란스 디자인으로 창덕궁 대조전 커튼과 비슷하다. 장서각.

리처드 굴번 로벨의 커튼 디자인. 발란스를 비교적 간결하게 처리하고 커튼의 주름도 심플하게 잡았다.

1924년 지어진 딜쿠샤 2층 거실 전경과 1, 2층 커튼 세부. 직선의 단순한 발란스와 꽃무늬 문양의 드레이퍼리를 간소하게 늘어뜨렸고 안쪽에 레이스 커튼을 쳤다. 2021년 딜쿠샤 실내 재현을 할 때 이 사진을 바탕으로 삼았다. 서울역사박물관.

1936년 5월 8일과 9일자 『매일신보』에 실린 새로운 디자인의 커튼. 스커트처럼 천을 덧댄 커튼과 같은 천으로 테두리를 장식해 변화를 준 디자인을 선보였다.

20세기 초 커튼은 한마디로 '단순함'이 키워드다. 머리장식인 발란스도 깡똥하게 자른 앞머리처럼 직선으로 처리하거나 생략하기도 했다. 드레이퍼리는 주름을 최소화해서 가볍게 늘어뜨렸다. 벽에 설치할 때도 1930년대 후반에는 커튼 박스를 설치해 못을 박거나, 커튼레일, 또는 놋쇠 커튼 봉을 사용하는 것이 일반적이었다.

'레쓰' 황금시대

"대개 겨울에는 방장을 문마다 둘러치지만 여름에는 일반이 아무것도 치지 않습니다. 혹시 발을 느리시는 분도 계시나 요새 와서는 차차 발도 그 흔적을 감추게 되는 모양인데 그 대신 여름에도 뜨거운 햇빛의 즉사를 막기 위하야 서양집의 커튼(문장) 모양으로 레스나 보이루 같은 엷은 천으로 문장을 만들어 느리우면 퍽 아름다우리라고 생각합니다. (…) 여름의 문장은 레-스가 제일 좋으나 이것은 비싸니까 바다빛이나 나뭇잎 빛의 엷은 천으로 치는 것도 재미있는 일입니다."

1935년 『신가정』 기사에서 언급하듯[15] 여름에는 레이스 커튼을 사용하는 집들이 많았다. 1936년 여성들이 애용하는 숄이나 파라솔에도 레이스가 대세였고 이른바 "레쓰 황금시대"라고 일컬어졌다.[16]

창가에 늘어뜨려 바람결에 살랑이는 레이스 천의 핵심은 구멍이다. 구멍이 숭숭 뚫려 독특한 문양을 낸 천인 레이스는 구멍이나 덫을 의미하는 라틴어 'laqueus'에서 나왔다.[17] 고리처럼 빈 부분과 촘촘히 짜인 그물이 공존하는 레이스는 비움과 채움의 독특한 미학을 보여준다. 구멍이 나 있어 가벼우면서도 통풍이 잘 되고, 밖에서 안이 잘 보이지 않아 가림막의 본령도 유지한다. 영국에서는 레이스 커튼이 이웃의 수상한 동태를 살피는 감시망이 되기도 한다.

레이스의 역사는 무척 길다. 고대 이집트, 바빌로니아, 아시리아 문명에서도 사용했으니 줄 잡아 기원전 2000년부터라고 볼 수 있다. 전통적으로 레이스는 손으로 짰기 때문에 값이 비쌌다. 17~18세기 유럽에서는 귀족들 옷의 칼라나 소맷단 정도만 장식할 뿐이었다. 산업혁명은 레이스에도 혁명을 가져왔다. 기계가 대량 생산을 시작하자 값도 싸졌다. 마치 손으로 짠 것처럼 정교하게 제작하는 기계도 속속 등장해 수제와 기계제 사이의 구별이 어려울 정도로 발전했다.

영국 기계 레이스의 대명사는 바로 노팅햄 레이스로,[18] 프랑스·독일·미국 등 세계 각지로 수출했다. 1870년 무렵에는 아예 영국 레이스 기계들을 미국에서 수입, 미국 중산층 가정에서도 레이스 커튼을 드리울 수 있었다. 19세기 후반에서 20세기 초 미국에서는 레이스 커튼을 계층을 구별하는 도구로 일컫기도 했다. 하층 아일랜드인을 의미하는 '판잣집 아이리시'의 대조어로 '레이스 커튼 아이리시'를 쓴 것을 예로 들 수 있다. 미국 아일랜드 이민자 가운데 레이스 커튼을 치고 사는 중상류층을 가리키는 말로, 레이스 커튼의 상징성을 보여준다.[19]

레이스 커튼의 재질로는 견, 인견, 마 등이 있었다. 고가인 마드라스Madras 레이스부터 단순한 망사 형태의 네트net 레이스까지 패턴의 형태와 정교함에 따라 가격차가 컸다.[20] 마드라스 레이스라는 이름은 인도의 도시 마드라스에서 유래했는데 노팅햄 레이스와 마찬가지로 영국에서 기계로 제작했다. 노팅햄 레이스와 달리 모슬린으로 바탕을 짠 후에 2차로 무늬를 덧대어 짜는 아플리케 과정이 특징이다.

1932년 7월 20일자 『경성일보』에 실린 기사에 따르면 당시 경성의 레이스는 대부분 영국제였고 색상은 흰색이 가장 많고 엷은 크림색도 유행했다. 레이스 커튼을 속 커튼으로 겉 커튼과 같이 쓸 경우에는 화려한 문양을 피하는 편이 좋았다. 레이스 커튼을 해외에서 직수입한 예도 있었다. 1925년 경성정미회사 사장은 자신의 집 응접실 레이스 커튼을 파리에서 '직구'했다.[21] 경성에서 샀다면 100원은 들었을 것을 20원으로 아꼈다며 자랑했다.

1850년대 스위스 화가 카스파르 오바흐가 그린 〈슈투트가르트에 있는 어느 살롱〉. 창마다 레이스 커튼이 드리워져 있다.

1910년 『아메리칸 홈스 앤 가든즈』에 실린 레이스 속 커튼과 심플한 발란스가 있는 겉 커튼을 드리운 미국 중산층 가정의 실내.

1656년 무렵 니콜라스 마에가 그린 〈레이스 만드는 사람〉. 산업혁명 이전 레이스는 여성들이 수작업으로 만들었다.

1922년 에드먼드 찰스 타르벨이 그린 〈엄마와 메리〉. 창에는 레이스 커튼이 드리워져 있다.

1875년 존 아킨슨 그림쇼가 그린 〈여름〉. 레이스 블라인드가 드리워진 창이 보인다.

1889년 덴마크 화가 라우리츠 안데르센 링이 그린 〈베틀에 앉은 요한 와일드〉.

스웨덴 화가 크누트 엑월이 1880년대에 그린 〈결혼 제안〉. 포티에르라고 부르는 문에 설치된 커튼. 방한과 장식의 목적으로 두꺼운 천으로 발란스와 풍부한 주름을 잡았다.

저자가 실내 재현한 딜쿠샤 내부의 각종 커튼들. ⓒ최중화

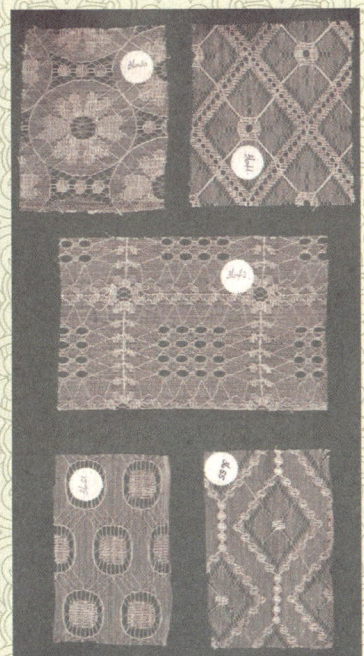

1925년 발간된 노팅햄 기계 레이스 샘플북에 실린 다양한 샘플.

No. 4618
Scotch Lace Weave; strong Empire scroll effect.
Very lacey. Color, white.
Price, $1.48 pair.

1910년 메트로폴리탄 가구사에서 발간한 레이스 커튼 샘플북.

"유리창이 잇스면 반드시 이것을 쳐야할 것임니다"_ 커튼 · 465

1913년 미국 칼슨 피리 스콧 앤드 컴퍼니 카탈로그에 수록된 다양한 레이스 커튼.

1932년 3월 24일자 『조선시보』에 실린 깔개, 직물, 융전, 커튼 전문점 광고.

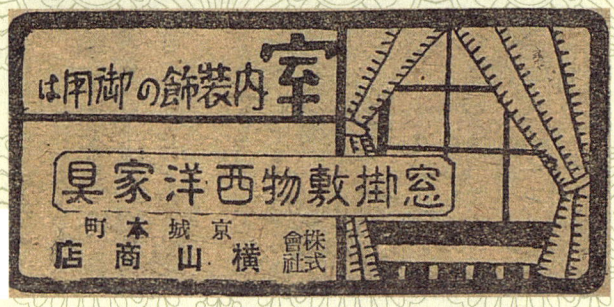

1926년 3월 23일자 『경성일보』에 실린 커튼·깔개·서양 가구를 전문으로 하는 요코야마상점 광고.

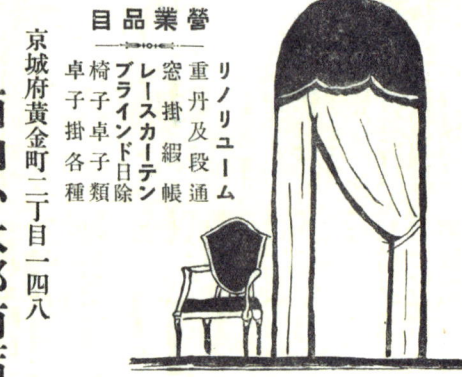

1933년 4월 『조선과 건축』에 실린 니시야마코타로 상점 광고. 리놀륨, 커튼, 레이스커튼을 비롯해 의자와 탁자 등 서양가구를 취급했다.

마드라스 레이스.

오늘날 판매되고 있는 노팅햄 레이스.
https://www.fabricconvention.com

'SSS식 개형 통풍일사'라고 부른 베네치안 블라인드.

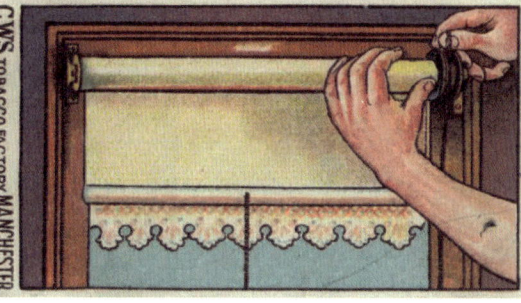

영국 맨체스터 C.W.S.담배 공장에서 발매한 카드에 실린 롤러 블라인드 수리 일러스트.

레이스 커튼은 얇아서 세탁을 잘못하면 망치게 되어 각별히 주의를 해야 했다. 여러 가지 세탁법이 등장했는데, 무명 주머니에 넣어 소다액이나 비눗물에 빠는 법부터 빈 맥주병이나 간장병에 커튼을 대여섯 번 감아 비눗물에 담가뒀다가 병을 둥글리면서 빼는 방법도 있었다.[22] 병을 감은 채 빨고 말리는 것이 포인트였다.

커튼만? 블라인드도!

창을 가리는 것으로 앞서 말한 커튼이 가장 일반적인 것이었지만 그 밖에도 통풍을 조절하고 햇볕을 가릴 수 있는 블라인드도 1930년대 다양하게 나왔다. 통풍과 해가림 기능 그대로 이름하여 블라인드를 통풍일사通風日除라고도 불렀다. 소재는 주로 직물이었고 창의 크기에 맞춰 제작해야 했는데 최대 폭이 대략 180센티미터였다. 크림색·갈색·짙은 녹색 등이 있었는데, 크림색이 가장 많이 쓰였다.[23]

1920년대 후반 아사노물산주식회사에서 발매한 SSS식개형통풍일사는 오늘날 흔히 사용하는, 수평으로 배열한 슬랫을 조절하여 빛의 양을 조절하는 베네치안 블라인드 형태였다. 캘리코·견·포플린·부사견 같은 직물이라 세탁이 가능했고 빨아도 수축이 되지 않는다고 광고했다.[24]

20세기 초 일반 가정에서도 두루 사용한 커튼 모양은 오늘날까지도 크게 다를 바 없다. 관공서의 경우 방염 가공된 소재를 필수로 하지만 가정에서는 그리 크게 제약 받지 않는다. 손수 만들거나 세탁을 두려워할 필요도 없이 넘칠 만큼 흔해진 것도 그때와는 사뭇 달라진 풍경이다.

1930년대 실내장식의 경향, 아르 데코와 모더니즘의 희미한 흔적

"흔히 우리 조선 가정에서 보면 마루에는 뒤주와 찬장 탁자 등이 있고 그 우에는 무수한 항아리들을 성 쌓는 것처럼 큰 것부터 차례차례로 올려놓고 탁자에는 뷘 맥주병으로부터 시작하야 여러 가지 잔병들을 병정들처럼 죽-늘어놓았지오. 그리고 안방 건넌방 웃목에는 대개 의장이 일자로 놓여있고 그 밑에는 놋요강 사기 요강들이 나란히 놓여있으며 언제든지 한 모양으로 배치되어있는 것이 보통입니다."

1935년 6월 『신가정』에서[1] 지적한 대로 조선 가정 실내는 온갖 잡다한 물건들과 가구들을 질서 없이 늘어놓아 살풍경을 낳았다. 실내를 꾸민다는 장식의 개념이 없는 집이 많았고 아름답게 치장하는 예술적 감각은 찾아보기 어려웠다. 미국

오리건 주립대 가정경제과를 졸업하고 귀국해서 이화전문학교 가정경제과 교수로 재직한 김합라는 1932년 잡지 『신동아』에 주택에 관한 의견을 피력하면서 실내를 아름답게 하는 '실내 미술의 조립'에 대해 의견을 밝혔다. 요약하면 '벽·천정·문 등을 A로, 가구·치물置物 등을 B로, 조명구·수물류 등을 C로 나눈 뒤 A는 고정부固定部, B는 유리부遊離部라고 하고 C를 중간에 있는 여러 가지를 종합하여 하나 되게 하는 물품'으로 보았다. 그런 뒤 실내장식이란 "A, B, C를 통일시켜 조화되는 한 전체의 예술품을 만드러낼 수 잇는 것"이라고 했다.[2] 김합라에게 장식은 여러 가지 요소를 조화롭게 만드는 것으로 일반적으로 양식이라 일컫는 특정 스타일로 귀결되는 것은 아니었다.

한때 실내에서 쓸데없는 장식을 걷어낸 무미건조한 무無장식이 유행했다. 장식을 과거 19세기의 잔재로 간주한 이 반反장식주의는 독일에서 유행한 모더니즘의 영향이었다. 장식이라는 인류 보편적 조형 의지는 꺾이지 않았다. 장식에 대한 전통이 강한 프랑스에서는 오히려 모더니즘과 장식이 결합·절충되어 현대적·도시적 감각을 자랑하는 아르 데코 양식이 탄생했다. 아르 데코라는 이름은 1925년 파리에서 열린 장식미술과 현대 산업 박람회Exposition des Arts Décoratifs et Industriels Modernes의 줄임말에서 유래했다. 고급스러운 소재와 기하학적 형태로 표현한 가구와 소품들이 박람회에 등장했다. 여기에서 영감을 얻어 일본에서도 1920~30년대 아르 데코 양식의 저택과 상업 시설이 속속 생겨났다. 오늘날 도쿄도 정원미술관이 된 옛 아사카노미야 저택은 아르 데코 건축과 실내장식의 대표적인 예로 손꼽힌다. 미쓰코시 본관, 이세탄 신주쿠점, 마쓰야 긴자점 같은 백화점 건물의 실내장식은 아르 데코 스타일로 일컬어질 수 있는 꾸밈새를 보였다.[3]

아르 데코는 모더니즘 건축의 차가움에 '장식'이라는 온기를 불어넣은 듯했다. 소비의 전당인 백화점이나 카페 같은 공간에는 미니멀한 양식보다는 이같이 우아함과 세련된 장식이 가미된 쪽이 더 적합했을 것이다.

1882년 헨리 트레프리 던이 그린 〈로세티와 돈튼〉. 그림과 액자를 벽면에 가득 전시한 빅토리아 시대 후기 실내장식의 모습을 볼 수 있다.

미국 페인트 회사 마틴 세누어가 1930년에 발간한 〈홈: 장식을 위한 심플한 아이디어〉 카탈로그 표지. 아르 데코 양식의 디자인과 색상이 돋보인다.

1937년 10월 『조선과 건축』에 실린 장충동 하야노 주택 응접실.
아르 데코 스타일의 장식장과 여러 가지 소품으로 꾸몄다.

1934년 3월 31일자 『조선일보』에 실린 '새로운 실내장식' 관련 기사 사진.

아르 데코의 영향 아래 1930년대 중반에는 마치 과거로 돌아간 듯 다시금 장식하는 쪽으로 유행이 바뀌었다. 유행은 돌고 도는 것이라는 통념이 실내장식 분야에도 통했다. 1934년 3월 31일자 『조선신문』에 실린 응접실이 그러한 경향을 보여준다. 흑백 사진이라 세부를 명확히 볼 수 없지만 기사에 따르면 모더니즘의 홀마크라고 볼 수 있는 흰 회벽 대신 벽에 벽지를 발랐다. 벽난로 양옆 아치형 받침 alcove 붙박이 선반에는 책과 여러 소품을 진열했다. 또한 벽난로 틀 위에도 소품과 액자를 걸어, 거실 전체가 마치 18세기 영국의 어느 응접실과도 비슷하다. 무無에서 유有로 장식의 방향을 선회했음이 분명해 보인다. 이 정도의 응접실은 최창학 주택 같은 대저택이어야 가능했다.

'국풍'이라 불린 일본풍의 유행

서구, 특히 프랑스의 영향을 강하게 받았던 아르 데코에 이어 1930년대 건축에 이른바 일본주의가 대두했다. 흔히 국풍이라고 했다. 영국, 독일, 프랑스 등 서구의 양식을 받아들여 모방하던 일본의 건축가와 예술가들이 순純 일본 양식을 주목하기 시작했다. 제2차 세계 대전 이전, 대략 1926~1945년 무렵 일본 가구 스타일은 크게 절충주의 모던·근대합리주의 모던으로 구분할 수 있다.

절충주의 모던은 미쓰코시나 다카시마야 같은 백화점을 중심으로 한 가구 디자인의 흐름으로서 특히 국풍가구라는 국수주의적 화양절충 양식으로 대표된다. 국풍가구는 일본 고전 건축에 바탕을 두고 모던하게 재해석한 디자인으로서 절충주의 모던 양식이다. 일본의 다카시마야, 마쓰자카야, 시로키야, 마쓰야 등 여러 백화점에서 같은 이름의 가구 전시회인 국풍가구전을 열었다. 1938년 미쓰코시백화점 니혼바시점 전시회에서는 다다미방에 대나무로 짠 헤드를 댄 침대를 둔 침실,

전통적인 직물로 만든 소파를 넣은 서재 등 여러 화양절충식 모델룸을 선보였다.[4] 마쓰자카야는 유독 국풍이 두드러졌다. 국풍가구가 상징한 절충주의 모던은 국가총동원법과 각종 재료 사용 금지 제한령과 함께 전시 체제 아래 대용품 시대가 도래함으로써 종언을 맞았다. 근대합리주의 모던은 '세세션'이라고 부르는 비엔나분리파나 독일공작연맹의 영향으로 결성한 목재공예학회(1918년)와 도쿄고등공예학교(1921년), 바우하우스의 영향으로 결성 조직한 형이공방(1928년) 등 건축가나 목재공예전문가들이 주도한 운동에 영향을 받았다. 절충주의 모던과 근대합리주의 모던은 서로 영향을 주고받으며 근대 가구 디자인을 이끌었다.

　유럽에서 유행한 아르 데코 양식이나 근대 합리주의 모던, 그리고 일본 색깔이 짙은 국풍은 우리나라 실내장식이나 가구에도 크고 작은 흔적을 남겼다. 물론 '양식' 따위의 개념은 이론적인 분류일 뿐 사람들은 그저 감각적으로 느낄 뿐이었다. 감각의 근원은 주로 유행이라는 현상에서 찾을 수 있다. 유진오의 소설 「가을」에서 문화주택에 사는 예술가 홍림은 클래식 음악 애호가지만 서양보다 동양 음악에 더 끌린다고 말한다. 그러자 주인공 기호는 "그것도 시세요 유행"이라 말하는데 이에 대해 홍림은 불쾌한 기색을 내비친다. 기호 역시 창경궁 지붕 추녀 끝을 보면서 문득 '조선적인 아름다움'을 느꼈지만 뭔가 묘한 질적 차이가 있다고 여긴다. 두 사람의 공통 감각의 미세한 경계를 정확히 진단하기는 어렵다. 하지만 당대에 주를 이루는 상품이나 사람들의 행동 양식, 즉 유행을 통해 그 감각이 불현듯 발현되고 강화되었음은 자명하다.

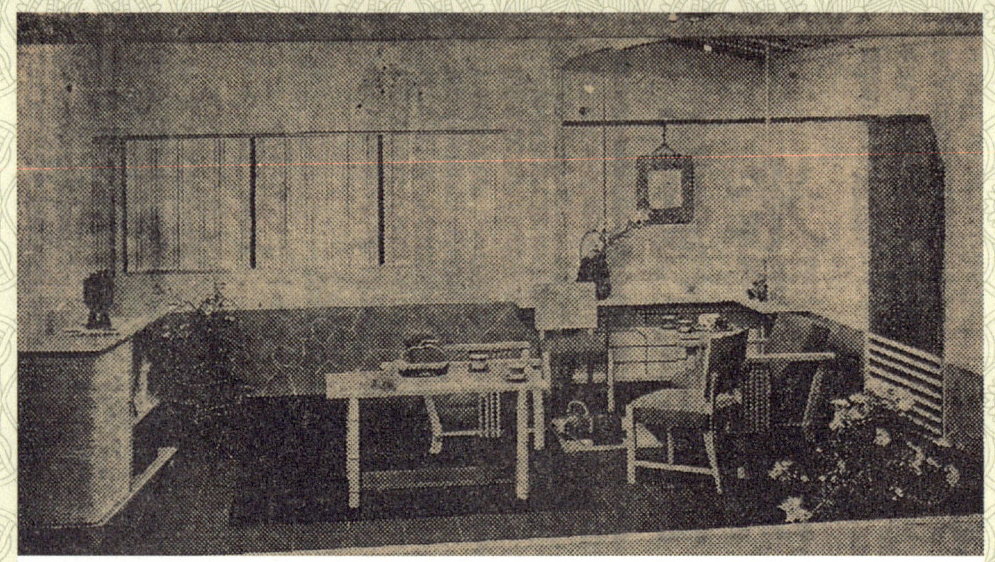

1938년 12월 23일자 『조선신문』에 실린 '일본풍 실내장식' 관련 기사 사진.

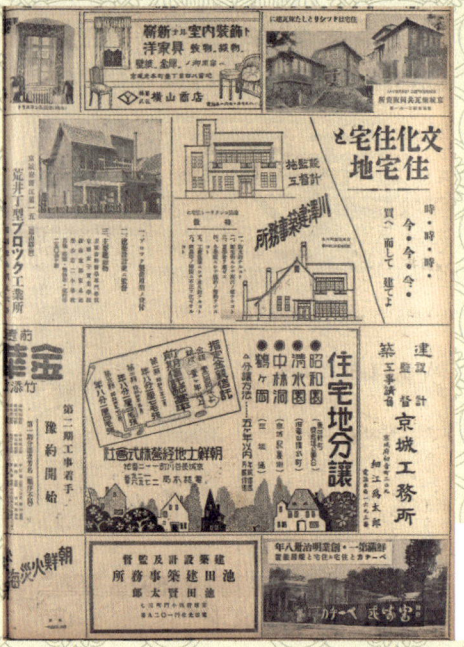

1930년 3월 26일자 『경성일보』에 실린 문화주택과 주택지 관련 광고. 여러 건축사무소와 요코야마 실내 장식 전문점 광고가 실렸다.

1936년 12월 4일자 『조선시보』에 실린 삼우상회 광고. 삼우상회는 부산의 대표적인 실내장식 업체로서 당시 유행하는 모던한 디자인의 가구 이미지를 실었다.

1938년 일본백화점통신사에서 발간한 『백화점연감』에 실린 실내장식 업체 광고.

1936년 5월 31일자 『조선중앙일보』에 실린 선풍기 관련 기사. 아르 데코 영향으로 '유선형' 디자인의 선풍기가 유행했다.

1935년 10월 마쓰자카야백화점 우에노점에서 열린 《국풍가구전》.

집안에 그림과 사진
거는 것만 봐도 드러나는 취향

건축가 김유방은 실내장식품이라는 것은 "노골적으로 그 주인의 품성 혹은 생활을 표현하는 것"[5]이라고 단언했다. 물건 하나하나에 주인의 취향이 반영되어 있다고 여겼다. 그런데 그가 본 현실은 이러했다.

> "우리의 주택을 장식하는 비품이라는 것은 물론 빈부라는 찌를 가지고 볼진대 심한 차별은 잇다 할지라도 기타는 별로히 개성을 가진 것은 아모 것도 업습니다. 대금업자나 관리나 실업가나 정치가나 모다 그 주택에 배치한 비품이라는 것은 금전 정도가 허許하는 안에서는 공통합니다. 이것은 얼는 생각하면 아모런 필요 업는 것 가티 생각이 될는지는 모르겟스나 주택의 장식이라는 것은 실로 아동교육에까지 그 영향이 크다는 중대한 문제라 합니다."[6]

김유방은 실내장식이 개인의 품성이나 취향의 반영을 넘어 아동교육에까지 큰 영향을 미친다고 언급했는데 장식 비품 구매는 각자 주머니 사정에 따라 달랐을 것이다. 실내 장식에서 퍽 비중을 차지한 그림과 사진은 어떤 것을 어떻게 걸었을까.

1925년 봄, 청진동에 있는 화가 이종우의 집을 찾은 『조선일보』 기자는 응접실을 겸한 온돌방 서재에 걸린 자화상을 비롯해 부인을 모델로 한 〈모델〉, 풍경화가 있는 모습을 묘사했다.[7]

직업 화가 외에도 1930년대 문화주택에 그림이나 사진을 거는 이들이 점차 늘었다. 특히 밀레의 〈만종〉은 걸지 않은 집이 없을 정도로 "남이 다-걸었으니까 나도 나도 해서 걸어논 것 같이 보이는 점이 없지 않다"고 지적 받을 정도로 인기 있는 도상이었다.[8] 김말봉의 소설 「요람」에서 준호가 원판을 몇 번이나 복사한 다른 빛깔의 〈만종〉을 그림 파는 가게에서 바라보는 장면이 묘사될 정도로 널리 알려졌다. 초기 서양화가 김찬영, 팔봉 김기진, 평론가 석영 안석주도 밀레를 신문, 잡지에 소개했다.[9]

학교와 이발소에도 단골로 걸린 밀레는 근대 화가 박수근, 천경자에게 큰 영감을 주었다. 일본에서는 1890년 제2회 메이지미술전람회에서 밀레의 작품들을 전시했고, 밀레의 화보나 전집·단행본·번역서 등이 출간되면서 대중적 인기도 높아졌다. 밀레의 대표작 〈만종〉의 원제목은 〈감자 추수를 위한 기도〉인데 그림 속 부부는 해질녘 교회의 종소리를 들으며 감사의 기도를 올린다. 원래 바구니에는 감자가 아니라 굶주림으로 세상을 떠난 아기의 시체가 담겼는데, 밀레의 친구가 아기 대신 감자를 그려 넣도록 했다고 전해진다. 그림을 엑스레이 투사한 결과 밑그림에 실제로 아기 관이 그려져 있음이 밝혀졌다. 일본인에 의해 〈만종〉이라는 제목으로 잘 알려진 이 그림은 매사에 감사를 '강요'하던 식민지 시기 사회 분위기에 적합한 도상이었는지도 모를 일이다. 그래서 그렇게 인기가 있었던 모양이다.

재봉가이자 잡지에 실내 장식에 관한 칼럼을 종종 기고한 김영애[10]는 실내 각 공간에 적합한 그림이나 사진을 추천하기도 했다.[11] 응접실은 손님을 접대하는 손님 본위의 방이기 때문에 개인의 취향보다는 여러 사람이 공감할 수 있는 풍경화나 위인의 초상화, 서재는 자신이 좋아하는 인물의 초상이나 좋은 글귀가 있는 족자, 안방은 평화로운 가정 사진이나 귀여운 아이나 가장의 사진, 그리고 식당에는 식욕을 돋우는 과일 그림이 어울린다는 내용이다.

미술평론가 구로다 호신黑田鵬心, 1885~1967은 인물화는 가정 이외에는 별로 좋아하지 않는 경향이 있다고도 했다. 그는 나체화는 상당히 모던한 가정의 침실에 거는 경우는 있지만 보통 거실(객간)에는 적합하지 않다고도 하고, 다만 "오카다 사부로스케岡田三郎助, 1869~1939의 품위 있는 나체화라면 어느 방에도 지장이 없다"고 밝

1923년 제2회 조선미술전람회 전경. 서울역사아카이브.

1935년 오카다 사부로스케가 그린 〈수변의 나부〉. 히로시 미술관.

1937년 7월 『조선과 건축』에 실린 경성부윤관사 응접실. 그림이 높은 위치에 경사지게 걸려 있다.

1926년 2월 20일자 『조선신문』에 실린 양화전 그림 진열 모습.

1935년 무렵 덴마크 화가 칼 홀쇠가 그린 〈식당에 있는 엄마와 아이〉. 벽에 그림을 대칭적으로 걸어두었다.

1925년 에두아르 뷔야르가 그린 〈데이비드〉. 그림을 와이어에 걸어 늘어뜨렸다.

했다.¹²

구로다 호신의 말이 아니어도 여간 '모던한 가정'이 아니고서야 나체화를 보는 것은 적잖이 민망한 일이었다. 조선시대 문인들은 '사녀화'라고 부른 미인도만 걸어도 밤잠을 설칠까 두려워했는데 옷도 걸치지 않은 여인의 그림이란 두말할 나위가 없다. 실제로 1920~30년대 나체화는 공적 공간에서 풍기 문란을 이유로 많은 제재를 받았다. 1925년 조선미술전람회에 출품한 이제창의 나체화는 전시는 하되 사진 촬영은 금지되었고,¹³ 시중에 판매하는 나체 그림이나 사진을 압수당하기도 했다.¹⁴

건축가 박길룡은 봄에는 도화, 여름에는 폭포가 있는 풍경화와 같이 시절에 맞는 것 또는 시나 노래 같은 데서 찾은 의미로 장식하는 것도 좋다고 제안하면서 "아모리 좃타 하드래도 아모도 알 수가 업는 것은 가치가 업는 것이다"라고 일축, 공감대를 이루는 작품을 추천했다.¹⁵

그림을 거는 방식 또한 달라졌다. 1900년대 초만 하더라도 그림 액자를 걸 때 벽면에서 경사지게 떨어뜨려 걸었다. 이는 과거 유럽의 살롱 전시에서 유래했다고 볼 수 있다. 층고가 높은 전시장에 그림을 빽빽이 걸면서 관람자의 시선에 잘 들어오도록 하기 위한 방식이었는데 그대로 유럽 귀족의 성이나 저택, 그리고 일반 가정에까지 이어졌다고 추정한다. 언제부터인가 그림은 벽에 밀착해 붙이게 되었다. 층고가 높지 않은 모던 건축에서 그림을 굳이 앞으로 기울여 걸 이유가 없었기 때문인 듯하다. 그림을 거는 높이도 상당히 낮아졌다.

구로다 호신은 액자에 관해서도 언급했다. 과거 미술전람회에서 액자 틀 색깔은 대부분 금색이었으나 1936년 무렵에는 열에 하나 정도만 금색이고 그을린 느낌, 말하자면 고풍스럽게 앤티크 처리를 했거나 아예 흰색 또는 은색이 눈에 띄게 많아졌다는 것이다.¹⁶ 액자 같은 소품마저 건축 양식에 따라 달라지고 있음을 보여준다.

사진은 어땠을까. 하나의 틀에 여러 장의 사진을 넣는 방식은 광복 이후에도 흔히 볼 수 있었고, 요즘에도 시골집 마루나 안방에서 간혹 볼 수 있는 풍경이다. 여기에는 그리운 사람들에 대한 애틋한 마음이 서려 있다. 하지만 실내장식의 측면에서는 촌스러운 몰취미로 여겨졌다. 하나의 틀에 여러 장의 사진을 지저분하게 잔뜩 끼워 넣는 것은 보기 좋지 않다고 여겨졌다. 1950년 봄 『부인경향』에 실린 사설에도 "조그만 사진틀 하나에 할아버지 할머니 아버지 어머니 누구 누구…큰 사진 작은 사진 꼬기꼬기 집어 끼우는 취미"와 "어느 정도 미술의 감상안을 가졌다고 자부하는 가정에서는 흔히 또 같은 그림을 일 년 내 걸어두는 수가 많"다고 비판했다.[17]

김영애는 또 다른 칼럼에서 사진을 걸 때 너무 높이 걸어서는 안 되고 보통 의자에 앉았을 때 보기 쉽게 걸어야 한다고 조언했다.[18] 아무리 넓은 벽이라도 셋 이상 걸게 되면 "자미가 적"다며 셋을 건다면 일직선으로 걸기보다 큰 것 하나를 중심으로 좌우로 좀 내려오게 거는 것이 보기 좋다고 제안했다. 서양에서는 벽에 여러 개의 그림을 걸 때 못 또는 와이어를 이용해서 일렬로 걸기도 하는데 보통 좌우대칭으로 걸어서 시각적인 안정감을 주었다. 김영애의 또 다른 칼럼에서는 중심 사진 좌우의 간격을 60~150센티미터로 띄울 것을 제시했다.[19] 이는 오늘날 그림이나 사진을 걸 때에도 퍽 유용한 방식이다.

건축가 박길룡의 조언, "실내는 어떻게 장식해야 할까"

신문이나 잡지 등에서는 계절이 바뀔 때마다 집 꾸미기에 대한 조언들을 실었다. 여름의 실내장식은 뭐니뭐니 해도 단순함, 간소함을 강조했다. 경제, 합리성 따위를 강조하는 시대였던 만큼 실내장식도 예외가 아니었다. 늘어져 있는 세간 정리,

겨우내 깔린 보료나 방석을 치우고 산뜻한 여름 방석 깔기, 더운 여름 실내로 쏟아지는 뜨거운 빛을 가리기 위해 얇은 즉 커튼 설치 등을 제안했다. 장식이라고 해서 거창하게 물품을 들이고 꾸미기보다 비우기를 독려했다. 고가의 장식품을 배치하기보다 아름다움이 녹아든 실용품을 활용하기를 추천했다. 「조선의 응접간 연구」라는 신문 기사에는 여름에 엷은 색의 커튼을 달고 많은 물건을 선반에 장식하기보다 화병에 수국 같은 물색의 꽃 한 송이만 꽂아 질소하게 장식하는 것을 추천했다.[20] '적을수록 풍요롭다'Less is more고 한 20세기 건축가 미스 반 데어로에Ludwig Mies Van der Rohe의 철학은 실내장식에도 유효한 명제였다. 나아가 시대를 막론하고 장식의 기본이다.

건축가 박길룡은 1926년부터 1943년까지 신문, 잡지, 라디오, 강연 등을 통해 조선 주택 개량에 관해 활발하게 개선안을 제시했다. 1933년 11월 8일부터 19일까지는 『매일신보』에 「실내장식법: 우리들이 거처하는 실내는 어떻게 장식해야 할까」라는 글을 총 11회에 걸쳐 실었다. '실내장식'을 '방 안을 보기 좋게 꾸며놓는다는 말', 즉 '미화시킨다'는 말로 정의했는데, 1930년대의 말로 바꾸면 '방치장'이었다. 그는 의복과 마찬가지로 고가의 호화스럽고 사치스러운 것을 늘어놓기보다는 생활에 절대로 필요한 것을 정돈하여 두는 것으로서 "자연법칙에 순응하여 우리 생활에 행복을 돕는 실용가치의 효과를 내는 것이 장식"이라고 강조했다.[21]

"실내장식은 가지수를 적게-효과잇도록!

(…) 장식의 재료를 만이 쓰는 것은 야비한 것이니 물론 필요한 것을 놋는 것은 관게 업지만은 필요치 아니한 것을 만이 느러노아 고물상가티 자긔가 가지고 잇는 것은 전부 느러놋는 것은 참으로 보기 실흔 것이다. 우량한 의장은 만은 재료를 쓰지 아니한다. 장식재료는 오육점 혹은 이삼점 이상을 쓰지 안는 경우도 잇다. 조금이라도 쓸데업는 것은 쓰지 아니하야 그 한 개 한개가 효과가 잇게 하는 것

婦人家庭

室内装飾の基礎

一寸とした處に不健康が生ずる

色の撰擇と精神的影響

青色

赤色

白色

黄色

黒色

ワイシヤツの廢物利用

洋装好みのハイカラエプロン

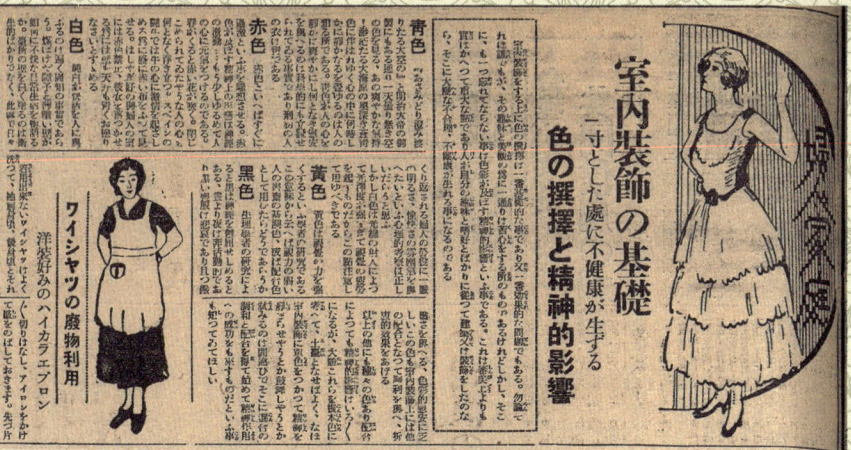

1932년 6월 19일자 『경성일보』에 실린 실내장식의 기초-색의 선택과 정신적 영향에 관한 기사. 실내장식에 있어서 색의 선택은 가장 기초적이며 효과적인 문제로서 자신의 취미와 기호만 따르면 건강을 해칠 수 있다고 적혀 있다.

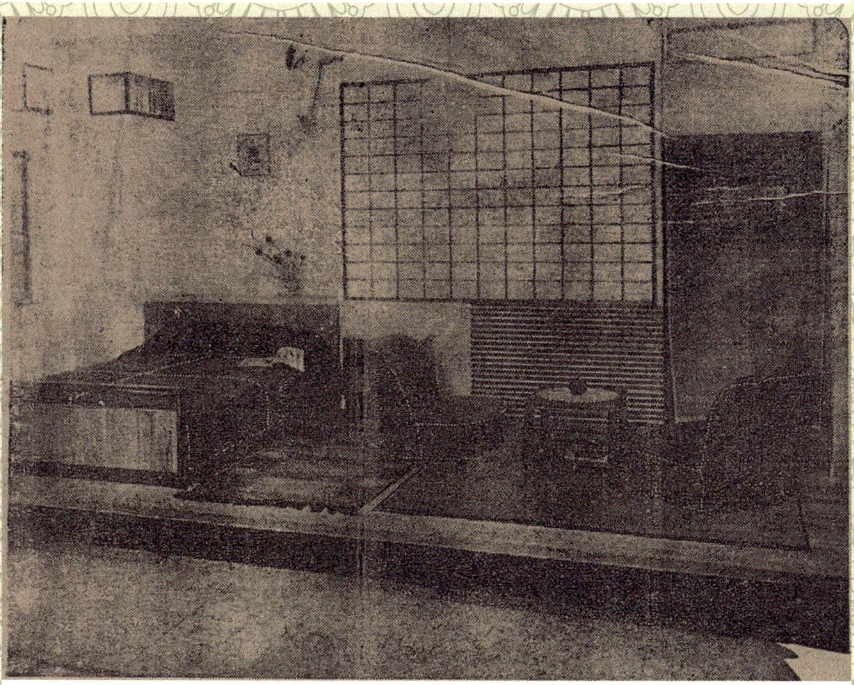

1936년 7월 28일자 『조선신문』에 실린 여름의 실내장식 중 침실 사진.

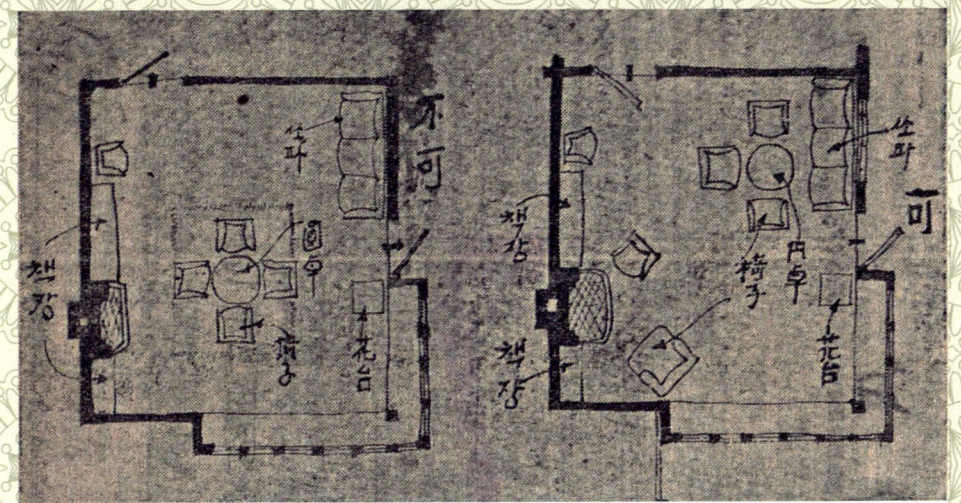

1933년 11월 16일자 『매일신보』에 실린 박길룡의 가정 응접실에 적합한 가구 배치도.

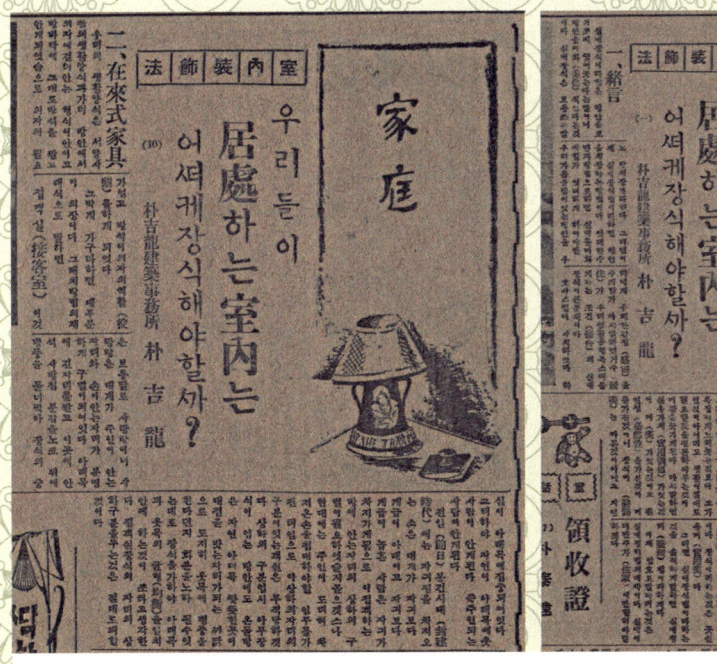
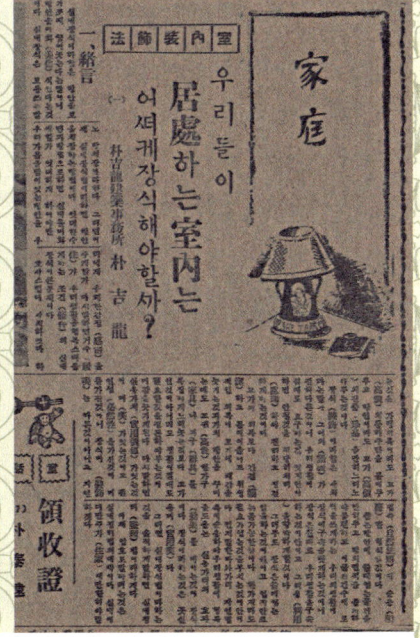

1933년 11월 『매일신보』에 실린 박길룡의 「실내장식법: 우리들이 거처하는 실내는 어떻게 장식해야 할까」

이니 이것은 맛치 바둑을 잘 놋는 사람이 놋는 바둑점은 한점 한점이 사방팔방으로 힘을 쌧고 비상한 활긔를 쯰우고 잇는 것과 갓다. (…) 실내라도 벽마다 화액이 걸니고 아무거나 잇는데로 중첩하야 놋는 것은 장식이 아니다. 양식을 절충한 문화주택을 가진 상당한 게급의 삼람의 집에 이러한 것을 만이 본다. 더구나 새것을 조하하고 쏘는 예술가연하는 사람의 서재나 객실에 이러한 진긔한 것을 만이 본다. 이것은 물로 아모 가치가 업고 문제가 되는 것은 아니겟지만은 다소간 이러한 사람이 사회에 이름잇는 사람이 하면 다른 사람들이 이것을 흉내하고 그쑨아니라 장식이라 하는 것은 이러한 것이라고 생각함으로 장식의 경향은 생각지 안혼 그릇된 길로 쌔지어버릴 것이다. 장식은 가지수를 적게 하고 효과를 크게 하는 것에 가치가 잇다."[22]

그가 제시한 장식법은 크게 두 가지였다. '질소'와 '화려'가 그것이다. 박길룡은 때로 '질소'를 '순박'이라고 표현했다. 방법은 다르지만 목적은 하나다. 극장이나 집회실, 카페처럼 긴 시간을 바라보지 않는 공간은 화려하게, 오랜 시간 계속 사용하는 우리의 주거 공간은 질소한 방법을 취하라고 한 조언이[23] 흥미롭다.

주택 내부에도 식당, 접객실 같은 부분은 다소 화려한 맛을 가미해도 무방하다고, 즉, 손님 위주의 잠시 머무는 공간은 좀 더 화려하게 꾸미고 상용의 공간을 더 단순하게 갈무리하라고도 했다. 그는 순박과 화려 사이에 장식 가치의 차이는 없지만 순박한 장식을 잘하기가 더 어렵고 숙련된 기술이 필요하다고 보았다.[24]

그가 제시한 몇 가지 장식 요령 가운데 첫 번째가 통일이었다.[25] 천장, 벽, 바닥의 색조와 그 방안에 놓인 가구나 기구들의 형태가 서로 조화를 이루도록 하라는 말인데 그에 따르면 장식미의 소양이 없는 이들은 무엇이든지 있는 대로 벌려놓는 폐단이 있다. "음식상도 술안주와 밥반찬을 있는 대로 차리는 것이 아니라 술상이면 술상, 밥상이면 밥상으로 인식하게 하여야 하듯이 침실이면 침실, 식당이면 식당 그 목적을 완전히 표현"해야 한다고 했다.[26] 대체로 장식의 재료가 많을수록 부조화되기 쉽고 통일을 취하기가 어려우므로 장식의 재료 수가 적을수록 통일을 취하기가 쉽지만 단조한 데 빠지기 쉽다고도 했다.

두 번째는 국가나 가정에도 그러하듯 실내장식에도 주종主從의 관계가 있어야만 한다고 주장했다.[27] 정원에 소나무 한 그루를 심는다면 그 옆에는 소나무에 종속되는 잡목을 심고, 테이블 위에 높은 술병이 한 개 있다면 옆에 작은 술잔을 놓을 때 술병이 주가 되고 술잔이 종이 된다. 술잔이 병보다 크거나 잔이 병에 비해 너무 작으면 완전한 주종 관계가 될 수 없다고도 했는데, 장식 요소 간의 상호 비례에 대한 설명이라고 할 수 있다. 그는 공간의 비례에 관해서도 의자를 놓는 양실은 천장 높이가 여덟 자에서 열 자, 방석을 놓는 온돌방은 일곱 자에서 여덟 자가 적당하다고 제시했다.[28]

"실내는 바닥, 벽, 천정과 창호로 구성하엿는데 이 각 부분의 색상이 동일하면 안 이된다. 이 각 부분의 색상을 서로 다르게 하야 각 부분을 분명하게 인식할 수 잇는 동시에 서로 다른 색의 합주로 오는 미감을 늣기게 하는 것이오 그러나 이 색조의 조화를 잘 못하면 말할 수 업는 불유쾌한 감정을 일으키게 하는 것이다."[29]

박길룡은 또한 빛에는 어두운 암색과 밝은 명색이 있고 따뜻한 난색과 차가운 한색이 있다고 설명하면서 여름에 사용하는 모기장을 담청색으로 하는 것은 시원한 맛을 돕게 하기 위함인데 종종 보는 붉은 모기장이나 누런 발은 색조를 모르는 무식한 일이라 일축했다. 우리 재래식 온돌방은 바닥이 깊은 갈색 장판이고 벽은 백색, 천장은 푸른 계통의 무늬 있는 것인데 바닥이 짙은 갈색인 것은 어두운 색이고 또 따뜻한 색이므로 바닥에 안정한 감정을 주기가 좋으나 벽이 희고 천장이 푸른 것은 고칠 필요가 있다고 강조했다.[30] 아울러 차라리 천장과 벽의 빛을 바꾸는 것이 낫다고도 제안했는데 천장을 희게 하는 것이 경쾌하게 보이고 야간에도 광선을 많이 반사해 밝게 하기 때문이라고 그 이유를 밝혔다.

벽지에 관해서도 빼놓지 않았다. 양실에 벽지를 많이 사용하고 있는데 벽지의 선택은 충분히 고려해야 한다고 했다.[31] 바닥보다는 밝은 빛이어야 하고 특히 벽지에 복잡하고 화려한 무늬가 있는 것을 경계했다. 벽이 모든 가구와 기구의 배경이 되므로 화려한 무늬가 있으면 가구가 이 벽지에 전복을 당하는 꼴이 되고 그림을 걸더라도 벽지에 눈이 끌려 그림을 완전히 볼 수가 없기 때문이라고 주장했다. 무늬가 있는 것을 바를 때에는 무늬가 바탕색과 유사한 것을 선택하여 멀리서 보면 무늬가 있는지 없는지 분별하기 어려운 것을 선택하라고 조언했다.

과거 봉건시대에는 자기 집을 찾아오는 손님은 대개 자기보다 계급이 낮고 계급이 높은 사람은 자기가 찾아가게 되므로 이 접객하는 방의 앉는 자리는 상하의 구별이 분명했다. 즉 주인이 높은 자리에 앉아 손님을 접대하므로 긴 자리를 깔고 안석, 사방침, 문갑을 놓고 병풍을 둘러 장식하는 아랫목이 장식의 중심이 되었다. 장식이 없는 온돌방도 따뜻한 아랫목이 자연 높은 자리다. 그런데 현대에는 주인이 도리어 찾아온 손님을 접대해야 할 임무가 있으므로 박길룡은 이에 대해 윗목에 병풍을 친다든지 장식을 가미하여 아랫목과 윗목의 균형을 잃지 않게 하여 상하 자리 구분을 없애는 것이 좋겠다고 제안했다.[32]

박길룡의 제안은 상세하게 이어진다. 그는 응접실의 소파가 마치 사무실을 모방한 듯 놓은 것은 좋지 못 하다며 방 한가운데에 둥근 테이블이 있고 그 주위에 의자를 둘러놓은 것은 실내에서 보행할 때 그 주위로 돌아다니게 되는 불편이 있으므로 테이블은 될 수 있는 대로 방 한편에 몰아놓는 것이 편리하다고 했다. 생활공간 개선을 자신의 주택에 실천한 고구레 조이치木檜恕一[33]의 생각과도 일치한다. 고구레 조이치는 가구를 방 중앙부에 배치하면 "지나치게 엄격하여 주택으로서의 부드러운 맛이 없어짐"으로 창틀 밑이나 벽 쪽으로 붙이기를 권했다.[34] 이러한 배치 방식은 오늘날까지도 쉽게 볼 수 있다. TV 드라마에 나오는 회장님 사무실은 중앙에 손님용 소파를 놓지만, 일반 가정의 거실에는 보편적으로 TV 맞은편 벽면에 소파를 배치한다.

박길룡은 신문과 잡지, 라디오 같은 근대 매체를 통해 아직 그 개념이 확립되지 않았던 1930년대 대중들에게 실내장식에 관해 조목조목 설명했다. 앞서 언급한 김합라 역시 박길룡과 비슷한 의견을 피력했다. 김합라는 여기에 덧붙여 실내장식은 "결코 유산자有産者만 할수 잇는 것이 아니고 누구나 그에 대한 상식만 잇스면 만흔 금액을 요치 아니하고도 잘 할 수 잇는" 것[35]이라고도 했다.

다만 박길룡이 이 시절 언급한 실내장식의 주된 내용이 대부분 1930년 출간한 곤도 쇼이치近藤正一의 『실내장식』[36]의 내용과 거의 일치한다는 점은 흥미롭다. 요즘 같으면야 표절이라고 해도 과언이 아니지만 그 시대적 상황을 놓고 보면 덮어놓고 비난하기에는 무리가 있다. 저작권 개념의 미비함은 물론이고, 실내장식 분야를 전문적으로 연구하지도 않았을 그가 대중에게 이러한 개념을 설명하기 위해 곤도 쇼이치의 책을 참고하고 번안해서 소개했다는 정도로 오늘날 우리가 이해해주면 어떨까.

백화점과 전문점, 실내장식 물품을 판매하다

가구를 비롯해 실내장식을 위한 각종 물품은 실내장식 전문점과 백화점에서 판매했다. 개항 이후 서양식 가구를 파는 상인과 여러 직업인이 조선에 들어왔고, 화양가구업자들은 1896년 16명이 들어와 활동했다.[1] 1939년 통계에 따르면 경성의 화양가구 공장 수는 총 101개, 1943년에는 135개였다.[2]

일본계 백화점 가운데에서 다카시마야와 미쓰코시는 실내장식 사업을 일찌감치 시작했다. 경성에서 양가구 전시를 비롯하여 실내장식품 전반을 보여주는 실내장식전을 1920년대 중반부터 종종 개최했다. 또한 조선총독부 신청사(1926), 덕수궁 미술관(1936) 같은 경성의 대규모 프로젝트 등의 실내장식에도 전문점인 요코야마상점과 함께 이름을 올렸다. 단독으로 장식을 맡기도 했지만 전문 분야를 나누어 작업을 하기도 했다. 주택의 경우도 일부 최상류층은 종종 이들이 장식을 맡았다. 실내장식이라는 개념이 아직 무르익기 전부터 다카시마야, 미쓰코시, 그리고 요코야마상점은 가구와 직물류를 함께 취급하는 일종의 인테리어 종합 매장으로 당대 문화주택을 꾸미는 데에 큰 역할을 했다.

다카시마야, 실내장식용품 판매부터 시공과 설계까지

다카시마야나 시로키야白木屋는 조선에 지점이 없는 일본 백화점으로 출장점의 형태로 경성에 진출해 영업을 했다. 그 가운데 다카시마야는 1878년 '카페트점(단통점)'으로 사업을 출발해 백화점으로 성장했다. 오늘날의 을지로인 황금정 2정목에 출장점을 두었는데 각종 실내장식 용품을 팔기도 하고, 시공과 설계를 맡았다. 화양가구·커튼과 깔개·벽지·전등기구 등을 취급했고, 건구 제작 및 선박이나 차량 장식·설계 제작도 전문으로 했다. 특히 직물에 강한 면모를 보였다. 윌턴, 브뤼셀, 로열 액스민스터, 셰닐 액스민스터, 태피스트리 카펫 등 수입산 카펫을 취급했고 일본산 스미노에住江직물을 적극적으로 활용했다. 1926년 준공한 조선총독부 신청사를 비롯하여 1926년 10월 스웨덴 황태자 부처가 경성을 방문했을 때 머물 숙소인 조선호텔의 실내장식도 맡았다.[3]

경성뿐만 아니라 일본계 백화점은 그때까지 중소도시에도 출장점의 형태로 종종 판매를 실시했는데 이는 오늘날 팝업 스토어와 유사한 개념으로 중소상인의 반발을 불러일으키곤 했다. 그 때문에 당시 백화점 법에 어긋나는 출장 판매를 총독부에서는 1938년 9월 금지토록 했다.[4]

실내장식에 대한 개념을 전파한
미쓰코시백화점

일본 도쿄 니혼바시에 있는 미쓰코시백화점 본점 가구와 실내장식부는 하야시 고헤이林 幸平가 구미 유학에서 귀국한 뒤 본격화되었다. 미쓰코시백화점에 근무하던 중 1905년 해외에서 실내장식 공부를 하고 오라는 백화점의 제안을 받은 하야시 고헤이는 뉴욕 윈도 디스플레이 관련 전문학교에서 석 달 동안 공부한 뒤 영국으로 건너가 당시 최대의 실내장식 전문점인 메이플 사에서도 약 1년 간 수련을 했다.[5] 메이플 사는 덕수궁 석조전 실내장식 및 가구를 맡은 곳이라 우리나라와도 인연이 깊다.

메이플 사에서 수련 중이던 1908년 프랑스 주재 일본대사관의 실내장식 프로젝트를 맡은 고헤이는 '순구라파식 구조에 순일본식 취미'를 가미한 화양절충식 실내장식을 선보였다. 이러한 경험을 바탕으로 일본으로 돌아온 뒤 미쓰코시백화점 공간 연출을 통해 라이프 스타일을 사람들에게 제안하고 이른바 '미쓰코시 취향'을 선보였다. '아담식 서재', '루이16세식 객실', '자코비안 식당', '모던잉글리시식 침실'과 같은 모델룸을 꾸미는가 하면, 일본식 다다미에 어울리는 양풍 가구를 제시해 화양절충 실내장식에 주력했다.[6] 이러한 시도는 당시 백화점을 둘러보는 사람들에게 실내장식에 대한 개념을 심어주었다.

미쓰코시 본점은 1920년부터 1930년 무렵까지 매년 가을 《가구신제품진열회·전람회》 또는 《신제양가구전람회·진열회》라는 이름으로 모델룸 형태를 꾸며 양식 가구를 선보였다.[7] 처음에는 외부에 제작 하청을 주고 납품을 받아 판매했지만 1910년부터 전속 가구공장을 창설하여 운영했다.[8]

1928년 도쿄 우에노공원에서 열린 《불란서장식미술가협회전람회》는 일본 백화점에 종사하는 장식부 및 가구부에 큰 영향을 미쳤다. 여기에서 프랑스 아르 데코 양식을 접한 미쓰코시 가구부원을 비롯한 여러 디자이너가 이후 전시 방향을 전환하기 시작했다. 그 결과 1932년부터 1939년까지 열린 전람회는 가구 중심 진열회가 아니라 실내장식 종합 전시의 개념으로 바뀌었다. 《신설계실내장식전》이라는 이름으로 열린 전람회에는 객실, 식당, 거간, 침실, 서재, 객실 겸 거간, 응접실 등을 꾸민 모델룸을 선보였다. 또한 서양식에 더해 일본 취미가 가미된 가구들도 1930년부터 1939년까지 지속적으로 전시되었다. 백화점이나 상점에서 물건을 쌓아두듯 판매하는 방식에서 벗어나 꾸밈새를 보여주는 모델룸 방식은 공간을 어떻게 장식할지 모르는 이들에게는 퍽 신선하고 참고가 될 만한 방식이었다.

경성 미쓰코시도 본점과 비슷한 형태로 진열회를 열긴 했지만 같은 규모는 아니었다. 1925~26년 가을에는 단스를 비롯한 실용 가구를 전시했다.[10] 1930년 미쓰코시 신관 낙성 이후 그 규모는 다소 커진 듯했다. 본점과 마찬가지로 《신작양가구전》이라는 이름으로 5층 갤러리에서 종종 개최하거나 여름이나 겨울 시즌에 맞춰 등가구나 응접간 가구 등을 전시·판매했다.[11]

국내에서 미쓰코시 장식부에 의한 실내장식의 구체적인 사례를 파악하기는 쉽지 않다. 간송 전형필 선생의 보화각 정도를 들 수 있겠다. 우리나라 최초의 사립 박물관으로서, 건축가 박길룡의 설계로 1938년 완공한 보화각은 설립 당시 미쓰코시에서 가구를 비롯하여 커튼과 장식품을 구매해 꾸몄다.

도쿄 미쓰코시백화점 가구장식부는 1930년 9월부터 주택 건축 설계까지 사업 영역을 확대했다. 기존의 실내장식과 가구에 더해 건축 설계와 시공까지 원스톱으로 그 서비스를 확대한 것이다. 주로 건축사무소에 의뢰하기 곤란한 작은 주택을 설계하려는 고객이 대상이었다.[12] 백화점 주택건축부 사업은 마쓰야에서도 실시했고, 실적이 꽤 좋았던 모양이다. 다만 경성에서도 같은 사업을 진행했는지는 명확하지 않다.

1936년 11월 미쓰코시 본점에서 열린 《신설계실내장식전》의 객실 모델룸.[9]

미쓰코시백화점 신관 광고에 사용한 그림. 미쓰코시백화점은 이 당시 인테리어 유행을 선도하고 필요한 물건을 공급하는 두 가지 역할을 맡았다. 스기우라 히스이의 그림이다.

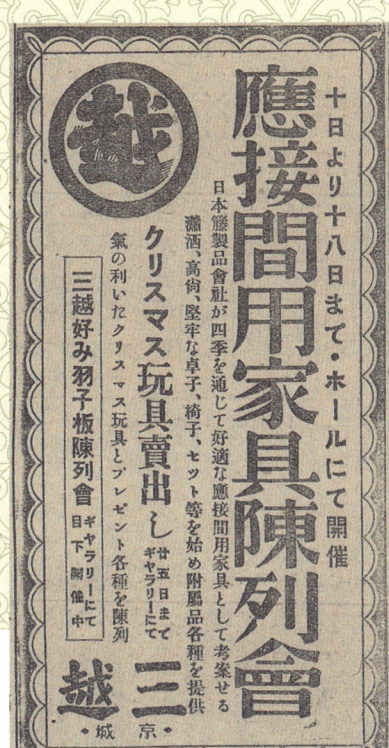

1930년 12월 10일자 『조선신문』에 실린 미쓰코시백화점 응접간용 가구진열회 광고.

1936년 6월 25일자 『조선신문』에 실린 미쓰코시백화점 저렴한 여름용 가구 판매 광고.

1938년 보화각에서 구매한 책상과 그 내부에 있는 미쓰코시가구제작공장의 마크. 오사카 소재 공장에서 제작된 듯하다.

1937년 『대경성대관』에 실린 요코야마상점. 서울역사아카이브.

株式會社 橫山商店

本　社　京城府本町一丁目四十八番地
電　話　本　局 ⑩(2)167・2728
振替口座京城二三〇
發電略號（ヨコ）

仕　入　部　神戸市元町一丁目二三〇番地
家具工場　京城府明治町二丁目九二番地
敷物工場　大阪市住吉區住吉町二八番地

裝飾と家具

嶄新優秀なる在庫品の………
………豐富なること『業界第一』

1938년 조선건축회에서 발간한 『건축자료형록』에 실린 요코야마상점 광고. 본사는 경성 본정, 사입부는 고베, 가구공장은 경성 명치정, 카펫 공장은 오사카에 있다고 적혀 있다.

1930년 10월 27일자 『경성일보』에 실린 미쓰코시백화점 사교실. 요코야마상점은 미쓰코시백화점 3층 귀빈실과 사교실에 실내장식을 맡았다. 사진은 가구 납품 당시 촬영한 것으로 추정한다.

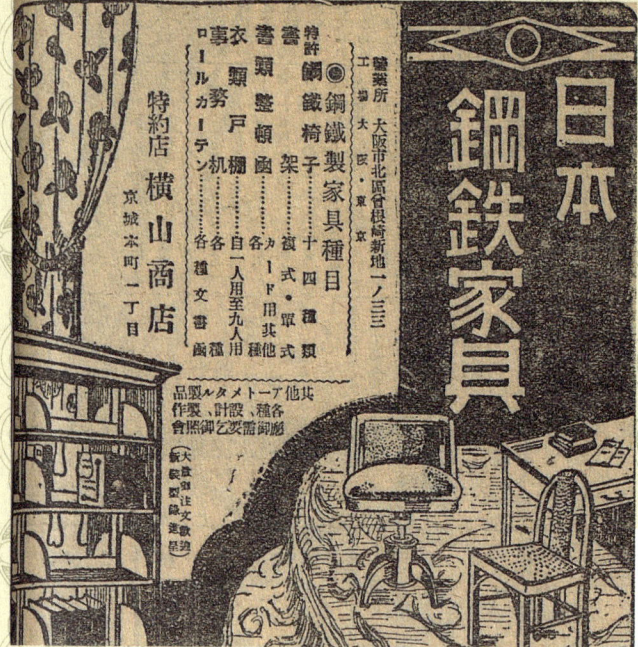

1929년 1월 9일자 『경성일보』에 실린 요코야마상점 광고. 회전의자를 비롯해 일본 강철가구를 판매한다고 홍보했다.

경성 실내장식계의 빠질 수 없던 이름, 요코야마 상점

미쓰코시, 다카시마야와 어깨를 나란히 하는 실내장식 전문점인 요코야마상점은 1920~30년대 경성의 내로라하는 실내장식 프로젝트에 빠지지 않는 이름이다. 문화주택의 가구와 장식에서도 그 이름이 단골로 등장한다. 오늘날 중구 충무로 1가에 위치했다. 대표인 요코야마 류이치橫山隆一가 1906년 조선으로 건너와 이듬해 1907년 가구점을 열었다.[13] 1925년 창업주가 타계하고 1929년 3월 8일 화재를 겪기도 했지만 1930년대에도 꾸준히 사업을 이어갔다. 실내장식에 필요한 모든 물품을 취급한다고 해도 과언이 아니었는데, 고베에 매입부를 두고 실내 장식품·직물·깔개·서양 가구 및 금고·벽지 등을 수입 판매했다. 조선박람회에 출품한 문화주택의 실내 가구, 미쓰코시백화점 귀빈실, 덕수궁 미술관 내 장식 등도 이곳에서 맡았다.

부록

주註
참고문헌
찾아보기

주註

책을 펴내며

1) 이상, 「종생기」, 『이상전집 1』(가람기획, 2025.), p.312.
2) 유진오 지음·진영복 엮음, 『유진오 단편집』, (지식을만드는지식, 2012.), p.170.

1부 경성의 주택문화

인트로

1) 정기황, 『한옥적응기-전통가옥의 기구한 역사』(빨간소금, 2024.), p.79. 서울시 통계자료 재인용.

"조선 사람아! 새로 살자!"_가옥 개선

1) 조선일보출판부, 『여성』(1939. 2.), pp.18-23.
2) 1929년 3월부터 조선일보사는 색의단발, 건강증진, 상식보급, 소비절약 그리고 허례폐지 다섯 가지를 큰 목표로 하는 생활개신운동을 주창했다.
3) 어효선, 『내가 자란 서울』(대원사, 2003), p.169.
4) 정세권, 「주택개선안」, 『실생활』(1936. 4.), p.6.
5) 가회동과 정세권에 관해서는 이경아, 『경성의 주택지』(집, 2019.), pp.14-40 참조.
6) 위의 책, p.84.
7) 박태원, 『여인성장』, 깊은샘, 1989, pp.181-182.

8) 박철수, 『한국주택 유전자』(마티, 2021.), p.239.
9) 위의 책, p.241.
10) 「농연간부박인덕씨편」農研幹部朴仁德氏篇, 『신여성』(1933. 7.), pp.64-65.

"배척치 못할 우리 주택의 특장"_온돌

1) 한국고문서학회, 『의식주, 살아있는 조선의 풍경』(역사비평사, 2006.), pp.277-279.
2) 위의 책, p.281.
3) 위의 책, p.282.
4) Frank Lloyd Wright, *Frank Lloyd Wright An Autobiography*(New York : Duell, Sloan and Pearce, 1943.), p.495.
5) 유영준, 「외국에 가서 생각나든 조선 것-온돌과 김치」, 『별건곤』(1928. 5.), p.150.
6) 吉田 直 氏談, 「處女地を撰んでの住宅建設」, 『朝鮮と建築』(1928. 9.), p.25.
7) 渡邊 晋氏談, 「この家を造つた私の氣持」, 『朝鮮と建築』(1930. 10.), p.23.
8) 藤本源市氏 談, 「京城に家を建てみた心持」, 『朝鮮と建築』(1925. 10.),p.23.
9) 가와카미식 온돌의 구조와 장점은 강상훈, 「일제강점기 일본인들의 온돌에 대한 인식변화와 온돌 개량」, 『대한건축학회 논문집 계획계計劃系』 22-11(2006. 11.), p.258.
10) 川上重三郎, 「川上式オンドルの話」, 『朝鮮と建築』7(1928. 6.), p.25.
11) 강상훈, 앞의 논문, p.258.
12) 앞의 논문, p.258.
13) 「애림조愛林竈신안특허」, 『매일신보』(1935. 11. 5.).
14) 「애림조를 신발명」, 『조선중앙일보』(1935. 11. 6.).
15) 「온돌개량에 성공-순회식 문화온돌의 출현」, 『매일신보』(1941. 6. 19.).
16) 구명탄을 일컫는 것으로 추정한다. 무연탄을 주원료로 하여 여기에 코크스, 목탄 따위의 다른 탄화물과 당밀, 피치, 석회 따위를 섞어서 가루로 만든 뒤 굳힌 원통형의 고체 연료다.
17) 조선일보사편집부 편, 『여성』(1937. 2.), p.42.
18) 최지혜, 『경성 백화점 상품 박물지』(혜화1117, 2023.), p.543.
19) 「フクロク-ストーブの壓倒的聲譽に就て 福原鐵工所主 福原熊太郎氏談」, 『부산일보』(1930. 11. 10).
20) 히가시구치상회는 오늘날 을지로인 황금정 2-21번지에 위치했다. 1926년 창업한 이래 난방, 환기, 오수정화, 수도, 펌프, 보일러 등 각종 장치와 장비의 설계와 시공을 했으며 관련한 여러 기구를 직수입 판매했다. 경영자는 히가시구치 치카東口近였다. 중앙정보선만지사편, 『대경성사진첩』(경성 : 중앙정보선만지사편, 1937.), p.39.
21) https : //brunch.co.kr/@8133d3a5098c4e4/68
22) 이춘오·홍세선·이병태·김경수·윤현수, 「국내 석재산지의 지역별 분포유형과 특성」, 『암석학회지』 15(2006.), p.163.
23) 건축용어편집위원회 편, 『건축용어사전』(건설연구사, 1999.), p.869.
24) 가와자와공무소는 경성부 화원정花園町 69번지 소재였다.

25) 다카쿠스 주택의 집주인은 다카쿠스 사카에高楠 榮로 추정한다. 교토제대 의학부 출신으로 1920년 독일로 유학을 가 1923년 도쿄제대에서 산부인과로 박사학위를 취득하고 동년 경성제국대학 산부인과 교수로 부임했다. 김옥주, 「경성제대 의학부의 체질인류학 연구」, 『의사학』 17-2 (2008. 12.), p.197 재인용.
26) 川澤道正 氏談, 「設計の立場より」, 『朝鮮と建築』 10-8(1930. 8.), p.8.
27) 평면도상 서재와 창고 쪽 벽에 선구들이 표시되어 있는데 이것이 사랑이나 내방 벽으로 영향을 주었을지 명확하지 않다.
28) 특허는 신청 한 해 전 러시아 사람이 획득했기에 불발되었다 한다. 정몽화, 『구름따라 바람따라』 (학사원, 1998.), P.89.

"문화주택은 이상적 주택이란 뜻일 것이외다"_문화주택

1) 「백만원이 생긴다면 우리는 어떠케 쓸가?, 그들의 엉뚱한 리상」, 『별건곤』 64(1933. 6.), p.27.
2) 문화주택 용어의 등장과 의미, 학술적 정의에 대해서는 김용범, 「'문화주택'을 통해 본 한국 주거 근대화의 사상적 배경에 관한 연구」(한양대학교 박사학위 논문, 2009.), pp.3-9 참조.
3) 문화주택의 전개 과정에 관해서는 임창복, 『한국의 주택, 그 유형과 변천사』(돌베개, 2011.), pp.273-281 참조.
4) 김유방, 「문화생활과 주택(전승)-근대사조와 소주택의 경향」, 『개벽』 33 (1923. 3.), p.69.
5) 위의 글, p.69.
6) 위의 글, p.69.
7) 임창복, 앞의 책, p.278.
8) 김명선, 「1915년 경성 가정박람회 전시주택의 표상」, 『대한건축학회논문집』 28(대한건축학회, 2012.), p.158.
9) 임창복, 앞의 책, pp.294-296.
10) 「정형업는 문화주택-문화주택은 일정치 안타」, 『매일신보』(1927. 12. 8).
11) 「中流以下の文化住宅-合名會社盛陽社支配人 浦田多喜人氏談」, 『朝鮮と建築』 4 (1925. 4.), p.20.
12) 위의 글, p.21.
13) 「대경성의 특수촌」, 『별건곤』 23 (1929. 9.), pp.106-107.
14) 경성의 여러 주택지에 관한 연구는 이경아, 『경성의 주택지』(집, 2019.).; 문화주택지 개발의 배경과 지역별 특징은 서울연구원 엮음, 『주거문화의 충돌과 융합-외래근대주택 100년의 이야기』 (서울연구원, 2021.), pp.65-78 참조.
15) 이경아, 위의 책, pp.139-145.
16) 위의 책, pp.169-174.
17) 위의 책, pp.304-311.
18) 『조선일보』에 1929년 6월 11일부터 7월 11일까지 25회 연재되었다.
19) 우동선·허유진, 「가회동 177-1번지 저택에 대하여」, 『한국건축역사학외 춘계학술발표대회 논문집』(2012. 5.), pp.322-324.

20) 1929년 2월 『朝鮮と建築』에 실린 KE生의 이름으로 건축가 에지마 기요시가 쓴 「우종관씨 주택에 대하여」를 참조하여 썼다.
21) 1920년대에는 구멍이 두 개 뚫린 이공탄과 세 개의 삼공탄이 나왔고 1930년대에 아홉 개의 구공탄이 등장했다. 광복 이후에는 19공탄, 22공탄, 25공탄 등이 생산되었다. 구멍이 많을수록 화력이 세고 오래갔다.
22) 벽 전체에 회를 발라 기둥을 드러내지 않고 마감한 벽.
23) 니스의 일종으로 추정한다.
24) 1931년 우종관은 사업자금 마련을 위해 이 집을 박흥식에게 팔았고 1943년 박흥식은 건축가 박인준에게 리노베이션을 의뢰한 것으로 추측된다. 우동선·허유진, 앞의 글, p.331.
25) 이경아, 『경성의 주택지』(집, 2019.), p.43.
26) 계동 주택의 현재 모습은 이경아, 「90년 전 북촌에 들어선 꿈의 가옥 : 우종관 주택」, 『문화다움』 (2021)에 상세히 소개되었다.
27) 우종관, 「時代の要求に合致せしめて」, 『朝鮮と建築』(1932. 2.), p.27.
28) 위의 글, p.28.
29) 위의 글, p.27.
30) 이경아, 앞의 글, p.13
31) 박길룡, 「조선주택잡감」, 『朝鮮と建築』 20-4(1941. 4.), p.15.
32) 박철수, 『한국주택 유전자 1』(마티, 2005), p.169.
33) 노익상, 「서울 이문동·전농동 문화주택」, 『늘 푸른 공간(코오롱건설 사보)』(2004. 2.), p.21.
34) 손창섭, 『인간교실』(예옥, 2008.), p.20.
35) 박철수, 『박철수의 거주박물지』(집, 2017.), pp.34-50.
36) 백욱인, 『번안 사회』(휴머니스트, 2018.), p.227, 235.
37) 김환기, 『어디서 무엇이 되어 다시 만나랴』(환기미술관, 2005.), pp.75-76.
38) 위의 책, p.76.
39) 위의 책, p.76.

2부. 백 년 전 남의 집 구경

인트로

1) 김유방, 「우리가 선택할 소주택, 문화생활과 주택」, 『개벽』 제34호(1923. 4). 문장 속 청간은 전체 문맥상 지하실 대신에 쓰는 광, 창고를 뜻한다.

"집주인의 생활을 낫타내랴고 노력하는 곳"_현관

1) https : //yumex-g.co.jp/useful/in-japan-people-take-off-their-shoes-at-the-entrance-and-the-door-opens-outward/

2) 스페니시 양식, 곧 스페인 양식은 일본 주택을 개량하는 방식 중의 하나로 미국에서 도입된 양식이다. 그 특징은 완만한 지붕 구배, 짧은 처마, 밝은 외벽, 작은 개구부 등인데 이것이 지붕을 가벼워 보이도록 하고 외벽에 존재감을 부여했다. 지붕재료인 스페인 기와는 둥근 점토 기와를 연결한 것인데 미국의 미션 기와가 일본의 스페니시 기와로 전해져 이후 S형 기와로 부르게 되었다. 永田雅仁, 「スパニッシュ樣式の歷史的研究: 日本近代建築におけるアメリカの影響」(東京大學 博士論文, 2000)참조. 논문 요지는 http://gakui.dl.itc.u-tokyo.ac.jp/data/h12data-RR/115785/115785a.pdf 참조.
3) 安井鑛平, 「實用本位의 私의 家」, 『朝鮮と建築』(1926. 8.), p.18.
4) 현관의 역사에 대해서는 https://kominkai.net/genkan/ 참조.
5) 위의 글.
6) 위의 글.
7) 切山篤太郎氏 談, 「私の主義とする生活 主義から作.つた私の家」, 『朝鮮と建築』(1925. 11.), p.10.
8) 吉田 直氏 談, 「處女地を選んでの住宅建設」, 『朝鮮と建築』(1928. 9.), p.27.

"조금 돈을 드리어 응접실로 써도 조흘 것입니다"_응접실

1) 김유방, 「문화생활과 주택」, 『개벽』 32(1923. 2.), p.56.
2) J. S. Gale, Korea in transition, *Korean sketches*(1909) (경인문화사, 2000.), p.107.
3) 박동진, 「우리 주택에 대하야」, 『동아일보』(1935. 1. 1).
4) 「우리의 부엌과 마루를 이상적으로 고치자면」, 『동아일보』(1935. 1. 4).
5) 「잘 살라면 집부터 고칩시다 (3) 지금 우리들의 문화주택은 공상 돈 적게 들고 곳치는 몃가지, 건축가씨 담」, 『조선일보』(1929. 5. 19.).
6) 이경아, 『경성의 주택지』(집, 2019.), pp.35-36.
7) 「신생활을 하야본 실험」, 『별건곤』(1928. 12.), p.41.
8) 류수연, 「응접실, 접객 공간의 근대화와 소설의 장소」, 『춘원연구학보』(춘원연구학회, 2017.), p.7.
9) 청의아생靑衣兒生, 「현대신사숙녀로서 알어둘 모던 생활강좌」- 새살림·새인사(1) 초대예법」, 『조광』 2-1 (1936. 1.), pp.220-221.
10) 小泉和子, 『家具と室內意匠の文化史』(法政大學出版局, 1979.), p.303.
11) 6개의 근본 원칙은 다음과 같다. 1. 본방 장래의 주택은 점차 의자식으로 고칠 것 2. 주택의 간취 설비는 재래의 접객 본위를 가족 본위로 고칠 것 3. 주택의 구조 및 설비는 허식을 피하고, 위생 및 재해방지 등의 실용에 중점을 둘 것 4. 정원은 재래의 감상본위에 치우치지 말고 보건방재 등의 실용에 중점을 둘 것 5. 가구는 간단견고를 지향하고 주택의 개선에 따를 것 6. 대도시에 있어서는 지역의 상황에 따라 공동주택 및 전원도시의 설비도 장려할 것. 松原 小夜子, 「住まいの近代化西洋化を再考する―洋風の形成過程を通して」, 『生活の科學』 24 (椙山女學園大學生活科學部, 2002.), p.94.
12) 김윤기, 「주택문제 : 유일한 휴양처 안락의 홈은 어떠하게 세울까(5)」, 『동아일보』(1930. 10. 9).
13) 박채린·이경아, 「일제강점기 주택의 응접실에 관한 연구-『조선과 건축』의 주택 사례를 중심으

로」, 『대한건축학회논문집』(대한건축학회, 2021.), p.97.
14) 류수연, 앞의 글, p.7.
15) 이태준, 『신혼일기』(작가문화, 2003.), p.81.
16) 박채린·이경아, 앞의 논문, p.105.
17) 『부인화보』(1931. 10.), p.113.
18) 진희성이 편찬했다. 메이지 연간 도쿄사범학교에서 교과서로 사용한 『의례교범儀禮敎範』을 번역했다. 동·서양의 의례를 모델로 학생들에게 문명한 의례를 교육하려는 취지의 교과서다. https ://100.daum.net/encyclopedia/view/14XXE0072671
19) 이화여자대학교 한국문화연구원 해제번역총서, 『근대 수신 교과서 (1)』(소명출판, 2011.), p.309.
20) 한영우, 『조선경국전』(올재, 2014.), p.194.
21) 서유구 지음, 이동인 외 다수 옮김, 『상택지 : 임원경제지 권 107-108 : 주거선택 백과사전』(풍석문화재단, 2019.), p.176.
22) 「남녀통매 지상대논쟁!! 현상, 이 남녀양편의 통매문 여섯 가지 중에 가장 적절하고 통쾌한 것을 투표하시오.」, 『별건곤』 8(1927. 8.), p.69.
23) 건축가 박길룡, 「가정의 미화와 개량에 대하야-실내장식은 가지수를 적게 효과잇도록!」, 『매일신보』(1935. 5. 5).
24) 청의아생, 앞의 글, pp.220-221.
25) 「응접실의 작법-양실은 문엽히 제일 나즌 자리입니다」, 『매일신보』(1940. 2. 9).

"가정에서 누리던 모던 하우스의 상징"_선룸

1) 원문은 다음과 같다. "집을 짓되 크고 작기는 임의대로 할 것이며 삼면을 벽을 쌓고 기름종이를 바르고 남쪽면은 살창을 달아 역시 기름종이를 바른다. 구들을 놓되 연기가 나지 않게 잘 처리하고 그 온돌 위에 한자 반 높이의 흙을 쌓고 봄 채소를 심어 가꾼다. 바람이 들어오지 않게 하고 날씨가 아주 추우면 반드시 두껍게 거적을 덮어주고 날씨가 풀리면 즉시 철거한다. 날마다 물을 뿌려주어 방안에 항상 이슬이 맺히도록 하고 온화한 기운이 항상 감돌게 하고 흙이 마르지 않도록 하여야 하고, 솥을 벽내에 걸어 아침 저녁으로 불을 때서 솥의 수증기로 방을 훈훈하게 해줘야 한다." 김영희, 「전순의 '산가요록'에 기록된 온실설계」, 『한겨레』(2001. 11. 23).
2) 한국고문서학회, 『의식주, 살아있는 조선의 풍경』(역사비평사, 2006.), pp.287-289.
3) 최지혜, 「제국의 감성과 문화생활의 필수품, 라탄 체어-개항 이후 국내에 유입된 등의자 연구」, 『한국근현대미술사학』(한국근현대미술사학회, 2021.), pp.24-25.
4) 小林登, 『應接間家具.第3卷』(東京 : 洪洋社, 1936-1938.), p.58.
5) 「夏のお座敷用品」, 『경성일보』(1930. 5. 21).
6) 「すがすがしい夏の家庭用品-今年の標準値段」, 『경성일보』(1932. 7. 20).
7) 이태준, 『신혼일기-일명 세 동무』(광문서림, 연도미상), p.29.
8) 「副業として有望な杞柳栽培」, 『경성일보』(1924. 10. 26.). 근현대인물자료에 따르면 동양기류주식회사는 일본인 오하시 마쓰타로大橋松太郎가 1920년 7월경 대구의 특산물인 기류杞柳(고리버들)

의 재배가공을 목적으로 창립했다. https : //db.history.go.kr/modern/im/detail.do . ; 동양기류주식회사창립사무소에서 발행한 창립취의서 「동양기류주식회사 : 창립취의소·기업목론견서·수지예산서·참고사항서·가정관」에는 창립 목적과 예산 등이 상세하게 기록되어 있다. https : //knowledge.lib.yamaguchi-u.ac.jp/rb/279/images
9) 쇼와 천황의 동생 다카마쓰노미야 노부히토 친왕은 1926년 9월 금강산을 비롯하여 조선 곳곳을 방문했는데 같은 달 21일 경주를 방문 불국사와 여러 고적을 탐방했다. 스웨덴 황태자 아돌프 구스타프 6세 부처는 같은 해 10월 9일 부산에 도착해서 대구, 경주에 이틀간 머물며 불국사를 시찰했고 서봉총 발굴작업에 참여했다. 이때 최부자댁 사랑채에서 머물면서 '서봉총'이라는 이름을 지었다 한다. 이들은 경상북도 특산품(안동 마포, 대구 사과, 상주 명주, 포항 삼륜농장산 포도주 등 등)을 선물로 받았고 이후 두 황태자는 일본에서 만남을 가졌다. 『경성일보』(1926. 9. 8.), 『매일신보』(1926. 9. 25.). ; 『매일신보』(1926. 10. 8.), 『경주신문』(2024. 6. 6).

"과시와 선망이 교차하는 근대적 공간"_서재

1) 김근수, 「한국잡지사연구」(한국학연구소, 1992.), p.95.
2) 하야시 미치코, 「초기 문전文展에 보이는 '여성독서도'에 대하여」, 『미술사논단』(한국미술연구소, 1996.), pp.257-279.
3) 『신가정』 2-10호(1934. 10.), p.66.
4) 김활란이 소장한 책은 영어 번역본 *A History of Korean Art*(E. Goldston, 1929)이었다. 당시에 이 책은 프랑스와 영어로 번역되었고 그는 이를 영국에서 주문했다 한다. 일본어 번역본은 1995년 이시아케쇼텐石明書店에서, 우리말 번역본은 2003년 열화당에서 발행한 권영필 번역의 『에카르트의 조선미술사 : 조선미술의 의미를 밝혀 알린 최초의 통사』가 있다.
5) 고연희, 「그림 속 책 읽는 여인을 향한 두 개의 시선」, 『동아시아 미술, 젠더Gender로 읽다』(혜화1117, 2023.), p.79.
6) 『신가정』 2-10호(1934. 10.), pp.73-74.
7) 애덕이라는 이름은 에스터Esther를 음차한 것으로 황애시덕黃愛施德, 황에스더로도 불린다. 이화여자대학 영문과를 졸업하고 평양의 숭의여학교 교사로 근무하면서 1913년 비밀결사 송죽회를 운영했다. 1918년 도쿄여자의학전문학교에 입학, 이듬해 2·8독립선언에 참여했다. 이 일로 일본 경찰에 잡혔다가 풀려난 뒤 도쿄 유학생 대표로 귀국, 3·1운동에 가담, 체포 당해 5개월 간 옥고를 치렀다. 그뒤 김마리아와 대한애국부인회를 조직, 군자금을 모아 상하이 임시정부를 지원했다. 이후 뉴욕으로 유학하여 교육관리법과 농촌교육에 대해 공부했고 김마리아, 박인덕 등과 함께 근화회를 조직했다. 귀국해서도 경성여자소비조합을 결성하는 등 활발한 사회활동을 펼쳤다. 1930년 혼인한 뒤 조선총독부의 탄압을 피해 만주로 갔고 이후 남편과 하얼빈으로 가서 일본인 농장에 취직하여 교포들을 대상으로 야학과 계몽운동을 했다고 알려져 있다.
8) 박태원, 『여인성장』(깊은 샘, 1989.), p.214.
9) 김말봉, 『김말봉전집 3-찔레꽃』(소명출판, 2014.), p.27.
10) "근대의 서재는 두 칸 방을 개량하여 설계한 것인데 바닥은 할 수 있는 대로 카-펫을 까는 것이

좋으나 판장(마루바닥)도 좋다. 천정에는 한 가운데 전등을 달고 이것을 반半간접조명으로서 그 광선반사를 유효히 하기 위해 번쩍이는 것을 바를 것, 벽은 그냥 흙벽이라도 관계없지만 매우 침착한 벽지를 바르면 좁은 실내도 넓어 보이는 기분이 들고 가구의 배경으로서도 그 편이 유효하다. 창은 비교적 크게 하고 카텐으로서 그 광선을 조절하여야 한다. 일반적으로 적은 방에는 책상을 창에 가깝게 두게 되지만 광선을 왼쪽 앞으로부터 받는 것이 글쓰는 데 그림자가 지지 않고 좋을 것이다. 가구로서 가장 필요한 것은 책상과 의자 책꽂는 것 이 세 가지다. 그 외에 피곤하여지면 휴식에 쓸 수 있는 또는 객을 응접할 때도 쓸 긴 안락의자와 작은 차 탁자가 있으면 좋다. 이 가구의 의장에 관한 근대의 경향은 될 수 있는 대로 외관을 단순히 하여 쓸데없는 장식을 없이 하는 것이다. 가구의 배치는 방 한가운데 두는 것보다 입구로부터 좀 멀리 벽에다 배치하여 방 구석구석을 잘 이용하는 것이 좋다. 사람의 마음을 지배하는 감정으로서 실내의 색이 중요한데 청색은 실내어 음기 있어 보이고 또한 방이 좁아 보이나 침착한 점으로 보아서는 좋다, 독서하는 서재에는 쥐색의 사벽砂壁, 새로운 벽지로는 검은 빛이 약간 도는 녹색綠이라든가 코발트 같은 것이 눈 위생상으로 합리적이다. 색의 조화에 관하여 가구와 벽색을 반대되는 색으로 조화시키는 것이 좋으나 적은 실내에는 오히려 같은 색으로 하는 것이 좋다. 이 설계의 색조를 보면 가구는 좀 검은 빛이 있는 회색으로 하고 의자의 천과 벽지는 엷은 회색을 사용하고 바닥의 카펫에는 검은색에 코발트를 섞었고 창에는 밝은 코발트를 쓰고 천정은 매우 밝은 極淡 회색灰色이 좋다. 탁상등 씌우는 것 같은 공예품에는 녹색이나 적색을 섞은 것으로 하여 실내가 너무 음기가 없게 해야 한다."

"가정 생활 전체의 중추 기관"_안방

1) 박동진, 「조선 주택 개혁론」, 『춘추』 2호, (1941. 8.), pp.94-95. ; 박길룡, 「주택개량의 一안」, 『신가정』 4-1(1936. 1.), p.67.
2) 전남일, 『집』(돌베개, 2015.), p.21.
3) 임창복, 『한국의 주택, 그 유형과 변천사』(돌베개, 2011.), pp.150-151.
4) 전남일, 앞의 책, p.20.
5) 『조선과 건축』 18-3(1939. 3.), p.72.
6) 최진규자, 「일제강점기 도시 단독주택의 근대적 진화에 관한 연구 : 『조선과 건축』에 수록된 주택 사례를 통한 한일영향관계를 중심으로」(연세대학교 석사학위 논문, 2003.), p.70.
7) 위의 논문, p.32.
8) 임창복, 앞의 책, p.311.
9) 최진규자, 앞의 논문, p.32.
10) 위의 논문, p.32.
11) 「언제든지 의심스런 경품부 대매출 내용 이약이」, 『별건곤』제2호 (1926. 12.), pp.96-98.
12) 「경성명물집」, 『별건곤』 23(1929. 9.), p.104. ; 경성부업세계사 편, 『조선인회사대상점사전』(1927.), p.128.
13) 최지혜, 『경성 백화점 상품 박물지』(혜화1117, 2023.), pp.482-483.

14) 小泉和子, 『家具』(東京堂出版, 1980.), p.127.
15) 박길룡, 「지금 우리들의 문화주택은 공상」, 『조선일보』(1929. 5. 19).
16) 『조선중앙일보』(1935. 4. 24).
17) 박동진, 「우리 주택에 대하야(10)」, 『동아일보』(1931. 3. 28).
18) 박길룡, 「도시생활에 전원미를 가하는 방법-주가형식을 고치자」, 『신가정』(1935. 5.), p.30.
19) 야광생夜光生, 「비밀가정 탐방기, 변장기자=냉면 배달부가 되어서」, 『별건곤』(1932. 2.), pp.16-17.
20) 김상범, 「문화생활과 주택개선」, 『신민』(1926. 1.), p.92.
21) 「잘 살라면 집부터 고칩시다 (3) 지금 우리들의 문화주택은 공상 돈 적게 들고 곳치는 몃가지」, 『조선일보』(1929. 5. 19).
22) 박길룡, 「조선주택잡감」, 『조선과 건축』 20-4(1941. 4.), p.17.
23) 安井鎭平, 「實用本位の私の家」, 『朝鮮と建築』 8(1926. 8.), p.18.
24) 임창복, 앞의 책, p.322.
25) 다마노겐은 헤치마코롱을 발매한 본사 아마노겐天野源의 이름을 딴 지점인 듯하다. 원래 헤치마코롱은 피부에 좋은 수세미ヘチマ로 만들었는데 아마노겐시치天野源七상점에서 1915년에 발매했다.
26) 「지새는 안개」 속 묘사는 이러하다. "한 시간도 넘도록 늘어지게 물로 얼굴을 대패질하고 방에 돌아온 그는 일본제 경대의 큼직한 거울 앞에 앉았다. 거울에 비춰가며 희기 백설과 같고 길이 두 발을 넘을 듯한 양수건을 휘몰아 물 한 방울 남기지 않고 요모조모를 맵자하게 닦기를 말지 않았다."
27) 영화 「무정」은 이광수 소설을 원작으로 1939년 박기채 감독이 만든 영화다. 주인공 한은진에 대해 1939년 잡지 『모던일본과 조선』은 다음과 같이 소개했다. "청춘좌의 견습 여배우 모집에 선발된 것이 계기가 되어 2년 뒤에는 『동아일보』 주최의 연극 콩쿨에서 이미 다수의 선배와 동료를 제치고 개인 1등상 영예를 획득, 그 다음 해에 영화계로 진출하여 이광수 원작 「무정」의 히로인으로 발탁되어 급성장한 여배우입니다." 모던일보사 지음·윤소영·홍선영·김희정·박미경 옮김, 『일본 잡지 모던일본과 조선 1939 : 완역 〈모던일본〉 조선판 1939년』, (어문학사, 2007.), p.38.
28) 「명우 한은진의 「연애관」, 「무정」의 박영채로 은막에 나타나는 아릿다운 「반도의 애인」의 꿈 어떠한고」, 『삼천리』 10-11(1938. 11.), p.185. ; 한은진의 집은 오늘날 청파동인 서계정 3번지에 있었다.
29) 『매일신보』(1935. 9. 3).
30) 『매일신보』(1935. 9. 24).
31) 「조선산경대갑공정」, 『매일신보』(1940. 12. 22.).
32) 「그리운 학창시대」, 『신가정』 2-4(1934. 4.), pp.68-71.
33) E. J. 오페르트 지음·신복룡·장우영 옮김, 『금단의 나라 조선』(집문당, 2000.), p.120.
34) 서유구 지음·안대회 엮어옮김, 『산수간에 집을 짓고』(돌베개, 2005.), p.328.

35) 나한의 유래는 베이징 장인들을 통해 청나라 후세로 전해 내려온 것이라는 설이 있고, 당나라 때 인도 불교 승려 비모힐 거사에 관한 여러 초상화에 등장하는 좌구로서 사찰에 전해진 형식으로 여겨진다. 또한 나한은 승려를 의미하므로 불교문화와 관련이 있다. 소건·방향란, 「중국 청나라 나한 침대 조형 연구」, 『한국가구학회지』(한국가구학회,2024.), pp.112-113.
36) 와탑이 8면이라는 점이 의아한데 아마도 정자처럼 8각형의 형태였을 것으로 추정한다. 동월 지음·윤호진 옮김, 『조선부』(까치, 1994.), p.61.
37) 최공호, 「김진갑의〈나전침대〉: 사용자와 제작경위」, 『미술사연구』(홍익미술사연구회, 2019. 6.), pp.22-23.
38) G. W. 길모어 지음·신복룡 옮김, 『서울풍물지』(집문당, 1999.), p.188.
39) 에밀 부르다레, 『대한제국 최후의 숨결』(글항아리, 2009.), p.198.
40) 최지혜, 「한국 근대 전환기 실내 공간과 서양 가구에 대한 고찰」(국민대학교 박사학위 논문, 2017.), p.199.
41) 소설에서 묘사하는 공간은 내자동 미쿠니아파트 독신자 유닛으로 추정한다. 박철수·권이철·오오세 루미코·황세원, 『경성의 아쌔트』, p.133.
42) 김남천, 『김남천작품집』(지식을 만드는 지식, 2008.), p.65.
43) Donald N. Clark, *Impermanent Residents : The Seoul Foreign Community : The Seoul Community in 1937*(Seoul : Transactions of the Royal Asiatic Society, Korea Branch, 1989.), p.25.

"무용하고 방해가 되어 사라진"_객간

1) 화실은 일본에서도 현대에 이르러 사용되었고 1920년대 초반에는 日本座敷, 日本風の室内, 日本風の座敷, 在來の座敷, 日本間, 日本室 등으로 표현했다. 待鳥邦会·横川公子, 「室内装飾における西洋風の受容と葛藤」, 『武庫川女子大学紀要. 人文·社会科学編』 60 (2013.), p.102.
2) 박완서, 『그 남자네 집』(현대문학, 2004.), p.259.
3) 근세 화풍 실내의장의 성립에 대해서는 小泉和子, 『日本インテリアの歴史』(河出書房新社, 2015.), pp.74-86 참조.
4) 현존하는 쇼인즈쿠리의 대표적인 예는 니조 성 니노마루고텐(교토 시, 17세기 초)이다. 쇼인즈쿠리의 의장과 전개에 대해서는 고토 오사무 지음·김왕직·조현정 옮김, 『일본 건축사』(한국학술정보(주), 2011.), pp.203-205 참조.
5) 小泉和子, 앞의 책, p.75.
6) 히데요시는 황금 다실과는 대비되는 조촐한 다실을 오사카 성 혼마루의 맨 아래층 한 구석에 마련했다. 이는 센노 리큐의 와비차 사상이 스며든 곳으로 히데요시의 이중적인 성격을 극단적으로 보여준다. 구태훈, 『도요토미 히데요시-난세를 잠재우고 치세를 열다』(휴먼메이커, 2022.), pp.354-358.
7) 小泉和子, 앞의 책, p.75.
8) 위의 책, p.76.
9) 위의 책, p.80.

10) 위의 책, p.80.
11) 스키야즈쿠리는 쇼인즈쿠리가 초가 다실의 영향을 받아 생긴 것이라는 학설이 있지만 스키야즈쿠리의 원류를 초가 다실에서만 찾는 것은 잘못이다. 초암다실의 공간과 미학에 대해서는 후루타 쇼킨 지음·이현옥 옮김, 『초암다실의 미학』(민족사, 2023) 참조.
12) 위의 책, p.34.
13) 실내장식과 관련한 히나가타혼에 관해서는 岡本 眞理子, 「『座敷雛形』の成立と變遷-住意匠としての「和風」の原像」, 『技術と文明』1-1(1985.), pp.1-17 참조.
14) 후루타 쇼킨, 앞의 책, p.91.
15) 모던일보사 지음·윤소영·홍선영·김희정·박미경 옮김, 『일본 잡지 모던일본과 조선 1939:완역 〈모던일본〉조선판 1939년』, (어문학사, 2007), p.288.
16) 「우리들이 거처하는 실내는 어쩌케 장식해야할까? (11)」, 『매일신보』(1933. 11. 19).
17) https://note.com/ura410/n/n8cf2e2a3ac01
18) 近藤正一, 『室內裝飾』(寶文館, 1930.), p.182.

"조선 부인네 살님사리가 조곰 자미잇을 여디가 잇슬 것"_부엌

1) 학원사 편, 『가정생활백과』(대양출판사, 1976.), p.895. ; 동덕교원 유영춘, 「위선급한 것 몃 가지」, 『별건곤』16·17(1928. 12.), p.33.
2) 김유방, 「문화생활과 주택」, 『개벽』32 (1923. 2.), p.57.
3) 도연정, 『근대부엌의 탄생과 이면』, (시공문화사, 2020.), p.108. ; 경성제대병원 김성진, 「생활의 변화와 여성해방」, 『동광』36 (1932. 8.), p.67.
4) 「가정위생특집」, 『신가정』1-8(1933. 8.), p.15.
5) 위의 글, p.18.
6) 위의 글, p.19.
7) 「명사가정부엌참관기」, 『신여성』(1931. 10.), p.49.
8) 水野 信太郎, 「近代窯業生産における西洋科学技術導入過程の研究」, 『北海道浅井学園大学生涯学習システム学部研究紀要』5 (北翔大学, 2005.), p.17.
9) 홍경화, 「일제강점기 시멘트 생산과 건축자재 개발」(한양대학교 박사학위 논문, 2024.), p.23.
10) 위의 논문, p.23.
11) 「재래의 부엌을 고치시고 이런 새양식은 어쩌실까-멧배나 경제적입니다」, 『매일신보』(1940. 9. 18.).
12) 「조선부엌과 일본부엌」, 『여성지우』2-3,(1930.), p.113.
13) 1929년 『조선일보』에서 시행한 조선주택 현상설계 모집에서 당선된 박필갑의 도안과 1930년대 초 『실생활』에 소개된 박길룡의 소주택 설계안에도 수도 설비가 갖춰진 것이 있다.
14) 小泉和子, 『昭和台所なつかし図鑑』(平凡社, 2023.), p.55
15) 「お臺所の流し場はどれが良い?」, 『조선신문』(1933. 11. 11).
16) 渡邊 晋氏談, 「この家を造つた私の氣持」, 『朝鮮と建築』10(1930. 10.), p.20.

17) 「재래의 부엌을 고치시고 이런 새양식은 어써실까-멧배나 경제적입니다」, 『매일신보』(1940. 9. 18.).
18) 최지혜, 『경성 백화점 상품 박물지』(혜화1117, 2023.), p.531.
19) 『경성일보』(1937. 4. 20).
20) 최지혜, 앞의 책, p.510.

"한자리에서 줄거웁게 밥 먹을 때 참된 단락이 잇는 것"_식당

1) 민태원, 「현하문제 명사의견, 생활개선안제의」, 『별건곤』 16·17(1928. 12.), pp.29-30. ; 김성진, 「(가정학) 우리 가정의 위생적 생활개선, 지상 하기대학」, 『동광』 36(1932. 8.), p.66.
2) 빙허, 「지새는 안개 (제7회)」, 『개벽』 38(1923. 8.), p.136. ; 『지새는 안개』(교보문고, 2010), p.59.
3) 「즐거운 나의 가정」, 『삼천리』 12-10(1940. 12.), p.142.
4) 「가정생활개신 새해로부터 실행하려는 것」, 『별건곤』 25(1930. 1.), p.65.
5) 「신생활을 하야본 실험」, 『별건곤』 16·17(1928. 12.), p.38.
6) 「주택개량의 일안」, 『신가정』 4-2(1936. 2.), p.71.
7) 김환기, 「어디서 무엇이 되어 다시 만나랴」(환기미술관, 2005.), p.76.
8) 정재문 가옥으로 오늘날 건국대학교 교내에 위치한다. 도정궁 경원당의 공간 구성에 관해서는 임창복, 『한국의 주택, 그 유형과 변천사』(돌베개, 2011), pp.140-144 참조.
9) 박노수 가옥은 1937~38년경 윤덕영이 그의 딸과 사위 김덕현을 위해 옥인동 대지 약 500평 위에 건립했다. 임창복, 위의 책, p.316.
10) 「住心地pよき家-廻廊を省いてスペースを極度に利用」, 『朝鮮と建築』(1931. 7.), p.12.
11) 아모스 라포포트 지음·이규목 옮김, 『주거형태와 문화』(설화당, 1985.), p.181.
12) 주영하, 『백년식사-대한제국 서양식 만찬부터 K-푸드까지』(휴머니스트, 2020.), p.26 재인용.
13) 여럿이 둘러 앉아 먹을 수 있는, 크고 둥근 상을 흔히 두레반이라고 부르지만 이는 국립국어원에 등재되어 있지 않다. 북한어로는 두리반상이 있다.
14) 小泉和子, 『チャブ台の昭和』(河出書房新社, 2002.), p.118.
15) 위의 책, p.199. 차부다이 어원은 그 밖에도 중국어 '茶飯cha-fan'에서 기원한다고 하는 설, 미국에서 고기나 채소 등을 볶은 팔보채와 비슷한 요리를 '찹수이'chop-suey라고 하는 것에 기원한다는 설 등이 있다. 이시게 나오미치 지음·안명수 옮김, 『식탁문명론-두레반은 어디로 사라졌나?』(유한문화사, 2005.), p.129. ; 小泉和子, 『和家具の世界』(河出書房新社, 2020.), p.161.
16) 주영하, 『한국인은 왜 이렇게 먹을까?』(휴머니스트, 2018.), pp.103-107.
17) 김규경, 「정월음식교자상일식」, 『신가정』 4-1(1936. 1.), p.156.
18) 小泉和子, 앞의 책, p.162.
19) 위의 책, p.161.
20) 위의 책, p.163.

"재래 주가에서 세면소 형식을 못 보니 큰 유감이요"_욕실

1) 「가정위생특집-생활개선의 실제문제·주방·욕실·하수구의 개선」, 『신가정』 1-8 (1933. 8.), p.16.
2) 전남일·양세화·홍형옥·손세관·은난순, 「주거 내 배설 및 목욕공간의 변천과 일상생활에 대한 미시적 고찰」, 『한국주거학회논문집』 18-1(2007. 2.), p.21.
3) 한은희, 「우리 선조의 목욕 문화」, 국가유산청 https : //www.khs.go.kr/
4) 위의 글.
5) 「목욕과 위생」, 『우리의 가뎡』 6(1914. 5.), pp.13-16.
6) 캐서린 애션버그 지음·박수철 옮김, 『목욕, 역사의 속살을 품다』(예지, 2010.), p.163.
7) 「가정위생특집-생활개선의 실제문제·주방·욕실·하수구의 개선」, 앞의 책, p.20.
8) 경성여상 송옥선의 의견이었다. 위의 글, p.16.
9) 박동진, 「우리 주택에 대하여(십오)」, 『동아일보』(1931. 4. 4)
10) 이인혜, 『씻는다는 것의 역사』(현암사, 2025.), p.196.
11) 위의 책, p.263.
12) 백인제 부부가 가회동 백인제 가옥으로 이사 오기 전 살던 서양식 가옥으로 추정한다. 오늘날 가회동 백인제 가옥은 한상룡이 처음 지은 집이다.
13) 「위생설비방문기-의전교수 백인제씨택」, 『신가정』 1-8(1933. 8.), pp.76-78.
14) 짓펜샤 잇쿠十返舍一九가 쓴 동해도 여행 견문록인 『도카이도주히자쿠리게』東海道中膝栗毛에서 야지상弥次さん, 기타상弥次さん이 게타를 신은 채로 들어가 가마를 파손시켜 난리가 난 것이 조슈부로다. 메이지 시대 중기 히로시마의 철물 장인이 게이슈芸州부로, 히로시마부로라고 해서 판매했지만 시대의 정치 실권은 근왕파이고 좌막(좌막은 막말 격변기 때 막부를 보좌한다는 의미로 도막파와 대비되는 말) 쪽이었던 히로시마의 이름은 교토·오사카에서의 평판이 나빴기 때문에 조슈부로라는 이름이 붙었다는 설명도 있다. https : //www.kitchen-bath.jp/changesbath3
15) https : //www.kitchen-bath.jp/changesbath3
16) H. B. 드레이크 지음·신복룡 옮김, 『일제 시대의 조선 생활상(1930)』(집문당, 2000.), p.57.
17) 『덕수궁원안』德壽宮原安에 29. 목욕실 및 변소湯場及便所, 34. 욕실 및 탕비장浴室及湯沸場으로 기재된 곳에 조슈부로가 한 개씩 기재되어 있다. 문화재청덕수궁관리소, 『덕수궁원안』(2017) 참조.
18) 조슈부로를 설치한 집으로는 1925년에 지은 경성정미회사 사장 오가사와라 요시오 씨 주택과 1927년 8월 오늘날 장충동에 준공한 에지마 기요시 설계의 M씨 주택 등이 있다.
19) 신철식, 『신현확의 증언 : 아버지가 말하고 아들이 기록한 현대사의 결정적 순간들』(메디치, 2017.), p.45. ; 신현확은 이승만·박정희 시대에 장관을 지냈다. 그가 증언하고 아들 신철식이 쓴 책에 '장관집'이라고 부른 집이 다음과 같이 묘사되어 있다. "낙산 중턱에 자리한 이 집은 마당에 손바닥만 한 연못이 있고, 수풀과 잡목이 우거진 야트막한 동산이 그 뒤를 에워싸고 있는 운치 있는 한옥이었다. 마당에 들어서면 방 세 칸과 대청, 부엌으로 구성된 'ㄱ'자형 안채가 마주 보이고 대문 바로 오른쪽에 행랑채, 왼쪽에는 아버지가 서재 겸 응접실로 쓰는 사랑채가 있었다. 고대 광실은 아니었지만 부모님과 4남매, 그리고 우리가 가족처럼 여기는 이들과 더불어 살아가는 데

는 전혀 부족함이 없었다." 같은 책, p.25.
20) 「위생설비방문기-상업가 허택씨 가정」, 『신가정』 1-8(1933. 8.), pp.79-81.
21) 작가 다니자키 준이치로의 수필 『음예예찬』에는 그의 벗인 가이라쿠엔의 주인이 욕조나 수챗구멍에 타일 붙이기를 싫어해서 손님용 목욕탕을 온전히 목조로 만들었다는 대목이 나온다.
22) 다다구미多田組가 1929년 조선박람회에 출품한 문화주택 모델하우스 1호 내의 욕실에 대해 밝힌 내용이다. 「出品住宅第一號說明書」, 『朝鮮と建築』 8-10(1929.), p.8.
23) 『경성일보』(1931. 11. 24).
24) 『경성일보』(1929. 12. 17).
25) 캐서린 애션버그 지음·박수철 옮김, 앞의 책, p.9.
26) 「김수근 건축단상」, 『건축가 김수근』(공간사, 1980.), p.197.

"조선에 잇서서 무엇보담도 이것을 곳처야 하겟습니다"_화장실

1) 「잘 살라면 집부터 고칩시다(二) 지금 우리들의 문화주택은 공상」, 『조선일보』(1929. 5. 18).
2) 「가정개량의 급무」, 『매일신보』(1921. 5. 10).
3) 송시영, 「20세기 한국 사회 변천에 따른 주택 화장실의 변화 연구」(서울대학교 대학원 석사학위 논문, 2022.), pp.32-33.
4) 小笠原義雄氏 談, 「私の住宅を建てた氣持と設計」, 『朝鮮と建築』 2(1925. 2.), p.20.
5) 切山篤太廊氏 談, 「私の主義とする生活 樣式から作」つた私の家」, 『朝鮮と建築』 11(1925. 11.), p.11
6) 「가정개선」, 『여성』 4-2(1939. 2.), p.22.
7) 1928년 지은 요시다 주택은 4척 크기의 콘크리트 분뇨통을 제작했다. 吉田 直 氏談, 「處女地を撰んでの住宅建設」, 『朝鮮と建築』 9(1928. 9.), p.27.
8) 「가정」, 『매일신보』(1937. 10. 14).
9) 경성제대병원 김성진, 「(가정학) 우리 가정의 위생적 생활개선, 지상 하기대학」, 『동광』 36(1932. 8.), p.69.
10) 서유구 지음·임원경제연구소 옮기고 씀, 『섬용지 : 건축·도구·일용품 백과사전. 3』(풍석문화재단, 2016.), p.117.
11) 〈혼수물목〉, 민속070423, 국립민속박물관.
12) 도자기를 생산하던 분원공소의 공인이었던 지규식이 조선 고종 28년인 1891년부터 1911년까지 약 20년 7개월 동안 쓴 일기. 총 9책이며, 현재 서울대학교 규장각에 소장되어 있다.
13) 한혜준, 「국내 출토 근대 위생도자기 연구」(이화여자대학교 석사학위 논문, 2019.), pp.19-22.
14) 「조선의 요업」, 『동아일보』(1924. 2. 16).
15) https : //www.getty.edu/art/collection/object/103SGZ
16) 이지은, 『귀족의 은밀한 사생활』(지안, 2006.), p.219.
17) 한혜준, 앞의 논문, pp.26-63.
18) 윤소라, 「19세기 후반-20세기 전반 한국 출토 일본도자 연구」(이화여자대학교 석사학위 논문, 2012.), p.105.

19) 위의 논문, p.91. ; 부산근대역사관, 『그릇으로 보는 부산의 근현대』(부산근대역사관, 2017.), p.50.
20) 「남녀통매 지상대논쟁!! 현상, 이 남녀양편의 통매문 여섯 가지 중에 가장 적절하고 통쾌한 것을 투표하시오.」, 『별건곤』 8(1927. 8.), p.69.
21) 런던에서만 사망자 1만 4,000명, 전국적으로 5만 5,000명이 목숨을 잃었다.
22) 「변소의 불비와 정수의 사용 하수도 불완견등 세 가지가 비위생의 주요 원인」, 『매일신보』(1931. 7. 14)
23) '원숭이 변기'는 일명 'wash-out'이라고도 불렀는데 트랩 안에 얕게 물이 차 있어 볼일을 보면 씻겨내려가는 방식이었다. 이후 수세식 변기 발전의 바탕이 되었다. David J Eveleigh, *Privies and Water Closets*(Oxford, New York : Shire Library, 2008.), p.41.
24) 위의 책, p.61.
25) 세토는 일본에서 천 년 이상의 오랜 역사를 지닌 도자기 산지다. 세토의 대표적인 가마 몬에몬요에서 제작된 화조도가 그려진 화병은 비엔나만국박람회에 출품되어 호평을 받았다. 구미에서 자포니즘 유행을 불러일으킬 만큼 서양인들에게 일본 청화백자는 큰 인기몰이를 했다.
26) 이 변기를 두고 전남일은 "한국 특유의 변기가 개발되었다"고 했지만 이는 원래 세토에서 제작한 화변기가 그 시작이다. 전남일, 『집-집의 공간과 풍경은 어떻게 달려져 왔을까』(돌베개, 2015.), p.108.
27) 문어당초는 당초 문양의 일종으로 소용돌이처럼 말려 있는 덩굴의 바깥쪽에 달린 잎을 간략하게 표현했는데 마치 데친 문어 다리의 빨판 같다. 단순하면서도 장식적인 이 문양은 오늘날까지 일본 자기에서 흔히 볼 수 있다. 중국 송, 원 시대의 도자기 문양이 일본 가마쿠라 시대에 소개된 것으로 추정한다. https : //www.umakato.jp/column_ceramic/b_vol06.html
28) 「도기회사성립」, 『매일신보』(1918. 10. 1).
29) 경성도기주식회사 해산 공고가 1924년 12월 10일 『경성일보』에 실렸다.
30) 前田裕子, 『水洗トイレ産業史』(名古屋大学出版会), p.152.
31) 위의 책, p.81.
32) 花園左吉氏談, 「事務所住宅兼用の私の家」, 『朝鮮と建築』 4(1925. 4.), p.14.
33) 渡邊 晋氏談, 「この家を造つた私の氣持」, 『朝鮮と建築』 10(1930. 10.), p.21.
34) INAXライブミューヅアム, 『日本のタイル100年』(INAXライブミューヅアム, 2022.), p.41.
35) 위의 책, p.41.
36) 위의 책, p.41.
37) 히가시구치상회에 관한 설명은 제1부 온돌 제20번 주를 참고하기 바란다. 서울역사박물관, 『〈대경성부대관〉과 『대경성도시대관』으로 보는 경성상점가』(서울역사박물관, 2018.), p.214.
38) M씨 주택에 '변기는 백색 무지 도기제'가 사용되었다. 『朝鮮と建築』 6-10 (1927. 10.), p.12.
39) 「우리주택에 대하여(십오)」, 『동아일보』(1931. 4. 4).
40) 「대소변기를 전문 절도」, 『시대일보』(1924. 4. 7).
41) 吉田 直 氏談, 앞의 글, p.27.
42) 川澤道正 氏談, 「設計の立場より」, 『朝鮮と建築』 10-8(1930. 8.), p.8.

43) 「자동개폐변기를 발명-청년발명가 이상봉군고안」, 『동아일보』(1932. 7. 13).
44) 「수세변기신안- 교북동 김수명씨」, 『동아일보』(1936. 3. 18).
45) 「釜山府의 頭痛의 種-糞尿處分=田村氏의 發明으로 愈々解決이 糞尿分類衛生便器」, 『조선시보』(1923. 1. 19.).
46) 송시영, 앞의 논문, p.129.
47) 위의 논문, p.133.
48) 김덕호, 『욕망의 코카콜라』(지호출판사, 2014.), p.119 재인용.
49) 『매일신보』(1924. 6. 15.), (1935. 8. 7.), (1938. 7. 15).
50) 『신여성』(1931. 6.), p.58.
51) 「김수근 건축단상」, 『건축가 김수근』(공간사, 1980.), p.197.

3부. 경성 주택 구석구석

도시한옥이나 문화주택의 근대적 면모_천장재

1) https://nara-atlas.com/term/japanese/4414/
2) 위의 글.
3) https://wafujyutaku.jp/japanese-style-room-cat/tenjo
4) 박채린·이경아, 「일제강점기 주택의 응접실에 관한 연구-『조선과 건축』의 주택 사례를 중심으로」, 『대한건축학회논문집』 37(2021.), p.102.
5) https://www.kensetsu-plaza.com/kiji/post/17512
6) 텍스에 관한 연구는 木内 健斗, 「日本の建築雑誌にみる戦前早期の建築における植物性繊維板(テックス)の使用意図」.; https://www.arch.titech.ac.jp/yasuda/thesis/2018thesis/kiuchi.pdf, 濱田 優人, 「日本における板状建材の生産と利用に関する研究 - 戦前·戦後復興期の植物性繊維板と石綿板に着目して - 」.; https://www.i-repository.net/contents/osakacu/kiyo/111G0000009-2021-041.pdf 참조.
7) 須崎文代·内田青蔵·安野彰, 「佐藤功-設計の旧足立正氏別邸(1933年 竣工)の建設経緯と建築的特徴-繊維板「トマテックス」を用いた乾式構法の住宅デザイン」, 『日本建築学会技術報告集』 22-51(2016.), p.796.
8) 内田青蔵+大和ハウス工業総合研究所, 『住まいの建築史-近代日本編』(創元社, 2023.), p.304.
9) https://daityu.shop/column/type.html?page=2

집에 힘을 주었느냐, 아니냐_바닥재

1) https://www.token.co.jp/estate/useful/archipedia/word.php?jid=00016&wid=28807&wdid=01
2) 19세기 말, 20세기 초 파케 전문 회사로는 시카고 플로어 컴퍼니Chicago Floor Company, 존슨 앤 선S.C.Johnson & Son, 인테리어 하드우드The Interior Hardwood Co. 등이 있었다. 이 가운데 인테

리어 하드우드 사는 "Our floors are permanent and will last a lifetime"라고 홍보했다. The Interior Hardwood Co., Parquet Floors and Borders, Indianapolis, 1892.
3) Maple & Co., Maple &Co Tottenham Court Road, London, c. 1905, p.421.
4) 保元平三郎, 「德壽宮石造殿その他」, 『朝鮮と建築』 12-11(1933. 11.), p.16.
5) 최지혜, 「20세기 초 덕수궁·창덕궁에 유입된 리놀륨 바닥재 연구 : 리놀륨의 제작 방식과 특성 및 사용을 중심으로」, 『문화재』(국립문화재연구소, 2021.), pp.19-28.
6) 위의 논문, p.21.
7) 미국의 대표적인 리놀륨 회사로는 아메리칸 리놀륨 매뉴팩처링 컴퍼니American Linoleum Manufacturing Company, 암스트롱 코르크 컴퍼니Amstrong Cork and Tile Company of Lancaster, 조지 블라본George Blabon, 토마스 포터Thomas Potter, 쿡스 리놀륨Cook's Linoleum 영국은 나이른 리놀륨Nairns Linoleum이 있었다. 위의 논문, p.23.
8) 「승객수입의 대종인 삼등객우대시설」, 『매일신보』(1937. 3. 20).
9) KE生, 「禹鐘觀氏の住宅について」, 『朝鮮と建築』 8-2 (1929. 2.), p.23.
10) https : //www.designingbuildings.co.uk/wiki/Rubber_flooring
11) https : //www.kensetsu-plaza.com/kiji/post/14521
12) 위의 글.
13) 竹井 廉談, 「我が家を語る」, 『朝鮮と建築』 3(1933. 3.), p.18.
14) 박채린·이경아, 「일제강점기 주택의 응접실에 관한 연구-『조선과 건축』의 주택 사례를 중심으로」, 『대한건축학회논문집』 37(2021.), pp.101-102.
15) 花園佐吉氏 談, 「事務所住宅兼用の私の家」, 『朝鮮と建築』 4(1925. 4.), p.13.
16) Armstrong's cork tile floors : for banks, libraries, churches, offices, courtrooms, art galleries, residences etc.
17) 박윤미·오준석, 「조선말기 이후 첨모직 깔개에 관한 연구」, 『문화재』(국립문화재연구소, 2018.), p.88.
18) 坪井富士太郎, 『壁紙, カーテン, カーペット·第23卷』(洪洋社, 1936-1938 추정), p.79.
19) 태피스트리Tapestry 카펫과 브뤼셀Brussels 카펫은 루프 파일, 윌턴Wilton 카펫과 액스민스터 Axminster 카펫은 커트 파일에 속한다. 위의 책, p.79.
20) https : //axminsterheritage.org/local-history/whitty/
21) https : //axminsterheritage.org/the-birth-of-axminster-carpets/
22) 고요샤洪洋社는 건축 전문 출판사로서 1912부터 1944년까지 펴낸 건축 및 실내장식 간행물은 약 1,077종에 이른다.
23) 小林登, 『應接間家具.第3卷』(東京 : 洪洋社, 1936-1938.), p.28.
24) 위의 책, p.28.
25) 「部屋の氣分を左右する敷物, 壁紙, 窓飾の選方」, 『婦人畫報』(1931. 10.), p.99.
26) 小林登, 앞의 책, p.29.
27) https : //web.pref.hyogo.lg.jp/

28) 小泉和子, 『日本インテリアの歴史』(河出書房新社, 2015.), p.141.
29) 스미노에 직물은 1883년 오사카의 쌀 상인 무라타 덴시치가 설립했는데 부업으로 시작한 카펫 제조 공장은 철도 차량, 선박 인테리어, 심지어 황실 의회 건물에 주문을 받으며 카펫 산업의 시작을 알렸다. 무라타 공장은 1891년 도쿄 히비야에 있는 당시 국회 건물에 카펫을 공급했고 1936년에 완공된 현재의 국회 의사당 인테리어 직물 주문을 받아 "레드 카펫"과 의자 덮개를 납품했다. 독일과 영국에서 기술과 동력 직기를 수입하여 일본 국철의 1등석 차량 시트와 카펫, 임페리얼 극장 시트 등을 제작했다. https : //suminoe.co.jp/company/history/

"남의 집에서 그 아무 것보다도 눈에 띄는 것"_벽마감

1) 大橋喜久三, 「塗料に就て」, 『朝鮮と建築』(1939. 9). p.24.
2) https : //en.wikipedia.org/wiki/Casein
3) 「여름의 보건위생 상上 긴요한 「도배」에 대하야」, 『부인공론』 1-4(부인공론사, 1932.), p.75.
4) W. E. 그리피스 지음·신복룡 옮김, 『은자의 나라 한국』(집문당, 2019.), p.345.
5) 김은정은 그리피스의 『은자의 나라 한국』에 나타난 친일 성향을 분석했고 조선에 대한 오리엔탈리스트로서의 역사 인식을 지적했다. 김은정, 「서양인 출판물에 비친 조선 사회 인식에 관한 연구 : W. E. 그리피스와 G. N. 커즌의 단행본을 중심으로」(한양대학교 언론정보대학원 석사학위 논문, 2002.) 참조.
6) 「찬바람이 나기 전에 도배 장판도 하고 창호지도 바르십시오-시세는 삼사활은 빗싸」, 『매일신보』 (1938. 9. 15).
7) 이건은 의친왕 이강의 장남이다. 1909년 태어난 뒤 1916년 경성유치원, 1917년 히노데日出소학교에 입학했다. 1921년 유학을 명분으로 일본으로 보내졌다. 1926년 일본육군사관학교 입학, 1931년 도쿄에서 영친왕비 이방자의 외사촌 마쓰다이라 요시코와 결혼했다. 광복 이후 모모야마 겐이치로 개명, 일본으로 귀화했다.
8) 이는 영국 내에서의 일반적인 유행 경향을 말하는 것으로서 벽지는 각 공간의 성격과 소비자의 취향에 따라 다르기 때문에 벽지의 패턴이나 색만으로 시대를 특정하기는 어렵다. Roberta de Joia, *A Popular Art-British Wallpapers 1930-1960*, (London : Middlesex Polytechnic, 1990.), p.10.
9) G. W. 길모어 지음·신복룡 옮김, 『서울 풍물지』(집문당, 1999.), p.95.
10) 박철수, 『한국주택 유전자 1』(마티, 2021.), p.303.
11) 위의 책.
12) 위의 책.
13) 「우리들이 거처하는 실내는 어써케 장식해야할까?(7)」, 『매일신보』(1933. 11. 15).
14) 살루브라 사 벽지는 실제로는 스위스 회사인데 독일과 스위스 국경 지역에서 벽지를 생산하고 독일어로 인쇄한 카탈로그로 인해 종종 독일 벽지로 오인되었다. 아사카노미야 저택을 소개한 도쿄도 정원미술관에서도 살루브라サルブラ 벽지를 "독일 살루브라사의 세정 가능한 벽지"라고 소개하고 있다.
15) 영국산 벽지는 창덕궁 대조전 옆 이발소에서 발견된 도배지에 "TRADE MARK ENGLISH

MADE R70689"라고 적힌 것이 있다. 희정당 신관에서만 총 64점, 35종의 벽지가 확인되었고 복원을 위해 최초 벽지로 추정되는 것을 바탕으로 11종이 재현되었다. 이지영·장필구, 「한국 근대기 절충식 궁궐 전각의 실내장식 복원을 위한 실증 연구-창덕궁 희정당 신관의 벽지 디자인 재현을 중심으로」, 『디자인학연구』(한국디자인학회, 2022.), p.268. 확인된 영국 벽지 외에도 독일 벽지, 일본 벽지 등을 사용했다고 추정하지만 연구가 미비하다.

16) 『매일신보』(1927. 4. 29.).
17) 이태준, 『신혼일기』(작가문화, 2003.), pp.80-81.
18) 「되배지 고르는 법」, 『중외일보』(1930. 5. 28).
19) 「여름의 보건위생 상上 긴요한 「도배」에 대하야」, 『부인공론』 1-4 (부인공론사, 1932.), pp.75-76.
20) 1903년 무렵 금당혁지를 생산한 주요 공장은 야마지벽지제조소를 비롯하여 일본벽지회사, 오카모토岡本벽지공장, 마쓰오增尾·이이다飯田합명회사, 아사이淺井벽지제조소, 이토伊藤벽지제조소, 동양벽지제조소가 있었다. 야마지벽지제조소는 1937년 주식회사 일본가공제지로 합병되었고 금당혁지의 제조도 막을 내렸다. 小畑 登紀夫, 「つながった金唐紙の点と線-皮革製から紙製への見事な転換」, 『近創史』 12(2011.), p.6.
21) 야마지벽지제조소가 1937년 일본가공제지로 합병되었지만 시중에는 야마지벽지가 얼마간 유통되었을 것으로 추정한다. 坪井富士太郎, 『壁紙, カーテン, カーペット·第23卷』(洪洋社, 1936-1938추정), p.34.
22) https : //papermuseum.jp/ja/syoshigaisya150/
23) 교토에서는 우메즈梅津제지소, 고베에서는 고베제지소, 오사카에서는 마지마眞島제지소가 있었다. 小泉和子, 『日本インテリアの歴史』(河出書房新社, 2015.), p.130.
24) Takafumi Kurosawa, Tomoko Hashino, "From the Non-European Tradition to a Variation on the Japanese Competitiveness Model : The Modern Japanese Paper Industry Since the 1870s" : The Evolution of Global Paper Industry 1800-2050 : A Comparative Analysis (2010.), p.160.
25) 三菱製紙株式會社, 『三菱製紙百年史』(三菱製紙株式會社, 1999.), p.50.
26) 위의 책, p.131.
27) 배무이는 한국의 벽지 문화를 기록하고 재현·판매하는 전문업체다. 전국의 한옥을 개보수하는 강동수 대표는 작업할 때 버려지는 벽지에 주목하여 이를 아카이빙하고 이것을 바탕으로 벽지를 재현하고 있다. www.gosate.kr 참조.
28) 배무이에서 이 벽지는 초배지를 근거로 1937년 무렵의 것으로 추정한다.
29) 「전방순례-영인창지물포」, 『매일신보』(1929. 2. 7).
30) 「전방순례-철남지물포」, 『매일신보』(1929. 2. 24).
31) 「도배지는 사오할고등-수입도 퍽 줄엇다」, 『매일신보』(1939. 1. 6).
32) 『경성일보』(1924. 11. 19).
33) 미쓰비시제지는 1935년 본격적으로 벽지 생산 설비를 갖추고 벽지를 시판했다. 「日本の壁紙略史」, https://www.hekisou.gr.jp/?page_id=128
34) 「建具金物之部」, 『朝鮮と建築』 16-4(1937. 4.), p.3.

"근대 주택의 기능과 장식을 도맡은 붉은 피부"_벽돌

1) 조홍석·김정동, 「근대 적벽돌 생산사에 관한 연구」, 『건축사연구』19-6 (2010.12), p.102.
2) 위의 논문, p.107.
3) 호프만 가마는 독일인 프리드리히 호프만이 1858년 특허를 받은 것으로서 타원형으로 쌓은 긴 터널속에 보통 12~24개의 작은 방으로 이루어져 있고 불을 연속적으로 지펴 벽돌을 대량생산 할 수 있는 가마다. 가마 옆에는 긴 굴뚝이 있어 여기에서 바람이 지속적으로 공급되어 가마 속 불이 계속 움직인다. 호프만 가마의 매커니즘에 관해서는 https：//www.resilience.org/stories/2009-11-16/rings-fire-hoffmann-kilns/참조
4) 위의 논문, p.110.
5) 위의 논문, p.109.
6) 최예선, 『모던의 시대 우리집』(모요사, 2022.), p.94.
7) 청주 탑동 양관은 1904년 청주 장로교회의 선교사인 민노아F. S. Miller 목사가 청주에 온 뒤 선교사들의 주거용 건물로 1906년부터 1932년까지 6동의 건물을 지었다.
8) 「가정 태평기(1)-스윝홈의 창 넘어를 본다」, 『여성』(1936. 9.), p.4.
9) 박철수, 『박철수의 거주박물지』(집, 2017.), pp.45-49.
10) 김유방, 「文化生活과 住宅, (乙-國時代에 일너진 우리의 住宅制)」, 『개벽』32 (1932.2), p.54.
11) 김수근, 「도시의 피부」, 『서울신문』(1972. 4. 25.).

"위생을 실천하는 데 적합하고 게다가 예쁘기까지"_타일

1) 이 때문에 4월 12일이 일본에서는 '타일의 날'이다. INAXライブミューヅアム, 『日本のタイル100年』(INAXライブミューヅアム, 2022.), p.33.
2) 문화재청덕수궁관리소, 『덕수궁원안』(2017)에는 '연와조 욕조'도 등장하는데 이는 욕조 외부를 벽돌로 쌓았거나 혹은 타일을 바른 욕조라고 보는 것이 타당하다.
3) 다니자키 준이치로, 『음예 예찬』(민음사, 2020.), p.112.
4) 만몽박람회는 일제가 만주에 만주국을 세운 직후에 만주 붐이 일었고 만주에서 나아가 몽골까지 지배하겠다는 야욕이 담긴 이름이다.
5) 「內地品に優る優秀タイル-平壤工業試驗で成功」, 『경성일보』(1932. 9. 7).
6) 「平壤タイルの大量生産を計畫-特産品として大工宣傳 府廳舍鮮銀も使用」, 『조선신문』(1933. 4. 5).
7) 「平南鹽田タイル試驗の成績上々」, 『조선신문』(1935. 6. 1).
8) 「タイル會社に內地からの投資-其反響に當局面面喰ふ」, 『조선신문』(1935. 10. 30).
9) 「會寧燒に新生面-屋根瓦やタイルに應用し-早速慶州から主文」, 『경성일보』(1936. 8. 8).
10) 경성에서 타일을 제작하고 있던 도자기회사가 어디였는지는 명확하지 않지만 1918년에 설립한 경성도기주식회사와 또 다른 한 곳이 있었을 것으로 추정한다. 『경성일보』(1935. 4. 16).
11) Nathaniel Talbot Kornegay·Jihoon Suk, *Scratch Tile*(Santa Fe, NM ： Giwa House Press, 2024.), pp.442-445.
12) https：//www.token.co.jp/estate/useful/archipedia/word.php?jid=00016&wid=29123&wdid=0

13) 타일은 주로 Minton & Co.와 Minton, Hollins & Co.(1840-1968)의 이름으로 제작되었는데 기본적으로 허버트 민턴Herbert Minton이 대표로 있던 Minton & Co.는 그릇 도기 제품을, 허버트의 조카 마이클 홀린스Michael Daintry Hollins가 대표로 있던 Minton, Hollins & Co.는 타일을 전문으로 제작했다고 볼 수 있다. 허버트 민턴 사후 조카들(친조카 캠벨Campbell과 외조카 홀린스 Hollins 사이에서 회사 이름에 '민턴'과 '타일'이라는 단어를 쓰는 것에 대한 일련의 소송이 있었고 대부분 홀린스가 승소했다. https://www.tileheaven.uk/info/the-mintons.htm

14) INAXライブミューヅアム, 『日本のタイル100年』(INAXライブミューヅアム, 2022.), p.51. 1920-35년에 타일을 제조한 대표적인 제조사로는 사지佐治타일(나고야), 일본타일공업주식회사, 일본사토화장연와공장, 일본단토주식회사, 일본후지미야키不二見燒 등이 있다. 나고야의 사지타일은 1929년 10월에 개최된 조선박람회에 출품되기도 했다. 康鍩錫, 『台湾 和製マジョリカタイルの記憶』(大河敦史, 2023.), pp.126-128.

15) INAXライブミューヅアム, 위의 책, p.55.
16) https://note.com/yuntabism/n/n54d566efdeed
17) 위의 글.
18) 임창복, 『한국의 주택, 그 유형과 변천사』(돌베개, 2011.), p.316.
19) https://note.com/yuntabism/n/n77ec185faa76
20) 대표적인 곳으로 일본도업, 후나이船井제도소, 스기에杉江제도소, 다이쇼大正제도소, 오타가와大田川제도소가 있다. https://livingculture.lixil.com/archives/museum/current/030_history/000919.html
21) 위의 글.
22) 건식성형은 습식성형과 달리 원석을 분쇄한 가루를 액상으로 만들고 이를 건조, 분말화 해서 고압에서 압축해서 타일을 성형하는 방식이다. 분말건식압축법이라고도 한다.
23) 加藤郁美, 『にっぽんのかわいいタイル』(国書刊行会, 2016.), p.70.
24) 김수근은 '도시의 피부'를 논하면서 회색기와, 회색 전돌, 흰 회벽에 창호지, 나무기둥, 페인트칠 하지 않은 화강석을 우리의 옛 피부로, 영국식 붉은 벽돌 피부와 타일 피부, 콘크리트 노출을 추한 모습으로 비판했다. 하지만 그가 자신의 작품에서 붉은 벽돌을 적극적으로 사용했듯이 건축재료에 대한 이해와 처리가 중요하다는 점을 일깨워 준다.
25) 「김수근 건축단상」, 『건축가 김수근』(공간사, 1980.), p.196.

"얇고도 투명한, 모던 주택의 홀마크"_유리

1) G. W. 길모어 지음·신복룡 옮김, 『서울풍물지』(집문당, 1999.), p.95.
2) 미국인 고문 데니의 해임과 그레이트하우스의 임명, 한국 국사편찬위원회, 『한국근대사자료집성 15, 프랑스외무부문서5. 조선IV. 1891-92』(2006.), p.10.
3) 이태준, 「집이야기」, 『삼천리』 7-8(1935. 9.), p.264.
4) 위의 글.
5) 「우리들이 거처하는 실내는 어쩌케 장식해야할까? (6)」, 『매일신보』(1933. 11. 14).

6) 바츨라프 세로셰프스키 지음·김진영 옮김, 『코레야 1903년』(개마고원, 2006.), pp.414-417.
7) 「류리공장 일층 확쟝」, 『매일신보』(1913. 8. 2).
8) 「초자제조소 부활」, 『매일신보』(1913. 9. 5).
9) 「평양의 초자제조」, 『매일신보』(1913. 9. 18).
10) 「조선 공산물 현황」, 『매일신보』(1921. 5. 2).
11) 朝鮮總督府 編, 『朝鮮の窯業』(1926.), pp.49-50.
12) 인천초자제조소는 오늘날 인천 만석동에 위치했는데 마루산丸三초자제조소를 인수한 것이 아닌가 추정한다. 「유일한 초자공장인 인천초자제조소-그 제품은 전선에 진출」, 『매일신보』(1933. 10. 8.).
13) 田島慶三, 日本の板ガラス技術の歴史, p.11. https : //www.chart.co.jp/subject/rika/scnet/49/Snet49-3.pdf
14) 판유리 실험에 처음 성공한 인물은 1903년 무렵 오사카의 시마다 마고이치島田孫市다. 그는 1906년(메이지39) 이와사키 도시야岩崎俊弥와 함께 오사카 시마다島田초자제조합자회사를 설립했다. 이어 1907년 이와사키 도시야가 아사히초자주식회사를 설립, 판유리 제조를 궤도에 올렸다. 小泉和子, 『日本インテリアの歴史』(河出書房新社, 2015.), p.127.
15) 田島慶三, 앞의 글, p.11.
16) 기계를 이용해 녹인 유리를 끌어올리는 방식으로는 푸르콜Fourcault식, 콜번Colburn식, 피츠버그Pittsburgh식 등이 있다. 배윤호, 『유리 교본-역사와 이론』(정음서원, 2021.), p.155-158.
17) 나쓰메 소세키 지음·김정숙 옮김, 『유리문 안에서』(민음사, 2000.), p.168.
18) 吉田晋吾, 昭和型板ガラスのこと, 『想い出の昭和型板ガラス』(小学館, 2023.), p.72.
19) 스리유리는 프로스트유리frost glass와 마찬가지로 불투명하지만 보통 샌드블라스트 기법(모래를 불어 만드는 기법)으로 가공하므로 표면이 미세하게 까칠까칠한 질감이 있지만 결상유리는 표면을 가공하여 매끈매끈하다.
20) https : //ddgjapan.com/column01/123/
21) 이태준, 『신혼일기』(작가문화, 2003.), p.31.
22) https : //www.kazabito.com/1180/
23) 小泉和子, 앞의 책, p.129.
24) 사직동에 있던 덕흥대원군 사당을 지키는 후손의 살림집으로서 1979년 당시 소유주 정재문이 건국대학교에 기증해 오늘날의 위치로 옮겨졌다. 선조의 아버지 덕흥대원군의 제사를 지내던 후손은 도정이라는 벼슬을 세습했기에 도정궁이라 불렸다. 1913년 화재로 건물 대부분이 소실되었고 1920년대에 새로 지은 것으로 추정한다.
25) 탱크 가마에서 용융한 유리를 연속적으로 두 개의 롤러 사이로 흘려보내서 유리판을 만드는 기법이다. 이때 아래 롤러에 무늬를 넣어 녹인 유리를 통과시켜 찍어내면 무늬 판유리가 되고, 롤러 사이에 유리와 함께 철망을 넣어 성형하면 망입 판유리가 된다. 판유리 치수는 두께 2~6밀리미터, 폭 1. 2~2. 4미터 정도이다. 배윤호, 앞의 책, p.154.
26) 朝鮮總督府 編, 앞의 책, p.62.

27) 「조선의 일대유리遺利」, 『매일신보』(1914. 8. 1).
28) 『경성일보』(1933. 5. 15).
29) 「초자제조가 유망-식산국이 기업자 물색」, 『매일신보』(1935. 10. 1).
30) 『매일신보』(1914. 8. 1).
31) 「鮮內屑硝子 移出禁止お陳情」, 『경성일보』(1940. 2. 29).
32) 배운호, 앞의 책, p.47.
33) 한국유리공업주식회사에서 출시한 간유리 모델명에 관해 여러 차례 문의했으나 답변을 듣지 못했다. 기업이 자부심을 가지고 제품의 역사에 대해 기록하지 않는 점이 아쉽다.
34) 박정희 전 대통령과 그의 가족이 1958년 5월부터 1961년 8월까지 거주한 집으로 등록문화재 제412호다. 박정희는 이곳에서 5·16쿠데타를 계획했다.

4부. 경성 주택 꽃단장

인트로

1) 김영애, 「취미의 실내장식」, 『신가정』(1935. 5.), p.126.

"더 밝음을 좇는 열망, 열망 이후 아름다움의 추구"_조명

1) 경복궁은 미국인 전등교사 맥케이William McKay에 의해서 백열전등 750등 규모의 전등소가 설치되어 최초로 점등이 이루어졌다. 오진석, 『한국 근현대 전력산업사』(푸른역사, 2021.), p.39. 창덕궁은 통감부의 통신관리국 기사 오카모토 가쓰지로岡本權次郎에게 미쓰이물산 경성출장소와 다카다상회에서 관련 시설 5만엔어치를 들여와 전등시설을 설치하도록 해 1908년 9월 전등공급을 개시했다. 같은 책, p.121.
2) 시마다유리제조소는 시마다 마고이치가 1888년 오사카에 설립한 회사다. 그는 1893년 일본초자공장을 인수해서 착색유리나 식기, 전등갓 등을 만들었고 1902년 일본에서 처음으로 판유리 제조에도 성공했다. 1906년 미쓰비시 가의 이와사키 도시야와 오사카시마다초자제합자회사를 설립해서 본격적인 판유리 제조를 개시했지만 의견 차이로 해체하고 이와사키 도시야는 아사히초자주식회사를 설립하고 시마다 마고이치는 1908년 식기 생산에 주력했다. http : //www.takizawashoten.jp/16001480438055
3) 제네럴 일렉트릭, 시마다유리제조소, 도쿄전기주식회사 이외에도 독일의 베르크만Bergmann & Co., 영국의 메이플 사 조명 기구들이 궁궐에 납품되었다. 국가유산청 궁능유적본부 덕수궁관리소, 『모던라이트-대한제국 황실 조명』(덕수궁관리소, 2024.), pp.56-57.
4) 「전기전」, 『매일신보』(1929. 11. 28).
5) 「조명문화전 성황리연기」, 『매일신보』(1936. 10. 18).
6) 「조선전등전」, 『매일신보』(1932. 8. 1).

7) 1890년에 설립된 합자회사 백열사는 1939년 주식회사 시바우라제작소와 합병하여 도쿄 시바우라 전기주식회사가 되었고 도쿄전기주식회사로 이어졌다.
8) 전구의 발명은 보통 에디슨이라고 알고 있지만 실은 스코틀랜드의 제임스 보우먼 린제이James Bowman Lindsay, 1799~1862가 최초로 발명했으나 상품화되지 못했다. 이어 1860년 영국인 스완 경이 개발하여 특허를 신청했고 에디슨은 이를 바탕으로 보완하여 개발했고 둘 사이에 소송전도 있었다. 결국 아이디어를 도용한 에디슨은 패소했지만 두 사람의 합작회사 Edison & Swan United Elctric Light Company를 줄인 이름 에디스완Ediswan을 만들어 전구를 판매했다.
9) http://meijitaisho.net/fujiokalamp/
10) 오늘날의 야마구치 현인 이와쿠니岩国 시 센고쿠바라千石原 니시키 강변에 자생하는 대나무를 사용했다. 위의 사이트.
11) https://ja.wikipedia.org/wiki/マツダ_(電球)
12) 화학 원소 기호는 Os, 원자 번호는 76.
13) GE사의 휘트니W. R. Whitney가 탄소 필라멘트의 불순물을 고온에서 제거한 GEM필라멘트를 개발, GEM전구라고 해서 주로 미국에서 판매했다.
14) 화학 원소 기호는 Ta, 원자 번호는 73. 독일 지멘스 앤 할스케Simens & Halske AG의 볼튼W. von Bolton이 발명했다.
15) 백열전구 기술의 계보에 대해서는 石﨑有義, 「白熱電球の技術の系統化調査」, https://sts.kahaku.go.jp/diversity/document/system/pdf/070.pdf 참조.
16) 内藤卓哉, 「照明の化学 1-白熱電球の技術」, 『化学と教育』 65巻 11号(2017.), p.576.
17) 이오누에 아키코는 「일본 근대 유리 산업의 발전과 조명기구 제조」에서 日本ガラス工業史編集委員会, 『日本ガラス工業史』(株式會社ナニワ印刷所, 1950)를 인용했다. 국립고궁박물관, 『조명기구』, p.230 참조. 세키 시게히로関重広는 「明治·大正·昭和 (終戰まで)の 照明工学の歩み」, 『照明学会雑誌』 Vol. 51 No. 8(1967.), p.482에서 P1~P5 시리즈가 도쿄전기주식회사 카탈로그의 1, 2, 3, 4, 5 페이지에 나오기 때문에 붙여진 것이라고 설명하는데 다른 조명 업체들도 모델명을 알파벳으로 붙이는 점으로 볼 때 다소 설득력이 떨어진다.
18) https://hikarataro.exblog.jp/30165830/
19) 東京電氣株式會社, 『マツダ室内照明器具』(1937. 5.), pp.10-22. https://www.tlt.co.jp/tlt/corporate/company/akari_story/pdf/a19370500000000.pdf 참조.
20) 이오누에 아키코, 앞의 글, pp.243-244.
21) 東京電氣株式會社, 앞의 도록, p.5.
22) 마루비시상회는 1901년 일본에서 설립, 샹들리에와 벽등 등 각종 전등 기구를 포함한 전기 물품을 판매했다. 국립고궁박물관, 『조명기구』, p.110.
23) 關重廣 編, 『照明講習會.照明座談會記京城電氣株式會社』(京城電氣株式會社, 1933.), p.62.
24) 후지이 고지는 교토제국대학에서 교편을 잡으면서 건축 활동을 했는데 화양주택의 이점을 과학적 관점에서 분석해서 그 장점을 융합하여 기후풍토에 적합한 주택을 목표로 이른바 '실험주택'으로 자신의 집, 초치큐쿄를 지었다. 内田青蔵+大和ハウス工業総合研究所, 『住まいの建築史-近代

日本編』(創元社, 2023.), pp.280-284.
25) 小泉和子, 『「日本の住宅」という実験-風土をデザインした藤井厚二』(農文協, 2008.), p.135.
26) 위의 책, p.65.
27) 洪洋社 編, 『住宅.月華莊』(洪洋社, 1930.)
28) 퍼시발 로웰 지음·조경철 옮김, 『고요한 아침의 나라 한국』(대광문화사, 1986.), pp.294-296.
29) 関 重広, 「明治·大正·昭和 (終戦まで)の 照明工学の歩み」, 『照明学会雑誌』 Vol.51 No.8 (1967), p.483.
30) 다니자키 준이치로 지음·김보경 옮김, 『음예 예찬』(민음사, 2020.), p.116.
31) 위의 책, p.120.
32) 野村孝文, 「建築と照明」, 『朝鮮と建築』 13집 4호(1934.).
33) 위의 글, p.11.
34) 바르베트가 어디에서 왔는지는 정확히 알 수 없지만 아마도 군함 총포를 받치는 받침대(포좌 barbette)에서 유래한 것으로 추정한다. http : //pictist.sblo.jp/article/187318938.html
35) 吉田 直 氏談, 「處女地を撰んでの住宅建設」, 『朝鮮と建築』 9(1928. 9.), p.26.
36) https : //holdings.panasonic/jp/corporate/about/history/konosuke-matsushita/024.html
37) 다니자키 준이치로, 앞의 책, p.148.

"유리창이 잇스면 반드시 이것을 처야할 것입니다"_ 커튼

1) 일본에서는 메이지시대에 커튼을 '돈초'緞帳라고 했는데 '커튼'이라는 용어가 일반화되면서 '돈초'는 극장 무대의 막을 일컫는 것으로 통용되는 듯하다.
2) 머리장식을 뜻하는 프랑스의 람브르캥을 영국에서는 보통 팔멧palmet이라고 부른다. 람브르캥이 원래 중세 헬멧과 갑옷의 형태, 또는 베일veil을 뜻하는 네덜란드어 'lamperkijn'에서 유래했다는 설도 있지만 명확하지 않다. 17세기 말 영국 윌리엄과 메리 시대 햄튼코트 궁전 실내장식을 디자인한 다니엘 마로Daniel Marot는 여러 형태의 팔멧을 디자인했고 이후 커튼 디자인에 큰 영향을 미쳤다. Jenny Gibbs, *Curtains and Draperies, History·Design·Inspiration*(New York : The Overlook Press, 1994.), pp.40-42.
3) 坪井富士太郎, 『壁紙, カ-テン, カ-ペット·第23巻』(洪洋社, 1936-1938추정), p.56.
4) 「西陣織物證明」, 『매일신보』(1929. 4. 19).
5) 에도 시대 말기인 1843년 가와시마 진베이가 창업한 가와시마 오리모노川島織物는 메이지 시대이래 오비, 돈초, 제례막, 전통의상용 포목, 잡화, 깃발 등 다양한 미술공예직물을 생산했다. 문옥표, 『교토 니시진오리의 문화사-일본 전통공예 직물업의 세계』(일조각, 2016.), p.147.
6) LIXILギャラリ-企画委員会, 『建築を彩るテキスタイル-川島織物の美と技』(株式会社LIXIL, 2012.), p.18.
7) 위의 책, p.18.
8) 가와시마직물은 1912년 실내장식부를 별도로 분리하여 스위스제 직기를 모방하여 만든 역직기로 커튼 및 실내장식용 광폭 직물을 제작했다. 문옥표, 앞의 책, pp.147-150.
9) 위의 책, p.149.

10) 위의 책, pp.167-169.
11) 조강희, 「부상행(7)-교토의 니시진오리」, 『매일신보』(1922. 5. 9.).
12) https://jaa2100.org/entry/detail/056911.html
13) 小泉和子, 『日本インテリアの歴史』(河出書房新社, 2015.), pp.137-138.
14) 「カーテンの新しい使ひ途」, 『朝鮮と建築』 16-6(1937. 6.), p.58.
15) 임실, 「유월의 집치장」, 『신가정』 3-6호(1935. 6.), p.107.
16) 「봄과 유행·유행과 봄」, 『여성』(1936. 4.), p.44.
17) George Leland Hunter, *Decorative textiles* Philadelphia and London : J. B. Lippincott company . ; Grand Rapids, The Dean-Hicks company, 1918.), p.91.
18) 노팅햄의 레이스 공장 가운데에서 19세기에 설립된 토마스 아담 레이스 팩토리Thomas Adam Lace Factory와 버킨 앤 코Birkin & Co.가 명성이 높았다.
19) 프랜시스 윌시에 따르면 "레이스 커튼"이라는 용어는 1890년대에 처음 생겼는데 하층 아일랜드 이민자들로부터 계층 사다리를 올라간 아일랜드인을 의도적으로 구별하기 위해 사용했다. Williams, William H. A. "Green Again : Irish-American Lace-Curtain Satire." *New Hibernia Review / Iris Éireannach Nua 6*, no. 2 (2002.), p.9 재인용.
20) 小林登, 『應接間家具.第3卷』(東京 : 洪洋社, 1936-1938.), p.19. ; 1932년 기준 단순한 것은 1원~2원 20전 정도였다. 「すがすがしい夏の家庭用品-今年の標準値段」, 『경성일보』(1932. 7. 20).
21) 小笠原義雄氏 談, 「私の住宅を建てた氣持と設計」, 『朝鮮と建築』 2(1925. 2.), p.21.
22) 『매일신보』(1931. 7. 2.), (1937. 7. 15.), (1939. 6. 14).
23) 小林登, 앞의 책, p.17.
24) 조선건축회, 『건축자료형록』(1938.), p.49.

"아모 필요 업는 것 가트나 이는 실로 매우 중대한 문제"_실내장식

1) 임실, 「유월의 집치장」, 『신가정』(1935. 6.), p.106.
2) 김합라, 「생활개선과 구체안-우리 가정의 실제, 〈주택〉」, 『신동아』(1932. 11.), pp.98-101.
3) 鈴木紀慶·今村創平, 『日本インテリアデザイン史』(オーム社, 2013.), p.99.
4) 이는 가구설계부의 스기야마 아카시로杉山赤四郎가 디자인했다. 가시와기 히로시 지음·노유니아 옮김, 『일본 근대 디자인사』(소명출판, 2020.), pp.117-119.
5) 김유방, 「문화생활과 주택」, 『개벽』 32 (1923. 2.), p.52.
6) 위의 글, p.58.
7) 「가뎡방문긔 일(一)」, 『조선일보』(1925. 3. 9).
8) 「취미의 실내장식」, 『신가정』 3-5호(1935. 5.), p.127.
9) 김기철, 「[모던 경성]밀레는 어떻게 조선 최고의 인기 화가가 됐을까」, 『조선일보』(업데이트 2022. 1. 29.). ; https://www.chosun.com/culture-life/culture_general/2022/01/29/SGYZI2SMCVBLBH46SZOXMOGRTA/
10) 양재봉에 대한 연구를 많이 한 재봉 전문가로서 1933년 11월에 서대문1정목에 서양재봉연구소

를 신설하고 일반인들에게 강습했다. 『조선중앙일보』(1933. 11. 5).
11) 위의 글, pp.127-128.
12) 「室內裝飾として洋畫を見る-黒田鵬心氏談」, 『경성일보』(1936. 11. 26).
13) 「나체화촬영금지」, 『매일신보』(1925. 5. 31).
14) 「나체화압수」, 『매일신보』(1930. 11. 7).
15) 박길룡, 「가정의 미화와 개량에 대하야-실내장식은 가지수를 적게 효과잇도록!」, 『매일신보』(1935. 5. 5.).
16) 「室內裝飾として洋畫を見る-黒田鵬心氏談」, 『경성일보』(1936. 11. 26).
17) 「봄철의 실내장식」, 『부인경향』 제1권 제4호, (1950. 4.), p.48.
18) 「초춘初春실내장식」, 『신가정』 2-3(1934. 3.), p.103.
19) 김영애, 「취미의 실내장식」, 『신가정』 3-5(1935. 5.), p.128.
20) 「淡色のカーテンに水色の一輪ざし-朝鮮の應接間研究」, 『조선신문』(1927. 4. 29).
21) 「우리들이 거처하는 실내는 어써케 장식해야할까?(1)」, 『매일신보』(1933. 11. 8).
22) 박길룡, 앞의 글, 『매일신보』(1935. 5. 5).
23) 「우리들이 거처하는 실내는 어써케 장식해야할까?(2)」, 『매일신보』(1933. 11. 9).
24) 박길룡, 「순박한 실내장식」, 『신가정』 3-6호, (1935. 6.), p.109.
25) 「우리들이 거처하는 실내는 어써케 장식해야할까?(2)」, 『매일신보』(1933. 11. 10).
26) 위의 글.
27) 「우리들이 거처하는 실내는 어써케 장식해야할까?(2)」, 『매일신보』(1933. 11. 11).
28) 「우리들이 거처하는 실내는 어써케 장식해야할까?(2)」, 『매일신보』(1933. 11. 12).
29) 「우리들이 거처하는 실내는 어써케 장식해야할까?(6)」, 『매일신보』(1933. 11. 14).
30) 「우리들이 거처하는 실내는 어써케 장식해야할까?(7)」, 『매일신보』(1933. 11. 15).
31) 위의 글.
32) 「우리들이 거처하는 실내는 어써케 장식해야할까?(10)」, 『매일신보』(1933. 11. 18).
33) 고구레 조이치는 1920년 문부성의 지도 아래 발족된 생활개선동맹의 위원으로서 생활공간의 개선을 자신의 주택에 실천하고 그 체험을 『우리 집을 개량하고 나서』我が家を改良して(1930)라는 책을 출판했다. 가시와기 히로시 지음·노유니아 옮김, 『일본 근대 디자인사』(소명출판, 2020.), p.65.
34) 木檜恕一, 「現代日本の家具裝飾」, 『婦人畫報』(1931. 10.), pp.91-92.
35) 김합라, 앞의 글, p.101.
36) 이 책은 1930년 10월 6일자 조선총독부도서관에 소장된 직인이 찍혀 있는 것으로 미루어 박길룡이 충분히 참고했을 것으로 추정한다.

"그 시절 문화주택 인테리어 토탈 매장"_실내장식 전문점

1) 노기욱, 「일제 화양가구 유입과 조선가구의 대응」, 『남도민속연구』23 (남도민속학회, 2011), p.120.
2) 京城商工會議所, 『京城に於ける工場照査』(1939.), p.6.; 『京城に於ける工場照査』(1943.), p.7.

3) 스웨덴 황태자 부처를 위한 호텔 침실은 캐노피가 딸린 싱글 침대 두 개를 놓고, 거실은 영국 퀸 앤Queen Anne식, 응접실은 프랑스 루이15세식에 16세식을 가미했다.「瑞典皇儲殿下 御歡迎準備-京城の御宿所朝鮮ホテル 御居室の裝を凝らす」,『경성일보』(1926. 9. 10).
4)「내지백화점이 조선애 출장판매를 금지-지원상인地元商人의 보호책」,『매일신보』(1938. 9. 17).
5) 진노 유키 지음·문경연 옮김,『취미의 탄생』, (소명출판, 2008.), p.115.
6) 위의 책, pp.123-129.
7) 新井竜治 編著,『戰前日本の家具·インテリア-『近代家具裝飾資料』でよみがえる帝都の生活』上卷 (柏書房, 2017.), p.21.
8) 미쓰코시는 시미즈清水제작소를 가구실내장식품 하청·반전속 공장으로 삼았지만 1910년 본점인 마루노우치 별관 내에 가구가공부를 창설했다. 1923년 간토대지진에 의해 이 공장이 소실되자 후지야富士屋가구제작소를 설립했고, 1927년에 오늘날 도쿄 오타구大田区 부근에 가마다蒲田 가구공장을 신축하여 미쓰코시 특제 가구를 제조했다. 위의 책, p.22. 그런데 1941년 1월 13일자『경성일보』에 실린 내지 가구도매상에 대한 문답에 따르면 미쓰코시가구제작공장은 오사카 아사히마치旭町 67번지에 있었다. 국내에 현존하는 보화각 응접실 책상도 이곳에서 제작했다.
9)『新設計室內裝飾展集』(洪洋社, 1936)
10)『경성일보』(1925. 9. 17.), (1926. 10. 11).
11)『조선신문』(1936. 9. 22).
12)「三越で住宅の設計引受」,『朝鮮と建築』9-9(1930. 9.), pp.31-32.
13) 그의 부고 기사에 따르면 가나자와시 출신으로 1925년 1월 4일 사망했다.『경성일보』(1925. 1. 7).

참고문헌

1. 사료

『경성일보』, 『경주신문』, 『개벽』, 『동광』, 『동광신문』, 『동아일보』, 『매일신보』, 『별건곤』, 『부산일보』, 『부인경향』, 『부인공론』, 『삼천리』, 『서울신문』, 『시대일보』, 『신가정』, 『신동아』, 『신민』, 『신여성』, 『실생활』, 『여성』, 『여성지우』, 『우리의 가뎡』, 『조광』, 『조선과 건축』, 『조선시보』, 『조선신문』, 『조선일보』, 『조선중앙일보』, 『중외일보』, 『한겨레』.
문화재청덕수궁관리소, 『덕수궁원안』德壽宮原安, 2017.
부업세계사 편, 『조선인회사대상점사전』朝鮮人會社大商店辭典, 1927.
조선총독부 편, 『조선박람회기념사진첩』, 1930.
학원사 편, 『가정생활백과』, 대양출판사, 1976.
한국 국사편찬위원회, 『한국근대사자료집성 15, 프랑스외무부문서5. 조선IV. 1891-92』, 2006.
〈혼수물목〉, 국립민속박물관 (유물번호 민속070423).
京城商工會議所, 『京城に於ける工場照査』, 1939, 1943.
東京電氣株式會社, 『マツダ室內照明器具』, 1937. 5.
三菱製紙株式會社 島砂工場, 〈壁紙見本帳〉, 1935.
『マツダ新報』
『婦人畫報』
〈小山洋家具店カタログ〉, 국립민속박물관 (유물번호 민속047413).
〈砂本のカタログ〉, 국립민속박물관 (유물번호 민속050257).
朝鮮建築會, 『建築資料型錄』, 1938.
中央情報鮮滿支社編, 『大京城寫眞帖』, 1937.
American Window Glass Co., *Window Glass in the Making: An Art, A Craft, A Business*, 1926.

Armstrong Cork Company. Linoleum Division, Armstrong's linoleum: plain, printed, inlaid, jaspé, 1921.
Armstrong Cork & Tile Co., *Armstrong's cork tile floors : for banks, libraries, churches, offices, courtrooms, art galleries, residences etc.*, 1924.
Carson Pirie Scott and Co., Pattern Book "C", 1913.

Home and Fireside, *The McPhee & McGinnity Co.*, 2008.
Interior Hardwood Co., *Parquet Floors and Borders*, Indianapolis, 1892.
Maple & Co., *Maple &Co Tottenham Court Road, London*, c.1905,
John L. Young Ltd., Nets: Sample book of machine-made Nottingham lace, 1925.
Maple & Co., Maple &Co Tottenham Court Road, London, c. 1905.
Metropolitan Furniture Co., Lace curtains, 1910.
Montomery Ward & Co., Montgomery Ward and Co., 1916.
_____, Beautiful Wardway Homes, 1930.
Nairn linoleum: inlaid & printed, 1922.
New York Belting and Packing Co., Interlocking rubber tiling, 1905, 1911.
Oak Flooring Advertising Bureau, Oak floors for everlasting economy, 1923.
Richard Goulburn Lovell, *Home Interiors*, 1913.
The Martin-Senour Company, Home: Simple Ideas For Its Decoration, 1930.

2. 도록

경기여고 경운박물관, 『모던의 유혹-황실 종친 맹현가 이야기』, 2024.
국립고궁박물관, 『조명기구』, 2023.
국가유산청 궁능유적본부 덕수궁관리소, 『모던라이트-대한제국 황실 조명』, 2024.
부산근대역사관, 『그릇으로 보는 부산의 근현대』, 2017.

3. 단행본

가시와기 히로시 지음·노유니아 옮김, 『일본 근대 디자인사』, 소명출판, 2020.
건축용어편집위원회 편, 『건축용어사전』, 건설연구사, 1999.
고토 오사무 지음·김왕직·조현정 옮김, 『일본 건축사』, 한국학술정보(주), 2011.
공간편집부 편, 『건축가김수근』, 공간사, 1980.
구태훈, 『도요토미 히데요시-난세를 잠재우고 치세를 열다』, 휴먼메이커, 2022.
G. W. 길모어 지음·신복룡 옮김, 『서울풍물지』, 집문당, 1999.
김근수, 『한국잡지사연구』, 한국연구소, 1992.
김남천, 『김남천 작품집』, 지식을만드는지식, 2008.

김말봉 글·전선영 엮음,『김말봉 전집 7 : 해방 전 단편서사 모음』, 소명출판, 2018.
W. E. 그리피스 지음·신복룡 옮김,『은자의 나라 한국』, 집문당, 2019.
김덕호,『욕망의 코카콜라』, 지호출판사, 2014.
김환기,『어디서 무엇이 되어 다시 만나랴』, 환기미술관, 2005.
나쓰메 소세키 지음·김정숙 옮김,『유리문 안에서』, 민음사, 2000.
다니자키 준이치로 지음·류순미 옮김,『도쿄 생각』, 글항아리, 2016.
_____·김보경 옮김,『음예 예찬』, 민음사, 2020.
도연정,『근대부엌의 탄생과 이면』, 시공문화사, 2020.
동월 지음·윤호진 옮김,『조선부』, 까치, 1994.
H. B. 드레이크 지음·신복룡 옮김,『일제 시대의 조선 생활상』, 집문당, 2000.
문옥표,『교토 니시진오리(西陣織)의 문화사:일본 전통공예 직물업의 세계』, 일조각, 2016.
모던일보사 지음· 윤소영·홍선영·김희정·박미경 옮김,『일본 잡지 모던일본과 조선 1939:완역〈모던 일본〉조선판 1939년』, 어문학사, 2007.
바츨라프 세로셰프스키 지음·김진영 옮김,『코레야 1903년』, 개마고원, 2006.
박완서,『그 남자네 집』, 현대문학, 2004.
박철수,『박철수의 거주박물지』, 집, 2017.
_____,『한국주택 유전자 1~2』, 마티, 2021.
박철수·권이철·오오세 루미코·황세원,『경성의 아[スパ]트』, 집, 2024.
박태원,『여인성장』, 깊은 샘, 1989.
배윤호,『유리 교본-역사와 이론』, 정음서원, 2021.
백욱인,『번안 사회』, 휴머니스트, 2018.
서울역사박물관,『〈대경성부대관〉과『대경성도시대관』으로 보는 경성상점가』, 서울역사박물관, 2018.
서울연구원,『주거문화의 충돌과 융합』, 서울연구원, 2021.
서유구 지음·임원경제연구소 옮기고 씀,『섬용지:건축·도구·일용품 백과사전. 3』, 풍석문화재단, 2016.
_____, 이동인 외 다수 옮김,『상택지:임원경제지 권 107-108: 주거선택 백과사전』, 풍석문화재단, 2019.
_____, 안대회 엮어옮김,『산수간에 집을 짓고』, 돌베개, 2005.
성대중, 한국고전번역원,『청성잡기』, 올재, 2012.
손창섭,『인간교실』, 예옥, 2008.
신철식,『신현확의 증언:아버지가 말하고 아들이 기록한 현대사의 결정적 순간들』, 메디치, 2017.
아모스 라포포트 지음·이규목 옮김,『주거형태와 문화』, 설화당, 1985.
안드레 에카르트 지음·권영필 옮김,『에카르트의 조선미술사 : 조선미술의 의미를 밝혀 알린 최초의 통사』, 열화당, 2003.
어효선,『내가 자란 서울』, 대원사, 2003.
에밀 부르다레 지음·정진국 옮김,『대한제국 최후의 숨결』, 글항아리, 2009.
염상섭 글·유기훈 그림,『채석장의 소년』, 다림, 2017.

오진석, 『한국 근현대 전력산업사』, 푸른역사, 2021.
유미나·고연희·지민경·유순영·유재빈·이정은·조인수·서윤정·김수진·김소연·김지혜 지음, 『동아시아 미술, 젠더Gender로 읽다: 한중일 여성을 생각하는 11개의 시선』, 혜화1117, 2023.
유진오, 『유진오 단편집』, 지식을만드는지식, 2012.
이경아, 『경성의 주택지』, 집, 2019.
이상, 『이상전집 1』, 가람기획, 2025.
이시게 나오미치 지음·안명수 옮김, 『식탁문명론-두레 반은 어디로 사라졌나?』, 유한문화사, 2005.
E. J. 오페르트 지음·신복룡·장우영 옮김, 『금단의 나라 조선』, 집문당, 2000.
유길준 지음·허경진 옮김, 『서유견문』, 서해문집, 2004.
이인혜, 『씻는다는 것의 역사』, 현암사, 2025.
이지은, 『귀족의 은밀한 사생활』, 지안, 2006.
이태준, 『신혼일기』, 작가문화, 2003.
이화여자대학교 한국문화연구원 해제번역총서, 『근대 수신 교과서 1』, 소명출판, 2011.
임창복, 『한국의 주택, 그 유형과 변천사』, 돌베개, 2011.
전남일, 『한국 주거의 미시사』, 돌베개, 2009.
_____, 『집』, 돌베개, 2015.
정기황, 『한옥적응기-전통가옥의 기구한 역사』, 빨간소금, 2024.
정몽화, 『구름따라 바람따라』, 학사원, 1998.
정지용, 『정지용 시집』, 기민사, 1986.
주영하, 『한국인은 왜 이렇게 먹을까?』, 휴머니스트, 2018.
_____, 『백년식사-대한제국 서양식 만찬부터 K-푸드까지』, 휴머니스트, 2020.
진노 유키 지음·문경연 옮김, 『취미의 탄생』, 소명출판, 2008.
최예선, 『모던의 시대 우리집』, 모요사, 2022.
최지혜, 『딜쿠샤, 경성 살던 서양인의 옛집』, 혜화1117, 2021.
_____, 『경성 백화점 상품 박물지』, 혜화1117, 2023.
캐서린 애션버그 지음· 박수철 옮김, 『목욕, 역사의 속살을 품다』, 예지, 2010.
코오롱건설, 『늘푸른 공간』, 2004. 2.
퍼시발 로웰 지음·조경철 옮김, 『고요한 아침의 나라 한국』, 대광문화사, 1986.
한국고문서학회, 『의식주, 살아있는 조선의 풍경』, 역사비평사, 2006.
한국학중앙연구원.장서각, 『근대건축도면집. 도면편』, 한국학중앙연구원, 2009.
한영우, 『조선경국전』, 올재, 2014.
현진건, 『지새는 안개』, 퍼플, 2012.
후루타 쇼킨 지음·이현옥 옮김, 『초암다실의 미학』, 민족사, 2023.
加藤郁美, 『にっぽんのかわいいタイル』, 国書刊行会, 2016.
康鍩錫, 『台湾 和製マジョリカタイルの記憶』, 大河敦史, 2023.
建築資料研究社, 『住宅建築』432, 2012. 4.
久米康生, 『金唐革紙と擬革紙』, 財団法人 紙の博物館, 2003.
關重廣 編, 『照明講習會.照明座談會記京城電氣株式會社』, 京城電氣株式會社, 1933.

近藤正一,『室內裝飾』, 寶文館, 1930.
吉田智子·吉田普吾·石坂晴海,『想い出の昭和型板ガラス』, 小学館, 2023.
內田靑蔵+大和ハウス工業総合研究所,『住まいの建築史-近代日本編』, 創元社, 2023.
三菱製紙株式會社,『三菱製紙百年史』, 三菱製紙株式會社,1999.
小林登,『應接間家具.第3卷』, 東京: 洪洋社, 1936-1938.
小泉和子,『家具と室内意匠の文化史』, 法政大学出版局, 1979.
_____,『家具』, 東京堂出版, 1980.
_____,『チャブ台の昭和』, 河出書房新社, 2002.
_____,『「日本の住宅」という実験-風土をデザインした藤井厚二』, 農文協, 2008.
_____,『日本インテリアの歴史』, 河出書房新社, 2015.
_____,『和家具の世界』, 河出書房新社, 2020.
_____,『昭和台所なつかし図鑑』, 平凡社, 2023.
新井竜治 編著,『戰前日本の家具·インテリア-『近代家具裝飾資料』でよみがえる帝都の生活』上巻, 柏書房, 2017.
鈴木紀慶·今村創平,『日本インテリアデザイン史』, オーム社, 2013.
前田裕子,『水洗トイレ産業史』, 名古屋大学出版会, 2008.
『住宅文化としての住まいを考える建築』432, 2012. 4.
坪井富士太郎,『壁紙, カーテン, カーペット・第23巻』, 洪洋社, 1936-1938 추정.
洪洋社 編,『住宅. 月華莊』, 1930.
_____,『新設計室內裝飾展集』, 1936.
INAXライブミューヅアム,『日本のタイル100年』, INAXライブミューヅアム, 2022.
LIXILギャラリー企画委員会,『建築を彩るテキスタイル-川島織物の美と技』, 株式会社LIXIL,2012.
C. E. C. Tattersall, *A History of British Carpet*, F. LEWIS LIMITED, 1934.
Charlotte Perkins Gilman, *The Yellow Wallpaper*, 부크크, 2018.
David J Eveleigh, *Privies and Water Closets*, Oxford, New York: Shire Library, 2008.
Frank Lloyd Wright, *Frank Lloyd Wright An Autobiography*, New York: Duell, Sloan and Pearce, 1943.
George Leland Hunter, *Decorative textiles*, Philadelphia and London: J. B. Lippincott company; Grand Rapids, The Dean-Hicks company, 1918.
Henry T. Williams· Mrs. C. S. Jones, *Beautiful homes: or, Hints in house furnishing*, New York: Henry T. Williams, Publisher, 1878.
Jenny Gibbs, *Curtains and Draperies, History·Design·Inspiration*, New York: The Overlook Press, 1994.
Juha-Antti Lamberg, Jari Ojala, Mirva Peltoniemi, Timo Särkkä Ed., *The Evolution of Global Paper Industry 1800-2050: A Comparative Analysis*, Dordrecht: Springer, 2012.
Nathaniel Talbot Kornegay·Jihoon Suk, *Scratch Tile*, Santa Fe, NM: Giwa House Press, 2024.
Roberta de Joia, *A Popular Art-British Wallpapers 1930-1960*, London: Middlesex Polytechnic, 1990.

4. 논문

강상훈, 「일제강점기 일본인들의 온돌에 대한 인식변화와 온돌개량」, 『대한건축학회논문집 계획계』 22, 2006.
김명선, 「1915년 경성 가정박람회 전시주택의 표상」, 『대한건축학회논문집』 28, 대한건축학회, 2012.
김옥주, 「경성제대 의학부의 체질인류학 연구」, 『의사학』 17-2, 2008. 12.
김용범, 「'문화주택'을 통해 본 한국 주거 근대화의 사상적 배경에 관한 연구」, 한양대학교 박사학위 논문, 2009.
김은정, 「서양인 출판물에 비친 조선 사회 인식에 관한 연구: W. E. 그리피스와 G. N. 커즌의 단행본을 중심으로」, 한양대학교 언론정보대학원 석사학위 논문, 2002.
김춘식, 「식민지 도시 '경성'과 '모던 서울'의 표상-유리, 강철, 대리석, 지폐, 잉크가 끓는 도시」, 『한국문학연구』 38, 동국대학교 한국문학연구소, 2010.
류수연, 「응접실, 접객 공간의 근대화와 소설의 장소」, 『춘원연구학보』 11, 춘원연구학회, 2017.
문옥표, 「문화유산으로의 전통공예: 일본 교토 니시진오리의 사례」, 『한국문화인류학』 44, 한국문화인류학회, 2011.
박윤미·오준석, 「조선말기 이후 첨모직 깔개에 관한 연구」, 『문화재』 51, 국립문화재연구소, 2018.
박채린·이경아, 「일제강점기 주택의 응접실에 관한 연구-『조선과 건축』의 주택 사례를 중심으로」, 『대한건축학회논문집』 37, 대한건축학회, 2021.
소건·방향란, 「중국 청나라 나전 침대 조형 연구」, 『한국가구학회지』 35, 한국가구학회, 2024.
송시영, 「20세기 한국 사회 변천에 따른 주택 화장실의 변화 연구」, 서울대학교 대학원 석사학위 논문, 2022.
안성호, 「일제강점기 주택개량운동에 나타난 문화주택의 의미」, 『한국주거학회 논문집』 12, 한국주거학회, 2001.
양세화·류현주·은난순, 「일제강점기 가정박람회에 나타난 이상주거」, 『대한가정학회지』 47, 2009.
우동선·허유진, 「가회동 177-1번지 저택에 대하여」, 『한국건축역사학외 춘계학술발표대회 논문집』, 2012.5.
윤소라, 「19세기 후반~20세기 전반 한국 출토 일본도자 연구」, 이화여자대학교 석사학위 논문, 2012.
이경아, 「90년 전 북촌에 들어선 꿈의 가옥: 우종관 주택」, 『문화다움』, 2021.
이지영·장필구, 「한국 근대기 절충식 궁궐 전각의 실내장식 복원을 위한 실증 연구-창덕궁 희정당 신관의 벽지 디자인 재현을 중심으로」, 『디자인학연구』 35, 한국디자인학회, 2022.
이춘오·홍세선·이병태·김경수·윤현수, 「국내 석재산지의 지역별 분포유형과 특성」, 『암석학회지』 15, 2006.
전남일·양세화·홍형옥·손세관·은난순, 「주거 내 배설 및 목욕공간의 변천과 일상생활에 대한 미시적 고찰」, 『한국주거학회논문집』 18, 2007.
조홍석·김정동, 「근대 적벽돌 생산사에 관한 연구」, 『건축사연구』 19, 2010.
최공호, 「김진갑의〈나전침대〉:사용자와 제작경위」, 『미술사연구』, 홍익미술사연구회, 2019. 6.
최지혜, 「한국 근대 전환기 실내 공간과 서양 가구에 대한 고찰」, 국민대학교 박사학위 논문, 2017.

_____,「제국의 감성과 문화생활의 필수품, 라탄 체어-개항 이후 국내에 유입된 등의자 연구」,『한국근현대미술사학』41, 한국근현대미술사학회, 2021.

_____,「20세기 초 덕수궁·창덕궁에 유입된 리놀륨 바닥재 연구: 리놀륨의 제작 방식과 특성 및 사용을 중심으로」,『문화재』54, 국립문화재연구소, 2021.

최진규라,「일제강점기 도시 단독주택의 근대적 진화에 관한 연구:『조선과 건축』에 수록된 주택사례를 통한 한일영향관계를 중심으로」, 연세대학교 석사학위 논문, 2003.

하야시미치코,「초기 문전文展에 보이는 '여성독서도'에 대하여」,『미술사논단』 3, 한국미술연구소, 1996.

한장희,「박길룡 주거 계획의 변화에 관한 연구」, 한양대학교 석사학위 논문, 2020.

한혜준,「국내 출토 근대 위생도자기 연구」, 이화여자대학교 석사학위 논문, 2019.

홍경화,「일제강점기 시멘트 생산과 건축자재 개발」, 한양대학교 박사학위 논문, 2024.

홍선영,「한·일 근대문화 속의〈가정〉-1910년대 가정소설, 가정극, 가정박람회를 중심으로」,『일본문화학보』22, 한국일본문화학회, 2004.

加藤雅久·真鍋恒博,「明治期から昭和初期まで国における型板硝子等の変遷」,『日本建築学会計画系論文集』524, 1999.

岡本 真理子,「「座敷雛形」の成立と變遷-住意匠としての「和風」の原橡」,『技術と文明』1, 1985.

関 重広,「明治·大正·昭和 (終戦まで)の 照明工学の歩み」,『照明学会雑誌』51, 1967.

内藤卓哉,「照明の化学 1-白熱電球の技術」,『化学と教育』65, 2017.

内田青蔵,「椅子坐式生活様式の導入過程に関する-考察 -「あめりか屋」の住宅作品を通して」,『住宅総合研究財団研究年報』15, 1988.

待鳥邦会·横川公子,「室内装飾における西洋風の受容と葛藤」,『武庫川女子大学紀要. 人文·社会科学編』60, 2013.

小畑 登紀夫,「つながった金唐紙の点と線-皮革製から紙製への見事な転換」,『近創史』12, 2011.

松原 小夜子,「住まいの近代化西洋化を再考する一洋風の形成過程を通して」,『生活の科学』24, 椙山女学園大学生活科学部, 2002.

水野 信太郎,「近代窯業生産における西洋科学技術導入過程の研究」,『北海道淺井学園大学生涯学習システム学部研究紀要』5, 2005.

須崎文代·内田青蔵·安野彰,「佐藤功一設計の旧足立正氏別邸(1933年竣工)の建設経緯と建築の特徴−繊維板「トマテックス」を用いた乾式構法の住宅デザイン」,『日本建築学会技術報告集』22, 2016.

永田雅子,「スパニッシュ様式の歴史的研究: 日本近代建築におけるアメリカの影響」, 東京大学 博士論文, 2000.

水野 信太郎,「近代窯業生産における西洋科学技術導入過程の研究」,『北海道浅井学園大学生涯学習システム学部研究紀要』5, 北翔大学, 2005.

川嶋勝·大川三雄·矢代眞己,「洪洋社の建築出版活動の概要とその特質について」,『日本建築学会計画系論文集』81, 2016.

豊山 亜希,「戦間期インドにおける日本製タイルの受容とその記号性」,『社会経済史学』82, 2016.

Donald N.Clark, Impermanent Residents: The Seoul Foreign Community: The Seoul Community in 1937, Seoul: *Transactions of the Royal Asiatic Society Korea Branch*, 1989.

Williams, William H. A. "Green Again: Irish-American Lace-Curtain Satire", *New Hibernia Review / Iris Éireannach Nua* 6, 2002.

5. 아카이브 및 자료

https://100.daum.net/encyclopedia/view/14XXE0072671
https://www.arch.titech.ac.jp/yasuda/thesis/2018thesis/kiuchi.pdf
https://axminsterheritage.org/the-birth-of-axminster-carpets/
https://axminsterheritage.org/local-history/whitty/
https://brunch.co.kr/@8133d3a5098c4e4/68
https://www.chart.co.jp/subject/rika/scnet/49/Snet49-3.pdf
https://www.chosun.com/culture-life/culture_general/2022/01/29 SGYZI2SMCVBLBH46SZOXMOGRTA/
https://daityu.shop/column/type.html?page=2
https://db.history.go.kr/modern/im/detail.do
https://ddgjapan.com/column01/123/
https://www.designingbuildings.co.uk/wiki/Rubber_flooring
https://en.wikipedia.org/wiki/Casein
http://gakui.dl.itc.u-tokyo.ac.jp/data/h12data-RR/115785/115785a.pdf
https://www.getty.edu/art/collection/object/103SGZ
https://www.hekisou.gr.jp/?page_id=128
https://hikarataro.exblog.jp/30165830/
https://holdings.panasonic/jp/corporate/about/history/konosuke-matsushita/024.html
https://www.i-repository.net/contents/osakacu/kiyo/111G0000009-2021-041.pdf
https://jaa2100.org/entry/detail/056911.html
https://ja.wikipedia.org/wiki/マツダ_(電球)
https://www.kazabito.com/1180/
https://www.kensetsu-plaza.com/kiji/post/17512
한은희, 「우리 선조의 목욕 문화」, 국가유산청 https://www.khs.go.kr/
https://knowledge.lib.yamaguchi-u.ac.jp/rb/279/images
https://kominkai.net/genkan/
https://www.kitchen-bath.jp/changesbath3
https://livingculture.lixil.com/archives/museum/current/030_history/000919.html
http://meijitaisho.net/fujiokalamp/
https://nara-atlas.com/term/japanese/4414/
https://note.com/ura410/n/n8cf2e2a3ac01
https://note.com/yuntabism/n/n54d566efdeed
https://note.com/yuntabism/n/n77ec185faa76

https://papermuseum.jp/ja/syoshigaisya150/
http://pictist.sblo.jp/article/187318938.html
https://www.resilience.org/stories/2009-11-16/rings-fire-hoffmann-kilns/
https://smartstore.naver.com/gosate/
https://sts.kahaku.go.jp/diversity/document/system/pdf/070.pdf
https://suminoe.co.jp/company/history/
http://www.takizawashoten.jp/16001480438055
https://www.tileheaven.uk/info/the-mintons.htm
https://www.tlt.co.jp/tlt/corporate/company/akari_story/pdf/a19370500000000.pdf
https://www.token.co.jp/estate/useful/archipedia/word.php?jid=00016&wid=28807&wdid=01
https://www.umakato.jp/column_ceramic/b_vol06.html
https://wafujyutaku.jp/japanese-style-room-cat/tenjo
https://web.pref.hyogo.lg.jp/
https://yumex-g.co.jp/useful/in-japan-people-take-off-their-shoes-at-the-entrance-and-the-door-opens-outward/

찾아보기

ㄱ

가와시마 진베이 444, 445
가와자와공무소 55, 61, 259
가와조에 진베이 402
가와카미산주로 39
가정박람회 58, 211
건양사 18, 26, 30, 31, 54, 55, 94
게일, J. S. 93
겟카소 339, 344, 428
경성연와주식회사 355
고바야시 주택 62, 100, 237
고야마양가구점 107, 144, 186, 187
고조양행 272
고종 89, 115, 120, 382, 383, 410
고희동 384, 386
구로다 호신 481, 485
구보 주택 61, 216, 221
금화장 주택지 66, 67, 294
김명진 주택 52, 61, 124, 125, 221
김명하 주택 49, 62, 101, 105, 157, 315
김방훈 39, 40
김봉조 388
김성진 197, 246
김성환 346
김수근 243, 263, 361, 381
김씨 주택 63, 164, 192
김연수 주택 60, 315
김영애 481, 486
김유방 34, 35, 56, 58, 93, 197, 357, 480
김자점 36
김정렬 344, 349
김진갑 176
김합라 471, 493
김환기 76, 77, 221
김활란 130, 132, 134

ㄴ

나카무라 주택 342, 425
니시야마 주택 60, 188

ㄷ

다니자키 준이치로 236, 354, 363, 432, 439
다마노겐상점 166
다이쇼 시대 149, 271
다카시마야 193, 293, 313, 349, 444, 474, 494, 495, 505
다카쿠스 주택 61, 86, 100
다케이 주택 61, 294
덕수궁 236, 285, 410, 503
덕수궁 돈덕전 96, 176
덕수궁 석조전 96, 149, 152, 169, 176, 231, 258, 310, 447, 496
덕수궁 함녕전 96, 418
데니, 오언 N. 120, 382, 383
도요토미 히데요시 189, 235
동양기류주식회사 127, 129
동양도기주식회사 255, 261
동양척식주식회사 경성지점 중역 사택 121, 240
딜쿠샤 42, 54, 356~358, 438, 452, 464

ㄹ

라이트, 프랭크 로이드 37, 366, 373
로벨, 리처드 굴번 284, 447, 451

ㅁ

마루산상점 284
마루산초자제작소 388
메이지 시대 149, 190, 254, 257
모리스, 윌리엄 356~358
모리스상회 187
무가주택 88, 189, 190
무로마치 시대 88, 189
문봉호 148, 150, 151
미쓰비시 294, 343, 346, 349, 350, 390
미쓰코시백화점 106, 122, 125, 183, 211, 410, 411, 414, 444, 474, 494~497, 499, 500, 501, 504, 505
민익두 가옥(민가다헌) 89

ㅂ

박길룡 20, 21, 23~25, 38, 61, 62, 69, 75, 105, 109, 115, 146, 147, 149, 162, 163, 166, 188, 194, 202, 204, 221, 246, 258, 337, 384, 485~487, 489, 490~493, 497
박노수 가옥 46, 50, 221, 365, 367, 372, 374, 375, 380, 401
박동진 93, 146, 147, 162, 232, 259
박태원 32, 33, 76, 135
방갈로 57, 58, 63, 320, 357, 359, 360
백인제 가옥 106, 148, 150, 200, 201, 233, 234, 236, 355, 356, 384, 385

ㅅ

서유구 108, 176, 177, 247
성양사 59
센노 리큐 190
소화원 주택지 66, 67
쇼와 시대 129, 149, 271

스가상회 259, 260
스기야마 주택 63, 101
스기야마제작소 44, 55
스나모토가구점 107, 128, 144
시로키야 474, 495

ㅇ

아라이상점 372
아오키상회 272
야마다 마모루 427
에가시라 주택 60
에도 시대 189, 190, 194, 235, 272
에지마 기요시 60, 61, 71
에지마 주택 61, 123, 124
영인창지물포 349
오쓰카초자제작소 388
오지제지 272, 346
와타나베 주택 60, 206
요시다 나오 63, 89, 439
요시다 주택 61, 122
요시카와양행 259, 366, 372, 379, 381
요코야마 류이치 505
요코야마상점 211, 349, 444, 467, 476, 495, 501~505
우에노가구점 106
우종관 주택(가회동) 42, 60, 69, 72, 73, 285
우종관 주택(계동) 60, 73, 75, 84, 86, 136, 340
유길준 176
유영춘 197
유진오 10, 84, 475
윤씨 주택 53, 62, 147, 181, 192, 258
이건 주택 329, 334
이광수 26, 31, 96, 149
이극로 42
이씨 주택 63, 326
이케다 타이잔 367
이케다상점 372
이태준 31, 96, 129, 178, 213, 344, 384, 402

이효석 109, 112

ㅈ
장면 가옥 148, 151, 164, 200, 207, 236, 237
전순의 114
정세권 26, 31, 55, 94
정재문 가옥(경원당) 89
정지용 391
제국호텔 37, 365, 366, 373
조선박람회 42, 46, 58, 63, 198, 199, 234, 505
조선은행 사택 64
조선저축은행 중역 사택 46, 51, 90, 103, 219, 236, 239, 379, 425, 435
조선호텔 39, 112, 495
조지야백화점 127, 211
종로지물포 349

ㅊ
창경궁 114, 116, 475
창덕궁 176, 255, 284, 285, 289, 410
창덕궁 낙선재 176
창덕궁 대조전 209, 278, 284, 289, 299, 303, 344, 416, 420, 449
창덕궁 석복헌 351
창덕궁 희정당 236, 257, 260, 344
철남지물포 344, 349, 350
초치큐코 427, 430, 431
최창학 주택 49, 50, 62, 142, 143, 279, 284, 311, 341, 374, 376, 474

ㅋ, ㅌ
키이상점 272, 293
테일러상회 42, 187

ㅎ
하시구치 신스케 57, 58
하야노 주택 62, 87, 216, 473
학강 주택지 66, 67

한상룡 가옥(휘겸재) 89, 91
한용운 201, 384, 385
허택 주택 236, 240
호자와상점 372
홍난파 가옥 277, 356, 357
화신백화점 74, 167, 346
황애덕 130, 132, 134
후루야 주택 52, 62
후지오카 이치스케 414
후지이 고지 427, 430~432
히가시구치상회 46, 55, 259, 261

이 책을 둘러싼 날들의 풍경

한 권의 책이 어디에서 비롯되고, 어떻게 만들어지며,
이후 어떻게 독자들과 이야기를 만들어가는가에 대한 편집자의 기록

2021년 4월. 최지혜 선생과 혜화1117의 첫 책 『딜쿠샤, 경성 살던 서양인의 옛집』을 출간하다. 이 책의 출간을 준비하는 동안 편집자는 근대의 살림살이들에 대한 선생의 식견과 원하는 정보를 찾을 때까지 포기하지 않는 집요함을 목격하다. 이를 통해 오래전부터 생각해온 기획을 실현해줄 적임자를 만났다는 생각을 갖게 되다. 이런 생각을 오래 품고 있지 못하고 마감으로 몸과 마음이 바쁜 선생에게 '이왕 1920년대 물건에 관해 살펴본 김에 그 영역을 확장해 당대 백화점에서 판매했던 물건들에 관해 써보면 어떻겠냐'고 다음 책 집필을 제안하다. 2019년 여름에 시작하여 2021년 봄까지 이어진 오랜 작업이 곧 끝난다는 홀가분함을 누리던 선생에게 새로운 숙제를 드리는 형국이었으나 확답을 받아두고 싶은 마음에 서둘러 제안을 건네다.

2023년 6월. 그렇게 건넨 제안은 2년여가 지난 뒤 선생과의 두 번째 책 『경성 백화점 상품 박물지』의 출간으로 이어지다. 이 책의 출간에 임박하여 편집자는 저자에게 또다시 새로운 책을 준비하도록 슬슬 바람을 잡다. 저자는 당분간 좀 쉬자며 손사래를 쳤으나 편집자는 저자가 조만간 구체적인 안을 고민하리라는 것을 짐작하다. 『경성 백화점 상품 박물지』 출간으로 선생에게 기쁘고 반가운 일이 연달아 이어지다. 출간 직후 많은 언론사와 독자들의 큰 관심을 받았고, 2023년 연말에는 여러 언론사에서 '올해의 책', '올해의 저자', '올해의 편집' 등으로 꼽혔으며, 2024년에는 세종도서 교양 부문 도서로 선정되다. 이런 좋은 분위기를 틈타 편집자는 틈날 때마다 저자에게 새 책의 출간을 기정사실화하다.

2024년 1월. 새해 시작한 뒤 얼마 지나지 않아 만난 저자가 '경성의 주택'에 관한 책을 써보면 어떻겠냐고 의논을 해오다. 딜쿠샤에 이어 백화점까지 살림살이와 일상의 용품에 관해 책을 썼으니 근대 경성의 주택 문화를 비롯해 집을 이루는 숱한 요소에 대한 책으로 이어지는 수순이 그럴 듯하게 여겨지다. 편집자는 저자가 이미 책의 구성안을 비롯해 원고의 분량 및 요소에 관한 1차 계획을 수립해두었음을 알게 되다.

2024년 4월. 선생으로부터 가볍게 와인 한 잔을 나누자는 연락을 받고 강남의 작업실로 찾아가다. 편집자는 뭔가 준비되어 있을 것이라는 예감을 하다. 아니나 다를까, 견본 원고를 써두고 이렇게 하면 될 것인가를 의논해오다. 이미 두 권의 책을 작업했으며, 첫 번째 책을 할 때와 비교했을 때 두 번째 책의 작업 속도 및 감각이 놀라울 만큼 진일보했음을 경험한 편집자는 어련히 알아서 잘 하셨을까 싶어 원고는 보는 둥 마는 둥하고 와인만 열심히 마시고 돌아오다.

2024년 12월 26일. 미리 계약서를 써두자는 편집자의 제안에 반응이 없던 저자로부터 계약서를 준

비해서 만나자는 연락을 받다. 때는 이때다 싶어 편집자는 부리나케 준비하여 계약서에 도장을 받아오다. 선생은 이미 원고에 속도가 붙었다며 봄이 오면 원고를 완성하겠노라 약속하다. 때는 바야흐로 계엄과 탄핵의 국면으로 어지러운 정국이 이어지고 있었으나 편집자에게 희망이란 새로 만들 책에 있음을 새삼스럽게 생각하다. 봄을 기다릴 또 하나의 이유가 생긴 것에 편집자는 위안을 삼다. 저자는 책의 제목으로 진작에 '경성 주택 탐구생활'을 염두에 두고 있노라며 편집자의 의견을 구하다. 저자의 의견에 편집자는 박수를 치는 마음으로 동의하다.

2025년 2월. 출판사의 연차가 쌓일수록 이에 비례해 온갖 일이 자가증식을 하는 형국인 데다 상반기 출간을 목표로 1천 페이지에 육박하는 책의 출간을 준비하고 있던 편집자는 저자로부터 새해 인사와 함께 원고가 거의 다 되었다는 연락을 받다. 그러나 도저히 새 원고를 볼 수 있는 여유를 가질 수 없음을 이실직고하고 한 달만 더 있다가 보내주시기를 청하다. 3월 말이면 원고를 볼 수 있을 것으로 계획하다.

2025년 3월 31일. 날짜에 딱 맞춰, 정확하게, 저자로부터 틀림없는 원고가 도착하다. 편집자는 선생과 함께 만든 '딜쿠샤', '경성백화점' 두 권을 향해 언젠가부터 부르고 있는 '곱단이'라는 애칭을 새 책에도 기꺼이 붙이겠노라 생각하다. 편집자를 믿고 함께 책을 만드는 저자에 대한 감사함, 끈기와 인내와 성실함으로 연구자로서의 길을 닦아나가는 저자에 대한 신뢰를 다시 한 번 확인하다. 처음 만나던 때로부터 세 권째 책을 만드는 날까지, 흘러온 시간만큼 쌓이는 믿음을 돌아보며 한 권의 책이 또 다음 책으로 이어지는 모양으로 이어지는 인연에 새삼 감사한 마음을 겹으로 품다.

2025년 4월 10일. 1차 원고에 대한 편집자의 검토 의견을 전달하다. 책의 요소에 대한 의견도 함께 전달하다.

2025년 5월 3일. 저자로부터 원고와 책에 들어갈 모든 요소가 정확하게 들어오다. 더하고 뺄 것도 없이 이대로 책을 만들면 되는 원고를 받아들고 편집자는 질주본능을 느끼고, 여름이 가기 전에 책을 내야겠노라 생각하다. 디자이너 역시 '딜쿠샤'에 이어 '경성백화점'까지 함께 작업한 이력으로 겁날 것이 무언가, 하는 마음이 들어 드라이브를 걸기로 하다. 곧장 디자인 의뢰서를 보내다.

2025년 5월. 디자인 의뢰서를 받은 디자이너로부터 빛의 속도로 시안이 들어오다. 이렇게 일사천리로 진행이 되는 일이란 얼마만인가 하는 마음이 들다. 화면 초교에 시간이 거의 걸리지 않고, 수없이 많은 이미지는 더하고 뺄 것도 거의 없이 정확하게 정리가 되어 있고, 이미 수 차례 손을 맞춰온 저자와 디자이너와 편집자가 원팀이라도 된 듯 척척, 착착, 진도를 나가다. 어느덧 예상보다 일이 빨라저 출간일을 성큼 앞당겨 2025년 6월 18일부터 시작하는 서울국제도서전에서 최초 공개하겠다는 야심찬 계획을 세우다.

2025년 6월. 어쩌다 보니 2025년 들어 새 책을 한 권도 못 내고 있던 편집자는 그 사이 6개월여 동안 준비한 새 책 출간을 병행하다. 1천 페이지에 육박하는 책을 가장 먼저 낼 거라고 생각했으나 뜻한 대로 되지 않는다는 것을 새삼 깨닫다. 새 책 출간을 진행하는 동시에 이 책을 준비하며 저자와 디자이너와 편집자는 거의 메신저와 이메일을 확인하느라 전화기를 손에서 놓지를 못하다. 그러는 동안 책은 초교를 거쳐 재교를 거쳐 오케이 단계로 나아가다. 책의 제목은 진작 정했으나 부제는 몇 개의 안을 놓고 고민을 거듭하다. 부제에 넣고 싶은 키워드의 조합이 영 딱 떨어지는 느낌을 갖지 못해 앉으나 서나 부제를 생각하다. 그런 과정을 거쳐 부제를 정하다.

2025년 6월 7일. 표지 시안을 받다. 표지 디자인을 처음 의뢰했을 때부터 편집자가 구상한 것이 있었고, 디자이너는 또 다른 방향을 생각하다. 두 개의 방향으로 시안을 작업하다. 그러나 편집자의 구상으로 작업한 표지 디자인에 사용한 주택의 집주인의 행적을 확인한 뒤 그 표지를 사용하지 않기로 하다. 저자와 이 부분에 대해 논의하면서 일제강점기 경성의 주택문화를 연구하는 일에 대한 저자의 고민을 새삼 생각하게 되다. 이런 입장에 대해 '책을 펴내며'에 추가하여 밝히기로 하다.

2025년 6월 9일. 저자와 디자이너, 편집자의 거듭 되는 확인과 수정의 분투 끝에 드디어 모든 작업을 완료하다. 선생에게 마지막 점검을 요청하다. 표지 및 부속의 최종 작업을 마무리하다. 표지 및 부속의 디자인을 확정하다. 최종 수정 및 점검을 마치다. 이로써 모든 작업을 마치다. 표지 및 본문 디자인은 김명선이, 제작 관리는 제이오에서 (인쇄 : 민언 프린텍, 제본 : 다온바인텍, 용지 : 표지 아르떼230그램, 본문-클라우드80그램, 면지 -화인페이퍼110그램), 기획 및 편집은 이현화가 맡다.

2025년 6월 18일. 혜화1117의 서른네 번째 책, 『경성 주택 탐구생활 -백 년 전 주택문화부터 방 치장의 내력까지』가 출간되다. 이후의 기록은 2쇄 이후 추가하기로 하다. 이미 정해진 일정을 미리 기록하다.

2025년 6월 20일. 2025서울국제도서전에서 독자 사인회를 예정하다. 독자 사인회를 비롯해 책 구매 독자에게 제공할 특별한 굿즈를 제작하기로 하다. 여러 안을 두고 고민을 거듭한 끝에 경성 시대 발행한 잡지의 표지 이미지를 활용한 손거울을 제작하기로 하다.

2018년 봄부터 2025년 여름까지, 세상에 내보낸 혜화1117의 책들

── 책 중심 문화공간 혜화 11·17

'혜화1117'은 1994년부터 책을 만들어온 편집자이자 대표가 2018년 봄, 첫 책을 낸 뒤로 꾸려가는 1인 출판사입니다. 1936년 지어진 오래된 한옥을 고쳐 지은 곳에서 주로 인문교양, 문화예술 분야 책을 만듭니다. 책을 만드는 마음은 『나의 집이 되어가는 중입니다』와 『작은 출판사 차리는 법』(유유)에 담아두었습니다.

(03068)서울시 종로구 혜화로11가길 17(명륜1가) T. 02 733 9276 F. 02 6280 9276
E. ehyehwa1117@gmail.com   B. blog.naver.com/hyehwa11-17
FB. /ehyehwa1117   Ins. /hyehwa1117

'옛 그림으로 본 연작'을 마치며

"실경의 숲에서 보낸 나의 서른 해는 이렇게 책이 되어
독자들에게로 향한다.
지난 시간 내내 내가 기뻤듯 여러분들도 앞으로의 시간 내내
이 숲에서 기쁘시길." _최열

옛 그림으로 본 서울
-서울을 그린 거의 모든 그림
최열 지음 · 올컬러 · 436쪽 · 값 37,000원
• 문재인 대통령 재임 중 추천도서
• 제4회 혜곡 최순우상 수상작

옛 그림으로 본 제주
-제주를 그린 거의 모든 그림
최열 지음 · 올컬러 · 480쪽 · 값 38,500원

**왕이 사랑한 화가,
김홍도와 떠나는 금강산 유람**
- 정조 임금께 바친 《해산도첩》 명작 24선
최열 엮음 · 올컬러 · 48쪽 · 값 6,000원

옛 그림으로 본 조선 1, 금강
- 천하에 기이한, 나라 안에 제일가는 명산
최열 지음 · 올컬러 · 528쪽 · 값 40,000원
• 2024년 세종도서 교양 부문 선정

옛 그림으로 본 조선 2, 강원
- 강원이여, 우리 산과 강의 본향이여
최열 지음 · 올컬러 · 400쪽 · 값 35,000원

**옛 그림으로 본 조선 3,
경기 · 충청 · 전라 · 경상**
-과연 조선은 아름다운 실경의 나라
최열 지음 · 올컬러 · 592쪽 · 값 45,000원

이중섭, 편지화 - 바다 건너 띄운 꿈, 그가 이룩한 또 하나의 예술
최열 지음 · 올컬러 · 양장본 · 320쪽 · 값 24,500원

"생활고를 이기지 못해 아내 야마모토 마사코와 두 아들을 일본으로 떠나보낼 수밖에 없던 이중섭은 가족과 헤어진 뒤 바다 건너 편지를 보내기 시작했다. 그 편지들은 엽서화, 은지화와 더불어 새로이 창설한 또 하나의 장르가 되었다. 이 책을 쓰면서 현전하는 편지화를 모두 일별하고 그 특징을 살폈음은 물론이다. 그러나 가장 중요한 것은 그의 마음과 시선이었다. 이를 파악하기 위해 나 자신을 이중섭 속으로 밀어넣어야 했다. 사랑하지 않으면 보이지 않고 느낄 수 없는 법이다. 나는 그렇게 한 것일까. 모를 일이다. 평가는 오직 독자의 몫이다." _최열, '책을 펴내며' 중에서

이중섭, 그 사람 - 그리움 너머 역사가 된 이름
오누키 도모코 지음 · 최재혁 옮김 · 컬러 화보 수록 · 380쪽 · 값 21,000원

"마이니치신문사 특파원으로 서울에서 일하다 이중섭과 야마모토 마사코 부부에 대한 취재를 시작한 지 7년이 지났습니다. 책을 통해 일본의 독자들께 두 사람의 이야기를 건넨 뒤 이제 한국의 독자들을 만나게 되었습니다. 이중섭 화가와 마사코 여사 두 분이 부부로 함께 지낸 시간은 7년 남짓입니다. 남편이 세상을 떠나고 70년 가까이 홀로 살아온 이 여성은 과연 어떤 생애를 보냈을까요? 사람은 젊은 날의 추억만 있으면, 그걸 가슴에 품은 채로 그토록 오랜 세월을 견딜 수 있는 걸까요? 그런 생각을 하면서 읽어주시길 기대합니다." _오누키 도모코, 『이중섭, 그 사람』 '한국의 독자들께' 중에서

경성 백화점 상품 박물지 - 백 년 전 「데파-트」 각 층별 물품 내력과 근대의 풍경
최지혜 지음 · 올컬러 · 656쪽 · 값 35,000원

백 년 전 상업계의 일대 복음, 근대 문명의 최전선, 백화점! 그때 그 시절 경성 백화점 1층부터 5층까지 각 층에서 팔았던 온갖 판매품을 통해 마주하는 그 시대의 풍경!

* 2023년 「한국일보」 올해의 편집 * 2023년 「문화일보」 올해의 책 * 2023년 「조선일보」 올해의 저자 * 2024년 세종도서 교양 부문 선정

딜쿠샤, 경성 살던 서양인의 옛집 - 근대 주택 실내 재현의 과정과 그 살림살이들의 내력
최지혜 지음 · 올컬러 · 320쪽 · 값 18,000원

백 년 전, 경성 살던 서양인 부부의 붉은 벽돌집, 딜쿠샤! 백 년 후 오늘, 완벽 재현된 살림살이를 통해 들여다보는 그때 그 시절 일상생활, 책을 통해 만나는 온갖 살림살이들의 사소하지만 흥미로운 문화 박물지!

4·3, 19470301-19540921 - 기나긴 침묵 밖으로
허호준 지음 · 컬러 화보 수록 · 양장본 · 400쪽 · 값 23,000원

"30년간 4·3을 취재해 온 저자가 기록한 진실. 1947년 3월 1일부터 1954년 9월 21일까지 제주에서 일어난 국가의 시민 학살 전모로부터 시대적 배경과 세계사와 현대 한국사에서의 4·3의 의미까지 총체적인 진실을 드러내는 책.
건조한 문체는 이 비극을 더 날카롭게 진술하고, 핵심을 놓치지 않는 문장들은 독서의 몰입을 도와 어느새 4·3에 대한 통합적인 이해가 자리 잡힌다. 이제 이 빼곡하게 준비된 진실을 각자의 마음에 붙잡는 일만 남았다. 희망 편에 선 이들이 만들 수 있는 가장 큰 힘이다." _알라딘 '편집장의 선택' 중에서

* 2023년 세종도서 교양 부문 선정 * 대만판 번역 출간

"우리 도시의 나아갈 방향에 대한 글로벌한 시각과 통찰을 갖게 하는 책!

수준 높은 한글 구사 능력으로 한국 저술의 지평을 넓힌 저자, 로버트 파우저 교수에게 경의를 표한다"

문재인 전 대통령 추천작!

도시독법
- 각국 도시 생활자의 어린 날의 고향부터 살던 도시 탐구기

로버트 파우저 지음 · 올컬러
444쪽 · 26,000원

도시는 왜 역사를 보존하는가
- 정통성 획득부터 시민정신 구현까지, 역사적 경관을 둘러싼 세계 여러 도시의 어제와 오늘

로버트 파우저 지음 · 올컬러
336쪽 · 24,000원

"『도시독법』과『도시는 왜 역사를 보존하는가』 저자가 같은 날 출간했고, 내용상 짝을 이루는 책이어서 함께 추천합니다. 저자 로버트 파우저 교수는 미국인이지만 한국을 사랑해서 십수 년 간 한국에서 살면서 서울대 국어교육과 교수로 재직했고, 일본의 대학에서 한국어 교수로 재직하기도 했습니다. 이 책은 번역서가 아니라 그가 한글로 쓴 책인데, 웬만한 한국인들이 따라가지 못할 정도로 수준 높은 한글 구사 능력이 놀랍습니다. 이 책들은 도시가 어떻게 형성되고 위기를 극복하며 발전해왔는지, 무엇을 보존하고 재생하며 더 나은 도시로 나아가야 할 것인지 관점을 제공해 줍니다. 세계적인 도시들과 함께 그가 거주했거나 경험한 부산, 서울, 대전, 전주, 대구, 인천, 경주 등 한국의 도시들을 다루고 있어서, 우리의 도시들을 어떻게 보존하면서 발전시켜 나가야 할 것인지 글로벌한 시각과 통찰을 갖게 해줍니다. 그는 원주민을 배제하는 전면철거식 재개발을 반대하고, 소규모 맞춤형 재생사업을 통해 역사와 문화, 공동체적 가치를 보존해 나가야 한다고 제안합니다. 한옥 생활을 오래 했을 만큼 한옥을 사랑해서, 서울 서촌의 한옥 보존 운동에 깊이 참여하여 성과를 거두기도 했습니다. 한국을 제2의 고향으로 여길 만큼 사랑하고, 한국 저술의 지평을 넓혀준 저자에게 경의와 감사를 표합니다."_문재인 전 대통령 추천사 전문

유럽 책방 문화 탐구 - 책세상 입문 31년차 출판평론가의 유럽 책방 문화 관찰기
한미화 지음 · 올컬러 · 408쪽 · 값 23,000원

개별적 존재로서의 자생과 지속가능한 모색을 넘어 한국의 서점 생태계의 미래를 위한 책방들의 고군분투를 살핀 『동네책방 생존탐구』의 저자이자 꼬박 30년을 대한민국 출판계에 몸 담아온 출판평론가 한미화가 유럽의 전통과 현재를 잇는 책방 탐방을 통해 우리 동네책방의 오늘과 미래를 그려본 유의미한 시도!

동네책방 생존탐구 - 출판평론가 한미화의 동네책방 어제오늘 관찰기+지속가능 염원기
한미화 지음 · 272쪽 · 값 15,000원

"책방을 꿈꾸거나 오래 하고 싶은 이들에게 시의적절한 책! 동네책방을 사랑하는 분들께 20여 년 넘게 책 생태계를 지켜본 저자의 애정과 공력 가득한 이 책의 일독을 권한다." _ 김기중, 삼일문고 대표

* 한국출판문화산업진흥원 2020년 '10월의 추천도서' * 대한출판문화협회 2020년 '한국도서해외전파사업 기증 도서'
* 2022년 일본어판 『韓国の街の本屋の生存探究』 출간

백 년 전 영국, 조선을 만나다 - '그들'의 세계에서 찾은 조선의 흔적
홍지혜 지음 · 올컬러 · 348쪽 · 값 22,000원

19세기말, 20세기 초 영국을 비롯한 서양인들은 조선과 조선의 물건들을 어떻게 만나고 어떻게 여겨왔을까. 그들에게 조선의 물건들을 건넨 이들은 누구이며 그들에게 조선은, 조선의 물건들은 어떤 의미였을까. 서양인의 손에 의해 바다를 건넌 달항아리 한 점을 시작으로 그들에게 전해진 우리 문화의 그때 그 모습.

호텔에 관한 거의 모든 것 - 보이는 것부터 보이지 않는 곳까지
한이경 지음 · 올컬러 · 348쪽 · 18,500원

미국 미시간대와 하버드대에서 건축을, USC에서 부동산개발을 공부한 뒤 약 20여 년 동안 해외 호텔업계에서 활약한, 현재 메리어트 호텔 한국 총괄PM 한이경이 공개하는 호텔의 A To Z. 호텔 역사부터 미래 기술 현황까지, 복도 카펫부터 화장실 조명까지, 우리가 궁금한 호텔의 모든 것!

웰니스에 관한 거의 모든 것 - 지금 '이곳'이 아닌 나아갈 '그곳'에 관하여
한이경 지음 · 올컬러 · 364쪽 · 값 22,000원

호텔에 관한 완전히 새로운 독법을 제시한 『호텔에 관한 거의 모든 것』의 저자 한이경이 내놓은 호텔의 미래 화두, 웰니스!

웰니스라는 키워드로 상징되는 패러다임의 변화는 호텔이라는 산업군에서도 감지된다. 호텔이 생긴 이래 인류가 변화를 겪을 때마다 엄청난 자본과 최고의 전문가들이 일사불란하게 그 변화를 호텔의 언어로 바꿔왔다. 거대한 패러다임의 변화에 따라 이미 전 세계 호텔 산업은 이에 발맞춰 저만치 앞서 나가고 있다. 이는 달리 말하면 호텔을 관찰하면 세상의 변화를 먼저 읽을 수 있다는 의미이기도 하다. 또 달리 말하면 변화를 따라가지 못하면 도태된다는 뜻이기도 하다." _ 한이경, 『웰니스에 관한 거의 모든 것』 중에서

경성 주택 탐구생활
백 년 전 주택문화부터 방 치장의 내력까지

2025년 6월 18일 초판 1쇄 발행   **지은이** 최지혜
펴낸이 이현화
펴낸곳 혜화1117 **출판등록** 2018년 4월 5일 제2018-000042호
주소 (03068)서울시 종로구 혜화로11가길 17(명륜1가)
전화 02 733 9276 **팩스** 02 6280 9276 **전자우편** ehyehwa1117@gmail.com
블로그 blog.naver.com/hyehwa11-17 **페이스북** /ehyehwa1117 **인스타그램** /hyehwa1117

ⓒ 최지혜

ISBN 979-11-91133-33-2 03910

이 책에 실린 모든 내용의 무단 전재와 복제를 금합니다. 이 책의 전부 또는 일부를 재사용하려면
반드시 서면을 통해 저자와 출판사 양측의 동의를 받아야 합니다.

책값은 뒤표지에 있습니다.

잘못된 책은 구입하신 곳에서 바꿀 수 있습니다.

No part of this book may be reprinted or reproduced without permission in writing from the publishers.
Publishers : HYEHWA1117 11-gagil 17, Hyehwa-ro, Jongno-gu, Seoul, 03068, Republic of Korea.
Email. ehyehwa1117@gmail.com